中国人才研究丛书

四川人才发展报告

(2020)

Report on
Talent Development
in Sichuan（2020）

王辉耀　主编

陈　涛　副主编

西南财经大学发展研究院
全球化智库（CCG）
编

社会科学文献出版社
SOCIAL SCIENCES ACADEMIC PRESS (CHINA)

主要编撰者简介

王辉耀 博士，教授，博士生导师，西南财经大学发展研究院院长，全球化智库（CCG）理事长，国务院参事，中国国际人才专业委员会会长，中国人才研究会副会长，欧美同学会/中国留学人员联谊会副会长，商务部中国国际经济合作学会副会长，九三学社中央经济委员会副主任，中国侨联特聘专家委员会专家，北京市政协委员。担任过中央人才工作协调小组国际人才竞争战略专题研究组组长，《国家中长期人才发展规划纲要（2010～2020年）》起草组专家，主持多个国家部委课题。此外，曾担任世界银行专家，联合国移民署顾问。目前担任法国总统马克龙发起的巴黎和平论坛指导委员会成员，国际大都会国际执委会执委，清华大学全球胜任力委员会顾问，昆山杜克大学顾问委员会成员，耶鲁大学亚洲顾问委员会成员，加拿大毅伟商学院亚洲顾问委员会顾问等。

留学欧美，在加拿大温莎大学、西安大略大学和英国曼彻斯特大学攻读研究生，获得工商管理硕士学位和国际管理博士学位。在全球化战略、人才发展、企业国际化、国际商务、智库研究、中美关系、华人华侨和中国海归创新创业等领域有丰富的研究，出版中英文著作80余部。连续多年主编《中国留学发展报告》《中国国际移民报告》《海外华侨华人专业人士报告》《中国区域人才竞争力报告》《世界华商发展报告》《四川人才发展报告》《中国企业国际化报告》等蓝皮书和报告；出版《大国智库》《全球化向何处去》《国家移民局：构建具有国际竞争力的移民管理与服务体系》《技术移民法立法与引进海外人才》《移民潮——中国怎样留住人才》《中国的国际移民：现状、政策及社会应对》等专著。

陈　涛　博士，博士后，长聘副教授，西南财经大学发展研究院副院长，中国教育学会教育经济学分会理事，中国劳动经济学会就业促进专业委员会高级会员，中国教育发展战略学会教育财政专业委员会、国际组织人才培养工作委员会会员。获得厦门大学高等教育学博士（Ph. D.）学位，读博期间受国家留学基金委（CSC）资助，赴比利时荷语鲁汶天主教大学（KU Leuven）教育与社会实验室从事联合培养博士学习与研究。博士论文荣获中国高等教育学会第12届优秀博士论文奖。曾在电子科技大学经济与管理学院从事人力资源管理、创新创业博士后研究工作。

在教育人才资源开发、教育经济政策分析、西部高等教育发展、高等教育基本理论等研究领域，以独立或第一作者身份公开在《教育研究》《北京大学教育评论》《高等教育研究》《教育发展研究》《比较教育研究》《开放教育研究》《复旦教育论坛》等学科权威刊物发表论文30余篇，其中部分文章被《新华文摘》、人大复印报刊资料全文转载；主持或主研多项国家社科基金、教育部人文社科基金、中央高校科研基金及横向委托课题等；合著和参与编写《四川人才发展报告》《中国区域国际人才竞争力报告》《中国留学发展报告》《中国国际移民报告》等多部智库研究成果。

西南财经大学发展研究院简介

西南财经大学发展研究院（Institute of Development Studies，SWUFE）成立于2009年9月12日，是西南财经大学四个学术特区之一。发展研究院是一家以服务国家、行业和地方的发展需要为己任的新型高校智库机构，着力研究经济社会发展中具有全局性、战略性、前瞻性的重大理论和实践问题，以不断增强西南财经大学服务社会的能力。发展研究院由国务院参事、欧美同学会副会长、全球化智库（CCG）理事长王辉耀担任院长，第一任院长、经济学家李晓西教授现担任名誉院长，经济学家张卓元教授、刘诗白教授为学术委员会主席，经济学家厉以宁教授等知名专家为学术顾问，卢中原、刘伟等一批专家学者为学术委员。发展研究院与经济学院共同建设发展经济学博士点和硕士点，与公共管理学院共同建设公共政策博士点和教育经济与管理硕士点，联合培养硕士生和博士生；设有研究机构“西南财经大学绿色经济与经济可持续发展研究基地”。

全球化智库（CCG）简介

全球化智库（Center for China and Globalization，CCG），成立于2008年，总部位于北京，在国内外有十余个分支机构或海外代表处，目前拥有全职智库研究和专业人员近百人。秉承“以全球视野，为中国建言；以中国智慧，为全球献策”宗旨，CCG致力于全球化、全球治理、国际关系、人才国际化和企业国际化等领域的研究，是中国最大的社会智库之一，也是中国领先的国际化智库。CCG是中央人才工作协调小组全国人才理论研究基地，中联部“一带一路”智库联盟理事单位，财政部“美国研究智库联盟”创始理事单位，并被国家授予博士后科研工作站资质。CCG也是唯一被联合国授予“特别咨商地位”的中国智库。

CCG成立十余年来，已发展为中国推动全球化的重要智库。在全球最具权威性的全球智库评价报告——美国宾夕法尼亚大学《全球智库报告2020》中，CCG列全球顶级智库百强榜单第六十四位，连续四年跻身世界百强榜单，也是首个进入世界百强的中国社会智库，并在国内外多个权威智库排行榜单评选中居中国社会智库首位。

摘要

2020年10月，《成渝地区双城经济圈建设规划纲要》提出，推动成渝地区双城经济圈建设，形成优势互补、高质量发展的区域经济布局，打造带动全国高质量发展的重要增长极和新的动力源。成渝地区高质量发展离不开人才支撑，人才是成渝地区协调发展的关键。为更好地对接国家发展战略，探讨新时代成渝地区人才现状与发展趋势，推动成渝地区人才协同发展，提升成渝地区人才发展质量，进而推动成渝地区双城经济建设，我们组织编写了《四川人才发展报告（2020）》。全书由总报告、成渝特稿、管理实践、政策研究、调查研究、专题研究六部分组成。

总报告围绕构建跨区域人才协同战略发展新格局、促进成渝地区双城经济圈高质量发展展开论述。中央财经委员会第六次会议提出，要加强成渝地区双城经济圈建设，使成渝地区成为具有全国影响力的重要经济中心、科技创新中心、改革开放新高地、高品质生活宜居地，而成渝地区发展离不开人才的支持。当前，全面提升区域间人才协同发展质量、促进成渝地区双城经济圈高质量发展，成为四川与重庆人才发展的工作核心。近年来，四川与重庆在人才流动、人才发展、人才政策、人才环境层面采取一系列措施，成效显著。与此同时，新形势下成渝跨区域人才协同发展中面临着新问题、新挑战，为应对这些挑战，本研究以京津冀协同发展、长三角一体化、粤港澳大湾区建设中人才协同发展经验为基础，提出新时代成渝跨区域人才协同发展策略：一是增强产才融合链互动性能，提高人力资源开发水平；二是实施人才全周期发展计划，推动人才资源合理布局；三是设计一体化政策框架，促进人才区域协调发展；四是营造人才生态环境，打造开放宜居之地。

成渝特稿篇包括四个部分：一是以科技人才为研究对象，探讨成渝地区双城经济圈战略背景下，科技人才队伍建设思路与策略；二是聚焦高校工程类人才，以成都和重庆三所工科大学为例，关注成渝地区双城经济圈高校工程类人才培养；三是立足于汽车产业，分析成渝地区双城经济圈汽车产业人才发展；四是瞄准金融产业，着眼成渝地区双城经济圈金融人才发展与培养。

管理实践篇包括两个部分：一是聚焦网信人才，关注四川省网信人才在结构、培养层面上的问题，分析网信人才问题存在的根源，在此基础上试图探讨适合四川省网信人才培养的新模式新路径；二是关注“蓉漂”人才，以“蓉漂”为重大人才工程和服务载体，形成具有影响力的“蓉漂计划”“蓉漂人才荟”“蓉漂人才日”“蓉漂人才发展学院”“蓉漂青年人才驿站”“蓉城人才绿卡”六大品牌产品，探讨在“蓉漂”品牌支撑下，成都市人才工作发展情况。

政策研究篇分为三个部分：一是聚焦四川留学归国人才的服务政策，分析现阶段四川省留学归国人才服务政策存在的缺陷与不足，在此基础上提出优化措施；二是关注海外人才，探讨新时代四川省引进海外人才的现状、挑战与对策；三是着眼科技人才政策，从纵向和横向对四川省科技人才政策进行系统梳理与分析，关注四川省科技人才政策发展历程，总结四川省科技人才政策的侧重点，并提出相关政策建议。

调查研究篇分为四个部分：一是以创新人才为调查对象，关注四川省创新人才与创新团队建设问题；二是聚焦创客团队，对成渝高校大学生创客团队创造力进行调查与分析，并提出针对性的政策建议；三是基于四川省高校调查，探讨“一带一路”背景下商科留学生“沉浸式”培养模式改革；四是以四川省研究生为调查对象，分析研究生职业价值观与自主学习的相关性，为指导研究生的学习行为及培养其健康的职业价值观念提供借鉴与参考。

专题研究篇分为四个部分：一是聚焦人才健康管理，关注“复工”后人才健康管理及健康工作场所构建问题；二是基于 1996~2018 年面板数据，分析四川高等教育人才供给结构与产业结构转型升级的适应性问题；三是立足于人才产业园，探讨国家级人力资源产业园产业集聚发展情况；四是从产业融合视角，探讨成渝地区城市产业、教育与人才融合发展关系。

序　言

新时代，起航区域协同发展新征程；新时代，构筑成渝人才协同发展新体系。成渝地区双城经济圈建设应坚定不移地推行创新、协调、绿色、开放、共享的新发展理念，实施创新驱动发展战略，以创新驱动成渝地区协同发展、以创新构筑人才发展新体系、以创新打造中国经济增长“第四极”，推动成渝地区双城经济圈高质量、高水平发展。

在新一轮西部大开发、“一带一路”、长江经济带和成渝双城经济圈建设背景下，成渝地区双城经济圈建设面临前所未有的发展机遇，对人才需求也不断攀升。为引进、留住人才，成渝地区着力在体制改革、政策创新、工程实施、平台建设和保障服务等方面系统积极构建人才集聚新体系。人才“引得进、留得住”，关键还要“用得好、发展好”，在成渝地区双城经济圈战略背景下，成渝地区人才发展秉持区域人才发展“一体化”和“一盘棋”思想，坚持创新、协调、绿色、开放、共享的新人才发展理念，提升区域间人才协同发展质量，成为新时代成渝人才发展工作的核心课题。

《四川人才发展报告（2020）》由西南财经大学发展研究院、全球化智库（CCG）研究人员联合编写完成，这也是继2017年、2018年、2019年后连续第四年推出聚焦四川省人才发展的智库研究报告。报告分为六个部分，包括总报告、成渝特稿、管理实践、政策研究、调查研究和专题研究，共18篇，特别邀约成渝两地人才发展研究专家，精心策划成渝地区双城经济圈人才发展专题，汇集了四川省委党校、四川省委网信办、成都市委组织部人才处、中国科学院科技战略咨询研究院、重庆大学、电子科技大学、西南

大学、西南财经大学、四川师范大学、成都理工大学、青岛大学、全球化智库（CCG）等十余所政府、高校、科研机构及社会智库的研究成果。特别是四川省委网信办党委刘海燕副书记、成都市委组织部人才处阳夷处长等领导对研究工作给予了大力支持。

2020年，我们聚焦成渝地区双城经济圈的人才协同发展，总报告以京津冀协同发展、长三角一体化、粤港澳大湾区建设中人才协同发展经验为参考，提出新时代成渝跨区域人才协同发展策略：一是增强产才融合链互动性能，提高人力资源开发水平；二是实施人才全周期发展计划，推动人才资源合理布局；三是设计一体化政策框架，促进人才区域协调发展；四是营造人才生态环境，打造开放宜居之地。报告选题内容丰富，理论、政策和实践兼有，具有较高的学术价值和现实意义，希冀为成渝地区双城经济圈的人才发展及其工作乃至整个西部人才高地建设，提供决策建议与智力支持。

本报告的出版，恰逢中国共产党建党100周年，也是西南财经大学发展研究院“十四五”发展开局之年。衷心感谢四川省委组织部人才处、四川省委网信办、成都市委组织部人才处及地方政府领导的指导和帮助，感谢赵德武书记、卓志校长、史代敏副校长等学校领导的关爱和支持，感谢长期以来参与和关注《四川人才发展报告》的专家、学者、研究人员及各界朋友。我们将不忘初心、不负众望，努力把《四川人才发展报告》办成地方智库研究品牌，为四川人才发展贡献“西财智慧”。

国务院参事
西南财经大学发展研究院院长
全球化智库（CCG）理事长
中国人才研究会副会长
王辉耀教授

目录

Ⅰ 总报告

Ⅱ 成渝特稿

Ⅲ 管理实践

Ⅳ 政策研究

Ⅴ 调查研究

Ⅵ 专题研究

CONTENTS

I General Report

II Chengdu-Chongqing Special Report

Ⅲ Administration Practice

Ⅳ Policy research

Ⅴ The investigation and study

VI The Special Subject Study

总报告

General Report

打造区域经济增长第四极：构建跨区域人才协同战略发展新格局 促进成渝地区双城经济圈高质量发展

王辉耀　陈 涛　吴 戈　陈小满　钟绍卓*

摘　要：实施区域协调发展战略是新时代国家重大战略之一，是贯彻新发展理念、建设现代化经济体系的重要组成部分。中央财经委员会第六次会议指出，要加强成渝地区双城经济圈建设，使成渝地区成为具有全国影响力的重要经济中心、科技创新中心、改革开放新高地、高品质生活宜居地，而成渝地区建设与发展离不开人才的支持。当前，全面提升区域间人才协同发展质量、促进成渝地区双城经济圈高质量发展成为四川与重庆人才

* 王辉耀，博士，教授，博士生导师，国务院参事，西南财经大学发展研究院院长，全球化智库（CCG）理事长，中国人才研究会副会长，欧美同学会副会长，主要从事人才发展与全球化研究；陈涛，博士，博士后，副教授，西南财经大学发展研究院副院长，主要从事高等教育与人才发展研究；吴戈，博士，西南财经大学发展研究院副教授，主要从事管理科学与城市发展研究；陈小满，博士，西南财经大学发展研究院讲师，主要从事人才政策研究；钟绍卓，博士，西南财经大学中国西部经济研究中心讲师，主要从事管理科学与人才发展研究。

发展的工作重点。近年来，四川与重庆在人才流动、人才发展、人才政策、人才环境层面采取一系列措施并取得显著成效。与此同时，新形势下，成渝跨区域人才协同发展中仍面临着诸多问题，为应对这些挑战，本研究以京津冀协同发展、长三角一体化、粤港澳大湾区建设中人才协同发展经验为参考，提出新时代成渝跨区域人才协同发展策略：一是增强产才融合链互动性能，提高人力资源开发水平；二是实施人才全周期发展计划，推动人才资源合理布局；三是设计一体化政策框架，促进人才区域协调发展；四是营造人才生态环境，打造开放宜居之地。

关键词：　成渝地区双城经济圈　第四极　区域人才协同发展　高质量发展

“全面实施区域协调发展战略”“建立更加有效的区域协同发展新机制”，是新时代国家重大战略，是贯彻新发展理念、建设现代化经济体系的重要组成部分。① 在新一轮西部大开发、“一带一路”、长江经济带和成渝地区双城经济圈建设背景下，成渝地区面临前所未有的发展机遇，对人才需求也不断攀升。为吸引人才、留住人才，提升人才资源效能，成渝地区着力在体制改革、政策创新、工程实施、平台建设和保障服务等方面系统积极构建人才集聚新体系。人才“引得进、留得住”，关键还要“用得好、发展好”。在成渝地区双城经济圈战略背景下，成渝地区人才发展秉持区域人才发展“一体化”和“一盘棋”思想，坚持创新、协调、绿色、开放、共享的新人才发展理念，提升区域人才协同发展质量，成为新时代成渝人才发展工作的核心课题。

① 《中共中央国务院关于建立更加有效的区域协调发展新机制的意见》，中华人民共和国中央人民政府门户网站，http：//www. gov. cn/zhengce/2018 - 11/29/content_ 5344537. htm。

一　成渝地区双城经济圈人才协同发展的背景与基础

（一）时代背景

新时代，起航区域协同发展新征程；新时代，构筑成渝人才协同发展新体系。成渝地区双城经济圈建设应坚定不移地推行创新、协调、绿色、开放、共享的新发展理念，实施创新驱动发展战略，以创新驱动成渝地区协同发展、以创新构筑人才发展新体系、以创新打造中国区域经济增长“第四极”，推动成渝地区双城经济圈高质量发展。

2020 年 1 月 3 日，中央财经委员会第六次会议提出，要推动成渝地区双城经济圈建设，推进成渝毗邻地区统筹发展，促进成渝双城相互协作和协同发展。成渝地区双城经济圈有望成为继京津冀城市群、长三角城市群、粤港澳大湾区后中国区域经济增长“第四极”；同年 5 月，中共中央、国务院出台《关于新时代推进西部大开发形成新格局的指导意见》，提出要鼓励成都、重庆等加快建设国际门户枢纽城市，加快成渝地区开放型经济试验区建设，有序推进成都与重庆国家级新区等功能平台建设，提升西部地区影响力。此次会议明晰了成都和重庆的城市定位，为成渝国际化、全球化发展奠定了坐标①；10 月 16 日，中共中央政治局审议《成渝地区双城经济圈建设规划纲要》时提出，要推动成渝地区双城经济圈建设，形成优势互补、高质量发展的区域经济布局，使成渝地区成为具有全国影响力的重要经济中心、科技创新中心、改革开放新高地、高品质生活宜居地，打造带动全国高质量发展的重要增长极和新动力源②。成渝地区高质量发展离不开人才支撑，人才作为成渝地区协调发展的关键要素，是成渝地区参与城市群竞争的

① 王辉耀、陈涛、陈小满：《主动融入“双循环”，齐心唱好“双城记”》，《成都日报》2020 年 8 月 5 日。

② 《中共中央政治局召开会议审议〈成渝地区双城经济圈建设规划纲要〉中共中央总书记习近平主持会议》，中国共产党新闻网，http://cpc.people.com.cn/n1/2020/1016/c64094-31895208.html。

核心角力点。在成渝地区双城经济圈战略发展背景下，探讨新时代成渝地区人才协同发展，对提升成渝地区人才发展质量、推动成渝地区双城经济圈建设、促进成渝地区双城经济圈高质量发展具有重要意义。

（二）发展基础

自古以来，成渝地区历史同脉、文化同源、地理同域、经济同体，因此成渝地域文化、经济产业、区位交通、人力资源等均为人才协同发展提供了基础。

1. 地域文化

成渝地区文化同属“巴蜀文化”，即以今天四川省和重庆市以及相邻地域在内的、以历史悠久的巴文化和蜀文化为主体的文化总汇①，与齐鲁文化、三晋文化等共同构成了辉煌灿烂的中华文明。作为一种地域性文化，巴蜀文化在相对封闭的自然环境中，形成了独立开放、兼容并蓄的文化特征。成渝地区在巴蜀文化的浸润下，在保留了传统巴蜀天文、易学、中医、文学的基础上，进一步演化出巴蜀茶文化、酒文化、川菜文化、川剧文化等，充分彰显了文化的历史传承和人文交流，以文化为纽带形成了时间的连续性、空间的延展性和区域的整体性的特点②。正是这些共同的文化基础为成渝两地在政策制定、经济社会发展以及人才交往过程中构建起强烈的文化认同感，增大了区域人才协同发展的可能性。

2. 经济产业

经济产业的发展是吸引人才的重要因素。党的十八大以来，成渝地区经济持续快速发展，经济总量由 2012 年的 3. 5 万亿元增长至 2019 年的 7 万亿元，年均增速 10. 33%，高于全国平均增速 1. 2 个百分点（见图 1）。经济总量占西部地区比重也逐年增加，2019 年成渝地区经济总量在西部地区占比达 34. 22%。作为成渝地区的“两核”，成都与重庆双城经济更是保持高速

① 袁庭栋：《巴蜀文化志》，巴蜀书社，2009。

② 陈涛、唐教成：《高等教育如何推动成渝地区双城经济圈发展——高等教育集群建设的基础、目标与路径》，《重庆高教研究》2020 年第 4 期，第 40 ~ 57 页。

度增长。2019 年统计公报显示，成都和重庆两市生产总值分别为 17012.65 亿元和 23605.77 亿元，同比增长 10.88% 和 15.92%。从人均地区生产总值来看，2019 年重庆为 75828 元，较全国平均水平高出 6.9%；成都则高达 103386 元，不仅高于全国平均水平 45.8%，且已跨过联合国高收入经济体 12700 美元门槛，属于人均资本相对丰裕的地区①。总之，成渝地区经济的快速发展为人才的集聚奠定了基础。

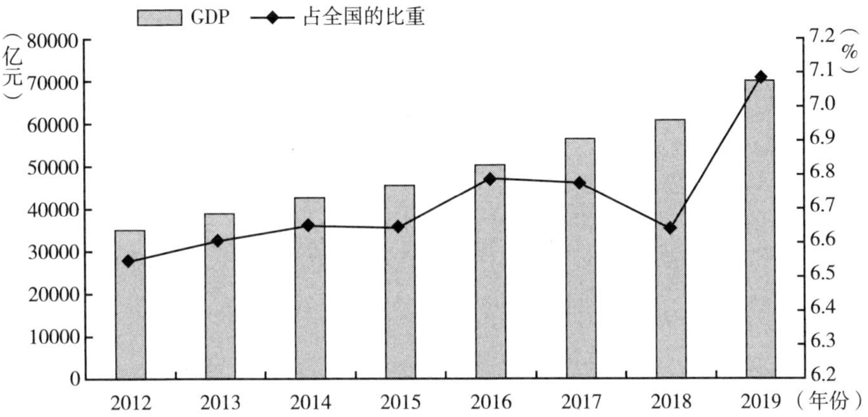

图 1　2012～2019 年成渝地区经济总量变化趋势

资料来源：2012～2019 年《中国统计年鉴》。

在经济总量增长的同时，成渝地区产业结构不断优化，形成一定规模的优势产业。2012～2019 年，成渝地区第一、二产业比重下降明显，第三产业比重不断上升，2018 年起占比突破 50%，2019 年成都第三产业比重达到 65.57%（见图 2），第三产业迅速崛起为现代产业体系的发展奠定了坚实的基础。从产业优势上看，重庆以智能制造业见长，当前已形成全球最大电子信息产业集群和中国国内最大汽车产业集群，形成了装备制造、综合化工、材料、能源和消费品制造等千亿级产业集群，也是全球最大的笔记本电脑生

① 林毅夫、付才辉：《如何“因势利导”和“倒弹琵琶”——成渝地区双城经济圈建设的新结构经济学分析建议报告》，《成都日报》2020 年 6 月 17 日。

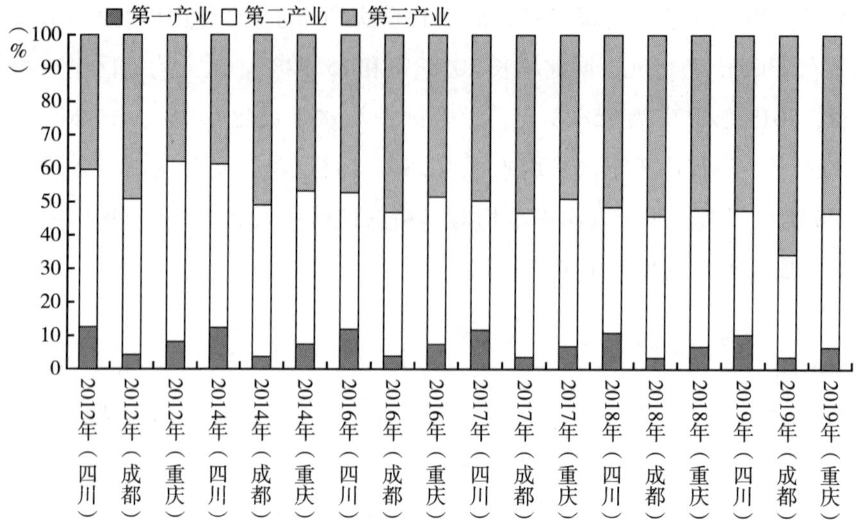

图 2　2012～2019 年成渝地区三产结构

资料来源：2012～2019 年《中国统计年鉴》。

产基地、全球第二大的手机生产基地。作为另一核的成都，金融业、服务业是其传统优势领域。根据 2019 年中国人民大学国际货币研究所（IMI）发布指数，成都整体金融综合竞争力居中西部第一，列全国第六①。《2019 年中国高科技高成长 50 强暨明日之星》榜单中上榜企业数量成都位居第三，仅次于北京、深圳②。在新经济领域持续发力，腾讯研究院发布的《数字中国指数报告（2020）》显示，四川数字指数居全国第八，其中成都市排名仅次于北上广深四个一线城市，名列第五③。此外，成渝地区曾是我国三线建设的核心地区，在党中央的支持下建立了战略性新兴产业。这些资本密集型产业为当地导入人力资本、技术等禀赋，有利于向下一个资本密集型台阶发

① 冷宏伟：《天府金融指数发布，成都综合竞争力全国第六》，四川在线，https：//sichuan.scol.com.cn/dwzw/201911/57386922.html。

② 石佳：《2019 年中国高科技高成长 50 强暨明日之星榜单发布》，中青在线，http：//news.cyol.com/app/2019－11/20/content_ 18246289.htm。

③ 欧阳宏宇：《2020 数字中国指数：四川位列全国第八，下一个数字经济增长由城市群驱动》，《封面新闻》，http：//www.thecover.cn/news/5370143。

展，是当地具有比较优势的产业[①]。

总体而言，以成都、重庆为核心的成渝地区产业基础较为扎实，种类齐全，且各具特色。通过有效整合两地产业资源，充分发挥比较优势，能够有效支撑起成渝地区双城经济圈建设，从而使高校实现以产聚才和促进流动的目标。

3. 区位交通

交通一直是制约西部发展的核心要素。昔日，“蜀道之难”阻碍了经济的交往和人才要素的流动，如今“天堑变通途”。目前，成渝地区国际航空枢纽建设加速推进，双流机场、江北机场开通国际航线 217 条，航空货运量超 77 万吨[②]。成都天府国际机场主体工程及配套设施基本完工，其规模仅次于北京大兴国际机场，能够满足旅客吞吐量 9000 万人次需求。成渝高铁复兴号动车组于 2020 年 12 月 24 日通行，顺利实现成渝双核 1 小时畅达。此外，成渝中线高铁、渝西高铁完成可研鉴修审查，成达万高铁于 2020 年 12 月启动建设，渝昆高铁（川渝段）项目施工图已完成初审。成渝地区正向着“双核至区域主要城市 1 小时通达，都市圈 1 小时通勤”的目标迈进。公路方面，内江至大足、资中至铜梁、江津至泸州北线、泸州至永川、渝武高速扩能、广安过境高速公路东环线及渝广高速支线等 7 个高速公路项目均在加快建设。预期到 2022 年，川渝间将建成高速公路 16 条，普通二级国道 9 条，普通三级及以上省道 11 条，出渝出川高速公路大通道达 24 条，开通川渝毗邻地区跨省城际公交 13 条以上[③]。成渝地区在运用长江黄金水道运输优势的基础上加快航运枢纽建设，四川广元到重庆的集装箱班轮顺利开通，嘉陵江正在成为川渝之间更加重要的货运通道。预期到 2022 年，成渝地区将建成四级及以上高等级航道 3100 公里，港口集装箱吞吐

① 林毅夫、付才辉：《如何“因势利导”和“倒弹琵琶”——成渝地区双城经济圈建设的新结构经济学分析建议报告》，《成都日报》2020 年 6 月 17 日。

② 崔佳、王明峰、蒋云龙：《交通提速，优势互补，整合提升，成渝双城，携手共进》，《人民日报》2020 年 10 月 23 日。

③ 胡旭、韩振：《川渝计划到 2022 年建成 16 条高速公路》，四川省人民政府官网，http：//www. sc. gov. cn/10462/10464/10797/2020/7/3/dd020d6cb8f7456a88b03977addc6b1c. shtm。

能力达到 760 万标箱[①]。此外，成渝地区还拥有国家开放口岸 7 个、指定监管场地 15 类、综合保税区 6 个、保税物流中心 7 个，合计开行中欧班列突破 1 万列，同时借助西部陆海新通道，已经辐射 94 个国家和地区的 240 多个港口。

综上，成渝地区已基本形成铁路、公路、内河、民航等运输相互衔接、安全可靠、高效便捷的现代综合交通运输体系，不仅保障了成渝地区人才要素的高效流动，也极大地助力了两地参与国内国际经济双循环发展，从而为成渝地区改革开放新高度建设、高质量发展以及国际国内人才协同发展奠定交通基础。

4. 人力资源

成渝地区拥有充分的人口人力资源，堪称人口大省（市）。统计公报显示，2019 年四川省常住人口 8375 万人，常住人口城镇化率为 53.79%，位居全国第四；成都市常住人口 1658.10 万人，人口城镇化率为 74.41%，在省会城市中位居第一、全国第四；重庆市常住人口 3124.32 万人，人口城镇化率为 66.80%，在全国城市和直辖市中均位居第一（见图 3）。从成渝地区人口基数及增长态势看，该区域人口红利效应仍较显著，其中成都市人口数量增幅最大。

城市人才新政效应的释放，吸引了一大批专业技术和技能人才，从中反映出人才质量现状。统计公报显示，2019 年末，成都全市专业技术人才总量 196.31 万人；全市各类高精尖人才中，有中国科学院院士 11 人、中国工程院院士 20 人、享受国务院特殊津贴专家 445 人、四川省学术和技术带头人 65 人、四川省有突出贡献的优秀专家 158 人、成都市有突出贡献的优秀专家 203 人、享受成都市政府特殊津贴 579 人；博士后科研工作站 21 家，四川省博士后创新实践基地 70 家。截至 2019 年末，成都市技能人才总量 218.2 万人，其中高技能人才占技能劳动者的比例为 31.34%。成都市共有

① 胡旭、韩振：《川渝计划到 2022 年建成 16 条高速公路》，四川省人民政府官网，http://www.sc.gov.cn/10462/10464/10797/2020/7/3/dd020d6cb8f7456a88b03977addc6b1c.shtml。

图3　2017～2019年成渝地区常住人口数量

资料来源：2017～2019年四川省、成都市、重庆市国民经济和社会发展统计公报。

民办职业技能培训学校405所；技工院校38所，在校学生6.26万人[①]；重庆市拥有两院院士16人，享受国务院特殊津贴专家2644人，百千万人才工程国家级人选119人；重庆市共有国家级博士后科研流动站83个、工作站62个、市级博士后科研工作站215个，全年新招收博士后研究人员393人。全市全年共有26.95万人参加专业技术人员资格考试，其中4.27万人取得专业技术人员职业资格证书等。此外，成渝双城正在通过实施多种举措大力吸引和集聚高端人才，不断完善人才质量结构，为产业结构升级转型和建设创新型现代产业体系积蓄人才资源。[②]

（三）演进历程

进入21世纪，国家针对成渝地区先后出台一系列区域发展战略，其中

① 《2019年成都市人力资源和社会保障事业发展统计公报》，成都市人力资源和社会保障局官网，http：//cdhrss.chengdu.gov.cn/cdrsj/c109733/2020 – 07/10/fc64896d735649269c640ad6a9696f4e/files/af7385bfcd1c4a8083fb1b259098f077.pdf，2020－12－27。

② 陈涛、唐教成：《高等教育如何推动成渝地区双城经济圈发展——高等教育集群建设的基础、目标与路径》，《重庆高教研究》2020年第4期，第40～57页。

酝酿时间最长的当属成渝经济圈区域规划。总体来看，该区域规划经历了“成渝经济区”—“成渝城市群”—“成渝地区双城经济圈”的质量递增演进过程。

1. 成渝经济区

2003 年，中国科学院研究报告《中国西部大开发重点区域规划前期研究》提出：在未来 5 至 10 年内，要积极构建以成渝两大都市为中心、各级中心城市相互联系与合作的中国西部最大的双核城市群，形成西部大开发的最大战略支撑点，西部地区人口、产业、信息、科技和文化等集聚中心，长江上游经济带的核心。这是在相关研究报告中，第一次出现成渝经济区的概念。2006 年，国家西部大开发“十一五”规划出台，明确提出建设成渝经济区。一年后，四川省和重庆市政府签署《关于推进川渝合作共建成渝经济区的协议》，提出以成都和重庆为龙头，共同将成渝经济区建成国家新的增长极。2008 年，国家发改委牵头成立《成渝经济区区域规划》编制协调指导小组和规划编制工作组，会同国务院有关部门和四川省、重庆市及有关研究单位共同完成。2011 年 5 月，国务院常务会议正式同意批复《成渝经济区区域规划》，旨在通过成渝经济区建设，深入推进西部大开发，发展内陆开放型经济，引领西部地区发展。

为推进成渝地区高质量发展，提升人才对经济增长的贡献率，加强人才培养已被提上议事日程。在此期间，成都市和重庆市分别出台了《成都市中长期人才发展规划纲要（2010～2020 年）》和《重庆市中长期人才发展规划纲要（2010～2020 年）》，分别从引进人才、人才优化配置及特殊领域扶持等方面推动成渝经济区人才培养与利用。2013 年 5 月，教育部、国家发展改革委员会和财政部联合发布《中西部高等教育振兴计划（2012～2020 年）》，针对中西部高等教育改革发展的重要领域和薄弱环节，重点加强优势特色学科专业建设、人才队伍建设、促进优质资源共享等方面建设。在此计划的指导和影响下，成渝两地不断尝试通过加强区际政府交流，推动两城之间的教育资源整合与共享，促进成渝两地间的人才流动，为推进成渝地区人才协同发展拉开了帷幕。

2. 成渝城市群

基于培育发展成渝城市群，发挥其沟通西南西北、连接国内国外的独特优势，推动“一带一路”和长江经济带规划契合互动，有利于加快中西部地区发展、拓展全国经济增长新空间的考虑，2016 年 3 月，国务院常务会议通过《成渝城市群发展规划》。2016 年 4 月，国家发展改革委、住房和城乡建设部联合印发《成渝城市群发展规划》，明确将成都、重庆建设为国家中心城市，以成都、重庆为重心，建设具有国际竞争力的国家级城市群，赋予成渝两地的发展定位为：全国重要的现代产业基地、西部创新驱动先导区、内陆开放型经济战略高地、统筹城乡发展示范区、美丽中国的先行区。2017 年 4 月，成都市政府以《成渝城市群发展规划》为契机，提出全面建设体现新发展理念的国家中心城市，扎实推进西部中心、科技中心、金融中心、文创中心、对外交往中心和综合交通通信枢纽“五中心一枢纽”的建设，实现成都由国家中心城市、美丽宜居公园城市、国际门户枢纽城市、世界文化名城，向可持续发展的世界级城市迈进。

成渝城市群建设是成渝经济区建设的深化，突出重庆和成都的中心城市带动作用，使成渝地区成为具有全国影响力的重要经济中心、科技创新中心、改革开放新高地、高品质生活宜居地，助推高质量发展。在此阶段，成都、重庆围绕成渝城市群发展规划的定位与布局，率先着力破除体制机制障碍，将人才发展战略充分融入城市人才发展中，不断创新人才工作体制机制，加快推进人才“引育留用”等关键环节改革，旨在通过形成人才发展治理体系，全面支撑成渝城市群的经济与社会发展。

3. 成渝地区双城经济圈

2020 年 1 月 3 日，中央财经委员会第六次会议提出，要突出中心城市带动作用，推动成渝地区双城经济圈建设。为对接国家发展战略，服务成渝地区双城经济圈建设，四川与重庆签订了《成渝地区双城经济圈建设川渝两地统一人力资源市场准入管理协议》，携手在人力资源场景应用、区域人才互动合作、跨区域人才互动、产业互通、人才培育方面，搭建跨界共享的人力资源服务共享平台，以人力资源协同发展促进区域协同发展。2020 年 10 月 16 日，中共中央政治局召开会议，审议通过《成渝地区双城经济圈建设规划纲要》，提出要推动成渝地区双城经济圈建设，形成优势互补、高质量发展的区域经济布局。

成渝地区双城经济圈建设是一项系统工程，这一工程建设过程中需要加强顶层设计和统筹协调，突出中心城市带动作用，强化要素市场化配置，牢固树立一体化发展理念，加强交通基础设施建设，加快现代产业体系建设，增强协同创新发展能力，力争到 2030 年，成渝城市群完成由国家级城市群向世界级城市群的历史性跨越。成渝地区双城经济圈建设是成渝城市群建设的再发展，是推动中国参与全球化发展的又一“样板”，是中国区域经济增长的“第四极”，积极推进开放型经济新体制建设，构建国内国际双循环相互促进的新发展格局，对于推动高质量发展具有重要意义。在这一进程中，人才协同发展与区域协同发展相结合，在关键节点打破体制机制壁垒，推动人才一体化的新发展格局。

在现代区域经济格局中，中心城市和城市群集聚能力强、空间效率高、规模效应明显，是经济发展最活跃的增长极和新的动力源。成都和重庆作为西部地区毗邻的两座特大城市，在从成渝经济区到成渝城市群，再到成渝地区双城经济圈的建设过程中所产生的扩散效应和集聚效应不断增强，成渝地区人才资源也随之愈加富集。一方面，成渝地区双城经济圈对各类生产要素的高效集聚推动了高等教育的发展，进而为培养各类人才提供了强有力的经济基础；另一方面，人才资源作为第一资源，为成渝地区双城经济圈建设提供了坚实的人力资源保障。在成渝两城从经济区向经济圈演进的过程中，人才培养、发展和引入机制不断完善，人才协同发展的战略优势逐步显现。

二　成渝地区双城经济圈人才协同发展的阶段性成果

近年来，成（川）渝区域间的人才流动提高了人才资源配置效率，提升了区域整体发展水平，增强了成渝地区对高端人才的吸引力。特别是在成渝地区双城经济圈规划提出以来，成（川）渝两地合作不断深化，两地为消除制度壁垒和提升整体环境、实现区域人才协同发展进行了积极探索，并取得阶段性的成效。

（一）顶层设计系统化

成渝地区双城经济圈人才协同发展离不开顶层设计。2020 年 4 月 21 日，四川省委组织部与重庆市委组织部签署《成渝地区双城经济圈人才协同发展战略合作框架协议》，正式开启双方人才的深入合作。根据《协议》，成渝地区双城经济圈人才协同发展目标是努力将成渝地区双城经济圈建成具有全球竞争力的高端人才集聚区、产才融合发展示范区、青年人才荟萃区和体制机制改革先行区。为实现上述目标，双方将着力建立决策共商、资源共享、联动共建、协作共赢的人才协同发展机制，实现人才政策协同、资源共享、平台共建、市场相通、活动联办。同时，两地在四川、重庆党政联席会议的大框架下，建立由四川省、重庆市组织科技、教育、人社等相关部门及成都市共同参与的双城经济圈人才协同发展联席会议工作机制，定期分析人才协同发展新形势任务，协调解决重大事项和问题，推进人才发展体制机制改革，争取国家重大人才政策与项目支持，推动重大决策、重点项目和重点工作落实。简言之，成渝地区将共同开展人才协同发展战略，深化人才交流合作，积极探索高层次人才服务对等互认，推动地区、高校、院所、园区、企业建立全方位、多层次、跨领域人才合作，以人才合作促进区域协调发展，这一人才协同发展战略的制定为成渝地区人才协调发展提供了保障。

（二）人才引进高层次化

人才引进协同是指对接区域产业发展需要，统筹协调人才跨国界跨地区引进。川渝编制发布双城经济圈急需紧缺人才目录，共建川渝籍在外高端人才数据库，组团参与重庆英才大会、中国西部海外高新科技人才洽谈会、

“蓉漂人才日”等重大引才活动，共同策划引才引智宣传推介，协同开展全球高端人才延揽。

1. 联合开展高端人才引进活动

作为川渝首次携手举办的重大人才活动，2020年“蓉漂人才日”主题活动——“蓉漂·高峰荟”专程邀请重庆市人才工作代表团参加。通过设置人才工作创新成果展项目，重庆市积极推介城市形象和发展前景，深度讲解人才发展政策，大力宣传“重庆英才”品牌。此外，重庆还提供了12000余个中高端人才岗位参加“云招聘”活动，主要集中在硕士及以上学历和中高级专业技术职称的人才，涉及汽车制造、大数据智能化、生物医药等重点产业和新兴产业①。2020年11月21～22日召开的重庆英才大会，是由重庆市委、市政府主办，四川省人才工作领导小组首次受邀协办。大会以“近者悦·远者来”为主题，采取线上与线下相结合的方式举行，共举办“会、展、赛、论、演”等47项活动。除诺贝尔奖获得者、两院院士、知名高校校长、知名企业家和行业领军人物受邀参会外，4万余名国内外高端人才、高校毕业生、项目团队代表等人才“云上”参会②。此次大会共引进紧缺优秀人才1821名，其中成渝地区双城经济圈紧缺优秀人才云上洽谈会引进优秀人才956名，事业单位专场招录人才865名③。

2. 共建科技平台吸引高端人才

2020年4月，重庆市科技局和四川省科技厅签订《进一步深化川渝科技创新合作，增强协同创新发展能力，共建具有全国影响力的科技创新中心框架协议》，双方将联合争取国家科技创新政策在成渝地区先行先试，更多国家重大科技基础设施、前沿科学中心等落地成渝地区，中国科学院、中国工程院等国家级研究院所在成渝地区落户或建立分支机构。同时，成渝双方

① 黄乔：《成渝首次携手举办重大人才活动，加大两地人才集聚发展合作》，《重庆日报》2020年4月26日。

② 罗静雯：《2020重庆英才大会隆重开幕》，《重庆日报》2020年11月22日。

③ 陈琦、刘敏：《2020重庆英才大会闭幕，上千引进人才及项目签约》，人民网，http://cq.people.com.cn/n2/2020/1122/c365401-34430641.html。

还将以“一城多园”模式合作共建西部科学城，依托西部科学城共同推进综合性国家科学中心建设，构建成渝协同创新共同体。其中，“一城”指西部科学城，“多园”指两地科学城等创新资源集聚载体，通过成都东进、重庆西扩形成联通合作。

2020 年 10 月，科技部战略规划司在国务院新闻发布会上明确宣布，继北京、上海、粤港澳大湾区后，国家第四个科技创新中心即成渝科技创新中心已开始启动。西部科学城建设正如火如荼展开，一批重大项目先后落地。中国西部（重庆）科学城共汇集了高校 28 所，企业博士后流动站 20 个，建成市级以上孵化器和众创空间 14 个（国家级 4 个），新增国家重点实验室 1 个；拥有金凤电子信息产业园、国家质检基地、国家生物产业基地等多个新型产业载体，国家高新技术企业 137 家；建成博世工业 4. 0 等市级以上研发平台 169 个，仅 2020 年前三季度，科学城就集中开工 79 个重大项目①。中国西部（成都）科学城总规划面积 361. 6 平方公里，由“一核四区”构成，将形成“核心驱动、协同承载、全域联动”的发展格局。其中，“一核”即成都科学城，定位为西部地区重大科技基础设施、科研院所和大学创新平台汇集区，围绕网络安全、航空航天、生命科学等领域，创建综合性国家科学中心，建设天府实验室和国际技术转移中心；“四区”分别指新经济活力区、天府国际生物城、东部新区未来科技城和新一代信息技术创新基地，包括成都超算中心、中国科学院成都科学研究中心、四川国家应用数学中心、国家川藏铁路技术创新中心、西部光源等近百个重大科技基础设施和创新平台项目将在西部（成都）科学城汇集。目前，中国西部地区首个国家超级计算中心——成都超算中心一期工程基本完成。中国科学院成都科学研究中心在天府新区科学城已有数年的建设期，近期将投入运营，围绕科学城已经聚集了一批包括院士等在内的高端团队。截至 10 月，仅绵阳未来科技城便落户了中国民航飞行学院天府校区、民航二所民航科

---

① 韩璐：《重庆公布西部（重庆）科学城建设“蓝图”》，https：//www. sohu. com/a/418834180_ 123753。

技创新示范区、产投集团智造基地、三峡集团四川能源投资总部等项目，总投资超过600亿元[①]。上述平台的搭建为高端人才提供了广阔的创新创业平台。

3. 携手海外侨胞助力高端引才

海外侨胞是联通中外的桥梁和纽带，在文化认同、资源渠道等方面具有优势，是成渝地区双城经济圈的重要依托力量。为充分发挥川渝两地侨务资源优势，2020年4月，四川省侨联与重庆市侨联签署《服务成渝地区双城经济圈建设战略合作协议》，两地将依托现有“一带一路”华商峰会、“一带一路”侨商组织年会、中阿经贸文化交流峰会等品牌活动，争取共同参与举办中国国际智能产业博览会、“一带一路”科技交流大会、重庆英才大会、绵阳科博会，增强品牌吸引力，提升西部内陆地区与海外经济科技交流合作水平，广泛吸引全球侨商侨智参与成渝地区双城经济圈建设[②]。为落实该协议，同年9月，四川省委统战部（省侨办）和重庆市委统战部（市侨办）联合举办海内外川渝涉侨商协会合作联盟，共有来自5大洲35个国家和地区的128家海外川渝籍侨团、在川在渝涉侨商协会加入联盟。该联盟以“凝聚侨商、共同发展”为宗旨，围绕成渝地区高质量发展，团结联合海内外川渝涉侨商协会，助力成渝地区与世界各国开展经贸科技合作，推动引智引资融合互动，吸引更多人才参与成渝地区双城经济圈的建设[③]。

（三）人才培育集聚化

人才培育协同是指发挥区域教育资源优势互补，对区域人才创新创业意

---

① 刘涛：《两个百亿项目落地成都未来科技城》，央广网，http：//news. cnr. cn/native/city/20201009/t20201009_ 525289282. shtml。

② 邓翔洋、黄大海：《海内外川渝涉侨商协会合作联盟成立，两地侨商期待携手共谋发展》，四川省人民政府官网，http：//www. sc. gov. cn/10462/10464/10797/2020/9/21/5d4a7d14908640ba8ae133a7fe04a13a. shtml。

③ 袁婧：《凝聚侨智侨力参与成渝地区双城经济圈建设，川渝侨联签署合作协议》，川观新闻，https：//cbgc. scol. com. cn/news/279623。

识、文化技术知识结构、能力素养等方面的培养培训。根据《成渝地区双城经济圈教育高层次人才协同发展合作共建实施方案》，川渝两地按照优势互补、一体发展的原则，共建共享高校联盟、一流学科、人才培养等平台，共同培育一批高层次人才；推动两地各类学校人才的交流互派、访学研修、培养培训，促进两地人才政策和服务贯通，协作实施人才发展政策改革，推动人才发展一体化。结合成渝高等教育人才队伍的现实需求，两地还将建立课程互选、学分互认机制；增投研究生、本科生招生计划；共建国家中小学教师发展协同创新基地，联合培养中等职业教育人才。此外，双方还将构建川渝高校协同发展平台，共同打造国际化引才平台，实施博士后联合培养计划，协同实施人才计划（工程），开展人才双向互聘交流，联合共建专家团队，联合举办重大人才交流活动等。

1. 成立各类高校联盟

2020 年 5 月 12 日，重庆大学和四川大学牵头率先成立成渝地区双城经济圈高校联盟，其中成都地区共 12 所高校，分别为四川大学、电子科技大学、西南交通大学、西南财经大学、西南石油大学、成都理工大学、四川农业大学、成都中医药大学、四川师范大学、成都信息工程大学、西华大学和西南科技大学；重庆地区 8 所高校，分别为重庆大学、西南大学、中国人民解放军陆军军医大学、西南政法大学、重庆医科大学、重庆邮电大学、重庆交通大学和四川外国语大学，会上发布了《成渝地区双城经济圈高校联盟成立宣言》。《成渝地区双城经济圈高校联盟成立宣言》提出，要以服务成渝地区双城经济圈“两中心两地”的战略定位为己任，以“成渝高校振兴行动计划”为内涵，在制度建设、人才培养、师资队伍建设、科学研究、学科建设、社会服务、国际交流合作、资源共建共享等方面开展合作，共同探索符合中国特色、西部特征、成渝特点的世界一流大学与一流学科建设的新内涵、新路径与新模式，为实现成渝地区双城经济圈的战略目标提供人才保障、智力支持、科技支撑和动力来源。

此外，学科、学院和智库研究联盟也陆续成立和酝酿。2020 年 7 月，四川音乐学院、四川美术学院发起，川渝两地 68 所高校共同组建了成渝地区双城经济圈高校艺术联盟，旨在整合资源，实现艺术教育的协同发展[①]。2020 年 12 月 5 日，成渝地区双城经济圈马克思主义学院发展联盟成立。该联盟由四川大学、西南大学等 15 所成渝高校的马克思主义学院组建，共同致力于思政课改革创新、一流学科建设、打造育人共同体、联合开展科研攻关以及扩大教育开放合作，共同推动马克思主义学院建设，为双城经济圈建设汇聚力量[②]。2020 年 12 月 6 日，西南财大发展研究院举办的第四届发展与展望论坛——成渝高等教育协同发展与人才培养会上，成渝内外多所高校达成共识，拟成立成渝地区双城经济圈高等教育研究的智库联盟，定位服务国家战略和区域教育发展、具有引领性和指导性的高端智库，基于学术研究为成渝地区双城经济圈的协同发展建言献策[③]。

2. 联合培养技能人才

成渝地区职业教育协同发展是打造西部职业教育高地的重要举措，也是为成渝地区双城经济圈建设提供强有力的人力资源保障。为落实四川省教育厅与重庆市教委关于推动成渝地区双城经济圈建设教育协同发展框架协议内容，2020 年 5 月，成渝地区双城经济圈商贸流通职教集团成立。该集团由成都职业技术学院、重庆城市管理职业学院、顺丰速运三方共同牵头，联合 100 余家商贸流通领域大中型企业、20 余家行业协会（学会）、40 余所成渝地区职业院校组建而成，旨在打造技术技能人才培养高地和创新服务平台，培养适应新经济、新模式、新技术要求的高素质技能型人才，赋能成渝地区双城经济圈商贸流通产业高质量发展[④]。2020 年 9 月，成渝地区双城经济圈职业教育联盟成立。两地将在大数据、云计算、人工智能、5G、智能制造、

① 西南大学：《成渝地区双城经济圈马克思主义学院发展联盟成立》，中国在线教育，https：//www. eol. cn/news/dongtai/202012/t20201211_ 2055905. shtml。

② 西南大学：《成渝地区双城经济圈马克思主义学院发展联盟成立》，中国在线教育，https：//www. eol. cn/news/dongtai/202012/t20201211_ 2055905. shtml。

③《西财发展研究院第四届发展与展望论坛——分论坛二：“成渝高等教育协同发展与人才培养”深度报道》，西南财经大学发展研究院官网，https：//fzyjy. swufe. edu. cn/info/1090/2316. htm。

④ 李丹：《校企协同产教融合 成渝地区双城经济圈商贸流通职教集团成立》，川观新闻，https：//cbgc. scol. com. cn/home/286887。

乡村振兴、职教扶贫等领域开展务实合作，培养培训一大批服务成渝地区经济社会发展的高素质劳动者和技术技能人才，进一步发挥职业教育在服务区域经济发展、产业转型升级和数字化经济建设中的重要作用，为成渝实现高质量发展提供人才保障和智力支持。

为进一步加快高技能人才队伍建设，共编高素质职业人才体系网。2020年11月27日，川渝两地人社部门举办首届川渝职业能力建设发展论坛暨四川省职业技能竞赛联盟成立仪式。四川人社将继续围绕省委、省政府构建“5+1”现代工业、“10+3”现代农业和“4+6”现代服务业体系的战略部署，在现有1000万职业技能人才基础上进一步推进技能人才培养、使用、评价、激励制度健全完善，形成技能成才、技能报国的浓厚社会氛围。新成立的职业技能竞赛联盟在各级部门紧密配合、各领域单位支持下，互通职业能力建设信息、融通政策、畅通工作机制、共通优势项目，为川渝两地提供技能人才成长通道。

3. 共育青年干部人才

互派干部挂职是深化川渝协作，加强两地战略协同、政策衔接和工作对接的重要载体，也是成渝地区双城经济圈建设的有力干部保障。根据《成渝地区双城经济圈人才协同发展战略合作框架协议》要求，从2020年起，川渝两地每年互派一批干部挂职和顶岗锻炼、到期轮换、接续推进。首批川渝互派挂职（顶岗）年轻干部，51名四川和50名重庆共计101名年轻干部将于培训后到新岗位履职①。此次互派干部覆盖川渝全域，涵盖厅级、处级、科级，平均年龄38周岁，均为双城经济圈建设专项工作组成员单位和区域合作上有重要共建项目的地区精心挑选的工作骨干，长期在核心业务岗位工作、组织协调能力较强的优秀年轻干部。在挂职岗位安排上，聚焦协同发展工作机制、关键职能部门、重要开放平台、重点合作地区进行互派，负责深化川渝两地合作对接，做好成渝地区双城经济圈建设相关协调联络工作，推动两地重大基础设施、重大产业、重大开放合作和重大公共服务项目

① 任鸿：《川渝首批互派干部101人今日到岗，背后有何深意?》，《四川日报》2020年9月17日。

落实落地。

作为干部的储备力量，青少年干部的培养也需引起重视。为此，2020年9月25日，川渝两地在攀枝花授牌成立成渝地区双城经济圈团干部实训基地，并以“三线精神”为教育主题，推动川渝两地团校加强青少年思想引导和青年干部人才教育培育，促进成渝两地团校深层次、高水平的合作交流。

（四）人才服务高效化

人才服务协同是指统筹协调区域间人才公共服务事项，深化公共服务共享互认，为人才提供优质高效服务。截至2020年7月，川渝两地人社部门已经通过联席会议制度，召开厅局长专题会议3次，互相走访座谈10场次，签署《共同推动成渝地区双城经济圈建设川渝人社合作协议》1个、专项协议10个，印发实施2020年重点任务清单，四川共有11个市与重庆市的区县层面签署协议①。

1. 人力资源产业园合作落地

2020年4月，中国成都人力资源服务产业园（成都人才园）和中国重庆人力资源服务产业园就系列合作达成共识并签订《成渝地区双城经济圈人力资源协同发展战略合作框架协议》，成为成渝两地人力资源协同发展的示范。同年7月，由成渝地区双城经济圈内国家级和省级人力资源服务产业园运营管理单位组成的成渝地区双城经济圈人力资源服务产业园联盟成立。该联盟成立后，两地将围绕“战略全局”“产业格局”“发展大局”三个方面深化合作，携手搭建联盟与行业内外交流合作平台，发挥两地国家级产业园辐射作用，带动一批省级人力资源服务产业园建设，共同推进成渝地区双城经济圈人力资源服务产业共建共享协同发展，全面提升人力资源服务的专业化、国际化水平。

---

① 四川人社厅：《川渝人社合作2020年五件大事发布仪式成功举行》，四川人社厅官网，http：//rst. sc. gov. cn/rst/gzjz/2020/11/16/1a990a7b645447de8ac55310af1704d7. shtml。

2. 公共服务共享互认逐步推进

2020 年 7 月，根据川渝两地人社部门签署的《加强川渝人社公共服务建设合作协议》，双方将依托于大数据，开展就业、社保、劳动关系、农民工、争议案件等方面的数据交换共享；推动公共招聘网和公共就业服务数据共享，定期交换劳动力流动和离校未就业高校毕业生、退役军人等重点群体就业情况；建立川渝一体的农村劳动力及农民工资源数据库等，实现养老保险待遇、社保、人才信息等 86 项人社公共服务的两地互认。

2020 年 11 月 6 日，成渝两地召开“推动成渝地区双城经济圈建设川渝人社合作 2020 年五件大事发布仪式”。川渝人力资源与社会保障部门提前完成“两地通”、招聘求职“一点通”、养老保险待遇资格“就地认”、人才流动档案办理“零跑路”和社保卡服务“就近办”五件大事，实现“人社”信息化。通过人社信息化“两地通”，川渝两地打通人社数据共享通道，实现系统互联互通、数据共享共用、业务通办协办和服务双向延伸。在招聘求职方面，川渝两地公共招聘网开展跨区域合作，开设“川渝合作‘职’等您来”线上求职招聘信息专区，实现川渝两地求职招聘数据的实时共享。在养老保险待遇资格认证方面，川渝两地电子社保卡实现线上身份认证，通过系统对接和线上服务渠道融合，实现两地群众就地进行养老保险待遇资格互认。在人事档案方面，统一川渝两地流动人才办理人事档案的流程和标准，推动业务信息共享，实现人事档案两地通办。最后，为实现社保卡“就近办”，四川和重庆人社部门分别设立 232 个和 66 个川渝社保卡通办服务网点，实现社保卡状态信息查询、激活、挂失、解挂等事项就近互办①。

此外，住房公积金方面，川渝两地已初步建立跨区域转移接续和互认互贷机制，职工在成渝地区间转移住房公积金，由“两地跑”变为“一地办”，真正实现了“账随人走、钱随账走”。在人才落户方面，2020 年 7 月成渝两地 9 区公安派出所统一启动“两地跨省市户口迁移一站式办理”试

---

① 任鸿：《川渝首批互派干部 101 人今日到岗，背后有何深意?》，《四川日报》2020 年 9 月 17 日。

点工作，经过近四个月的试点，11 月，川渝两地全域开展“跨省市户口迁移一站式办理”，群众办理户口迁移只需到迁入地派出所一地即可完成。该政策积极推动两地“政务服务一体化融合”、公共服务资源合理配置和普惠共享等。

（五）基层探索创新化

成渝地区各市区等基层政府和部门也正积极探索人才融合与协同发展之路。

1. 干部人才互融

党管人才是新时代人才工作的重要原则。作为人才的“先行军”，基层党政干部的互融对于成渝地区双城经济圈人才协同发展具有重要意义。自 2020 年初以来，德阳与成都两市联合制定成德同城化发展三年行动计划及年度重点项目任务清单，明确德阳市每年选派 10 名左右优秀干部赴成都市挂职锻炼或跟岗学习。雅安市也积极与成渝地区双城经济圈区县签订干部交流合作协议，如名山区在实施“双学双培”工程中，与成都市青羊区、新津县等组织人事部门签订干部人才交流合作协议，选派 30 余名干部人才到成都开展“菜单式”跟岗学习。除四川内部的互融外，各市也积极与重庆下辖各区加强干部人才交流合作。以德阳为例，该市于 5 月中旬与重庆渝北区、江北区成功签署合作协议，明确每年选拔一批高层次专家、后备干部等各类人才，到双方相应行业（部门）实践锻炼、跟班学习。7 个月内，德阳市与重庆在经济金融、科学技术、医疗卫生等领域已互派交流干部人才 40 余人，有力地助推成渝地区干部人才协同发展。

2. 专家资源共享

2019 年，成都、德阳、绵阳、遂宁、乐山、雅安、眉山、资阳 8 市人社局局长共同签订《成都平原经济区人力资源合作协议》，开展引导人才就业创业、建设专业人才市场等对接合作。目前，成都、德阳、眉山、资阳四市已共建公共就业创业服务管理平台，与重庆市北碚区、武隆区联合举办“2020 蓉漂人才日——人力资源协同季”、同城化网络招聘等活动，共组织企业3000余家，提供岗位10万余个①。德阳市自2020年5月起先后与重庆渝北区、中国成都人力资源服务产业园签订人力资源合作协议，共同发布8大合作清单，进一步促进农民工劳务合作、技能人才培养等对接合作。而成都人力资源服务产业园则以重庆市英才大会系列活动为契机，分别与重庆市南岸区、璧山区、渝北区签订战略合作协议，有效促进川渝人力资源协同发展。

高端人才资源的共享对地方经济的发展及区域经济的融合具有重要意义。四川省内江市借力成渝地区双城经济圈建设专家服务团，积极融入成渝地区双城经济圈建设。其间，川渝两地60名专家深入资中县、威远县、隆昌市、市中区、东兴区和市内企事业单位，围绕医疗卫生、教育、旅游、环保、企业管理、风险防控、工业等领域的39个项目开展集中帮扶，开办专家讲座、进行现场示范、解决技术难题、培养本土人才，共同助力内江发展②。自贡市则通过举办“蓉漂”专家自贡行、两院院士自贡行活动探求融合之道。2020年9月两院院士围绕老工业城市转型升级、产业再造，为自贡把脉问诊、献计支招。随后走访了四川轻化工大学、高新区、富顺县，在产业转型升级、“双五十”中等城市打造、教育医卫高地建设、生态环境保护等重点领域，为富顺提供好理念、好思路、好建议，为富顺把脉会诊、建言献策③。

3. 院校资源互补

高校科技智力成果是推动地方科技创新和经济发展的宝贵资源，受到各市委市政府高度重视，并长期作为重大人才工程得到强力推进。截至2020年8月，德阳市与川渝地区互签市校（院企）合作协议311份，合作单位

① 梁海洋等：《推动人才和资源互补，积极融入成渝双城经济圈促进区域协同发展》，《德阳晚报》2020年8月3日。

② 四川省专家服务中心：《川渝人社部门联合组织专家服务团助力内江融入成渝地区双城经济圈建设》，四川人社厅官网，http：//rst. sc. gov. cn/rst/gzlj/2020/6/4/fad39d2d7fbe47f493907411c88fc7f4. shtml。

③ 富顺县委组织部：《为富顺高质量发展把脉支招，两院院士自贡行活动走进富顺》，自贡人才工作网，http：//zgtalent. gov. cn/gzdt－View－17－2882. html。

110 家（其中重庆 10 家），开展校企双进、项目对接等活动 400 余场次，实施重大合作项目 300 余项[①]。2020 年 7 月，德阳市成功推动四川工业科技学院、德阳安装技师学院与重庆长安汽车股份有限公司签订合作协议，选派 123 名学生赴重庆锻炼实习，正式开启成渝地区校企联合培养技能人才新篇章[②]。目前，德阳市各职业院校向川渝地区输送培养技能人才 5 万余人，其中向重庆市输送技能人才 5100 余人[③]。

遂宁市成立成渝地区双城经济圈高质量发展研究院理事会和专家委员会，由 23 名领导干部及 68 名权威专家构成，为遂宁市主动融入成渝地区双城经济圈提供课题研究、决策咨询、科技创新等方面智力服务。此外，该市积极构建市校（院、企）合作平台，目前已与 40 余所高校、100 多家企业和科研院所签署校（院、企）地战略合作协议，如与四川大学等双城经济圈内的 30 余所知名高校合作共建的实习实训基地，首批吸引了 1000 余名大学生（博士生 14 名，硕士生 120 名）到遂参加实习实训、创业就业[④]。通过与 30 余所知名高校、科研机构开展科技攻关、技术入股、成果转化等方面合作，该市成功引进院士专家 20 余名，柔性承接区域疏解转移的高端人才 392 名，助推校地联合建设电子信息、石墨烯产业应用等 10 余个研究应用平台，创造直接经济效益 1.9 亿元[⑤]。

为有效整合成渝地区法律服务资源、法律服务产业、法律人才培养等优势，推进政产学研用深度融合，成都市金牛区与西南政法大学开展西部法律服务高地战略合作。后者将发挥其在人才培养、科技成果转化、专家咨询、社会服务等方面的优势，促进金牛区构建以律师服务为核心，司法鉴定服

---

① 梁海洋等：《推动人才和资源互补，积极融入成渝双城经济圈促进区域协同发展》，《德阳晚报》2020 年 8 月 3 日。

② 周鸿：《共建成渝经济圈，德阳首批 123 名学子赴渝实习》，四川新闻网，http：//zgtalent. gov. cn/gzdt – View – 17 – 2882. html。

③ 梁海洋等：《推动人才和资源互补，积极融入成渝双城经济圈促进区域协同发展》，《德阳晚报》2020 年 8 月 3 日。

④ 遂宁市委组织部人才工作科：《我市深入推进区域人才协同发展，助推成渝地区双城经济圈建设》，遂宁组工网，http：//www. snswzzb. gov. cn/ArticleShow5. asp？ ArtID =9594。

⑤ 同上。

务、法律教育培训服务、仲裁服务及公证服务为关联，会计、审计、评估、担保服务等为配套的“1+4+N”法律服务体系。

四川南充实施“南充企业提需求+成渝高校院所培养+政府给支持”的青年人才联合引育机制，鼓励和支持成渝高校、科研院所青年人才来南充发展。依托“环川大知识经济圈”“电子科大一校一带”“环交大智慧城”“环西南财大财经智谷”“环重庆大学创新生态圈”等成渝环高校知识经济圈，在南充大学城建设南充科技城，把西南石油大学高新孵化园建设成为国家级大学科技园，积极创建国家级双创示范基地。

4. 人才资质互认

2019年6月，成都、德阳、绵阳、遂宁、乐山、雅安、眉山、资阳8市共同签订《成都平原经济区职称互认协议》，有效破除区域人才自由流动障碍。目前德阳市已将200余名市外专家人才纳入教育和卫生系统职称评审专家库，2019年成都平原经济区内取得中高级职称资格的10000余名专业技术人才成功实现职称资格互认①。2020年5月，德阳市又与重庆渝北区签订合作协议，明确对各系列专业技术人才评价实行统一标准、统一程序，共同推进两地专业技术人才职称评价互认，促进区域人才自由流动。自贡市也正积极建立与川南经济区人才互认共享机制。

为打破人才流动地域限制，提升人才体验感和获得感幸福感，成都市成华区与重庆九龙坡区在2020成华·九龙坡“创智杯”大赛项目颁奖签约暨“闪耀西部·创智川渝”主题论坛上互发“人才绿卡”和“人才龙卡”，正式开启两地人才服务卡互通互用新阶段，有利推动了两地人才资质互认、实现人才基本公共服务均等化和促进人才顺畅流动②。遂宁市对接成渝畅通区域人才服务，建立“人才绿卡制度”，将“遂州英才卡”作为“天府英才

① 德阳市人民政府：《我市探索区域职称资格互认，推动人才高效流动协同发展》，四川省人民政府，http://www.sc.gov.cn/10462/10464/10465/10595/2020/10/12/76683c9084294d85b2353f45de791e97.shtml。

② 胡园春：《2020成华·九龙坡“创智杯”大赛项目颁奖签约暨“闪耀西部·创智川渝”主题论坛成功举行》，《新成华》2020年9月15日。

卡”子卡，让高层次人才在遂宁可享受与在成都相同的住房、医疗、配偶就业、子女教育等20余项服务，解除人才在遂创新创业方面的后顾之忧。同时，遂宁市还积极推进与重庆潼南人才发展“十个一”合作项目落地，落实“遂州英才卡”“人才服务证”互认互通等内容。

三　成渝地区双城经济圈人才协同发展的问题及成因

（一）人才流动不确定性

从国际形势来看，全球正处于一个高度不确定、高度竞争和风险高发的大变革时代，特别是以美国为首的部分西方国家奉行单边主义和保护主义，大力推行“贸易战”“科技战”，使逆全球化趋势加速显现。再加之，新冠肺炎疫情的暴发，为全球劳动力市场带来了诸多不确定性因素，全球人才流动几乎陷入停滞。根据领英人才招聘数据，2020年4月美国就职信息会员数急剧减少，同3月相比降低了24%，与2019年同期环比减少了30%①。《中国国际移民报告2020》研究指出，新冠肺炎疫情严重冲击全球供应链，对世界人口迁徙将带来深远影响，后疫情时代国际人口迁移规模将明显收缩。但疫情期间，虚拟空间的国际智力流动频率大幅提升，许多国际人才交流活动从线下转为线上，疫情加速了数字化进程，企业对劳动力的数字技能需求越发提高，人才外部流动受阻或中断，相反出现了强调个人软技能和核心竞争力的人才流动“内部化”现象。

相较而言，中国则处于国外政治经济不确定和国内经济社会发展转轨的“叠加期”，国内人才流动竞争凸显。根据2020年3月底发布的《人才流动与迁徙报告2020》，深圳、杭州、上海、北京、广州成为2019年人才净流入最多的五座城市，成都排名第六②；4月，恒大研究院和智联招聘发布的

① 领英：《全球人才流动陷入停滞，企业与人才如何赋能自我、进行转型》，新浪网，https：//t. cj. sina. com. cn/articles/view/6192937794/17120bb4202001ayti？from = tech。

② 脉脉：《人才流动与迁徙报告2020》，搜狐网，https：//www. sohu. com/a/384455499_ 162522。

《中国城市人才吸引力排名2020》显示，上海、深圳、北京、广州四城稳居前四，接着依次是杭州、南京和成都，而重庆未进前十。从区域人才流动看，长三角、珠三角、京津冀、成渝、长江中游城市群人才流入占比分别为23%、14%、13%、7%、7%，净流入占比分别为5.0%、2.8%、-4.0%、0.0%、-0.5%，长三角、珠三角人才集聚，京津冀由于北京控人影响人才净流出，成渝地区基本持平①。其中，数据还显示，在求职人才中，约四成为跨城求职者，即现居住城市和简历投向城市不同的流动人才。其中，男性、高学历、新入职者、收入较高者等群体更加具有能跨城求职的可能性。另据中国成都人力资源服务产业园发布的《2020中国人才指数》，全国31个省会城市和直辖市中，北京、上海和广州位列前三，具有明显引领作用，成都和重庆分别位于第四和第七②。

基于以上分析，不难看出成渝地区双城经济圈人才协同发展首先面临的是新形势下人才合理流动与高效集聚问题。这一问题包括两个方面：一是成渝地区的人才吸引力，主要指向地是经济产业与劳动力市场。从以上数据可知，广州对人才投入度高，且相对一线城市的生活成本较低，故而成为全国大学生数量最多的城市；深圳得益于高科技产业和高校院所集聚以及极具吸引力的引才政策；杭州之所以在二线城市中异军突起，与其阿里巴巴等知名企业具有一定的关联。相较而言，成渝整体相对弱势。二是成渝地区内部的人才流动机制，主要指向行政壁垒与制度设计。按照党中央“两中心”“两地”建设部署和要求，成渝必须加大金融、产业、科技、教育、医疗、生态和文化创意等领域人才集聚力度，特别是要汇集一批创新型人才资源，并促使成渝地区内部的人才资源先充分流动起来，才能辐射中西部、联结国内外，但这就需要落实创新和人才互动互认机制。

① 恒大研究院和智联招聘：《中国城市人才吸引力排名2020》，中国新闻网，https：//www. chinanews. com/cj/2020/04 -28/9170739. shtml。

② 《2020中国人才指数》，新华网四川频道，http：//www. sc. xinhuanet. com/content/2020 -11/04/c_ 1126695606. htm。

（二）人才发展非均衡性

改革开放四十年来，我国经济取得了举世瞩目的伟大成就，各项事业得到突飞猛进的发展。但在这一过程中，区域经济发展差距逐渐拉大，特别是城市化进程的持续推进，区域经济发展不平衡导致人才发展具有地域差异性。再加之，由于历史和地缘等因素影响，我国沿海和中心地区会比内陆和边缘地区更加具有区位优势。因此，我国区域经济发展存在较为明显的“中心-外围”特征，主要表现在：一是区域之间发展不均衡。相关统计显示，2019 年第一季度长三角、京津冀、粤港澳大湾区和成渝 GDP 由高到低依次是 42015.94 亿元、20406.64 亿元、18980.59 亿元和 13780.73 亿元①。显然，成渝相较其他三大城市群的经济发展水平还具有明显差距，但是从平均增速来看，四大城市群平均增速分别为 7.3%、6.33%、7.36% 和 10.66%，成渝城市群表现突出。二是区域内部发展不均衡。2016 年国务院发布的《成渝城市群发展规划》中明确指出，“核心城市背向发展”和“次级城市发育不足”，即重庆、成都两个核心城市空间发展战略缺乏充分对接；地级城市发展相对缓慢，人口经济集聚能力不强；区域内城区人口百万以上大城市数量不多，对核心城市职能分担不够，对中小城市和小城镇带动辐射不足②。成渝地区内部发展不平衡，形成了重庆向西、成都向东间的“中部塌陷”问题。2019 年统计显示，重庆 GDP 达 23605 亿元，成都 GDP 为 17012 亿元，区域内经济发展相对较好的地级城市 GDP 也仅保持在 2000 亿元左右（见表 1）。由此看来，巨大的经济差异不但没能使成渝双城带动周边城市，反而产生了强大的虹吸作用。

---

① 梁现瑞等：《万条数据“画像”成渝城市群升级之路》，四川在线，https：//sichuan.scol.com.cn/scxw/201907/57014528.html。

② 《国家发展改革委　住房城乡建设部关于印发成渝城市群发展规划的通知》，中华人民共和国国家发展和改革委员会官网，https：//www.ndrc.gov.cn/fzggw/jgsj/ghs/sjdt/201605/t20160504_1170022.html，2020 年 12 月 24 日。

表 1　2019 年成渝城市群部分城市 GDP 统计

城市名称	GDP(亿元)	人均 GDP(元)	常住人口数(万人)
重庆	23605	75858	3124
成都	17012	103386	1658
绵阳	2856	58685	487
宜宾	2601	57003	456
德阳	2335	65745	356
南充	2322	36073	643
泸州	2081	48105	432
达州	2041	35560	574
乐山	1863	56964	327
内江	1433	38737	370

资料来源：统计局，https：//new. qq. com/rain/a/20201024a0d06p00。

面对区域内外发展的双重非平衡性，成渝地区双城经济圈人才发展的关键问题在于建立人才资源的外在差异性和内在协同性。第一，人才资源的外在差异性，是就成渝地区人才资源发展的相对特殊性而言的，这一特殊性根植于成渝地区的历史文化、产业结构和区位环境等。如据相关调查发现，成都比杭州更受 35 岁以上互联网人的青睐，成为与北上广深并列的取向选择，显然这与成都的生活氛围有着一定的关系①。因此，成渝地区人才发展必须立足自身特殊性、深挖人才特色，而非是与其他区域人才发展陷入无序的“抢夺模式”。第二，人才资源的内在协同性，成渝地区内在协同性不仅是要促使成渝两个核心城市从以往的竞争关系转为竞合关系，重点解决产业重叠问题；而且要通过“中心 – 外围”机制带动区域内部的整体发展水平，重点解决“中部塌陷”问题，形成差异化发展的生态格局，进而引领辐射西部区域发展。综合来看，成渝地区双城经济圈人才协同发展很可能面临着比京津冀、长三角、粤港澳大湾区更加复杂的非均衡性问题。

① 脉脉：《人才流动与迁徙报告 2020》，搜狐网，https：//www. sohu. com/a/384455499_162522。

（三）人才政策高同质性

这是一个人才比资本更重要的时代，求才爱才的社会氛围日渐浓厚。但从近年来各地的人才新政看，新政同质化程度普遍较高。有研究者指出，当前各地人才政策中存在人才住房、优质学位和人才基金三大痛点①。特别是面对成渝两地优势产业大类的高重叠度，相对应的人才需求也具有一定的重合性。通过梳理2000年以来成渝两地的人才政策（见表2），不难发现两地人才政策无不瞄准高层次人才，人才政策同质化现象愈加凸显。如：2017年重庆市出台的“鸿雁计划”强调人才引进遵循“聚焦产业、突出创新、按需引进、市场认可、重在使用”原则，注重市场导向型人才的表现，与强调学术评价的《重庆市引进高层次人才若干优惠政策规定》二者互为补充；成都市人才引进亦强调创造价值能力，人才引进也更加市场化、国际化，其范围已延展至全世界。《2019年成都人才白皮书》明确了国际顶尖人才、国家级领军人才、地方领军人才、高级人才、创客人才、基础人才、民间优才这七类重点人才作为全市人才引进开发的长期宏观导向。

表2　成都市和重庆市部分重要人才政策梳理

城市	年份	政策
成都	2003	《关于鼓励和引进留学人才来蓉创业工作的若干意见》
	2007	《成都市鼓励企业引进急需高层次人才暂行办法》
	2008	《关于建立人才“产销衔接”长效机制的意见》
	2016	《成都市引进高层次创新创业人才实施办法》
	2017	《成都实施人才优先发展战略行动计划》
重庆	1999	《重庆市引进人才优惠政策实施细则》
	2009	《重庆市引进高层次人才若干优惠政策规定》
	2013	《百千万工程领军人才培养计划实施办法》
	2017	《重庆市引进海内外英才“鸿雁计划”实施办法》

资料来源：公开数据整理所得。

① 李拉、冯宙锋：《各地人才激励政策存在跟风　应避免同质化》，南方都市报，http://epaper.oeeee.com/epaper/G/html/2018-12/04/content_61286.htm。

从以上对成渝两地人才政策梳理中发现，两地人才引进理念、产业人才需求、人才发展结构等方面具有较高的同质性，政策的牵引促使两地人才市场逐渐进入一种竞争状态。当然，这一状态并非成渝的独有特征，而只是在“双城双核”发展背景下更加凸显而已。正如有学者指出：“中国之所以持续数十年高速发展，其中一个重要原因，就是不同行政区域之间的竞争和其中比较优势的发挥。某种意义上说，竞争是提升经济发展质量、实现转型升级的催化剂。但过度的同质化竞争会造成资源浪费、效率不高等问题，推动成渝地区双城经济圈建设，两地必须正确面对同质化竞争。”① 为避免政策同质化，近年来成渝两地也在积极探索具有差异化的人才政策，但是在政策设计与实施中不免存在大同小异且鲜有新意，如成渝两地在党政人才、企业人才和工程人才政策的具体内容存在一定的差异性，但对人才理解的内涵基本一致（见表3）。针对成渝地区人才政策高同质性问题，其破解之道就是实现人才发展的一体化。这不仅要树立区域大人才观的新理念，而且要寻找伙伴式高质量发展的新模式，亟须从国家和区域层面建立人才支撑新体系，这对成渝人才发展提出了新要求。

表3　成都市和重庆市部分重要人才政策梳理

城市	人才工程名称	主要内容
成都	党政人才队伍优化工程	干部学历在本科及以上的至少达到85%，党政机关干部至少30%以上的人员年龄不得超过35岁；市、县和乡互派到重要的工程项目和岗位挂职锻炼的党政后备干部需1万名
	企业经营管理人才素质提升工程	培养具有国际知名度的企业家3人；在国内有影响力的企业家50人；在国内同行业中处于领先水平的企业家100人
	高科技人才培养引进计划	建设以高科技创新型领军人才为主体，中青年科技创新人才为后备的高科技创新型人才队伍

① 丁任重、王小广、贾康：《辩证对待成渝地区产业同质化竞争》，四川日报电子版，https：//epaper. scdaily. cn/shtml/scrb/20200730/239896. shtml。

续表

城市	人才工程名称	主要内容
重庆	百名党政一把手培养计划	实施百名党政一把手培养计划，每年遴选40名市管党政正职和60名正职后备干部进行重点培养
	百名优秀企业家培养计划	培养100名具有全球战略眼光、市场开拓精神、管理创新能力和社会责任感的优秀企业家
	百名工程技术高端人才培养计划	培育100名能够引领科技创新、突破关键技术、推动科技成果转化的工程技术带头人

（四）人才环境缺竞争性

人才竞争的核心是环境竞争。当前，人才竞争格局正在发生深刻变革，人才吸引不只来自薪酬待遇等物质方面，更在于人才发展环境，特别是对高层次人才的引育留用更需要创新创业的整体环境。成渝地区双城经济圈的人才发展环境，与京津冀、长三角和粤港澳大湾区三大城市群相比还具有显著的差距，主要表现在人才规模不大和整体实力不足。以院士人才数量为例，2019年底上海市“两院”院士规模已达179人；北京以830人稳居第一，占“两院”院士总量的47.5%；截至2020年6月底，深圳人才总量超过600万人，高层次人才达1.7万人，留学回国人员超14万人，全职院士50人；2015年底至2020年6月底，全职院士从12人增加到46人。相比而言，2018年底重庆市人才总量达到527.6万人，占人力资源总量的29.6%，其中“两院”院士16人；成都市人才总量达到460.7万人，占人力资源总量的29%，其中“两院”院士30人（2019年为32人）。再以R&D的投入为例，截至2018年，成渝两地R&D的投入规模总量相对主要省市较低；成渝R&D投入强度，即R&D占GDP的比例在1.5%~1.6%的范围，低于全国平均水平（2.19%）；在投入产出效率上，特别是成果转化方面，成渝低于沿海地区；就成渝内部而言，成都科技产量要高于重庆，但重庆科技运行环境，包括市场化率要高于成都，所以转化率相对更高（见表4）。

表 4　2018 年部分省、直辖市科技成果

地区	R&D 人员全时当量(人年)	R&D 内部经费支出(亿元)	R&D 内部经费支出占 GDP 比重(%)	专利申请数(件)	专利授权数(件)
北京市	39.7	1870.8	5.29	211212	123496
天津市	16.1	492.4	3.49	99038	54680
上海市	27.1	1359.2	3.56	150233	92460
江苏省	79.4	2504.4	2.51	600306	306996
浙江省	45.8	1445.7	2.32	455526	284592
安徽省	16.7	491.6	1.32	207428	79747
广东省	102.3	2704.7	2.51	793819	478082
四川省	8.1	737.1	1.58	152987	87373
重庆市	13.2	364.6	1.54	72121	45688

资料来源：各省《统计年鉴 2019》。

以上数据可以间接反映成渝人才发展环境竞争力状况，但这也是一个较为复杂的问题。如有研究者借助城市人才环境竞争力评价指数体系，发现成渝两地在人才成长环境的得分分别为第 11 和第 13 名，低于杭州（第 8 名）和西安（第 6 名）；成渝两地在开放包容环境的得分分别为第 10 和第 8 名，低于宁波（第 7 名）和青岛（第 9 名）（见表 5）。显然，成渝人才发展环境的竞争力还有进一步提升的空间，特别是针对成渝地区高层次人才的引进与留用等问题。因此，面对人才发展环境问题，并非只是通过人才政策实现，而是亟须加快构建全方位的人才发展生态体系，这涉及市场环境、产业平台、公共服务水平、人才落地机制以及文化包容性等。正如有研究者指出："人才政策容易被模仿复制，但是人才生态环境才是持久竞争力。"①

① 杨宁：《人才生态才是持久竞争力》，光明日报网站，http://epaper.gmw.cn/gmrb/html/2017-11/30/nw.D110000gmrb_20171130_3-15.htm。

表 5　主要城市人才环境竞争力得分及排名

城市	综合得分（分）	排名	经济发展环境得分	排名	人才成长环境得分	排名	开放包容环境得分	排名	生活人居环境得分	排名
北京	93.439	1	17.464	1	30.342	1	27.311	1	18.322	1
上海	81.057	2	17.235	3	22.404	4	23.691	4	17.727	5
深圳	80.540	3	17.325	2	22.440	3	23.774	3	17.001	8
广州	77.789	4	15.672	4	20.941	9	24.191	2	16.984	9
天津	74.200	5	14.034	10	23.353	2	20.590	5	16.163	16
武汉	73.999	6	14.065	9	21.906	5	20.296	6	17.732	4
成都	73.198	7	15.032	6	20.470	11	19.857	10	17.839	3
南京	72.992	8	14.156	8	21.313	7	19.502	14	18.021	2
重庆	72.985	9	15.415	5	19.882	13	20.100	8	17.588	6
杭州	71.985	10	14.619	7	21.114	8	19.837	11	16.414	14
西安	71.340	11	13.309	17	21.661	6	19.613	13	16.757	12
宁波	69.458	12	13.884	11	19.211	18	20.135	7	16.228	15
青岛	69.291	13	13.353	16	20.067	12	19.898	9	15.973	17
大连	69.177	14	13.525	14	19.366	17	18.811	15	17.476	7
济南	69.018	15	13.224	18	20.804	10	18.212	17	16.780	11
郑州	68.715	16	13.862	12	19.586	16	18.387	16	16.880	10
厦门	67.810	17	13.713	13	19.668	14	19.632	12	14.797	18
哈尔滨	67.557	18	13.495	15	19.624	15	17.805	18	16.633	13

资料来源：《四川人才发展报告（2019）》。

四　成渝地区双城经济圈人才协同发展的目标与策略

（一）发展目标

1. 新格局：从内部化到第四极

面临国际关系复杂和国内经济转型的新形势，党中央审时度势提出建设成渝地区双城经济圈，这是党中央精心谋划的重大区域发展战略，通过构建新发展格局以适应现代化发展需要。在成渝经济区、成渝城市群、国家中心城市等一系列战略布局演进的递增影响下，成渝地区的空间格局发生重大跃升，如成都从“两山夹一城”变为“一山连两翼”，成都的“东进”布局与重庆的“西扩”正在建立相向而行的新发展格局。显然，成渝地区双城经济圈规划是以往战略布局的“升级版”，是应对“中部塌陷”问题的重大突破。然而，这一新战略要求不是限于成渝地区内部，而是一项由内向外的大格局谋划，称为中国区域经济增长第四极。当前，在逆全球化和疫情不确定性连锁效应影响下，构建“以国内大循环为主体、国内国际相互促进”的双循环发展新格局，无疑成为成渝地区双城经济圈凸显“第四极”发展目标的新方位。成渝双城作为“一带一路”的节点城市，应建立以泛亚泛欧区域为重点的空间战略联系的外循环系统；作为长江经济带发展和新一轮西部大开发的区域支点，应强化作为西南地区核心的区域辐射和循环带动战略，以云贵川青藏五省区为重点辐射区域，发挥国家中心城市作用，促进西南地区经济发展，形成内循环系统。此外，中央财经委员会第六次会议明确指出，推动成渝地区双城经济圈建设，在西部形成高质量发展重要增长极，打造内陆开放战略高地。

在这一新发展格局下，成渝人才协同发展必须顺应发展的时代要求和基本趋势，明确成渝人才协同发展的新定位与新目标。与京津冀地区、长三角城市群、粤港澳大湾区濒临沿海相比，成渝地区地处我国西南腹地，处于全国“两横三纵”城市化战略格局沿长江通道横轴和包昆铁路纵轴的交汇地带，是长江经济带的战略支撑，是新一轮西部大开发的战略平台，是“一带一路”倡议的重要战略节点，具有承东启西、连接南北、贯通中外的区位优势。成渝地区处于亚太与欧洲的主航线上，与国内其他特大城市如武汉、杭州相比，成渝到西亚、欧洲航线距离更短，更具时效优势。同时成渝地区作为西部内陆地区，西南靠近越南、柬埔寨、泰国等东南亚国家、西部经西藏可通达南亚的印度、斯里兰卡等国，西北经兰渝线、兰新线可抵达中亚等国，陆路交通位置较为便利。因此，成渝地区双城经济圈建设的重要使命就是要以“一带一路”建设为契机，形成陆海内外联动、东西双向互济的开放战略新思维，通过重点打造面向泛欧泛亚的国际门户枢纽和国际交往中心，充分发挥成渝地区双城经济圈的区位功能和资源优势，加快形成以国内大循环为主体、国内国际双循环相互促进的新发展格局，用好国内与国际两个市场、国内与国际两种资源，统筹兼顾、优势互补、互促互进、共同发展，培育成渝在新形势下参与国际合作和竞争新优势。

相较而言，成渝地区双城经济圈人才协同发展具有自身的独特性，因此成渝应主要突出内部资源整合与外部带动辐射。一方面，实现成渝地区内部的人才资源整合，通过市场化机制破解行政壁垒、打通人才流动通道，促进成渝人才资源进行充分的交流与合作。其中，成渝双城必须先行先试，如建立具有互认功能的“人才银行”制度。另一方面，成渝作为西部发展的“领头羊”，应加强与西南、西北、相邻区域以及面向泛欧泛亚的互动，发挥人才资源辐射和带动作用。总体而言，成渝须树立人才发展一盘棋思想，建立“以邻为伴”的人才互动合作关系；打破一切阻碍要素资源流动的行政区壁垒，推动区域统一的市场体系的形成和完善，加快政府间的制度接轨、政策接轨和市场接轨。

2. 新阶段：从外延式到内涵式

当前，我国已经进入高质量发展阶段。从高速增长阶段转向高质量发展阶段，再到进入高质量发展阶段，我国经济社会发展开启了一个新的阶段。高质量发展，就是能够更好满足人民日益增长的美好生活需要的发展，深入破解发展不平衡不充分的矛盾和问题。因此，有学者提出：“在高质量发展阶段，保障和改善民生内涵也将发生更加深刻的变化。”[①] 2020 年 10 月，党的十九届五中全会通过的《中共中央关于制定国民经济和社会发展第十四个五年规划和二〇三五年远景目标的建议》（简称《建议》）提出“推进以人为核心的新型城镇化”，明确了新型城镇化目标任务和政策举措。从区域发展看，东部沿海经济发达地区人口高度集聚与中西部欠发达地区城镇化滞后形成鲜明对比。为此，该《建议》提出“推进成渝地区双城经济圈建

① 《为什么说中国经济已进入高质量发展阶段》，中华人民共和国中央人民政府官网，http：//www.gov.cn/xinwen/2020－08/14/content_5534695.htm。

设”，这在《成渝地区双城经济圈建设规划纲要》中做出了系统谋划和战略部署，即把成渝地区打造成为带动全国高质量发展的重要增长极和新动力源，提出“要推动城市发展由外延扩张向内涵提升转变，防止城市摊大饼，积极破解大城市病”。成都市第十三次党代会也明确指出：“‘十四五’时期要将发展路径转到内涵发展上，更加注重人城产融合，持续推动营城逻辑由‘产城人’转变成为‘人城产’。”[①]

从以上描述和分析看，立足新阶段，国家和地方已经提出了明确的政策导向，各个区域也在探索具有中国特色的新型城镇化道路上先行先试，鼓励和支持地方社会各界在新型城镇化道路上创新以人为本的人才政策。譬如：作为长三角“龙头”的上海，2020 年上海人力资源和社会保障局、财政局修订印发了《上海市“超级博士后”激励计划实施办法》（简称“超博”计划），经评审入选者，上海市促进人才发展专项资金按照每人每年 15 万元（2 年），设站单位应给予不低于 1∶1 的配套经费[②]。上海市政府对在沪博士后不仅给予落户和买房等人才优惠政策，让博士后能安心留用；一些在沪高校还为优秀博士后建立“师资博士后”机制，出站即留校，并将在站期间的科研成果纳入人才评定中；又如，《粤港澳大湾区发展规划纲要》中将深圳定位为具有世界影响力的创新创意之都、以深圳证券交易所为核心的资本市场，加快推进金融开放创新。当前，深圳正构建“知识＋人才＋金融”的发展模式，提出“来了就是深圳人”的城市文化；打造国际人才高地，建设面向现代化、面向世界、面向未来的人才之城。同时，深圳积极采取引育并举的策略，2016 年 10 月设立深圳人才研修院，为人才提供资智企智对接，创新成果路演展示、学术交流、疗养保健、政策宣传等服务，打造多功能高层次人才综合服务平台。截至 2019 年 9 月，举办各类

① 《中国共产党成都市第十三届委员会第八次全体会议决议》，成都市委统战部，http：//www. cdtzb. gov. cn/cdstzb/yaowenTitle/202012/28/content_4900366261b24132817bff3926b81ceb. shtml。

② 上海市人力资源和社会保障局、上海市财政局：《上海市“超级博士后”激励计划实施办法》，上海市人力资源和社会保障局官网，http：//rsj. sh. gov. cn/txgzc_17419_17419/20200714/t0035_1392303. html。

人才研修班31期，举办人才研修活动3030场，约7100人才参加[1]。2020年11月，深圳人才研修院院士楼项目正式揭牌启用，并投入1000亿元设立人才安居集团负责筹资建设人才住房，未来深圳住房中有近20%将是人才住房[2]。

从经济高速增长到高质量发展，从人口规模扩张式城镇化到以人为核心的新型城镇化，我国经济社会迈入了内涵式发展的新阶段，区域人才发展模式亦进入内涵式发展的新阶段。从2013年开始，新一线城市作为《第一财经周刊》的品牌商业数据逐渐进入大众视野，每年榜单成都均被评为首位，2020年成渝双城分别位于第一和第二。特别是从2017年的“人才抢夺战”来看，新一线城市间的人才竞争最为激烈。但前几轮人才争夺结束后，各大城市亟须冷静思考“后人才竞争时代”的人才治理问题，即在新型城镇化发展背景下，全面认识成渝地区的人才结构、就业结构和产业结构，针对不同人口规模城市制定相应落户政策，用好人才存量，精准吸引人才，营造人才环境。2019年4月，国务院发布的《2019年新型城镇化建设重点任务》重点强调“扎实开展成渝城市群发展规划实施情况跟踪评估，研究提出成渝城市群高质量发展的政策举措，培育形成新的重要增长极”。为此，成渝地区坚持把以人民为中心作为城市规划建设的逻辑起点，在相应区域范围优化城乡空间结构、重塑产业经济地理，推动城市发展由工业逻辑回归人本逻辑、由生产导向转向生活导向，加快推进成渝相向发展，构建跨区域协同配置资源要素的产业链、价值链、创新链和供应链，更好辐射带动区域高质量发展，用人才发展促进新型城镇化建设。人才政策逐渐以地方的需求、以人才的需求为导向；人才政策出现个性化的特点以及激励方式多元化，需要根据自己的特点发挥优势；人才政策有一个服务链，这就是人才的需求模型和服务链，这是人才需求架构的基础。

---

① 深圳市委市政府：《关于促进人才优先发展的若干措施》，深圳特区报，http：//sztqb.sznews. com/html/2016 -06/15/content_ 3547814. htm。

② 深圳市国资委：《深圳市人才住房建设筹集和管理运营》，深圳市人民政府国有资产监督管理委员会网站，http：//gzw. sz. gov. cn/gzcy/zxft/wqhg/content/post_ 4603834. html。

3. 新理念：从竞争性到一体化

自古以来，成渝地理同域、文化同源、经济同体，或许正是存在较多的共同点，成渝在发展形成了一定的竞争，这也是破解成渝人才协同发展的“七寸”所在。推动成渝地区双城经济圈建设，就要从竞争走向竞合，但实现竞合发展的重要治理技术就是一体化。随着成渝地区双城经济圈建设的推进，成渝地区社会各界已经开始探索“一体化”实践。如：2020 年 3 月，成渝两地形成了《深化川渝合作推动成渝地区双城经济圈住房公积金一体化发展合作备忘录》，推进住房公积金共建共享，初步建立跨区域转移持续和互认互贷机制，推动成渝住房公积金一体化发展，进而促进区域人才流动①；2020 年 4 月，四川省交通运输厅和重庆市交通局签署了《成渝地区双城经济圈运输服务一体化发展合作备忘录》，在规划政策协调统筹、道路运输、水运港口、多式联运等领域加强合作，强化行业管理协同共治②。同月，四川省泸州市与重庆荣昌区、江津区亦签订了《推进成渝地区双城经济圈建设一体化发展2020 年行动计划》，在基础设施、产业协同、平台建设等 7 大领域开展一体化合作③；2020 年 5 月，重庆市中医管理局（卫健委）与四川省中医药管理局签署《川渝中医药一体化发展合作协议》，共建川渝地区国家中医药综合改革示范区，探索中医药事业、产业、文化一体化跨省市联动发展新模式，其中明确提出实施中医药人才培养工程④。

作为区域协同发展的重要治理技术，一体化已经成为京津冀、长三角和粤港澳大湾区等区域人才协同发展的共同工作话语，但这也容易遮蔽不同城

---

① 张化友、王彦杰：《唱好“双城记”建好“经济圈”——成渝地区住房公积金一体化发展按下“加速键”》，住房和城乡建设部官网，http：//zjt. qinghai. gov. cn/html/124/17794. html。

② 戴璐岭：《成渝地区双城经济圈运输服务一体化发展合作备忘录签署》，四川新闻网，http：//scnews. newssc. org/system/20200424/001061910. html。

③ 自贡市人大常委会：《又增两地人大牵手合作　助推成渝“双城”经济圈建设——自贡市人大常委会与重庆市荣昌区人大常委会签署合作协议》，四川省人民代表大会常务委员会官网，http：//www. scspc. gov. cn/jcrd/202008/t20200806_ 38399. html。

④ 陈琦、张祎：《川渝签署“中医药一体化”发展合作协议》，人民网 - 重庆频道，http：//cq. people. com. cn/n2/2020/0521/c365401 - 34033924. html。

市群人才发展的差异性和特殊性。如：京津冀协同发展的战略核心是有序疏解非首都功能，控制城市人口规模，探索人口经济密集地区优化开发的模式。京津冀三地人才工作领导小组联合发布《京津冀人才一体化发展规划（2017～2030年）》，通过区域空间格局设置与人才集聚工程实现人才一体化改革；长三角一体化发展思路紧扣两个关键词——“一体化”和“高质量”，发挥区域内各地的产业、人才资源、科技平台等优势，通过合作与竞争，取长补短、优势互补，最终形成适合各自发展的区域人才发展特色的一体化；粤港澳大湾区建设首要指向融合发展，即粤港澳三地经济、文化和制度的多重融合，而人才集聚和充分流动是粤港澳大湾区融合发展的基础，创建“广州—深圳—香港—澳门”科技创新走廊、打造大湾区国家科技创新中心等一系列国家战略，让粤港澳定位“人才湾区”，高新技术产业、高端创新创业等人才集聚效应凸显。

推动成渝地区双城经济圈建设，唱好“双城记”、共建经济圈，必须要树立一体化理念、一盘棋思维，加强战略对接、政策衔接、功能链接，推动成渝地区互利共生、开放协同、相互成就、整体成势，合力打造区域协作的高水平样板。因此，成渝首先需要从人才一体化率先在跨区域一体化制度创新上实现突破，提高市场一体化、经济集聚度、区域连接性和政策协同性。成渝人才一体化的关键在于人才资源的整合，而整合的前提是促进人才流动，这就取决于人才制度的顶层设计和人才机制的基层探索。譬如：成渝两地一体化的联席会议制度；成渝高校建立“联盟”的机制，其目的就是实现人才一体化发展，包括管理人员互派挂职、教师教学流动、学生学分互认、就业信息共享等。

（二）协同发展策略

1. 增强产才融合链互动，提高人才开发水平

（1）支持产业集群建设，融汇产业技术人才。城市群的核心在于产业，而产业发展的核心在于企业，企业发展的核心在于人才，如何汇聚优秀人才成为影响城市群是否持续、高质量发展的关键因素。建立以产引才、以才促

产、产才融合的良性格局，是成渝地区集聚人才的重要方式。成都、重庆作为成渝地区两个重要的国家中心城市，理应发挥成渝地区双城经济圈建设的“龙头”作用，但长期以来成都、重庆经济协同程度不高，尚未形成像阿里巴巴、华为、苏宁等具有世界影响的产业集聚企业。对此，成渝地区应加强区域间产业规划对接，增强产业链优势互补、产业集群协同联动，促进产业政策共建共享，着力打造 2～3 个具有世界影响力的产业群①。以产业带动人才，以项目留住人才，在产业群的基础上构建人才链，提高人才引进与成渝地区产业的契合度，实现人才与产业企业发展的共赢局面。

（2）推动“卡脖子”产业发展，聚合高端创新人才。当今国际竞争实质为科技竞争，谁掌握先进科学技术，谁就拥有竞争的主导权。长期以来我国芯片制造、半导体储存、光刻机生产等产业被国外政府与企业限制，华为芯片断供、中芯国际光刻机进口受阻等事件，反映出部分高精尖产业仍被国外“卡脖子”。如何摆脱国外限制，实现我国高新技术产业自主发展？成渝地区应充分利用已有产业结构优势，在集成电路产业发力，整合重庆地区的西永微电园、渝北和荣昌集成电路产业、成都芯谷、绵阳与泸州集成电路产业，打造成渝地区集成电路产业长廊②。同时，还应加大对集成电路产业研究机构如电子科技大学、西南交通大学、重庆大学等扶持力度，加强新兴交叉学科建设，推进“双一流高校”与在川渝电子企业、科研院所进行跨区域、跨学科、跨领域协作攻关，集中突破一批迫切需要解决的集成电路产业中“卡脖子”核心关键技术，推动成渝地区集成电路产业发展。以集成电路产业为“卡脖子”行业突破口，通过产业长廊模式，实现创新创业人才集聚，进而推动成渝地区集成电路产业走向世界。

（3）立足区域产业特点，形成区域特色人才。巴蜀千载情，川渝一家亲，两地人民经过长期的交流与联系，形成具有地方特色的巴蜀文化。成渝

---

① 郑皓月：《成渝地区双城经济圈与陆海新通道，如何抓如何建?》，央广网，http：//news.cnr. cn/native/city/20200325/t20200325_ 525029601. shtml。

② 罗向明：《“成都芯谷”打造中国集成电路产业高地》，四川在线，https：//cd. scol. com.cn/m/cy/201701/55789398. html。

地区可充分利用巴蜀文化在方言相近、饮食相通、历史同脉、文化同源等方面的优势，共同打造具有巴蜀文化特色产业。2019 年融入巴蜀诸多文化要素动画片《哪吒之降魔降世》一举成名，极具巴蜀文化特色的“川普”，备受关注与喜爱。成渝地区可因势利导，将极具巴蜀特色的文化融入传媒、电竞游戏产业，结合 5G、VR、人工智能等高新技术，形成极具巴蜀文化特色的文创产业，在此基础上培养相关文创人才；在饮食行业成渝两地火锅文化极具特色，成渝两地可联合打造巴蜀饮食文化的火锅品牌，形成极具巴蜀特色饮食文化产业，培养从事饮食行业的人才。在文化产业方面，成都与重庆作为全国知名“网红”城市，旅游景点、网红景点较多，成渝地区可充分利用两地旅游景点，以文化为纽带，以景点为基础，联合打造巴蜀文化旅游品牌，建立贯通成渝两地文化旅游行业的跨区域文化旅游航母，培育成渝文化旅游产业的特色人才。①

2. 实施人才全周期发展计划，推动人力资源合理布局

（1）注重人才多元化，构建阶梯形人才梯度。人才队伍建设，不仅需要四梁八柱，也需要千砖万瓦；不仅需要领军人才，也需要阶梯形的人才团队。在人才引进时既要关注高精尖科技人才，也要注重工匠人才的培养；既要关注拔尖高层次人才，也要关注中间层次人才，更要关爱青年群体。在制定人才引进计划时，结合区域产业中长期规划，关注不同层次的人才，避免出现人才断层。如上海市在制定科技人才政策时采取“两条腿”走路，一方面注重专业化、高端化科技服务人才队伍建设，另一方面制定工匠人才和储备人才引进计划②，形成自上而下的完整的人才引进和培养体系。成渝地区在人才发展方面，可借鉴上海人才建设模式，针对成渝现有产业结构特点及未来发展需要，有计划、有目标、有重点地分层、分批、分类引进高层次、技术型、服务型等各层次人才，实现人才引进的多层化、多元化、多样

① 郭三多：《川渝两地将协同打造巴蜀文化旅游走廊》，中国网，http：//guoqing.china.com.cn/2020－04/30/content_75995855.html。

② 王建平主编《上海科技人才发展研究报告（2017）》，上海交通大学出版社，2017，第 16～22 页。

化，让各行各业优秀人才都能享有人才引进政策。

（2）制定“有未来”人才规划，构筑“人性化”人才政策。人才引进之后，需要什么，如何解决？这是地方在人才引进过程中需要面临与解决的问题。不同人才的发展需求呈现差异化、多样化的特点，如青年人才发展潜力巨大，对人才环境需求较高；而中年人才经验丰富，在人才条件上受到限制。面对不同阶段人才的发展，如何做好有针对性的服务是地方政府需要关注的问题。青岛市政府制定了人才服务事项清单①，明确了各阶段人才发展需求与服务事项，明晰了政府各部门的权责与服务内容。成渝地区相关部门可借鉴青岛“人才服务清单”模式，出台符合成渝地区人才发展的规划与政策，及时将人才政策实施细则落地落实。在此基础上，针对不同阶段人才需求可提供定制化人才规划与政策，如针对年轻人而言，人才规划要契合实际，让年轻人真正“看得见”“摸得着”“拿得到”，让他们对未来的发展充满信心；而针对中年人而言，人才政策要避免“空中楼阁”，让中年人能够“够得着”“达得到”“能用了”，真正实现人才政策的落地。同时，地方相关部门还要主动了解和掌握人才发展及实际需求，各方力量协调一致为各层次人才解决后顾之忧，坚持“以人为本”，让人才规划与政策更具有“温度”。

（3）注重人才创新创业再培养，打造全生命周期的政策体系。人才引进只是人才发展的起点，并非人才发展的终点。人才在落户之后，还应注重人才创新创业的再培训与再支持，就是要用好“人才存量”。如：设立人才发展基金和人才创新创业基金，为人才创新创业提供资金支持和保障；简化创新创业企业的办事流程，坚持让数据多跑路，让创新创业人才少跑腿的办事理念，推行“最多跑一次”办事模式，让创新创业项目早落地、早开工、早建设；对于战略性、引领性项目给予贷款支持与税收优惠政策，鼓励人才创新创业。特别是要挖掘和遵循人才发展和成长规律，如有研究发现，选择

① 杨琪琪：《“一站式”服务：税学医房，考虑周详》，青岛新闻网，http：//news.qingdaonews.com/qingdao/2020-12/17/content_22491972.htm。

“跳槽”来成都工作的IT业界技术人员多为35岁以上，也可考虑将35岁以下的青年专业技术人才也吸引到成渝创业和就业，并与其职业中长期发展建立联系，帮助他们规划好职业生涯，吸引更多中青年人才落户成渝。通过资金、技术、政策等方式支持人才创新创业，在实施过程中也会出现政府不熟悉某项产业发展动态、创新创业企业熟知产业动态但自身能力不足，却难以做大做强形成合力，政府与企业之间信息不对称、不匹配造成政府政策难以发挥最大效能。鉴于此，引入社会中介资源，形成“业界共治”模式，将政府、企业、社会中介纳入产业生态建设圈，通过各方共同治理，打通政策实施的“最后一公里”，提升产业推进和企业服务专业化水平。从政策制定到政策支持再到政策实施最后到政策检验，全周期全方位地支持人才的创新创业。

3. 设计一体化人才政策架构，促进人才区域协调发展

（1）创新“人才绿卡”制度，畅通人才流动路径。“绿卡”制度原是欧美发达国家在全球范围内展开人才竞争，吸引和留住高层次人才的一项重要制度设计。国内多个城市已试行“人才绿卡”，加速高层次人才引进。如2017年8月成都市为全市296名在蓉高层次人才发放了“蓉城人才绿卡”。“人才绿卡”围绕政务服务、创新创业服务、商务服务和生活服务四大板块，提供24项服务事项，整合“线上+线下”资源，探索出了“互联网+人才服务”的新模式，关注全球人才发展新动态，凸显数字化人才发展，充分彰显尊重人才、崇尚创新、支持创业的天府文化。成都市应以人才绿卡制度为抓手，全面构建多层次、立体式、全方位的人才体系，着力打造引才聚才的良好环境。创新“绿卡”服务机制，坚持国际化人才服务的精准导向，除国内人才外，还要向高层次外籍人才伸出橄榄枝，以良好的人才引进机制畅通人才流动路径。

（2）破除“五唯”评价体制，优化人才激励机制。进入新时代，随着现代化强国的建设需要及人民对高质量教育的殷切期盼，传统的以论文、帽子、职称、学历、奖励等指标为主，重“量”不重“质”、重“效率”而不重“效果”的“五唯”人才评价模式已无法适应教育现代化的要求。鉴

于此，中共中央、国务院印发《深化新时代教育评价改革总体方案》指出，突出质量导向，重点评价学术贡献、社会贡献以及支撑人才培养情况，不得将论文数、项目数、课题经费等科研量化指标与绩效工资分配、奖励挂钩[①]。根据不同学科、不同岗位特点，坚持分类评价，推行代表性成果评价，探索长周期评价，完善同行专家评议机制，注重个人评价与团队评价相结合，这为成渝地区人才评价指明方向。成渝地区双城经济圈在人才发展与评测过程中，应改变传统的人才评价机制与体系，坚决克服唯分数、唯升学、唯文凭、唯论文、唯帽子的顽瘴痼疾，从根本上解决人才评价指挥棒问题，积极推行以代表作、社会影响力、社会贡献为导向的人才评价体系。在此基础上，推动人才分类评价制度，完善收入分配机制、激励机制和保障机制，最大限度地激发人才的创造活力。

（3）建立人才合作共享制度，完善人才互认机制。党的十九大报告提出："人才是实现民族振兴、赢得国际竞争主动的战略资源。"成渝地区认真践行新发展理念和科学人才观，遵循社会主义市场经济规律和人才成长规律，着力破除束缚人才发展的思想观念和体制机制障碍，推动人才管理体制更加科学高效。在人才一体化的基础上，推动人才合作共享制度，使人力资源配置合理、各尽所能，达致与产业发展相适、与功能定位相合的区域均衡状态。通过"一体化"实现人才结构与协同发展功能定位相契合，达到智力资源尤其是高端智力资源整合和再配置。通过区域内省市级层面协同合作，完善机制，打破壁垒，推动职业资格、职称、继续教育学时等的跨域互认与共享，鼓励创建具有共同体特征的联盟组织。在一体化区域范围内，自行实施职业资格考试，将统一考试大纲、合格标准、证书样式，并在区域内备案后即可执业；针对职称，专业技术人员，可不受户籍、档案、人事关系的限制，通过现工作单位直接在属地申报职称；针对继续教育，区域内均可作为考核评价、职称评审、岗位聘用、培养选拔和执业注册的依据。通过资

① 《中共中央国务院印发〈深化新时代教育评价改革总体方案〉》，中华人民共和国中央人民政府，http：//www. gov. cn/zhengce/2020 - 10/13/content_ 5551032. htm。

格认证、职称评定、继续教育等多方面实现区域内互联互通，推动一体化人才互认机制不断完善。

4. 营造人才竞争环境，打造人才开放宜居之地

（1）简化人才落户流程，建立区域人才服务平台。一是放宽青年人才户口（居住证）办理限制。户口、社保及合法稳定住所是留住青年人才的基础。若要使青年人才愿意长期留在成渝地区发展，首要帮助青年人才解决户口问题。而现阶段来成渝就业青年人才办理户口（居住证），需要提供相应的社保材料，外加本人或直系亲属合法稳定住所或单位集体户等。户口（居住证）的办理需要社保加合法稳定住所或单位集体户的支持，而合法稳定住所又离不开户口与社保。各种材料的相互证明在一定程度上影响了青年人才落户的积极性，限制了青年人才落户的进度。对此，成渝地区应放宽对青年人才落户条件与限制，对于在成渝发展的青年人才（硕士及以上学历人才及技术性人才等）给予“绿色通道”，减少不必要的互相证明材料，让青年人才能够方便、快捷地落户。二是简化青年人才落户和居留流程。现阶段在成渝地区落户需要在工作单位开具相应的证明材料（集体户户主首页、空白页等），再提交相应的落户材料包括入户申请表、居民身份证、户口簿、相关学位学历证书等材料，经过一系列复杂流程后才能办理人才落户，整个落户流程比较繁杂。对此，成渝地区应该简化人才落户流程，与其他地区户籍管理部门建立相应的数据共享平台，对于户口的迁入与迁出与其他地区实行网上联合办公，尽量做到“让数据多跑路，让百姓少跑腿”，真正发挥大数据、互联网的优势，使科技更好地为落户的青年人才服务。此外，成渝地区还应建立外籍高层次人才工作、居留和出入境绿色通道，对符合条件的永久居留申请，简化申请材料，将受理时限缩短至 10 个工作日；联合开展高端人才引进活动，共建科技平台吸引高端人才，借力海外侨胞助推高端引才，建立成渝区域一体化人才服务平台。

（2）建立科创中心，树立品牌。从人才、科创平台、城市环境等多个方面出台一系列政策，招才引智，为打造“科创中心”引凤筑巢。一是高起点定位。结合战略新兴产业布局，着力将市科创中心打造成为国家级孵化

器和高端创新人才集聚区、高端技术研发集成核心区、高端成果孵化运用主导区，建设成为西部一流、全国领先的科技创新城，形成“学产研用”一体化发展格局。二是高标准运营。依托丰富的高新科技园区开发与运营经验，发挥技术优势、产品优势、市场优势，对科创中心园区发展定位、目标、重点任务、空间布局、实施路径等进行全局性、长期性、战略性规划，着力提升园区创新发展能力。三是高质量招引。制定招引项目任务分解和进度表，明确责任单位，积极推动科创园区科研机构招引。另外，要以国际人才需求为导向，打造一批有海外氛围、有多元文化、有创新事业、有宜居生活、有服务保障的特色区域，为国际人才创新创业搭建良好的承载平台、提供职住一体的生活配套，确保人才引得进、留得住，着力打造国际人才集聚区、人才政策试验区、创新创业示范区，从而铸牢“招才引智”品牌。同时，要充分发挥成都和重庆两个核心城市的引领带头作用，重点打造重庆两江新区和四川天府新区①，将其作为高端人才集聚区，引导沿线 9 城重点发展电子信息、机械装备、智能制造、清洁能源、医药化工等制造产业，把成渝打造成为具有国际影响力的区域创新创业中心。

（3）打造绿色“公园城市”，建立生态宜居之地。公园城市建设作为城市战略的重要组成部分，构筑“人、城、境、业”高度和谐统一的宜居生活环境和核心竞争优势，在生态文明时代更好满足人民对美好生活向往。一是服务“人”，满足市民对美好生活的需要。围绕市民居住、工作、游憩等方面，优化公园城市设计布局，实现让居民在生态中享受生活、在公园中享有服务，以公园城市建设提升城市品位及市民生活品质。二是建好“城”，构建新时代城市可持续发展的新型形态。营造“开门见绿、推窗见景”的公园城市居民生活环境。三是美化“境”，营造人与自然和谐共生的生命共同体。立足于保护自然生态环境，保护美丽宜居公园城市的生态本底，结合城市独有的历史文化等资源条件，优化城市空间布局。四是提升“业”，推

① 《中共四川省委关于深入贯彻习近平总书记重要讲话精神　加快推动成渝地区双城经济圈建设的决定》，人民网，http：//cpc. people. com. cn/n1/2020/0716/c64387 - 31786125. html。

动城市经济组织方式的创新转变。构建绿色产业体系，推动先进制造业、服务业高质量发展，培育绿色生态产业。以“城”引人，以“景”留人，通过绿色“公园城市”的打造，建立生态宜居之地，进而吸引更多人才移居成都，共同发展。

参考文献

〔美〕加里·德斯勒：《人力资源管理》，刘昕泽，中国人民大学出版社，2017。

郭庆松：《人才发展：突出问题及对策研究》，人民出版社，2018。

王辉耀、苗绿：《人才成长线路图》，中国社会科学出版社。2018。

中国人才创新创业优质生态圈评估研究课题组：《中国人才创新创业优质生态圈发展报告（2019）：对北上广深杭（含一线城区）及粤港澳大湾区的第三方评估》，中国社会科学出版社，2019。

王崇锋：《人才聚集与区域经济协同发展研究》，人民出版社，2015。

白春礼主编《人才与发展：国立科研机构比较研究》，科学出版社，2011。

薛永武：《人才发展的主体性因素》，中国社会科学出版社，2020。

张洪温主编《北京人才发展报告（2020）》，社会科学文献出版社，2020。

汪怿：《未来30年上海人才发展战略研究》，上海社会科学院出版社，2017。

蔡学军、孙一平等：《人才工作支撑创新驱动发展：评价、激励、能力建设与国际化》，经济科学出版社，2016。

成渝特稿

Chengdu－Chongqing Special Report

成渝地区双城经济圈科技人才队伍建设思路与策略

蒋华林*

摘　要：推动成渝地区双城经济圈建设已成为一项国家重大战略。将成渝地区建设成为具有全国影响力的科技创新中心，是党中央赋予成渝地区的重要功能定位，具有十分重大的战略意义。具有全国影响力的科技创新中心首先是人才聚集中心，要牢固树立“人才立中心”的发展理念，加快科技人才队伍建设。对成渝地区双城经济圈科技人才队伍总体规模、学历结构、研究类型分布及执行部门分布等分析表明，成渝地区双城经济圈科技人才队伍建设取得明显进步，但与建设具有全国影响力的科技创新中心的目标要求相比，还存在科技人才聚集度不够高、集聚环境竞争力不够强、战略科技人才相对匮乏、科技人才成果产出对经济发展的支撑力不够强、科

* 蒋华林，博士，重庆大学工程科教战略研究中心研究员，主要从事高等教育理论与政策研究。

技人才本土培养能力不足、科技人才的承载能力有待提高、科技人才队伍建设制度保障不足、科技人才队伍建设的开放共享水平较低等问题。鉴于此，本文建议从一体化编制区域科技人才发展规划、布局打造科技人才集聚发展的高端平台、加快构建具有全球竞争力的科技人才制度体系、构建高质量开放合作的科技人才新发展格局，以及建设科技人才发展所需生态环境等方面加强科技人才队伍建设。

关键词：成渝地区双城经济圈　科技创新中心　科技人才　人才生态环境

2020 年 1 月 3 日，习近平总书记主持召开中央财经委员会第六次会议，明确要推动成渝地区双城经济圈建设，在西部形成高质量发展的重要增长极，使成渝地区成为具有全国影响力的重要经济中心、科技创新中心、改革开放新高地、高品质生活宜居地（即“两中心两地”）。为此，可以把 2020 年称为“成渝地区双城经济圈建设元年”。其中将成渝地区建设成为具有全国影响力的科技创新中心，是中央赋予成渝地区的重要功能定位。“盖有非常之功，必待非常之人”。毫无疑问，科技创新中心建设离不开人才，特别是一大批科技人才的支撑，否则科技创新中心必将是“镜中花”“水中月”。对此，应当思考成渝地区双城经济圈科技人才队伍建设现状如何，在科技创新中心目标观照下存在什么问题，进而明确建设思路，提出针对性对策举措。

关于“科技人才”的界定，学术界有多种观点和认知。2017 年发布的《“十三五”国家科技人才发展规划》给出了“官方”定义：科技人才是指具有专业知识或专门技能，具备科学思维和创新能力，从事科学技术创新活动，对科学技术事业及经济社会发展做出贡献的劳动者。主要包括从事科学研究、工程设计、技术开发、科技创业、科技服务、科技管理、科学普及等科技活动的人员。根据《人才学辞典》，科技人才是“科学人才和技术人才的略语；是在社会科学技术劳动中，以自己较高的创造力、科学的探索精神，为科学技术发展和人类进步做出较大贡献的人”。[①] 在统计结构中，将科技人才资源一般分为五个层次：专门人才、科技活动人员、专业技术人员、R&D 人员、科学家和工程师。[②] 考虑到科技人员的“科技性”、概念的统计界定的清晰性、数据可获得性以及国际可比性，本文以研究与试验发展（Research & Development）人员，即 R&D 人员作为科技人才的统计口径。[③] 为更具可比性，一般将其折算为 R&D 全时人员当量。[④]

一 建设具有全国影响力的科技创新中心要求加快成渝地区双城经济圈科技人才队伍建设

（一）建设具有全国影响力的科技创新中心具有十分重大的战略意义

今天，科技创新已成为影响世界百年未有之大变局的核心变量和提高社会生产力与综合国力的战略支撑，但“关键核心技术是要不来、买不来、讨不来的”，通过强化战略科技力量赢得全球科技竞争主动权已经刻不容缓。习近平总书记强调，科技革命总是能够深刻改变世界发展格局，科技兴则民族兴，科技强则国家强。党的十八大以来，中央提出并大力实施创新驱动发展战略，发布《国家创新驱动发展战略纲要》，有步骤地在全国布局建设科技创新中心，先后批准北京建设全国科技创新中心、上海建设具有全球

① 刘茂才主编《人才学辞典》，四川省社会科学院出版社，1987，第 229 页。

② 曹宏霞：《科技人才资源探析》，《当代经济》2007 年第 9S 期，第 68 ~ 69 页。

③ R&D 人员指参与研究与试验发展项目研究、管理和辅助工作的人员，包括项目（课题）组人员、企业科技行政管理人员和直接为项目（课题）活动提供服务的辅助人员。它反映投入从事拥有自主知识产权的研究开发活动的人力规模（来源于《中国统计年鉴 2019》）。

④ R&D 人员全时当量指全时人员数加非全时人员按工作量折算为全时人员数的总和，为国际上比较科技人力投入而制定的可比指标（来源于《中国统计年鉴 2019》）。

影响力的科技创新中心。当前正在总结“十三五”、谋划“十四五”，面临国内外环境发生深刻复杂变化，“十四五”时期以及更长时期的发展对加快科技创新提出了更为迫切的要求。① 从区域格局上看，成渝地区双城经济圈在链接京津冀、长三角、珠三角和成渝地区的菱形板块结构中有着十分重要的地位。按照林毅夫教授的分析，“中国的追赶（欧美发达国家的）空间来自成渝所引领的中西部地区”，② 成渝地区双城经济圈具有很强的世界意义和战略影响，因此，在成渝地区布局建设科技创新中心具有十分重大的战略意义。

国家科技创新中心，实质是以科技创新引领发展、推动区域经济社会高质量发展的国家自主创新示范区和区域创新示范引领高地。坚持和强化成渝地区具有全国影响力的科技创新中心的地位，是贯彻实施创新驱动发展战略、服务国家创新需要的重大举措，是补齐创新短板、推进成渝地区高质量发展和加快“两中心两地”建设的内在要求，对建设创新型国家发挥引领示范与核心支撑作用具有重要意义。概括地说，这是中央立足当前、着眼长远，立足全局、面向全球的战略谋划，是优化国家科技创新战略布局、完善国家科技创新体系、加快建设创新型国家的重大战略举措。③ 特别是当前中美贸易摩擦以来，美方对我国实施“技术制裁”，我国经济社会发展在“缺芯少核”的“卡脖子”技术问题的特定背景下，成渝地区加快建设具有全国影响力的科技创新中心对赢得国际竞争主动权、实现“两个一百年”目标显得尤为迫切。

（二）建设具有全国影响力的科技创新中心需要牢固树立“人才立中心”的发展理念

党和国家历来重视科技人才工作，先后出台了一系列科技人才政策。

---

① 《习近平在科学家座谈会上的讲话》，2020 年 9 月 11 日。

② 林毅夫、付才辉：《如何变“隔空唱戏”为“二龙戏珠”——成渝地区双城经济圈建设的新结构经济学分析建议报告（下）》，《成都日报》2020 年 6 月 17 日。

③ 《如何协同共建具有全国影响力的科技创新中心》，《成都日报》2020 年 7 月 1 日。

1985 年，中共中央发布《关于科学技术体制改革的决定》，提出要“改革科学技术人员管理制度，造成人才辈出、人尽其才的良好环境”，“要真正做到尊重科学技术人才”，“要敢于支持青年拔尖人才脱颖而出”。2002 年，中共中央、国务院印发《2002～2005 年全国人才队伍建设规划纲要》，首次提出“实施人才强国战略”。2006 年，《国家中长期科学和技术发展规划纲要（2006～2020 年）》提出，科技创新，人才为本，要切实加强科技人才队伍建设，努力建设一支与经济社会发展和国防建设相适应的规模宏大、结构合理的高素质科技人才队伍，为我国科学技术发展提供充分的人才支撑和智力保证。2010 年，《国家中长期人才发展规划纲要（2010～2020 年）》提出，以高层次创新型科技人才为重点，建设宏大的创新型科技人才队伍。

党的十八大提出要实施创新驱动发展战略，强调科技创新是提高社会生产力和综合国力的战略支撑，必须摆在国家发展全局的核心位置。2012 年，中共中央、国务院印发的《关于深化科技体制改革加快国家创新体系建设的意见》提出，要完善人才发展机制，激发科技人员积极性创造性，形成一支高素质科技人才队伍。2016 年印发的《国家创新驱动发展战略纲要》将人才队伍建设作为纲要实施的八大战略任务之一，明确要加快建设科技创新领军人才和高技能人才队伍，围绕重要学科领域和创新方向造就一批世界水平的科学家、科技领军人才、工程师和高水平创新团队，注重培养一线创新人才和青年科技人才。党的十九大提出，要培养造就一大批具有国际水平的战略科技人才、科技领军人才、青年科技人才和高水平创新团队。习近平总书记多次强调，“创新之道，唯在得人”，“全部科技史都证明，谁拥有了一流创新人才、拥有了一流科学家，谁就能在科技创新中占据优势”，“创新驱动实质是人才驱动，人才是创新的第一资源”①，“人才是创新的根基，是创新的核心要素”②，“人才是第一资源，国家科技创新力的根本源泉在于

① 习近平：《在中国科学院第十九次院士大会、中国工程院第十四次院士大会上的讲话》，2018 年 5 月 28 日。

② 习近平：《在中央财经领导小组第七次会议上的讲话》，2014 年 8 月 18 日。

人”[①]。党的十九届五中全会提出，要深入实施科教兴国战略、人才强国战略、创新驱动发展战略，强化国家战略科技力量，提升企业技术创新能力，激发人才创新活力，加快建设科技强国。有研究显示，改革开放以来我国出台的各类国家级科技人才相关政策已经超过600条，并呈现螺旋式上升的基本态势。[②] 从中可以看出，改革开放以来，中央对科技人才制度建设方面，更加重视人才强国国家战略顶层设计以及科技人才培养和队伍建设系统化制度体系的完善。[③]

科学技术是第一生产力。加里·贝克尔（Gary S. Becker）关于人力资本的研究表明，发达国家75%的资本属于人力资本而非物质资本。[④] 党的十九大报告明确指出，我国经济已由高速增长阶段转向高质量发展阶段，正处在转变发展方式、优化经济结构、转换增长动力的攻关期，强调要推动经济发展质量变革、效率变革、动力变革，提高全要素生产率，着力加快建设实体经济、科技创新、现代金融、人力资源协同发展的产业体系。这些都与人才特别是科技人才直接紧密相关。其中，全要素生产率是在各种要素投入水平既定的条件下所达到的额外生产效率，是一切由创意和创新带来的效率改进，[⑤] 其根本和基础在于人才特别是科技人才。科技创新力的根本源泉在于人。高水平的科技人才队伍既是科技创新中心建设的战略资源，也是其科技实力和创新能力的集中体现。成渝地区双城经济圈要建设成为具有全国影响力的科技创新中心，关键在科技，核心在人才。为此，必须牢固树立“人才立中心”的发展理念，依靠人才特别是科技人才建设科技创新中

---

① 习近平：《在科学家座谈会上的讲话》，2020年9月11日。

② 郭哲：《历史制度主义视野下我国科技人才政策战略转型与变革逻辑》，《科技进步与对策》2020年第20期，第76～82页。

③ 许治、张建超：《新中国成立以来政府对科技人才注意力研究——基于国务院政府工作报告（1954～2019年）文本分析》，《科学学与科学技术管理》2020年第2期，第19～32页。

④ 杭沿达：《河南省科技人才吸引力影响因素分析》，《合作经济与科技》2020年第10期，第156～158页。

⑤ 蔡昉：《中国经济增长如何转向全要素生产率驱动型》，《中国社会科学》2013年第1期，第56～71、206页。

心，依靠科技人才发展科技创新中心，不断增强科技创新力和经济竞争力。

（三）成渝地区双城经济圈科技人才队伍须适应具有全国影响力的科技创新中心建设

近年来，成渝两地高度重视包括科技人才在内的人才队伍建设，加快推进科技创新，促进高质量经济发展的新旧动能转换，取得明显成效，有力支撑了经济社会较快发展、创新驱动发展。四川省大力推进人才体制机制改革创新，最大限度激发人才创新创造活力，2019 年全省专业技术人才总量达 359 万人，其中高级职称 44. 8 万人；已建博士后科研流动（工作）站及创新实践基地 423 个，在站博士后 3006 人。[①] 2019 年，四川省地区生产总值（GDP）达到 46615. 8 亿元，比上年增长 7. 5%（按可比价格计算，同下）。[②]

重庆市大力实施人才强市战略和“英才计划”，截至 2018 年底，人才总量达到 527. 6 万人，占人力资源总量的 29. 6%；中高级专业技术人才 86. 7 万人，占专业技术人才的 50%。[③] 2019 年末有享受国务院特殊津贴专家 2644 人，百千万人才工程国家级人选 119 人；有国家级和市级博士后科研流动站 360 个。[④] 2019 年，重庆地区生产总值达到 23605. 77 亿元，比上年增长 6. 3%。[⑤]

但是，对照建设具有全国影响力的科技创新中心的目标要求，成渝地区双城经济圈科技人才队伍在规模、结构、水平上都还有一定差距。根据

① 四川省人力资源和社会保障厅、四川省统计局：《2019 年四川省人力资源和社会保障事业发展统计公报》2020 年 7 月 9 日。

② 四川省统计局：《2019 年四川省国民经济和社会发展统计公报》2020 年 3 月 26 日。

③ 颜若雯：《截至去年底重庆人才总量达到 527. 6 万人》，《重庆日报》2019 年 9 月 24 日。

④ 《2019 年度重庆市人力资源和社会保障事业发展统计公报》，云阳人才网，http：//www.yunyangrencai. com/article/2020/1303. html，2020 - 08 - 18。

⑤ 重庆市统计局、国家统计局重庆调查总队：《2019 年重庆市国民经济和社会发展统计公报》2020 年 3 月 19 日。

《中国区域科技创新评价报告 2019》，重庆和四川的综合科技创新水平指数值均低于全国平均水平（70.71%），分别为 67.83% 和 63.57%，列全国第 7 位和第 12 位；科技人力资源指数，重庆和四川也低于全国水平（86.29%），分别为 82.04% 和 68.95%，列第 10 位和第 17 位。① 与北京、上海等国家科技创新中心相比有不小的距离，这就要求采取重大战略举措加快成渝地区科技人才队伍建设。

二　成渝地区双城经济圈科技人才队伍现状②

（一）科技人才总体规模

2018 年，成渝地区双城经济圈共有研究与试验发展（R&D）人员 405398 人，其中重庆为 151117 人，四川为 254281 人。2012 ~ 2018 年间 R&D 人员共增长 77.85%，其中重庆由 72609 人增长到 151117 人，增长 108.12%；四川由 155335 人增长到 254281 人，增长 63.70%（见图 1）。

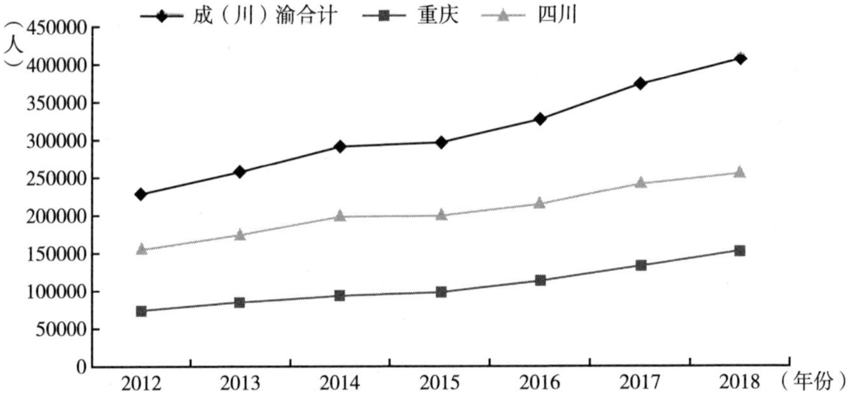

图 1　2012 ~ 2018 年成渝地区双城经济圈 R&D 人员规模

① 中国科学技术发展战略研究院：《中国区域科技创新评价报告 2019》，科学技术文献出版社，2019，第 8 ~ 9、26 ~ 27 页。

② 该部分数据若无特殊说明，均指四川省和重庆市数据，资料来源均为《中国科技统计年鉴》。

从 R&D 人员全时当量来看，2018 年成渝地区双城经济圈共有 250820 人年，其中重庆为 91973 人年，四川为 158847 人年；2012 ~ 2018 年，由 144132 人年增长到 250820 人年，增长了 74.02%，其中重庆增长 99.41%，四川增长 62.07%（见图 2）。

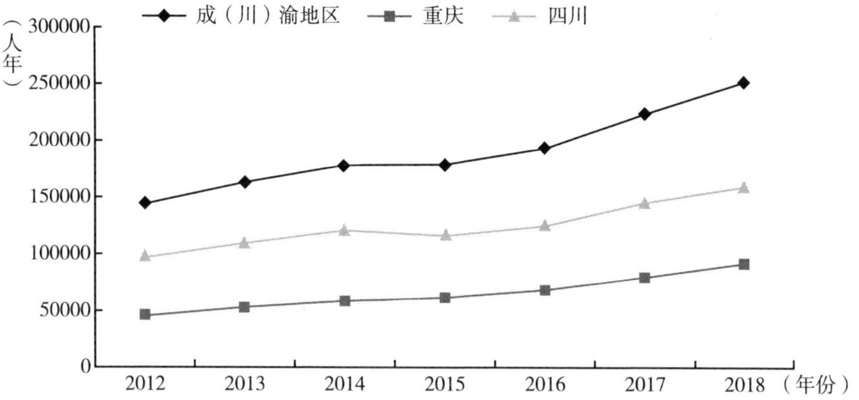

图 2　2012 ~ 2018 年成渝地区双城经济圈 R&D 人员全时当量

（二）科技人才学历结构

2018 年，成渝地区双城经济圈 R&D 人员中，博士毕业人员 32570 人、硕士毕业人员 71740 人、本科毕业人员 176500 人，三个层次的学历占比分别为 11.6%、25.5% 和 62.9%。其中，重庆的博士、硕士和本科毕业人员分别为 9312 人、21516 人和 68448 人，四川的博士、硕士和本科毕业人员分别为 23258 人、50224 人和 108052 人。2012 ~ 2018 年，成渝地区双城经济圈博士毕业 R&D 人员增长了 1.24 倍，硕士毕业人员增长了 0.94 倍，本科毕业人员增长了 1.16 倍（见图 3）。

具体而言，2012 ~ 2018 年，重庆博士毕业 R&D 人员由 4922 人增长到 9312 人，增长了 89.19%，硕士毕业 R&D 人员由 11346 人增长到 21516 人，增长了 89.64%，本科毕业 R&D 人员由 24419 人增长到 68448 人，增长了 180.31%。四川博士毕业 R&D 人员由 9633 人增长到 23258 人，增长了

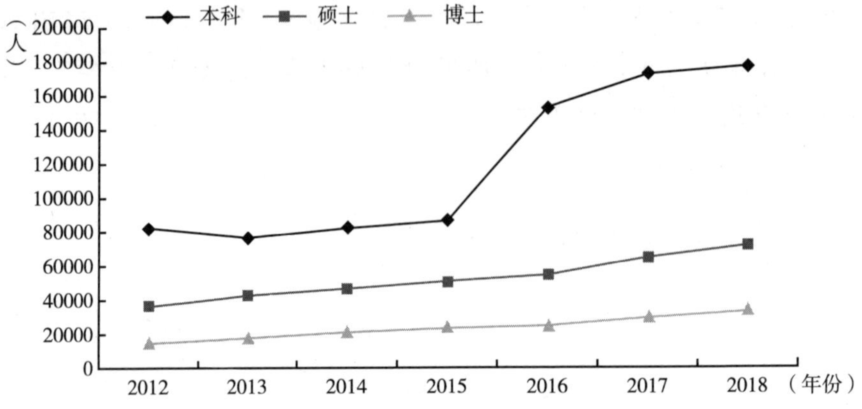

图 3　2012～2018 年成渝地区双城经济圈 R&D 人员学历结构

141.44%，硕士毕业 R&D 人员由 25635 人增长到 50224 人，增长了 95.92%，本科毕业 R&D 人员由 57335 人增长到 108052 人，增长了 88.46%。

（三）科技人才研究类型分布

从 R&D 人员全时当量来看，2018 年成渝地区双城经济圈科技人才从事基础研究的有 18592 人年，从事应用研究的有 40539 人年，从事试验发展的有 191691 人年，分别占 7.41%、16.16% 和 76.43%。其中，重庆从事基础研究的有 6215 人年，从事应用研究的有 14447 人年，从事试验发展的有 71311 人年，三者的比例为：1∶2.32∶11.47。四川从事基础研究的有 12377 人年，从事应用研究的有 26092 人年，从事试验发展的有 120380 人年，三者的比例为：1∶2.11∶9.73。

2012～2018 年，成渝地区双城经济圈科技人才从事基础研究、应用研究、试验发展的之比由 1∶1.67∶7.04 发展为 1∶2.18∶10.31，说明从事应用研究和试验发展的人员规模扩张较多，而从事基础研究的人员增幅较小。

（四）科技人才执行部门分布

从 R&D 人员来看，2018 年成渝地区双城经济圈科技人才中，高校有 83714 人，占 23.93%；规模以上工业企业有 216590 人，占 61.92%；研发机构有49467人，占14.14%，三者之间的比例为1∶2.59∶0.59，表明成渝地区双城经济圈研发机构的科技人才力量比较薄弱（见图4）。

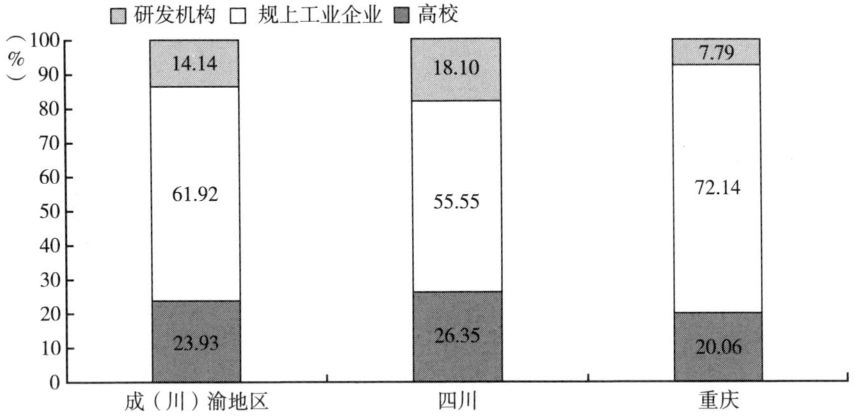

图4　2018年成渝地区双城经济圈R&D人员执行部门分布

具体地看，重庆R&D人员的执行部门分布为：高校26963人、规上工业企业96950人、研发机构10475人，三者之间的比例为1∶3.60∶0.39；而四川分别为56751人、119640人、38992人，三者之间的比例为1∶2.11∶0.69（见表1）。

表1　2018年成渝地区双城经济圈R&D人员执行部门分布

单位：人

地区	高校	规上工业企业	研发机构
四川省	56751	119640	38992
重庆市	26963	96950	10475
成(川)渝地区	83714	216590	49467

（五）科技人才性别结构

从R&D人员来看，2018年成渝地区双城经济圈科技人才中，女性有107792人，男性有297606人，男女性别之比为1∶2.76。2012～2018年，女性R&D人员从2012年59361人增长到107792人，增长了81.59%；男性R&D人员从168583人增长到297606人，增长了76.53%。

三 成渝地区双城经济圈科技人才队伍建设面临的问题

从历史发展看，成渝地区双城经济圈科技人才队伍建设取得明显进步，但与建设具有全国影响力的科技创新中心的目标要求相比，与发达省市特别是同样要建设科技创新中心的北京、上海等相比，差距还非常明显。尤其是在成渝地区双城经济圈建设上升为国家战略，肩负着建设科技强国的时代使命背景下，科技人才的流动性、竞争性特征更加明显和强烈，成渝地区双城经济圈科技人才队伍建设面临更加严峻的挑战。

（一）科技人才聚集度不够高

人才聚集现象，是指“在一定的时间内，随着人才的流动，大量同类型或相关人才按照一定的联系，在某一地区（物理空间）或者某一行业（虚拟空间）所形成的聚类现象”。[①] 本文的科技人才聚集主要指在成渝地区双城经济圈的物理空间的聚集。2018 年，成渝地区双城经济圈 R&D 人员有 405398 人，占全国总规模的 6.17%。而京津冀地区有 R&D 人员 726671 人，成渝地区双城经济圈仅为其 56%；长三角地区 R&D 人员高达 1925406 人，成渝地区双城经济圈仅为其 21%。再考虑区域人口规模，则成渝地区双城经济圈科技人才聚集度明显不高。

部分学者对我国科技人才空间聚集度（指本地区科技人才总数与地区总人数之比，除以全国科技人才总数与全国总人数之比所得到的数值）的研究表明[②]，2017 年四川省的科技人才聚集度为 0.61，排名全国第 15 位；重庆市的科技人才聚集度为 0.95，排名全国第 10 位。2017 年科技人才空间

① 夏姿淋、孙诗杨、付满娇等：《辽宁省科技人才集聚效应问题分析与优化研究》，《文化创新比较研究》2020 年第 14 期，第 3 ~ 4 页。

② 赵晨、薛晔、牛冲槐等：《我国科技人才空间聚集及时空异质性研究》，《统计与决策》2020 年第 14 期，第 60 ~ 64 页。

聚集度，京津冀地区省区平均值为2.47，其中北京市最高，达4.47；长三角地区省区平均值为2.01，其中上海市最高，达2.76；总体上，西部地区为聚集边缘地带，成渝地区双城经济圈面临较大的科技人才吸引和竞争压力，两地平均的科技人才空间聚集度为0.78，分别为京津冀和长三角地区的31.6%和38.8%（见表2）。

表2　2012～2017年部分省市科技人才空间聚集度

地区		2012年	2013年	2014年	2015年	2016年	2017年
成渝地区	四川	0.50	0.53	0.61	0.53	0.55	0.61
	重庆	0.70	0.72	0.95	0.79	0.85	0.95
省区平均		0.60	0.63	0.78	0.66	0.70	0.78
京津冀	北京	5.25	4.99	4.77	4.56	4.46	4.47
	天津	2.75	2.73	2.4	3.05	2.84	2.38
	河北	0.47	0.49	0.55	0.56	0.57	0.55
省区平均		2.82	2.74	2.57	2.72	2.62	2.47
长三角	上海	3.39	2.79	2.75	2.78	2.89	2.76
	江苏	2.08	2.26	2.4	2.41	2.45	2.43
	浙江	1.86	1.93	2.19	2.15	2.15	2.17
	安徽	0.6	0.64	0.67	0.68	0.67	0.66
省区平均		1.98	1.91	2.00	2.01	2.04	2.01

资料来源：赵晨等：《我国科技人才空间聚集及时空异质性研究》，《统计与决策》2020年第14期，第60～64页。

（二）科技人才学历结构不合理

2018年，成渝地区双城经济圈R&D人员中博士毕业人员、硕士毕业人员和本科毕业人员之比为1∶2.20∶5.42，硕士毕业以上人员占比为37.15%。同期，全国R&D人员的博士、硕士和本科学历层次人员的之比为1∶2.16∶6.10，说明成渝地区双城经济圈R&D人员的博士与硕士毕业人员之比略低于全国平均水平，而博士与本科毕业人员之比、硕士与本科毕业人员之比均高于全国平均水平。

横向比较来看，京津冀地区的博士、硕士和本科学历层次R&D人员的之比为1∶1.41∶3.42，硕士毕业以上人员占比为41.34%；长三角地区的博士、硕士和本科学历层次R&D人员的之比为1∶2.15∶7.27，硕士毕业以上人员占比为30.23%。显然，成渝地区双城经济圈R&D人员中博士和硕士毕业人员的占比明显低于京津冀地区（见图5）。

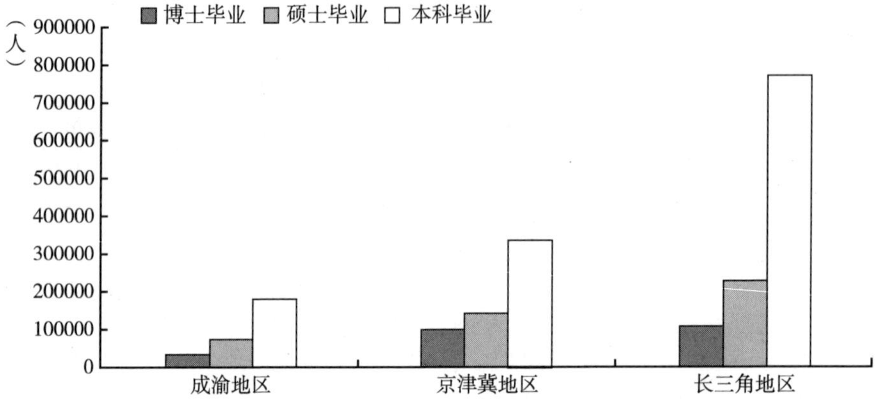

图5　2018年部分城市群R&D人员学历结构比较

（三）战略科技人才相对匮乏

近年来，成渝地区双城经济圈科技创新实力有了很大进步，但仍存在战略科技人才等高端科技人才数量较少的问题。截至2019年底，四川共有两院院士63人，其中中国科学院院士25人，中国工程院院士38人。[①] 重庆有院士16人，其中中国科学院院士4人，中国工程院院士12人。[②] 成（川）渝地区共计有两院院士79人，其中中国科学院院士29人（重庆地区仅有2

① 根据四川省科技促进发展研究中心主页上的截至2018年10月12日的“中国科学院在川院士一览”和“中国工程院在川院士一览”（http：//www.scsti.org.cn/scsti/kjrc/）以及2019年院士增选结果统计得出。需要说明的是，该数据与中国科学院官网按院士工作单位分布的统计数据有出入，根据该数据在四川工作的科学院院士为12人，重庆为1人。详见《2020年5月院士工作地分布统计数据》，http：//casad.cas.cn/ysxx2017/xgtj/ysagzdfb/201803/t20180306_4637290.html。

② 《中国工程院增选75位院士　在渝两院院士共有16位》，《重庆晨报》，https：//www.cqcb.com/hot/2019-11-22/1993975_pc.html，2019年11月22日。

名)，中国工程院院士50人，分别占全国的4.6%、3.6%、5.5%，与京津冀、长三角等地区的差距非常大。京津冀地区共有中国科学院院士434人，长三角城市群共有中国科学院院士189人，仅上海和江苏就有中国工程院院士131人。[①] 从近五年“国家杰出青年基金获得者”的数量看，四川24人，重庆14人，成渝地区双城经济圈共计38人，而京津冀地区高达438人，其中北京市至少有400人；长三角地区有363人，其中上海市至少有169人。[②] 另据科睿唯安对2019年高被引科学家的统计，四川有29人，重庆5人，共计34人。而京津冀地区有129人，长三角地区有196人。[③]

对照成渝地区双城经济圈建设的重大战略任务，如交通、金融、生态环保等领域，科技人才的短缺明显；智能制造、新能源、大数据、5G等新兴产业的科技人才更加紧缺，仅“重庆智能制造人才每年缺口就达3万人”[④]。

（四）科技人才集聚环境竞争力不够强

由于Allee效应（自抑效应）的存在，科技人才集聚不会无限制地膨胀，其规模和强度取决于区域环境承载力和竞争力。[⑤] 根据相关研究，四川省的科技人才聚集环境竞争力综合排名全国第15位，属于聚类分析的第四类：“整体对于科技人才吸引力较强，然而在某些环境因素上还有待加强”；

---

① 《2019年江苏两院院士102人　数量仅次京沪，位居省份第一》，荔枝新闻，http：//jiangsu. sina. com. cn/news/general/2019－11－23/detail－iihnzahi2771674. shtml，2019年11月23日；沈湫莎：《重磅！上海再添6名工程院院士，在沪工程院院士达77人，医药卫生学部最多》，文汇网，http：//www. whb. cn/zhuzhan/kjwz/20191122/304398. html，2019年11月22日。

② 根据《近五年“国家杰青”在各高校和科研单位的分布总人数排名》统计整理，见腾讯网·K先生说教育，https：//xw. qq. com/partner/standard/20200819A0UH92/20200819A0UH9200?ADTAG=standard&pgv_ ref=standard，2020年8月19日。

③ 《2019科睿唯安“高被引科学家”名单出炉 中国上榜人次全球第二》，中国教育在线，https：//www. eol. cn/news/yaowen/201911/t20191119_ 1693922. shtml，2019年11月19日。

④ 张全林：《强化人才支撑为数字经济上满弦》，华龙网，http：//h5. cqliving. com/info/detail/2668140. html? cid=2668140，2020年7月13日。

⑤ 曾建丽、刘兵、梁林：《科技人才集聚与区域创新环境共生演化及仿真研究》，《软科学》2020年第7期，第14~21页。

重庆市的科技人才聚集环境竞争力综合排名全国第 11 位，属于聚类分析的第三类："存在着某方面环境的劣势，竞争力水平较低"。而京津冀地区的北京、天津，长三角地区的上海属于第一类："各方面环境的竞争力极强，是科技人才集聚的热门地区"；长三角地区的浙江、江苏属于第二类，京津冀的河北、长三角的安徽属于第四类。[①] 这说明成渝地区双城经济圈科技人才集聚环境竞争力需要进一步加强。

（五）科技人才成果产出对经济发展的支撑力不够强

首先，从国内三种专利有效数来看，2018 年成渝地区拥有有效专利 399072 件，分别为京津冀地区、长三角地区的 44. 40% 和 15. 99%。其中，发明专利 80006 件、实用新型专利 238847 件、外观设计专利 80219 件，有效发明专利分别为京津冀和长三角地区的 26. 82% 和 15. 31%（见图 6）。

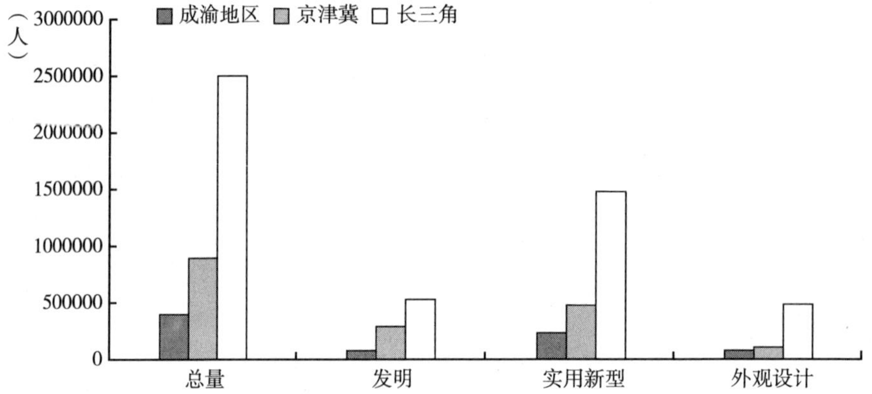

图 6　2018 年部分城市群拥有的有效专利比较

其次，从技术市场技术输出地域合同数和流向地域合同数来看，成渝地区近年来呈现流入（流向地域）数大于流出（输出地域）数的态势。如

① 王林雪、崔镤丹：《区域科技人才集聚环境竞争力比较分析及对策建议——基于全国 31 个省市数据的实证研究》，《西安电子科技大学学报》（社会科学版）2020 年第 2 期，第 46 ~ 55 页。

2018 年技术市场技术输出地域合同数为 18067 项，而流向地域合同数为 19797 项（见图 7）。

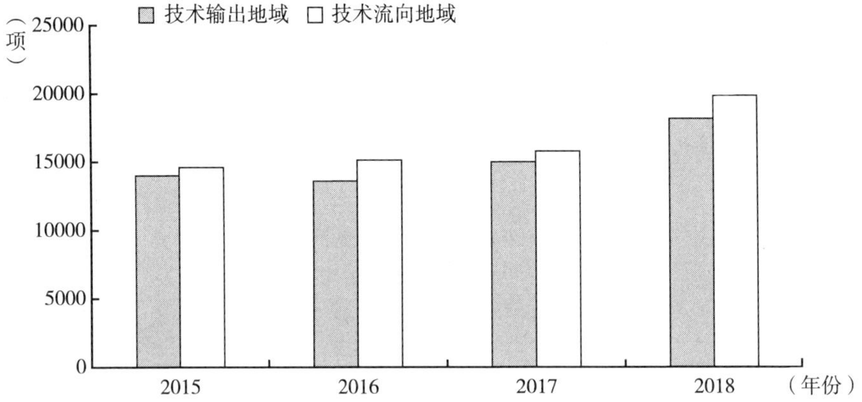

图 7　2015～2018 年成渝地区技术市场技术输出和流向地域合同数

（六）科技人才本土培养能力不足

科技人才来源不外培养和引进，而且主要依靠本土培养，高等教育是最重要的培养渠道和主阵地。2018 年，成（川）渝地区在校研究生有 207662 人，分别为京津冀和长三角地区的 38.88%、50.36%，其中博士生 23440 人，分别为京津冀和长三角地区的 19.54%、26.64%；成渝地区在校本科生有 1375774 人，分别为京津冀和长三角地区的 83.57%、49.23%（见表 3）。

表 3　2018 年部分城市群高等教育在校生规模

单位：人

地区	在校研究生数	#博士生	#硕士生	在校本科生数
成渝地区	207662	23440	184222	1375774
京津冀	534135	119980	414155	1646223
长三角	412391	88004	507957	2794354

资料来源：教育部发展规划司：《中国教育统计年鉴 2018》，中国统计出版社，2019。

（七）科技人才的承载能力有待提高

要想吸引和留住科技人才，就需要有高等学校、科研院所等必要的载体去承载。从高校数量看，2018 年成渝地区普通高校总数有 184 所，其中本科院校 76 所，分别为京津冀和长三角地区的 48.10%、34.39%，总体数量偏少（见表 4）。

表 4　2018 年部分城市群普通高校数量

单位：所

地区	普通高校总数	本科院校
成渝地区	184	76
京津冀	270	158
长三角	458	221

资料来源：教育部发展规划司：《中国教育统计年鉴 2018》，中国统计出版社，2019。

更重要的是，有更强科技人才承载能力的、能够较好代表科技创新水平的世界一流大学建设高校数量和一流学科建设高校数量较少。在“双一流”首轮建设期间，成（川）渝地区“双一流”建设高校数量有 10 所，其中世界一流大学建设高校 3 所、一流学科建设高校 7 所，与京津冀、长三角等地区差距非常大，如京津冀地区有世界一流大学建设高校 10 所、一流学科建设高校 30 所，长三角地区有世界一流大学建设高校 8 所、一流学科建设高校 25 所。从一流学科建设数量看，成（川）渝地区共计 18 个，而京津冀地区仅北京市就有 161 个，长三角地区仅上海市就有 57 个。从第四轮学科评估结果看，成渝地区共有 5 个 A + 档学科、3 个 A 档学科、27 个 A - 档学科，合计 35 个 A 类学科，而京津冀地区仅北京市就有 87 个 A + 档学科、39 个 A 档学科、59 个 A - 档学科，合计 A 类学科 185 个；长三角地区仅上海市就有 25 个 A + 档学科、27 个 A 档学科、36 个 A - 档学科，合计 A 类学科 88 个。

另外，从科研机构或高端研究机构来看，成渝地区拥有的国家重点实验室、国家工程研究中心、国家（国地联合）工程研究中心、大科学装置、中央在地科研机构、中国500强企业、独角兽企业以及博士后科研流动（工作）站、院士（专家）产业园（工作站）等重点平台数量均远低于京津冀、长三角地区，也没有国家实验室、综合性国家科学中心等重大平台。

近年来，四川省先后签约引进清华大学、中国人民大学、同济大学、北京外国语大学、上海交通大学、哈尔滨工业大学、英国诺丁汉大学、香港城市大学、澳门大学、北京大学等10余所知名高校，加强全方位高水平开放合作。[①] 重庆市积极签约引进同济大学、中科院计算所、北京理工大学、西北工业大学、华中科技大学、中国科学院大学、吉林大学、比利时鲁汶大学、华东师范大学、清华大学、武汉理工大学、中科院广州化学所、新加坡国立大学、上海交通大学等10多所国内外重点院校及科研机构入驻。[②] 这些合作有的刚起步，有的实质性合作需要落实和推进。总体而言，成渝地区双城经济圈的科技人才承载能力还比较薄弱。

（八）科技人才队伍建设制度保障不足

近年来，四川（成都）和重庆认真实施人才强国战略，抢抓共建“一带一路”、长江经济带发展、新时代西部大开发等重大战略机遇，加快出台人才队伍建设政策文本和制度文件，进一步强化人才工作，加快人才汇聚。如四川省举办“海科会”、实施“天府万人计划”，成都实施“蓉漂计划”，先后出台《四川省高层次人才特殊支持办法（试行）》《四川省“天府万人计划”实施办法》《关于大力引进海外人才、加快建设高端人才汇聚高地的实施意见》等。重庆市推出“英才计划”，打造“英才大会”，着力建设“近者悦，远者来”的人才生态，先后出台《以大数据智能化为引领的创新驱动发展战略行动计划》《科教兴市和人才强市行动计划》《促进我市国家

① 林凌：《祝贺！四川省校合作“朋友圈”扩大至22所名校》，川观新闻，https：//cbgc.scol.com.cn/culture/199240？from－related－news，2019年11月26日。

② 根据黄军《同济大学、中科院计算所项目签约落户重庆两江新区》（华龙网 http：//cq.cqnews.net/html/2017－11/22/content_43332734.htm，2017－11－22）等汇总整理。

级开发区改革和创新发展若干政策措施》《重庆市引进科技创新资源行动计划（2019～2022年）》《重庆市引进海内外英才“鸿雁计划”实施办法》《重庆英才计划实施办法（试行）》《重庆英才服务管理办法（试行）》《重庆市留学人员回国创业创新支持计划实施办法》《关于改革完善博士后制度的实施意见》《关于印发进一步加快博士后事业创新发展若干措施的通知》《重庆市支持大数据智能化产业人才发展若干政策措施》等。

这些政策文件对加强成渝地区包括科技人才在内的人才队伍建设发挥了积极作用，但对照双城经济圈建设的目标要求，仍有一定差距。特别是面对新一轮国内外日趋激烈的人才竞争，成渝地区现有人才政策的引才聚才的竞争力在某些方面显得相对乏力，子女入学、国际化环境等配套支持力度不大，不仅难以吸引外地、国外优秀人才，本地高校培养的优秀人才、外地高校培养的本地籍贯优秀人才回到成渝地区就业的比例也不高（见图8）。根据恒大研究院和智联招聘联合推出《中国城市人才吸引力排名报告》，成都和重庆虽然分别排名第7位和第11位，但人才吸引力指数分别为46.9和33.4，比第1位的上海（100.00）和第3位的北京（78.7）等城市还有不

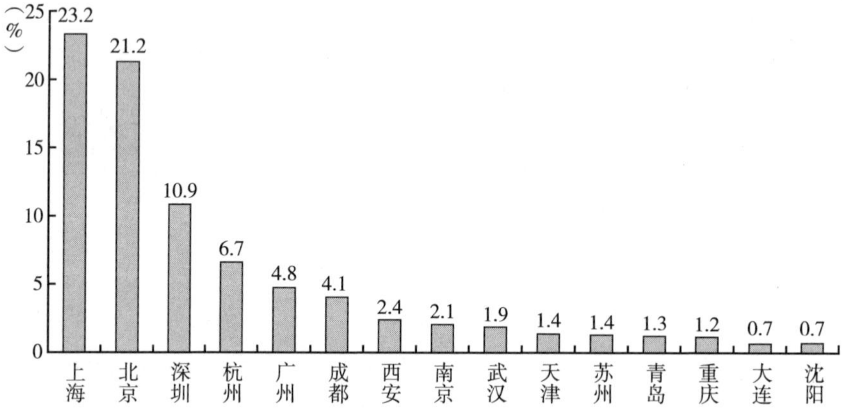

图8　2019年应届海归人才分布最多的15个城市[①]

① BOSS直聘研究院：《2019海归人才就业趋势报告》，https：//mp. weixin. qq. com/s/GhMlFhTcfDj6bFFLF5NYxQ，2019年4月9日。

小的差距。[①] 另外，一些人才制度还不完善，发现、评价、使用、激励机制不够健全，人力资源市场化机制不够完善。

（九）科技人才队伍建设的开放共享水平较低

重庆直辖、川渝分治后，无论是在“成渝经济区”建设阶段，还是“成渝城市群”建设过程中，成都（四川）和重庆基本上是各干各的，相互盯着对方，竞争大于合作，防备大于协作。成渝或川渝之间似乎“相爱相杀”，不仅“一直为冠名‘西部第一’而不停地竞争”[②]，为“谁将是西部中心”而“渝蓉比剑”，都想在西部大开发战略实施中奠定自己的中心位置，[③] 甚至一度为应该称“川渝”还是“成渝”、“成渝经济区”还是“渝蓉经济区”而大打口水仗或“肚皮官司”，结果使成渝两地经济社会发展都受到了一定程度的影响。[④] 两地人才工作包括科技人才工作，由此存在协同发展的体制性障碍，至今尚未形成协调统一的区域人才发展规划，人才计划、人才认定标准、人才评价体系、人才服务保障等未有效衔接互通，有的方面也许仍在暗中使劲、激烈博弈，人才双向流动、互聘互用、共引共享的规模较小、零星分散，开放式共享水平不高。

同时，成渝地区京津冀、长三角、奥港澳大湾区及周边省市之间缺乏必要的协同机制保障，创新开放协同力度不大，科技人才合作层次、广度、深度都有较大提升空间。特别是国际化人才工作水平还相对较低，本地人才国际化水平也需要进一步提高，与国际上重要的科技创新中心城市（科学城）之间的科技人才开放协作联系不够紧密。

---

① 熊柴、李强等：《2020 中国城市人才吸引力排名（名单）》，新浪财经，https：//baijiahao.baidu.com/s? id=1665848376923457743&wfr=spider&for=pc，2020 年 5 月 5 日。

② 张乾瑾、吴九思：《合作与共赢：成渝区域人才一体化的路径选择》，《中国商贸》2012 年第 18 期，第 232～233 页。

③ 苏东：《渝蓉比剑》，《南风窗》2002 年第 16 期，第 48～49 页。

④ 蒋华林：《推动成渝地区双城经济圈高等教育一体化发展的思考》，《重庆高教研究》2020 年第 4 期，第 58～70 页。

四 成渝地区双城经济圈科技人才发展的思路与对策

人才竞争力是一个国家或地区综合实力的体现，从某种程度上说，成渝地区双城经济圈的“两中心”（具有全国影响力的重要经济中心、科技创新中心）应该首先是人才集聚中心、“两地”（改革开放新高地、高品质生活宜居地）应该首先是人才高地。无论是建设“两中心”，还是打造“两地”，成渝地区双城经济圈必须从战略上重视人才，特别要前所未有地高度重视科技人才。成渝地区科技人才队伍建设已有较好的基础，既有一定规模的人才资源存量、一定水平的研发平台和不断改革的创新生态环境，而且面临双城经济圈建设的历史性重大战略机遇，只要政策举措得当，就能够建成一支高水平的科技人才队伍，满足建设具有全国影响力的科技创新中心的人才需求。

（一）一体化编制区域科技人才发展规划

加强成渝地区双城经济圈科技人才队伍建设，其重要性不容置疑，成渝两地已经或正在采取多项重大政策人才举措。在双城经济圈建设的新时代，党中央多次强调成渝地区双城经济圈建设是一项系统工程，要牢固树立一体化发展理念，做到统一谋划、一体部署、相互协作、共同实施，唱好“双城记”。十九届五中全会要求成渝地区牢固树立一盘棋思想和一体化发展理念，健全合作机制，打造区域协作的高水平样板。为此，成渝两地首先应从思想认识上破除行政区“块块分割”意识，真正打破行政壁垒，突破行政阻力，把成渝两地科技人才发展作为一个整体来思考并进行分工合作，实现资源双向开放、双方共建、双方共享。

习近平总书记强调，“编制和实施国民经济和社会发展五年规划，是我们党治国理政的重要方式。”[①] 鉴于发展规划的现实必要性和工作指导重要

① 詹成付：《中国“五年规划”的力量》，《中国民政》2020 年第 19 期，第 9 ~ 11 页。

性，要通过一体规划对成渝地区双城经济圈科技人才发展做好顶层设计，用一体规划来有效解决行政区域发包责任制的问题，把整个双城经济圈的科技人才发展任务“总包”给成渝两地政府，而不是划片“分包”。当前，要抓住中央有关部门牵头组织制定《成渝地区双城经济圈建设规划纲要》和成渝两地编制“十四五”发展规划的“窗口期”，编制《成渝地区双城经济圈“十四五”科技人才队伍建设专题规划》，从而将成渝地区双城经济圈科技人才发展规划与经济社会发展规划一体规划、一体部署、共同实施。

成渝地区双城经济圈科技人才发展规划的基本指导思想应当是：高举中国特色社会主义伟大旗帜，深入贯彻党的十九大和十九届二中、三中、四中、五中全会精神，坚持以习近平新时代中国特色社会主义思想和习近平关于新时代科技创新的重要论述、“聚天下英才而用之”的科技人才开放思想为指导，深入落实习近平总书记对成渝地区双城经济圈建设的重要指示，坚持“五位一体”总体布局和“四个全面”战略布局，坚定不移贯彻新发展理念，以推动成渝地区建设“两中心两地”为目标，以《成渝地区双城经济圈建设规划纲要》为指引，以一体化发展为主线，以高端平台建设为抓手，以完善科技人才发展制度体系为重点，以营造一流人才生态环境为保障，大力提升科技人才创新能力，充分发挥科技人才作用，加快建设一支高水平的科技人才队伍，为建设全国有重要影响力的科技创新中心提供强有力的人才队伍支撑。

（二）布局打造科技人才集聚发展的高端平台

良禽择木而栖，良才择业而来。科技人才集聚受到经济、文化、地理环境、婚姻家庭等因素的综合影响，但主要靠事业吸引，科技人才发展事业离不开科技创新平台载体支撑。科技创新平台既是科技人才干事创业的舞台，也是科技人才培育的重要资源，还是引进科技人才的重要支撑条件。通过平台集聚科技人才，可以将“不同空间的拥有不同技能的人集聚在一起，由此可以产生共享信息、降低成本的规模效应”。[①] 为此，要坚持面向世界科

① 李琳琳：《京津冀科技人才集聚影响因素差异研究》，河北经贸大学硕士学位论文，2020。

技前沿、经济主战场、国家重大需求和人民生命健康，紧密围绕成渝地区双城经济圈重大科技需求，大力加强有利于科技人才集聚的高端科技创新平台建设。

一是要加强一流大学建设。一流大学既是科技创新中心建设的重要内容，也是实现建设目标的重要支撑，更是科技人才集聚的重要“洼地”。要加强四川大学、重庆大学、电子科技大学、西南交通大学、西南财经大学、四川农业大学、西南大学、西南石油大学、成都理工大学、成都中医药大学等现有“双一流”建设高校的建设，支持四川大学、重庆大学、电子科技大学等早日建成世界一流大学，支持“双一流”建设高校及其他高校加快将材料科学与工程、交通运输工程、电子科学与技术、信息与通信工程、电气工程、机械工程、土木工程、生物学、石油与天然气工程、地质学等“双一流”建设学科早日建设成为世界一流学科并向世界一流大学发起冲击，从而以“学术圈”吸引科技人才。要加强引进国（境）内外高水平大学、大型企业创设新型高等教育机构或人才培养基地，如重庆大学积极与乌克兰国立航空大学合作成立中外合作办学机构，与华为技术有限公司共建了“智能基座”产教融合协同育人基地。

二是要加强高水平科研院所建设。一方面推动在成渝地区布局更多中央研究机构，同时加强现有的中央研究机构在成渝地区布局建设；另一方面要强调本地所属科研院所建设，形成相互配合支撑、有机配置的科研院所的“国家队”和“地方军”。以西部（成都、重庆）科学城为依托，联合大型企业、科研机构共建新型研发机构、协同创新平台。

三是推进重大科技基础设施平台建设。第一，谋划布局和推动建设超瞬态物质科学、无线能量传输与环境安全设施、大型低速风洞、中国自然人群资源库等大科学装置或重大科技基础设施。第二，改造提升国家重点实验室、国家工程研究中心等已有国家级科研平台建设，如水力学与山区河流开发保护国家重点实验室、高分子材料工程国家重点实验室、口腔医学国家重点实验室、机械传动国家重点实验室、煤矿灾害动力学与控制国家重点实验室、输配电装备及系统安全与新技术国家重点实验室等。第三，申报新建若干国家级科研平台、校企合作实体研究机构，围绕信息科学与技术、生命科学与生物技术、先进高端材料、环境科学、能源科技、网络安全、城市建设等领域，布局国家产业创新中心、国家制造业创新中心，争取筹建“电磁空间与泛在互联实验室”“三峡库区生态环境与安全重庆实验室”等国家实验室以及“山地城镇建设与智能化国家重点实验室”等。从而以创新资源吸引人才，以优质创新资源吸引高端人才。

四是产学研结合建设若干特色新型技术创新中心。一要注重发挥产业结构优化升级对科技人才聚集的作用，围绕国家和成渝地区战略性、支柱性产业集群和产业链的需求，按照“推进产业基础高级化、产业链现代化”的要求，提升产业链科技含量，优化区域产业链布局，以“产业链”吸引和形成“人才链”，推动一批一流科技人才和创新团队落地双城经济圈。二要加强和深化与中国电子科技集团公司等央企，华为、阿里等大型企业，中国科学院、中国工程院等科研院所合作，在新型材料、量子技术、智能汽车、集成电路、生命健康等领域共建若干国家技术创新中心、协同创新中心、研发创新中心等实体研究机构以及院士专家工作站、博士科研工作站、流动站等，助力双城经济圈科技人才等创新资源汇聚。其中要着力提高企业参与科技人才队伍建设的积极性，用好企业的人才集聚效应，以期更好地发挥其技术创新主体作用。

（三）加快构建具有全球竞争力的科技人才制度体系

科技人才队伍建设需要有健全配套的人才培养、引进、选拔、激励制度体系，全方位培养、引进、用好人才。面向科技创新中心建设，结合贯彻落实《关于深化人才发展体制机制改革的意见》，可以考虑出台“成渝地区双城经济圈科技人才发展若干条例”实施意见，着力完善科技人才发展机制，加快构建具有全球竞争力的科技人才制度体系。在科技人才培养方面，要加强科技人才本土培养。落实新时代全国高等学校本科教育工作会议精神和教育部“双万计划”，结合成渝地区双城经济圈科技创新中心建设需要，进一步创新和完善圈内高校一流本科建设制度和政策，加强一流专业建设特别是新工科、新文科、新医科、新农科等专业建设，打造“金专”“金课”，加强基础学科本科生培养，培养一流本科人才，储备一大批科技人才“苗子”。“今天的研究生，就是明天科研创新的主力军，他们的学术能力、学术作风、志向追求，决定了整个中国科研创新的高度，决定了建设创新型国家的速度。”① 要落实习近平总书记就研究生教育工作做出的重要指示和全国研究生教育会议精神，深入推进学科专业调整、导师队伍建设、人才培养体系改革等制度建设，加快培养国家急需的高层次科技人才。除学校渠道人才培养外，还要强调在实践中、在实际工作中加强科技人才培养工作，健全依托重大科技基础设施、国家重点实验室、院士专家工作站等重大技术创新平台的科技人才培养相关制度体系，重点培育一批能够把握世界科技大势、研判科技发展方向的战略科技人才，造就一批国际一流的科技领军人才和创新团队，培养具有国际竞争力的青年科技人才后备军。

关于科技人才引进方面，核心是建立健全人才引进各要素互联互通的人才引进管理、博士后流动站工作管理等政策制度，梳理和完善优惠政策，形成引进人才与本土人才一视同仁的制度环境，激励和引导各重点企事业单位高度重视人才引进工作。要面向未来，切实加强对青年科技人才的倾斜支持。要深化“放管服”改革，保障和落实用人主体的人才引进自主权。要健全人才引进的便利化服务机制，畅通从国（境）外引进高水平人才及人才团队的渠道和机制。

关于科技人才评价方面，当务之急是按照中共中央、国务院印发的《深化新时代教育评价改革总体方案》，中共中央印发的《关于深化人才发展体制机制改革的意见》，中共中央办公厅、国务院办公厅印发的《关于深化项目评审、人才评价、机构评估改革的意见》《关于分类推进人才评价机制改革的指导意见》等文件精神，结合实际改进科技人才评价方式，完善科技人才评价机制，强化用人单位人才评价主体地位，最大限度地激发和释

---

① 《教育部办公厅关于印发陈宝生同志在全国研究生教育会议上的总结讲话的通知》（教研厅〔2020〕1号），2020年8月25日。

放科技人才活力，调动科技人才干事创业的积极性。关键要克服唯论文、唯职称、唯学历、唯奖项倾向，突出创新能力、质量、实效、贡献导向，科学设立人才评价指标，健全科技人才评价体系，树立正确的人才评价使用导向，引导树立科学的教育发展观、人才成长观、选人用人观。

（四）构建高质量开放合作的科技人才新发展格局

习近平总书记强调，要面向世界汇聚一流人才，“敞开大门，招四方之才，招国际上的人才，择天下英才而用之”①。为此，成渝地区双城经济圈要实行更加开放的人才政策，以更加开放的思维和举措推进科技人才队伍建设，形成高质量开放合作的科技人才新发展格局。

首先，由于成都和重庆各自的基础和实力都与目标需求有较大差距，因此加强两地合作共享显得更加迫切。有研究表明，“本省域的科技人才流动程度和经济增长质量呈现同方向的变化，科技人才流动人数增多能够显著促进地区经济增长质量的提高”，但“对邻接省域经济增长质量具有负向影响”。② 鉴于此，在编制实施《成渝地区双城经济圈“十四五”科技人才队伍建设专题规划》过程中，特别要注意打破长期以来存在的成渝两地封闭、分割、独占意识，强化开放、合作、共享的科技人才队伍建设意识。可以考虑签订“成渝地区双城经济圈科技人才开发一体化合作协议”，对接两地人才人事制度，最大限度减少人为设置的科技人才流动障碍，鼓励科技人才在成渝之间以及与国内省区市之间合理流动，形成成渝两地人才良性有序流动。

再次，成渝两地要注重形成科技人才共引共享新格局。国际国内竞争，归根到底是人才竞争、创新竞争。人才资源是稀缺资源，全球主要国家都在争夺争抢，全国各地也轮番开展“抢人大战”。“人才共享是人才一体化的

---

① 《习近平叮嘱加快科技人才建设：功以才成，业由才广》，中国共产党新闻网，http：//cpc.people.com.cn/xuexi/big5/n1/2016/0611/c385474－28425138.htmlm，2016 年 6 月 11 日。

② 蔡文伯、莫亚男：《中国科技人才流动与经济增长质量的关系研究——基于空间杜宾模型的实证检验》，《石河子大学学报（哲学社会科学版）》2020 年第 3 期，第 36～43 页。

重要形式。”[①] 在相互交流交往极为便利、便捷的今天，成渝地区双城经济圈更要协同协作起来，编制发布急需紧缺人才目录，共建共享引才引智资源，共同延揽优秀人才，联合引进高端人才，实现共引共享。其中尤其要注意双城经济圈的中心城市与非中心城市之间的人才一体化发展问题，实施人才联动计划，打造区域科技人才一体化共同体，推动形成双城经济圈中心城市与其他地区科技人才融合发展的良好局面，进一步增强科技人才承载能力。

再次，要推动高水平国际科技人才合作新格局。党的十九届五中全会提出，要“坚持实施更大范围、更宽领域、更深层次对外开放”，“实行高水平对外开放，开拓合作共赢新局面”。[②] 基于成渝地区双城经济圈在中国整体发展格局（菱形结构）中的重要地位和作用，要深度参与“一带一路”倡议和西部陆海新通道建设，深刻发现科技人才流动的知识路径和社会路径[③]，建立海外人才数据库，拓展国际化人才开放通道，搭建国际人才发展平台，建设国际人才社区，吸引海外高端人才，深入开展高水平国际科技人才合作，形成国内国际科技人才双循环，着力打造国际科技人才高地。

最后，加强成渝地区双城经济圈与国内其他城市群、科技创新中心建设城市和其他省区市之间的科技人才合作，也是题中应有之义。关键要处理好合作与竞争的关系。

（五）建设科技人才发展一流人才生态环境

“栽好梧桐树，引得凤来栖。”人才集聚水平是由多因素综合形成和作用的人才生态环境决定的，人才竞争归根到底是人才生态环境的竞争。没有一流的人才生态环境，就没有一流的科技人才汇聚；没有一流的科技人才汇

① 徐军海、黄永春、邹晨：《长三角科技人才一体化发展的时空演变研究——基于社会网络分析法》，《南京社会科学》2020 年第 9 期，第 49 ~ 57 页。

② 《中国共产党第十九届中央委员会第五次全体会议公报（中国共产党第十九届中央委员会第五次全体会议通过）》，2020 年 10 月 29 日。

③ 徐茜：《开放式创新下科技人才流动的知识与社会路径》，《科学学研究》2020 年第 8 期，第 1397 ~ 1407 页。

聚，就不可能有具有全国影响力的科技创新中心。根据“推拉理论”，一个地区科技人才集聚的动力机制在于拉力（吸引力）和推力（排斥力）的较量。在一定的科技人才存量下，如果本区域的人才吸引力足够大、其他区域的人才排斥力也足够大，那么本区域就有较强的人才集聚能力。由于其他区域的人才排斥力不受本区域控制，能够控制的变量是本区域的人才吸引力和人才排斥力，即本区域要有足够大的人才吸引力和不够大的人才排斥力，能够引来“女婿”、留住“儿子”。为此，在特定的经济发展水平下，要着力建设更加优良的“近悦远来”人才生态环境，为国内外科技人才来成渝地区工作提供国内一流、具有国际竞争力和吸引力的环境条件，构筑起集聚国内外优秀人才的科研创新高地。

一要贯彻落实人力资源社会和保障部《关于充分发挥市场作用促进人才顺畅有序流动的意见》，充分发挥市场在人才资源配置中的决定性作用，促进科技人才顺畅有序流动。深入实施“西部和东北地区人力资源市场建设援助计划”，加强人力资源市场建设，布局发展行业性、辐射能力强的区域性人才市场，建立健全成渝地区双城经济圈人力资源市场体系，建立健全科技人才畅通流动的机制，优化科技人力资源配置。研究建立统一的成渝地区双城经济圈科技人才需求预测预警机制，强化对科技人才资源供给与流动的形势研判和趋势把握。

二要创新人才服务模式，完善科技人才服务保障工作。成渝地区双城经济圈要把握科技人才的需求及其特性，按照好于历史、优于周边、高于同级的原则，制定引才用才配套措施，打造优质人才公共服务体系，提高科技人才政策吸引力和竞争力。要健全涵盖财政金融、产业投资等领域的科技创新政策体系，突出“政策体系的完善性、耦合性和可操作性”①，优化支持内容、范围和方式，搭建有效的对策平台，提高政策供给的针对性、有效性，不断提高科技人才的满意程度。

---

① 张大力、葛玉辉：《基于质性研究的河南省科技人才政策焦点分析》，《科技管理研究》2020 年第 9 期，第 93 ~97 页。

三要营造有利于科技人才发展的良好社会环境。习近平总书记在全国科技创新大会上提道："科技人才培育和成长具有规律，要大兴识才爱才敬才用才之风，为科技人才发展提供良好环境，在创新实践中发现人才、在创新活动中培育人才、在创新事业中凝聚人才，聚天下英才而用之，让更多千里马竞相奔腾。"[①] 第一，成渝地区双城经济圈要贯彻尊重劳动、尊重知识、尊重人才、尊重创造的方针，遵循科技人才工作规律，重视科技人才、尊重科技人才，树立科技人才的重要地位，"加快形成有利于人才成长的培养机制、有利于人尽其才的使用机制、有利于竞相成长各展其能的激励机制、有利于各类人才脱颖而出的竞争机制"[②]，厚植人才优势。第二，要完善保护创新的法治环境和市场环境，结合成渝地区实际，加快有关法律法规"废改立"，培育开放公平的市场环境，为科技人才队伍建设提供法治保障。第三，要大力营造勇于创新、鼓励成功、宽容失败的社会氛围。"创新是剔除99种不成功的道路，最后找到一条正确的路径。"[③] 要"严格遵循科学研究灵感瞬间性、方式随意性、路径不确定性的特点"，[④] 重视科研试错探索价值，建立鼓励创新、宽容失败的容错纠错机制，为广大科技人才静心科研、潜心钻研营造宽松环境和创新生态。第四，要鼓励创新创业文化，充分利用各种传统媒体和新兴媒体，拓展宣传渠道，加强宣传引导，营造崇尚创新的文化环境，为加快建设具有全国影响力的科技创新中心营造开放包容的社会舆论氛围，形成有利于科技人才发展的创新友好的社会环境，让人才创新创造活力充分迸发，各得其所、尽展其长。

① 习近平：《为建设世界科技强国而奋斗——在全国科技创新大会、两院院士大会、中国科协第九次全国代表大会上的讲话》，2016年5月30日。

② 习近平：《在中国科学院第十九次院士大会、中国工程院第十四次院士大会上的讲话》，2018年5月28日。

③ 陈健源：《为科技人才打造四大平台》，《施工企业管理》2020年第9期，第24~26页。

④ 周清平、姚琛臣：《把培养战略科技人才摆在突出位置》，《解放军报》2020年9月28日。

成渝地区双城经济圈高校工程类人才培养探索*

——基于成都和重庆三所工科大学数据的分析

沈 华　江博沅**

摘　要：　为推动成渝双城经济圈建设，在西部形成高质量发展的重要增长极，工程类人才是不可或缺的资源和发展动力。本文依据成都和重庆以工程类为优势学科的“双一流”高校2019年毕业生数据，从成渝两地双城经济圈高校工程类人才培养和发展的视角出发，梳理了人才规模、人才结构、就业率、就业行业及单位和就业质量等现状，发现成渝两地在工程类人才培养和发展中存在的问题，主要是毕业生就业相关度不高、对金融业和复合型人才培养不足、工程类人才向发达地区流失较严重、到国家国防重点单位和基层就业的人数偏少等，并提出了提升工程类人才就业的政策性建议。

关键词：　成渝地区双城经济圈　工程类人才　高校人才

---

* 基金项目：四川省软科学研究计划项目资助（Supported by Sichuan Science and Technology Program），项目名称：《基于大数据的四川省高端科技人才评价、引进与激励研究》（项目编号：2020JDR0095）。

** 沈华，博士，电子科技大学公共管理学院，教授，以色列研究中心副主任，主要从事教育经济管理研究；江博沅，电子科技大学公共管理学院硕士研究生，主要从事教育经济管理研究。

一 成渝地区双城经济圈建设对工程类人才需求的迫切性

（一）成渝地区双城经济圈建设

成渝地区双城经济圈建设是习近平总书记亲自谋划、亲自部署并亲自推动的国家重大区域发展战略。习近平总书记在中央财经委员会第六次会议上的重要讲话，着眼世界百年未有之大变局和中华民族伟大复兴战略全局，深刻阐明了推动成渝地区双城经济圈建设的重大意义、总体思路、基本要求和重点任务，充分体现了把握大势、统揽全局的深谋远虑和战略决断，表达了对成渝地区的深切关怀和殷切期望，为新时代成渝地区高质量发展擘画了美好蓝图。四川省委以习近平新时代中国特色社会主义思想为指导，深入学习贯彻习近平总书记在中央财经委员会第六次会议上的重要讲话精神，审议通过了《中共四川省委关于深入贯彻习近平总书记重要讲话精神，加快推动成渝地区双城经济圈建设的决定》，该决定是在决胜全面小康和决战脱贫攻坚的关键阶段，在常态化疫情防控中推动经济社会发展的特殊背景下出台的。以贯彻落实习近平总书记重要讲话精神作为主线贯穿和统揽全篇，紧紧围绕推动成渝地区双城经济圈建设，提出一系列重大思路、重大部署和重大举措，系统回答了四川“怎么看”“怎么干”等重大问题，是四川省落实国家战略的政治宣示和行动纲领。①

四川省委书记彭清华强调要重点把握“一极两中心两地”目标定位，立足四川实际、突出功能支撑，把在西部形成高质量发展的重要增长极作为统揽性目标，把建设“两中心两地”作为一个相辅相成的有机整体一体谋划、一体部署、一体推进，持续增强成渝地区经济实力、发展活力、城市魅

① 张竞：《中共中央政治局召开会议审议〈成渝地区双城经济圈建设规划纲要〉》，http://www.gov.cn/xinwen/2020-10/16/content_5551828.htm。

力和国际影响力。[①] 要坚定不移做强成都极核和主干功能，加快提升发展能级，增强对全省的辐射带动作用，促进与重庆相向发展，唱好“双城记”、建好“经济圈”。[②] 要加快形成“一轴两翼”区域空间布局，发挥区域中心城市、重要节点城市、川渝毗邻地区等不同能级城市的支撑功能，加快形成错位协同、竞相发展的良好态势。要抓实补短板、打基础、增动力、利长远的重点任务，聚焦“内联”“外畅”加强交通基础设施建设，构建川渝的大产业、细分工的产业协作格局，紧扣增强协同创新发展能力联手共建中国西部科学城。[③] 扎实抓好探索经济区和行政区适度分离、深化要素市场化配置、打造法治化市场化国际化营商环境等重大改革，充分激发市场主体活力和全社会创造力，围绕协同推动开放通道、开放平台、开放环境等建设提升开放型经济发展水平，牢牢守住生态环境保护底线开展生态共建、推进环境共保，坚持从群众期盼的事情抓起解决好热点难点民生问题，切实让国家战略在四川开花结果。

（二）成渝双城经济圈建设中的人才协同发展战略

要推动成渝地区双城经济圈建设，在西部形成高质量发展的重要增长极，人才是撬动所有资源的首要资源，也是最为重要的决定性资源。[④] 要高质量完成成渝地区双城经济圈建设的目标任务，人才资源作用的发挥至关重要。为深入贯彻中央决策部署，促进各类人才合理流动和高效集聚，助推成渝地区双城经济圈建设，成渝两地正在积极探索构建成渝地区双城经济圈人才协同发展机制，共同研究制定人才发展中长期规划，推动人才政策协同、制度衔接，在人才引进、交流培养、科研攻关、成果转化等方面

① 彭清华：《关于〈中共四川省委关于深入贯彻习近平总书记重要讲话精神加快推动成渝地区双城经济圈建设的决定〉的说明》，《四川日报》2020 年 7 月 16 日。

② 敬茂明：《战略新定位指引成渝地区新发展》，《中国经济时报》2020 年 7 月 16 日。

③ 《抓实补短板打基础增动力利长远重点任务》，《四川日报》2020 年 7 月 23 日。

④ 秦鹏、刘焕：《成渝地区双城经济圈协同发展的理论逻辑与路径探索——基于功能主义理论的视角》，《重庆大学学报》（社会科学版）2021 年第 2 期。

加强合作。[①] 两地须置身国家推动成渝地区双城经济圈建设的战略大局，牢固树立一体化发展理念，努力化解疫情不利影响，在加快全面复工复产和保持经济社会发展良好势头中，以更广的视角、更大的范围、更高的效率配置人才资源。

2020 年 4 月 21 日，为推动区域内人才协同发展，成渝两地签订《成渝地区双城经济圈人才协同发展战略合作框架协议》。协同推进人事人才政策互认，推动人才协同发展，建立决策共商、资源共享、联动共建、协作共赢的人才协同发展机制。2020 年 5 月 12 日，成渝地区双城经济圈高校联盟成立，联盟成员将在人才培养、队伍建设、科学研究和资源共享等方面开展合作。

尽管成渝地区双城经济圈在人才协同发展中取得一定成效，但成渝地区的人才，特别是科技领军人才、高技能人才等高端科技人才，在规模、质量和结构上仍存在明显短板，无法满足双城经济圈建设的需要，在与经济发达地区的激烈人才竞争中处于不利的地位。[②]

（三）对高校工程类人才的需求

建设成为全国有重要影响力的增长极，是中央赋予成渝两地的重要使命。但对比粤港澳大湾区、长三角和京津冀三大城市群，成渝地区的经济总量占比、科技研发强度、科技创新密度、高新技术企业产值总量以及科技创新对经济增长的带动程度，都还存在显著差距。[③] 新时期西部地区要加快追赶步伐，通过科技创新和产业结构的优化及调整，才能真正推动经济更快增长。

制造业、金融业和高新技术产业是成渝地区双城经济圈发展的短板，为了快递补齐短板，实现“西部”经济发展重要增长极，工程类人才定会成为撬动经济发展的支点。根据国家统计局 2018 年发布的数据，年薪最高的

① 单学鹏、罗哲：《成渝地区双城经济圈协同治理的结构特征与演进逻辑——基于制度性集体行动的社会网络分析》，《重庆大学学报》2021 年第 2 期。

② 单学鹏、罗哲：《成渝地区双城经济圈协同治理的结构特征与演进逻辑——基于制度性集体行动的社会网络分析》，《重庆大学学报》，2021 年第 2 期。

③ 唐蕊：《成渝地区双城经济圈科技创新协同发展研究——基于京津冀、长三角、粤港澳城市群的比较视角》，《重庆行政》2020 年第 5 期，第 80～82 页。

三个行业分别是：信息传输、软件和信息技术服务业、金融业。[①] 由此可见，成渝地区双城经济圈建设对工程类人才的需求巨大，而现有工程类人才在数量和能力上都存在明显的不足。

二　成渝地区双城经济圈高校工程类人才培养现状

为了更好地对成渝双城经济圈的工程类人才进行研究，本文选取成都和重庆两市三所以工程类为优势学科的“双一流”高校——电子科技大学、西南交通大学和重庆大学2019年毕业生为研究对象，对其就业情况和就业质量的现状和存在问题进行分析，为成渝双城经济圈工程类人才培养提出建设性的建议。本研究的资料来源于电子科技大学、西南交通大学和重庆大学三所高校的2019届就业质量年度报告。[②]

（一）毕业生规模相近，高端人才培养比例较高

成渝地区三所工程类学科见长的“双一流”高校在2019年的毕业生总体规模相近都在8000人以上，人数最多的是重庆大学共10051人。从毕业生结构来看，重庆大学的本科毕业生5949人，占毕业生总人数的59%；硕士毕业生4102人（其中含硕士3635人，博士467人），占毕业生总人数的41%。西南交通大学人数共计9921人（不含国际学生与港澳台学生），其中本科6655人，占毕业生总人数的67%；硕士毕业生3266人（其中含硕士3008人，博士258人）占毕业生总人数的33%。电子科技大学2019届毕业生共计8299人，其中本科毕业生共有4544人，占毕业生总人数的55%；硕士毕业生3755人（其中硕士3436人，博士319人），占毕业生总人数的45%（见图1）。

① 章榕：《加强成渝地区双城经济圈人才协同发展》，《重庆日报》2020年5月12日。

② 本文资料来源为电子科技大学2019年毕业生就业质量年度报告，西南交通大学2019年毕业生就业质量年度报告，重庆大学2019年毕业生就业质量分析报告。报告均来源于三所高校官方网站的信息，网址如下：https：//news. uestc. edu. cn/? n = UestcNews. Front. Document. ArticlePage&Id = 75241，http：//infpub. swjtu. edu. cn/shownews - 4633. html，http：//www. job. cqu. edu. cn/news/view/aid/188887/tag/tzgg。

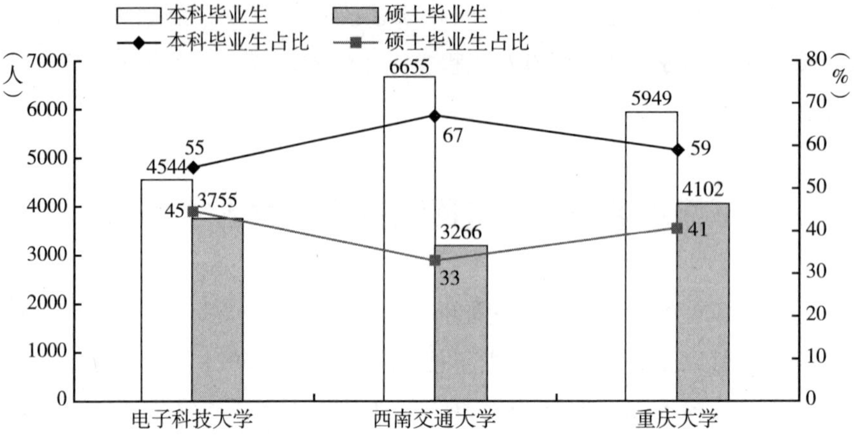

图 1　三所高校毕业生规模与占比

资料来源：电子科技大学、西南交通大学、重庆大学三所高校 2019 年毕业生就业质量报告。

（二）毕业生升学深造率稳中有升，到世界一流大学深造的比例较高

2019 年，三所高校中深造率最高的是电子科技大学为 67.7%，重庆大学和西南交通大学的深造率也超过了 40%。从趋势上看，三所高校的深造率稳中有升。其中电子科技大学自 2010 年以来本科生的深造率持续不断提高，到 2019 年仍继续保持高位（见图 2 和图 3）。

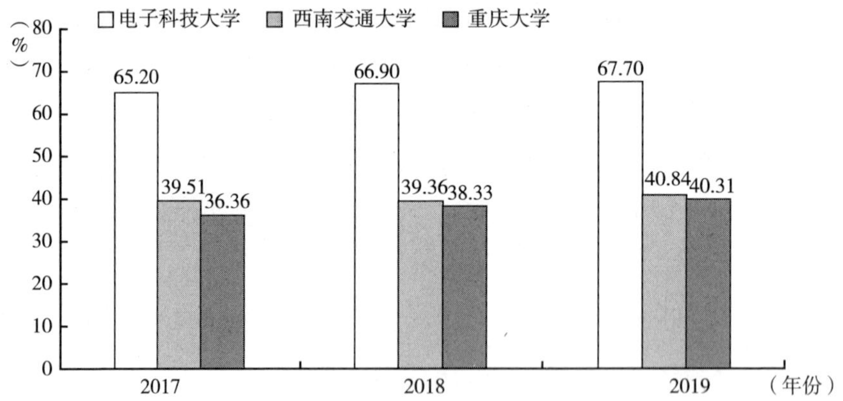

图 2　三所高校近三年深造率

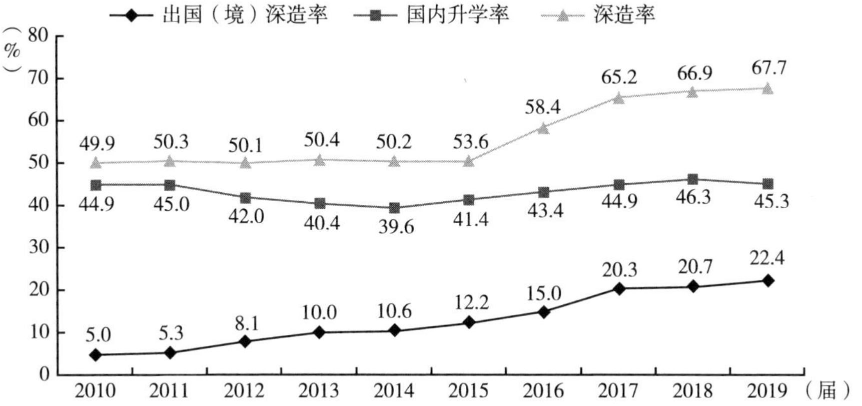

图3　电子科技大学2010～2019年本科生深造率

图4显示了电子科技大学的境内深造情况，其中有2128人国内升学。本科生国内升学2060人（在本科生中占45.33%），其中到世界一流大学建设高校、世界一流学科建设高校及科研院所深造的比例为99.08%；留本校读研的占70.10%。硕士研究生国内升学68人，到世界一流大学建设高校、世界一流学科建设高校及科研院所深造的比例为94.12%。图5反映了电子科技大学的境外深造情况，有1096人出国（境）深造，其中本科生1016

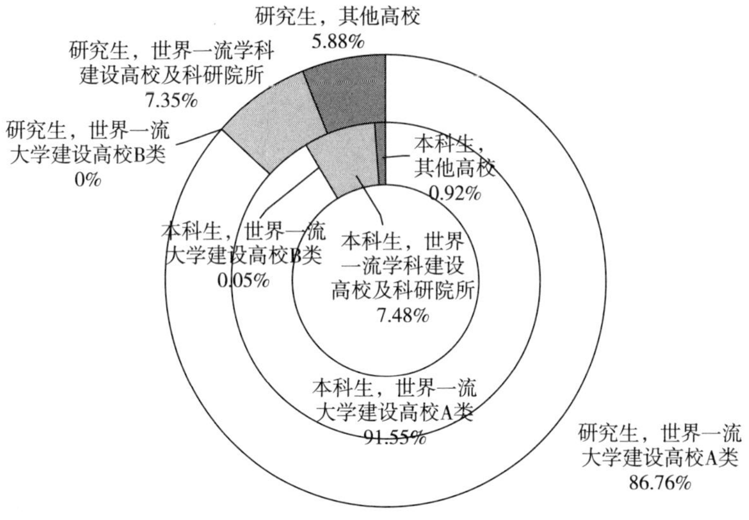

图4　电子科技大学2019年本科生与研究生境内深造率

人，在本科生中占 22. 36%，研究生 80 人。从去向看，到美国人数最多，为 310 人，占全部出国（境）人数的 28. 28%。

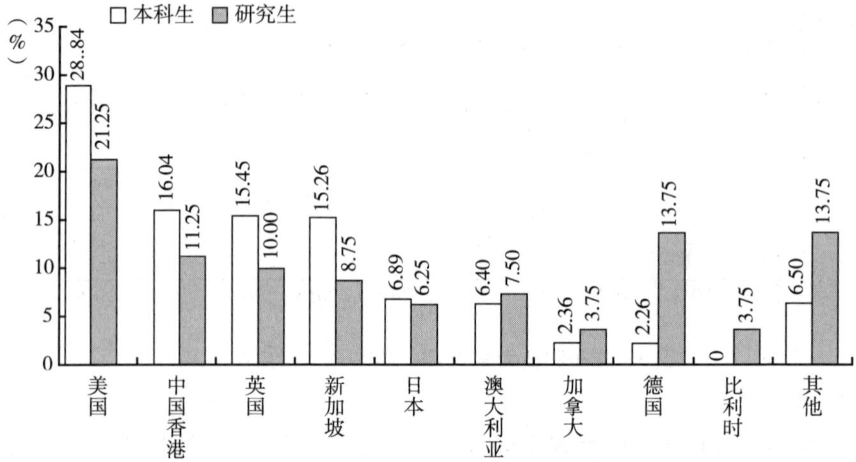

图 5　电子科技大学 2019 年本科生与研究生境外深造率

西南交通大学 2019 届本科毕业生中的深造率为 40. 84%，其中前往世界一流大学建设高校和世界一流学科建设高校及科研院所深造的比例为 94. 49%，继续在本校升学深造的本科生有 834 人。

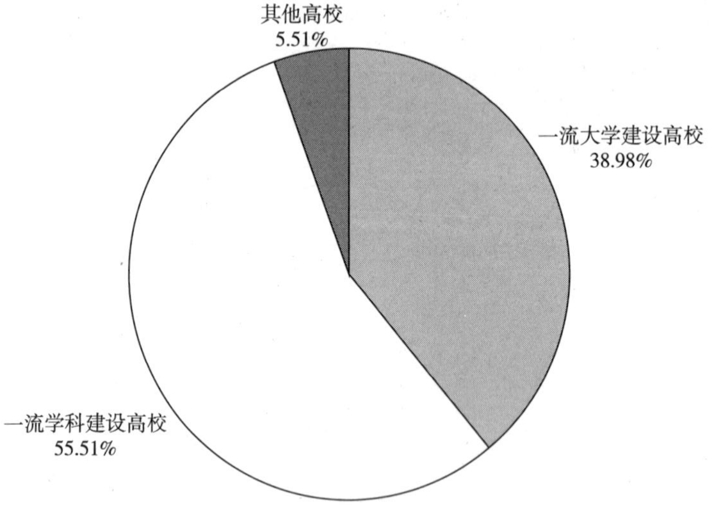

图 6　西南交通大学 2019 届本科毕业生升学高校分布

重庆大学2019届毕业生境内外继续深造总计2616人，其中本科毕业生境内外继续深造人数为2398人，占本科毕业生总数的40.31%；毕业研究生境内外继续深造人数为218人。

可以看出这三所高校的人才培养和发展的质量都在不断提高，鼓励学生坚持“走出去”的战略到世界一流大学和学科院校深造学习，也贴合了成渝双城经济圈建设对人才要求“高、精、尖”的导向。

（三）毕业生总体就业率偏高，工科高学历人才就业率很高

三所高校2019年毕业生总体就业率达到90%以上，其中最高的是电子科技大学，其总体就业率为95.69%。其中研究生的就业率更高达98.06%（见图7）。分学院看，航空航天学院的本科生就业率最高（98.36%），而机械与电气工程学院、信息与软件工程学院的研究生（含博士生）的就业率更高达100%（见表1）。

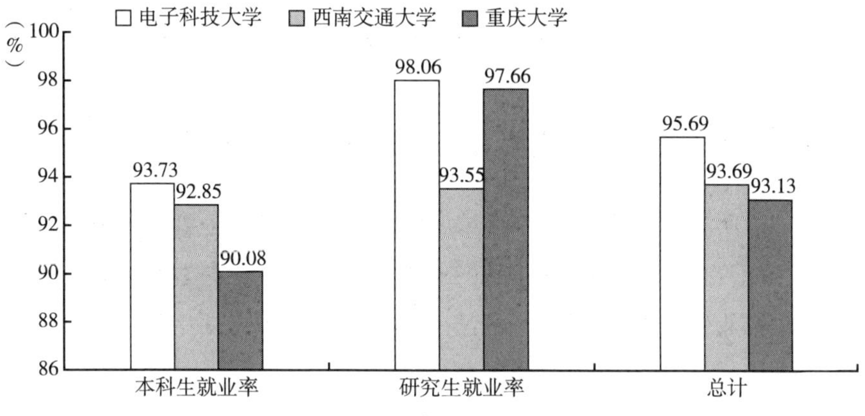

图7　2019年三所高校毕业生就业率

表1　电子科技大学工科学院就业率

单位：%

培养单位	本科生就业率	研究生就业率
信息与通信工程学院	91.10	99.29
电子科学与工程学院	93.82	99.66

续表

培养单位	本科生就业率	研究生就业率
材料与能源学院	91.89	98.94
机械与电气工程学院	97.85	100.00
光电与工程学院	93.10	99.01
自动化工程学院	95.71	98.92
资源与环境学院	97.33	95.38
计算机科学与工程学院	93.10	99.68
信息与软件工程学院	91.24	100.00
航空航天学院	98.36	99.26
数学与科学学院	94.12	95.83
物理学院	97.98	98.00
生命科学与技术学院	97.89	97.25
基础与前沿学院	—	81.82
通信与抗干扰技术国家级重点实验室	—	98.81

（四）就业行业集中度较高，主要集中在工科行业

由于三所高校的学科和专业设置具有鲜明的工科行业特点，毕业生就业行业集中度较高，主要集中在工科，如电子信息行业、制造业、运输业，基本体现了毕业生签约单位行业分布与学校专业设置及人才培养定位相契合的理念。

电子科技大学因其学科、专业设置具有鲜明的电子信息行业特色，毕业生高度集中于信息传输、软件和信息技术服务业。西南交通大学毕业生在建筑业、制造业和交通运输仓储邮政业就业人数居多。重庆大学则主要集中于制造业，建筑业，信息传输、软件和信息技术服务业等行业（见图 8、图 9 和图 10）。

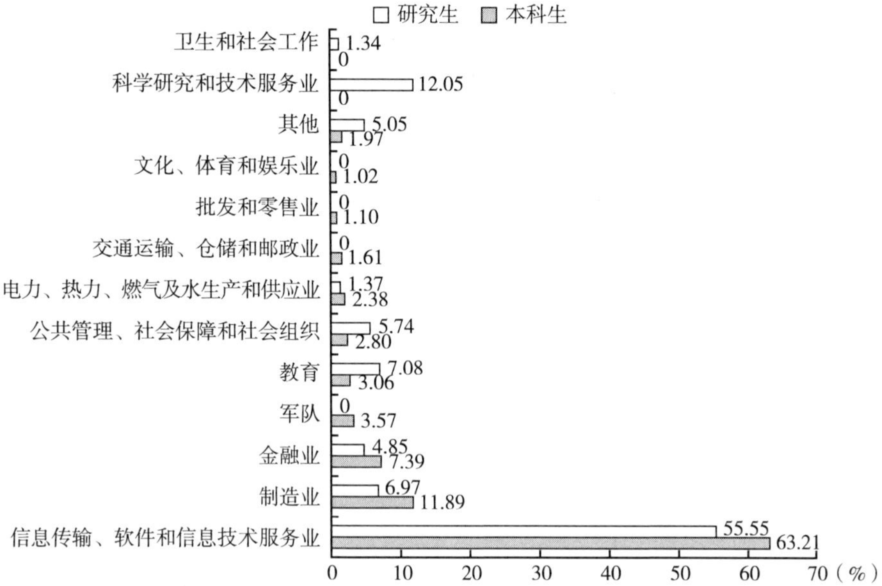

图 8　电子科技大学 2019 届毕业生就业主要职业分布

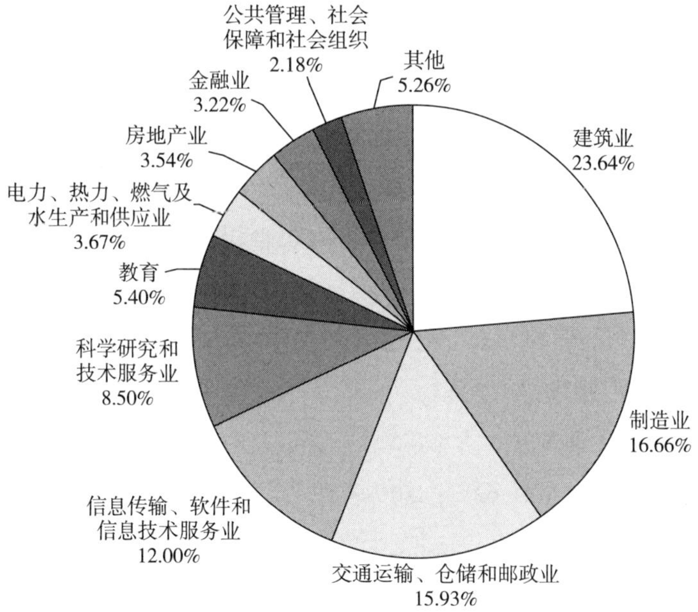

图 9　西南交通大学 2019 届毕业生就业主要职业分布（占比前十位）

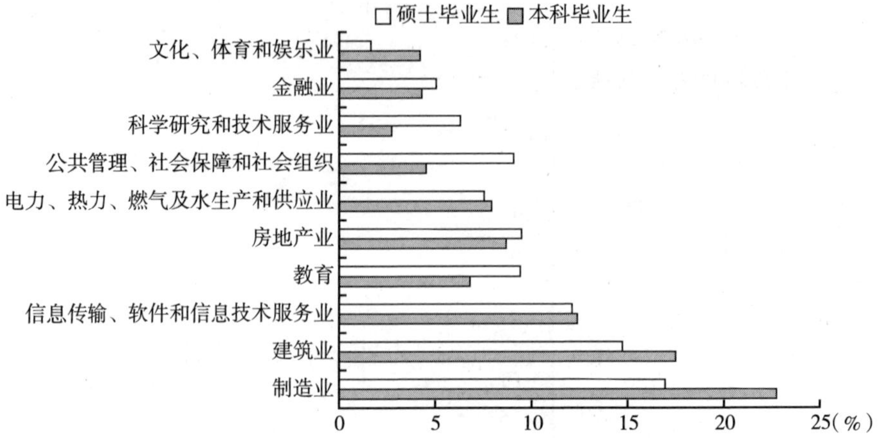

图 10　重庆大学 2019 届毕业生就业主要职业分布（占比前十位）

（五）听从国家就业导向，积极引导毕业生到基础重点单位就业

三所高校从服务国家经济建设与产业结构转型对人才的战略需求出发，积极引导、鼓励毕业生面向基层和重点地区、重点行业领域就业，为国家和地区经济建设发展提供坚强的人力资源支持和智力支撑。为响应国家政策提出了不同的计划。

电子科技大学在第九次党代会提出实施“马兰花计划”，引导学生到“国防建设主阵地、基层一线大舞台建功立业”[①]。2019 届毕业生到国防重点单位就业 636 人（本科生 140 人，研究生 496 人），基层及艰苦边远地区就业 283 人（本科生 69 人，研究生 214 人）。2019 届选调生 155 人，较往年增长明显（见图 11）。

本科生到国防重点单位、世界 500 强企业及中国电子信息百强企业的比例逐年提升，2019 届达到 41.63%；2019 届研究生赴国防重点单位、党政机关及其他事业单位、国家重点单位、行业顶尖单位合计占比达到 73.74%（见表 2）。

---

① 《电子科技大学工作要点》，https：//www. xxgk. uestc. edu. cn/info/1007/2267. htm。

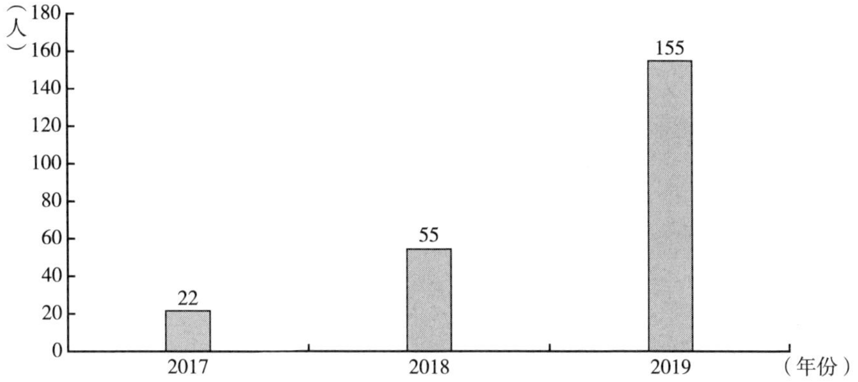

图 11　电子科技大学 2017～2019 年选调生人数

表 2　毕业生到重点单位就业情况

单位：%

本科生就业单位类型	比例	研究生就业单位类型	比例
国防重点单位	11.89	党政机关及其他事业单位	7.42
世界 500 强企业	29.14	国家、国防重点单位	63.43
中国电子信息百强企业	10.79	行业顶尖单位	58.01
重点单位合计（排除重叠）	41.63	重点单位合计（排除重叠）	73.74

西南交通大学积极践行人才强国、交通强国战略，向国家重点领域输送优质人才，对接“津京冀协同发展”“长江经济带发展”“乡村振兴”等国家战略，与重点地域政府人才机构合作，通过选调生、大学生村官等基层项目，积极为地方政府输送优秀人才，为广大毕业生服务基层、振兴乡村、实现伟大中国梦提供广阔空间。

重庆大学坚持立德树人，强化价值引领，厚植学生的爱国主义情怀，引导学生投身国家发展战略的重点领域和行业建功立业。推送毕业生参与基层项目就业，鼓励学生投身部队，报效祖国。重庆大学 2019 届毕业生中，进入选调生行列的毕业生 283 人，占毕业生总人数的 2.82%。

（六）就业质量较高，就业满意度和就业单位评价较好

就业质量可以通过毕业生的就业满意度和用人单位的评价等数据衡量①。毕业生对目前工作的满意度主要由三个方面组成：一是毕业生对于现实就业状况的评价，包括对目前工作薪酬、工作内容、工作强度的满意度；二是对于未来发展的预期评价，即对职业发展前景的满意度；三是对于就业状况的总体评价，即对目前工作的总体满意度。

就业满意度是由学生对自己目前的就业现状进行评价，选项有非常满意、满意、一般满意、不满意、非常不满意，共五项。就业满意度是选择“非常满意”“满意”“一般满意”的人数占总人数的比例。如图 12 所示，99.6% 的学生对自己的就业满意。

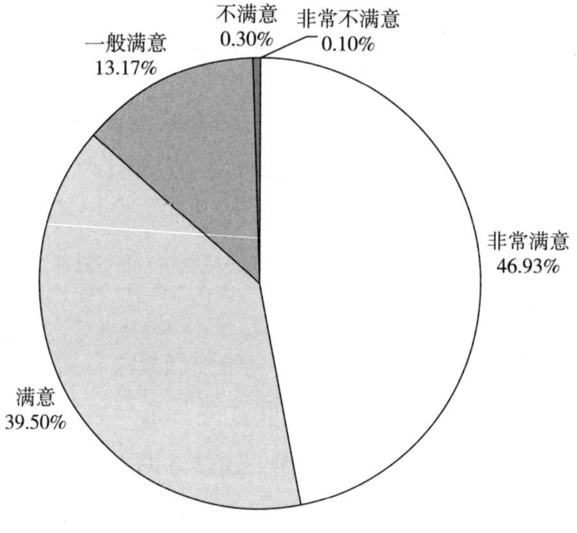

图 12　高校学生就业满意度情况

如图 13 所示毕业生对目前工作总的满意度为 89.06%，其中对工作内容、职业发展前景的满意度相对较高，分别为 85.79% 和 81.61%。分不同

① 张瑶祥：《基于三方满意度的高校毕业生就业质量评价研究》，《中国高教研究》2013 年第 5 期，第 82～86 页。

学历层次来看，本科毕业生对目前工作的总体满意度为 86.30%，研究生毕业对目前工作的总体满意度为 91.34%，处于较高水平；可见毕业生对初入职场的岗位和工作内容等方面均比较认同。

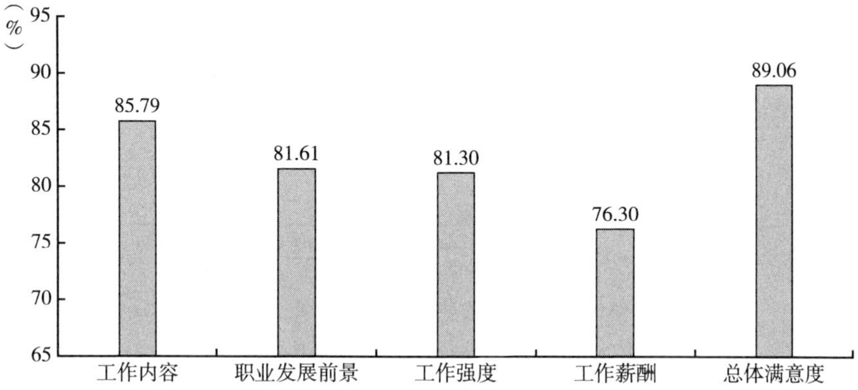

图 13　毕业生对目前工作满意度

将高校毕业生质量测量主体放到用人单位身上，能够比较真实地反映毕业生的质量，进而更加全面地反映学校人才培养过程中存在的问题。因此，建立毕业生质量外部测评体系，对于学校人才培养模式的改进和完善具有积极意义。① 评价内容包含其对本校毕业生政治素养、工作态度、职业能力、职业发展潜力和专业水平的满意度评价。用人单位对重庆大学 2019 届毕业生总体满意度为 97.05%，其中对毕业生政治素养（97.84%）、工作态度（97.17%）、职业能力（97.12%）的满意度评价相对较高（见图 14）。可见毕业生职业价值观、能力素质水平等方面均能够胜任目前工作岗位的要求，并受到用人单位的广泛认可，毕业生在就业市场中具有较强的社会竞争力和良好的职业表现。

如图 15 显示了用人单位对电子科技大学 2019 届毕业生的职业成长特色、专业素养、职业能力等方面进行了评价，结果显示用人单位在各方面维度都给予了相对较高的评价。

① 于洪霞、丁小浩：《高校毕业生就业专业结构匹配情况及其影响因素探析》，《教育学术月刊》2011 年第 8 期，第 33 ~ 36 页。

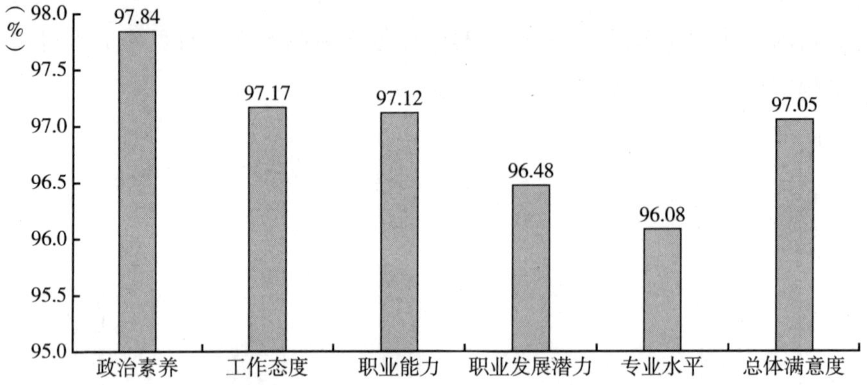

图 14 用人单位对重庆大学 2019 届毕业生各项能力素养的评价

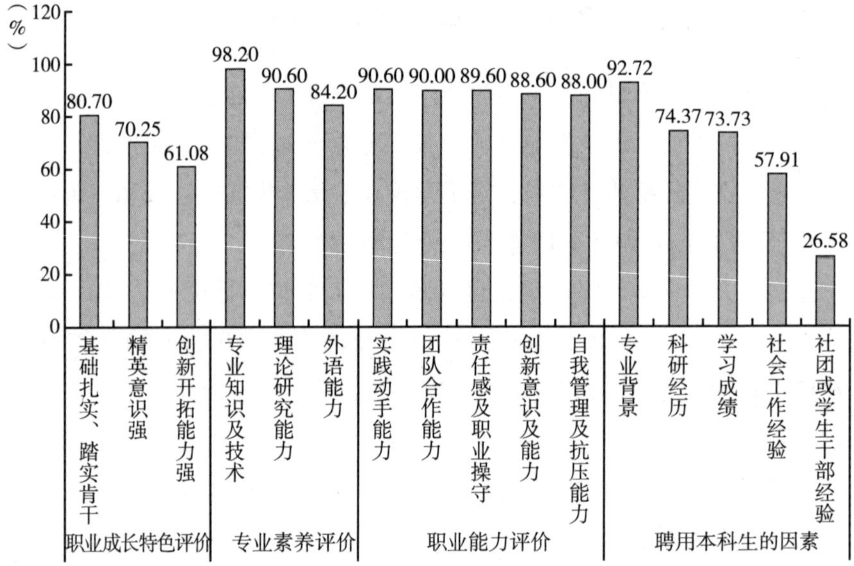

图 15 用人单位对电子科技大学 2019 届毕业生各项能力素养的评价

可以看出这三所高校的学生代表了成渝双城经济圈较为顶尖的工科行业人才状况，代表其就业质量表现较好。

三　成渝双城经济圈工科高校人才培养和发展存在的问题

（一）人才培养的专业相关度不够高

高校毕业生毕业后从事和自己专业学习或科研方向相关度高的职业，将有助于其结合在校学习的相关知识和技能，发挥学科思维和基础能力，并为其职业生涯奠定重要的基础。① 对高校而言，有效的反馈也能够进一步调整学科结构和设计，通过加大与企业之间的合作与交流，实现高效的人才培养，发挥高等教育的价值和作用。从数据上看，尽管三所高校的专业对口度较高，且均集中在工科领域，但非常对口的比例仍显略低（不足40%），即使电子科技大学本科生专业非常对口的比例也只有39.3%（见图16和图17）。这从侧面体现了部分学科还具备较大的发掘潜力，产学研统一化水平还有待进一步提升。

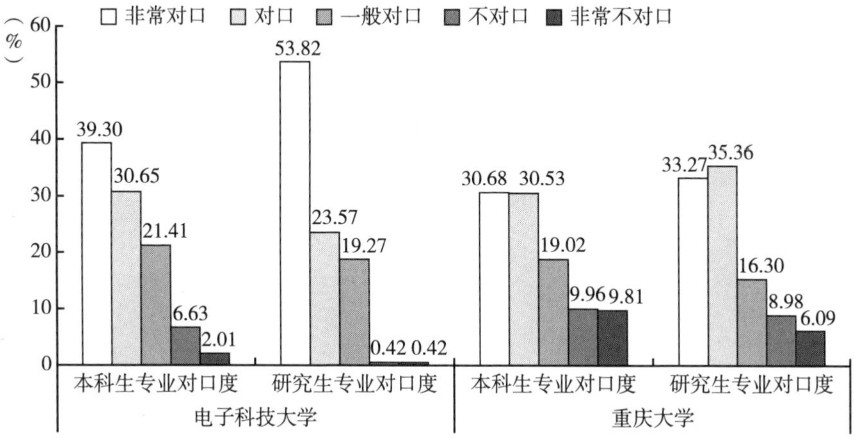

图16　电子科技大学和重庆大学2019年毕业生专业对口度

① 国家教育发展研究中心课题组：《我国高校毕业生择业与就业状况报告》，《中国青年研究》2002年第1期，第6～10页。

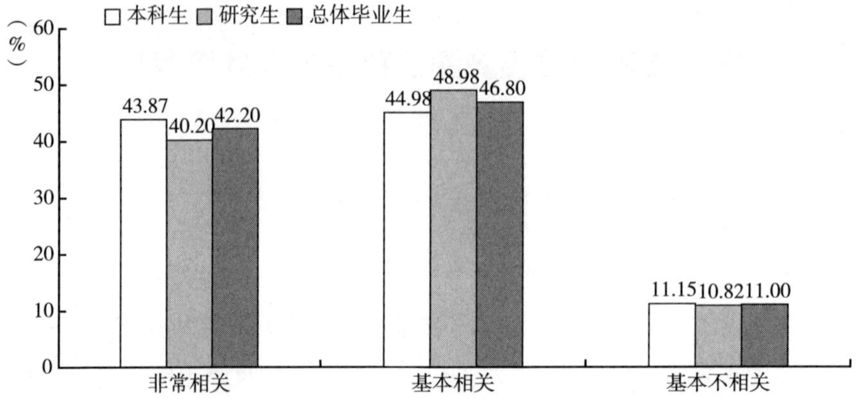

图 17　西南交通大学 2019 年毕业生总体专业相关度

（二）对于成渝经济圈急需的金融人才和复合人才培养相对不足

从就业率和就业领域来看，三所高校已经极大地发挥了其将工科作为优势学科，培养优秀理工类人才的职能，但从学科设置来看，均定位为综合性的大学，也包含有文科类的学科和专业。

结合国家发展战略和实际需求，培养能够适应经济发展需求的复合型人才迫在眉睫，学科融合和交互将成为大趋势和大方向。如图 18 所示，三所高校的本科生和研究生从事金融行业所占比例均低于 10%。因此，一方面

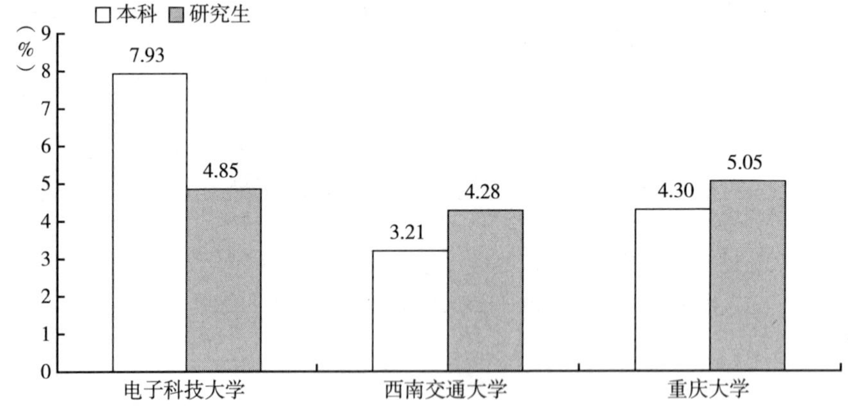

图 18　高校毕业生从事金融业所占比例

三所高校培养的金融人才和复合型人才数量有待提升，另一方面，也鼓励培养工科类学生在校期间的综合性能力，并且在毕业时能够有更多、更全面的择业选择。

（三）工程类人才向经济发达地区流动较为严重

尽管三所高校毕业生的职业选择集中分布于川渝地区，但广东、苏浙沪和京津冀等经济发达省份和地区仍是热门去向（见图19）。一方面，响应国家提倡的“区域化”协调发展战略，川渝经济圈建设如火如荼地展开，更多的高校毕业生倾向于来到该地域发展，尤其是本地区培养的毕业生；另一方面，三大传统发达地区的社会环境和就业条件对高校人才依然有较大的吸引力。因此，川渝地区仍需要加强和完善产业结构，发展特色产业，提升城市环境和社会保障，做到真正能够留得住人才，也需要同这些发达地区进行交流和取经，拒绝以邻为壑，实现互利互惠。

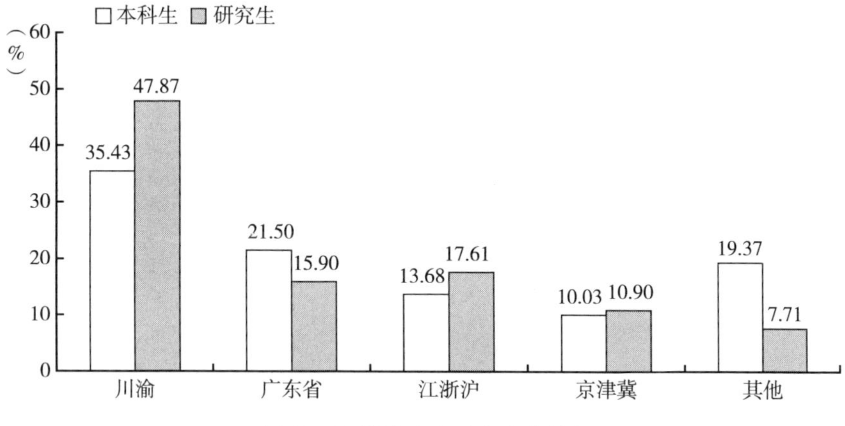

图19　高校毕业生就业分布地区

（四）工程类人才到国家机关重点单位和基层就业的人数不多

据电子科技大学、重庆大学、西南交通大学高校毕业生就业质量报告统计，工程类毕业生就业单位性质主要为国有企业、民营企业和三资企业，其中电子科技大学去民营企业、国营企业的毕业生人数较多，具体见图 20。

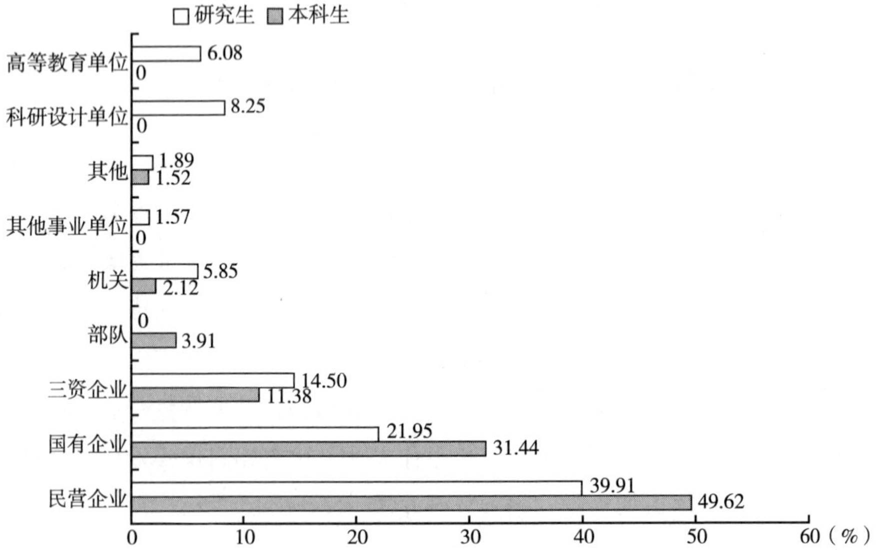

图 20　电子科技大学 2019 届毕业生就业单位性质

近年来受“互联网 +”热潮的带动，2019 年毕业生就业人数前十的单位以世界 500 强企业和中国电子信息百强企业为主（见表 3）。其中，华为技术有限公司、腾讯控股有限公司等民营企业受到毕业生的青睐。由于这些民营企业薪资待遇普遍较高，并且这些大型公司集中在一二线大型城市，因此对毕业生的吸引力不言而喻。①

表 3　电子科技大学近三年就业人数前十名单位

2017 年	2018 年	2019 年
中国电子科技集团公司	华为技术有限公司	华为技术有限公司
华为技术有限公司	普联技术有限公司	OPPO 广东移动通信有限公司

① 国家教育发展研究中心课题组：《我国高校毕业生择业与就业状况报告》，《中国青年研究》2002 年第 1 期，第 6～10 页。

续表

2017 年	2018 年	2019 年
中国航空工业集团公司	京东方光电科技有限公司	中国移动
中国移动	中国农业银行股份有限公司	腾讯控股有限公司
深圳康冠科技集团	腾讯控股有限公司	中国电子信息产业集团
中国电子信息产业集团	四川长虹电器股份有限公司	中国工商银行
京东方科技集团股份有限公司	成都博宇科技有限公司	中国电信
腾讯控股有限公司	新华三技术有限公司	中国联通
上海汉得信息技术股份有限公司	北京三快在线科技有限公司	中国航空工业集团

近年来，为响应国家和政府部门的号召，相关部门和高校采取了一系列措施鼓励选调生参加基层就业，但主要集中在公共管理学院和马克思学院等文科学院[①]。需要指出的是，基层单位对工科类人才的需求较大，后期应鼓励更多有工科背景的毕业生选择基层就业，从而扩展基层就业的深度和质量。

四　提升成渝双城经济圈工程类人才培养质量的对策建议

（一）把握发展需求，提升工程类人才培养与产业经济发展的协同性

针对工程类人才专业相关度不高的问题，要加强高校工程类人才建设与产业经济发展的协同性。首先，需要政府及相关教育部门针对成渝双城经济圈发展需求，针对性研究、科学性预测和系统性把握，主动对接地方经济发展的重大战略规划，[②] 制定高校新工科建设的近期、中期及长期发展目标，

① 国家教育发展研究中心课题组：《我国高校毕业生择业与就业状况报告》，《中国青年研究》2002 年第 1 期，第 6～10 页。

② 漆泰岳、周先礼、闫月勤：《工科高校学生全球胜任力培养观察与发现——基于 24 所高水平工科高校的调查》，《云南农业大学学报》（社会科学）2020 年第 6 期，第 127～134 页。

明确高校工科专业设置的指导细则、工程类人才培养的质量要求，出台高校工科建设的总体方案等文件，形成针对成渝双城经济圈发展的工程类人才发展的建设规划。

其次，政府应当动员高校、联手成渝双城经济圈相关行业企业，建立信息资源共享平台，定期组织开展交流与研讨，及时反馈产业经济发展对新型工程技术人才学科的需求情况，加强高校工科建设同产业经济发展的适应度。

最后，政府根据地方战略性新兴产业和高新技术产业等重要产业领域的发展需求，实施差异化的激励政策和扶持政策，对于高校尚未开设的智能制造工程、智能建造、航天航空工程等新工科专业[①]，可以加大相关行业企业的研发投入和税收减免力度，搭好企业与高校之间的平台，鼓励相关行业企业与高校合作，联合高校培训师资、开展研究，从而指导高校工科实践的开展。

（二）制定“创新型＋复合型＋实践型”多元化的人才培养目标

针对复合人才培养不足的问题，不同层次类型的高校在工科建设中承担着不同的任务，决定了不同高校对工程类人才培养目标的不同。不同高校应当根据自身的资源优势和办学特色来制定多样化的工程类人才培养目标。首先，工科优势高校应当发挥其工科优势，紧跟国际前沿技术，构建创新价值链，着力打造创新型工程科技人才，注重提升工程人才的创新能力和创业能力[②]。经济发展的关键在于技术创新，及时培养一批具备创新意识、创新精神、创新思维能力以及创新实践能力的工程技术人才是当前工科优势高校人才培养的目标所在。

其次，综合性高校应当充分发挥学校内部的综合优势，积极推动学科的

---

① 张月霞：《新工科电子信息类人才培养模式研究》，《中国多媒体与网络教学学报（上旬刊）》2020 年第 11 期，第 149 ~152 页。

② 田书芹、王东强：《新工科“合格＋”个性化人才培养模式探索——基于多元智能理论视域下的分析》，《中国高校科技》2020 年第 10 期，第 59 ~64 页。

交叉融合[①]，在此基础上确定复合型的人才培养目标，大力培养学生的跨界整合能力。作为由多种制约因素构成的综合系统，工程技术问题的解决需要综合运用多学科知识和方法，成渝双城经济圈的发展需要的是复合型工程人才，这种人才需要具有知识的集成性、能力的复合性和素养的全面性三个方面特征[②]。

最后，地方高校应当积极利用地方资源，主动对接地方经济发展的需求，与地方行业企业协同育人，以塑造应用型和技能型的工程人才为目标，着重培养学生的工程实践能力。

（三）优化协同环境，增强成渝地区双城经济圈人才环境竞争力

针对工程类人才向经济发达地区流失较严重的问题，为了更好地吸引、留住并聚集和培养人才，需要在人才环境的营造上不断地创新和发展，促进城市发展、带动周边进步，营造良好的社会氛围，建立人才培养和发展的长效机制。[③] 建设全面体系发展新理念的城市发展要求，从以下几个方面入手来优化协同环境。

首先，打造和建设充满活力的人才发展的经济环境，加快补齐短板，加快构建具有竞争力的产业体系，提升产业开放度，重点建设先进的制造业、高新技术产业、金融业等现代产业体系。推动人工智能、5G、8K、物联网、数字经济和实体经济的融合[④]。增加产业研发投入，优化经济结构，为成渝双城经济圈的人才提供充满活力的经济环境。

其次，要建设良好的人才工作成长环境，加强和优化教育政策资源和财政资源投入，关注成渝双城经济圈的高等教育，加强对布局在成渝双城经济

---

① 钟登华：《新工科建设的内涵与行动》，《高等工程教育研究》2017 年第 3 期，第 1 ~6 页。

② 林健：《面向未来的中国新工科建设》，《清华大学教育研究》2017 年第 2 期，第 26 ~35 页。

③ 林健：《深入扎实推进新工科建设——新工科研究与实践项目的组织和实施》，《高等工程教育研究》2017 年第 5 期，第 18 ~31 页。

④ 叶晓倩、陈伟：《我国城市对科技创新人才的综合吸引力研究——基于舒适物理论的评价指标体系构建与实证》，《科学学研究》2019 年第 8 期，第 1375 ~1384 页。

圈的八所“双一流”大学建设，通过深化改革完善大学治理体系，通过技术赋能推进数字校园建设，通过管理创新提升服务保障能力，在新形势下推进高等教育治理能力和治理体系的现代化。积极引导高校科研院所和企业人才的双向流动，提升企业对高水平人才的吸引力[①]。

最后，要建设兼容并蓄、宜居舒适的城市生活环境，坚持全球视野和国际标准提升成渝双城经济圈中心城市的能级水平、城市形象和城市品位。培育人才落地生根的土壤，加快健全医疗、教育、卫生、体育等公共基础设施建设和配套设施建设。建设网络化、多中心、生态型的绿色发展格局[②]。全面促进人才和城市发展的高度和谐。

（四）加强就业引领，积极引导毕业生到国家国防重点单位和基层就业

针对工程类人才到国家机关重点单位和基层就业的人数较少的问题，政府和高校要加强就业引领，“国势之强由于人，人材之成出于学”。[③] 政府部门和高校要协同发力，一方面要完善宣传机制，拓宽引进渠道，合理利用高校宣讲会和招聘会机制，对到基层和国家重点单位就业的人才给予一定的政策优惠和倾斜[④]。另一方面高校要坚守为党育人、为国育才的初心和使命，坚持立德树人根本任务，确保办学正确政治方向[⑤]。在就业工作中紧紧抓住“为谁培养人”这一根本问题，大力推进各种计划和措施，重点引导毕业生到国防、到基层、到祖国最需要的地方建功立业。

---

① 何柏良、杨蕾：《基于改进熵权法的城市人才吸引力评价研究》，《科技与创新》2020 年第 9 期，第 13～15、19 页。

② 崔盛、苏均宇：《“久有凌云志”会否“主动下基层”——大学生理想信念与基层就业选择关系的实证研究》，《重庆高教研究》2021 年第 2 期。

③ 祝军、杨平：《大学生基层就业项目：参与意愿和满意度》，《北京大学教育评论》2015 年第 2 期，第 2～17、187 页。

④ 蒋承、张思思：《大学生基层就业的趋势分析：2003～2017》，《华东师范大学学报》（教育科学版）2018 年第 5 期，第 60～70、167 页。

⑤ 孙幼波、王嘉忆、曹野：《新时代大学生家国情怀培养方式探索——以选调生工作为例》，《科教文汇（上旬刊）》2020 年第 2 期，第 33～34 页。

结　语

人才资源是国家发展的不竭动力，在当今国际竞争越来越激烈的背景下，工程类的人才作为科技创新的主力军是各地区非常重要的资源，日益受到各国各地区政府和人民的重视。四川省作为“成渝两地双城经济圈”西部高质量发展的重要增长极，必须置身国家推动成渝地区双城经济圈建设的战略大局之下，牢固树立人才发展理念，努力化解疫情带来的不利影响，在加快和保持经济社会发展良好势头中，以更广的视角、更大的范围、更高的效率配置人才资源。要建设好成渝双城经济圈就更要注重对工程类人才的培养，从提高专业相关度、培养复合型多元化人才、优化人才发展环境和加强就业引领着手，协同发力为缩小东西部差距，为成渝双城经济圈人才协同发展战略机制的构建贡献不竭的资源和动力。

参考文献

柯羽：《高校毕业生就业质量评价指标体系的构建》，《中国高教研究》2007 年第 7 期。

叶晓倩、陈伟：《我国城市对科技创新人才的综合吸引力研究——基于舒适物理论的评价指标体系构建与实证》，《科学学研究》2019 年第 8 期。

成渝地区双城经济圈汽车产业人才发展研究

黄庆华　潘　婷*

摘　要：结合成渝地区汽车人才发展的产业基础、汽车产业面临的发展形势，分析发现，当前成渝地区汽车产业的高端人才供给不足、人才共建共享意识不强、人才公共服务载体落后、人才成长保障水平较低。在深入剖析上述问题成因的基础上，本研究认为，推进成渝地区汽车产业人才发展，一方面，要大力增强协同发展能力、强化成渝双核引领；另一方面，要加快推进人才服务、人才保障和人才流动等人才发展体制机制改革。

关键词：成渝地区双城经济圈　汽车产业　产业人才发展

2020年，成渝两地签署《成渝地区双城经济圈汽车产业协同发展战略合作协议》，旨在将成渝地区打造成为世界重要的汽车研发、制造、应用基地，推动成渝地区汽车产业转型升级和高质量发展。当前，要为成渝地区协同打造汽车产业发展高地、推动成渝地区汽车产业协同发展提供强大的人才支撑，就必须坚持人才优先发展战略，确立人才引领发展战略。推动区域人才协同发展，提升人力资源配置能力，以产业集聚人才、以人才助推产业。

---

* 黄庆华，博士，教授，博士生导师，西南大学经济管理学院副院长，主要从事产业集群与产业布局研究；潘婷，西南大学经济管理学院硕士研究生，主要从事创新与创业管理研究。

一　成渝地区双城经济圈汽车产业人才发展的产业基础

产业是人才发展的载体，人才是引领产业发展的基础。因此，研究成渝地区双城经济圈的汽车人才发展问题，就必须对成渝地区双城经济圈的汽车产业发展有所了解。目前，成渝地区双城经济圈具备较为完善的汽车产业基础，为成渝地区双城经济圈的汽车产业人才发展创造了良好条件。

（一）汽车产业的产业基础雄厚

重庆是我国重要的汽车制造业基地之一，汽车产业是当地的重要支柱产业。目前，重庆已经形成以长安系为龙头、十多家整车企业为骨干、近千家零部件企业为支撑的“1＋10＋1000”产业集群，汽车行业的整体发展水平处于我国先进行列。另外，重庆的新能源汽车产业已有较好基础，智能网联汽车发展处于国内先进水平。在汽车企业方面，重庆有汽车生产企业41家，其中整车生产企业21家，改装车生产企业20家，形成年产400万辆汽车的综合生产能力；在汽车产品方面，重庆汽车产品谱系较全，已全面涵盖乘用车（含轿车、SUV、MPV、微客）、商用车（含客车、微卡、轻卡、重卡、改装车）等细分领域，本地汽车生产企业生产的汽车年产销量保持在200万辆规模①。

汽车产业作为成都先进制造业的重要板块，是成都的五大支柱行业之一。成都的汽车产业虽然起步较晚，但后劲十足。成都通过良好的营商环境吸引了一汽大众、沃尔沃、博世等品牌落户，基本上形成了汽车产业集群。截至2019年底，成都汽车保有量超过500万辆，位居全国第二。目前，成都在新能源汽车产业方面取得了重要进展。成都拥有新能源汽车企业60余

① 《筑底反弹　重庆汽车产业结束30个月累计运行下滑》，https：//auto. 163. com/20/0923/06/FN 6KKV5F000884MM. html，2020年9月23日。

户，其中整车企业10余户，整车产能达到15万辆[①]，并形成了新能源乘用车、轿车、SUV、新能源商用车、客车、货车、专用车和特种队车等整车制造体系。总的来说，成渝地区雄厚的产业基础，为下一步促进汽车人才与汽车产业高度融合、实现区域协调高质量发展创造了良好条件。

（二）汽车产业的产业链比较完备

重庆素有“中国底特律”之称，自20世纪90年代以来，形成了以汽车产业为支撑的工业体系，并聚集了一批国内外知名企业落地。作为传统的汽车制造基地，重庆掌握着汽车整车生产、零部件生产等关键环节。重庆现有规模以上汽车零部件企业900余家，具备发动机、变速器、车身、底盘、内外饰等各大系统较为完善的产业链，汽车零部件本地配套率超过70%。特别是汽摩产业作为重庆的主导产业，经过多年的发展，已经形成了汽摩整车及零部件在生产、营销、供应链、金融等环节完善的生态经济[②]。

成都经过多年的产业布局和招商，已经构建起涵盖汽车整车制造和零部件制造，以及与之配套的钢铁、冶金、玻璃、塑料、物流运输、维修、保险等产业集群。其中，零部件企业涵盖了动力传动系统、底盘悬架系统、电子电器系统、车身及内外饰等产业链各个环节。此外，成渝地区双城经济圈汽车产业链供需信息对接平台已经上线，汽车企业可在平台上实现信息共享和对接交流。成渝地区双城经济圈汽车产业的产业链比较完备，有利于深入推进研发、生产、采购、销售、服务全产业链的资源整合与优势互补，全面打通用车端、造车端，实现资源共享。

（三）汽车产业科技创新能力不断提升

从区域层面来看，重庆同时拥有中国汽车工程研究院汽车研发基地和中

---

① 《2020第三届中国（成都）新能源汽车产业大会盛大开幕》，车讯网，http：//www.chexun.com/2020-07-06/111304585.html，2020年7月6日。

② 《持续发力打造千亿级汽车产业　完善成渝地区汽车产业链》，东南网，http：//travel.fjsen.com/2020-09/25/content_30490633.htm，2020年9月25日。

国汽车工程研究院智能网联汽车试验基地。其中，中国汽车工程研究院汽车研发基地共有员工1500人，包括国家突出贡献专家和“百千万人才”10名①，并拥有强大的汽车技术研发能力和试验检测能力，一流的试验设备以及较高的行业知名度；中国汽车工程研究院智能网联汽车试验基地于2019年在重庆落成，是西南地区第一个智能网联汽车综合测试评价基地，也是第一个专业的重型汽车试验基地。成都则拥有成都汽车产业研究院和威马汽车研发中心。其中，成都汽车产业研究院在产业科技创新、布局前沿研发、突破关键技术和科技成果转化等方面具有重要作用；威马汽车研发中心于2018年落户成都，作为成都首个新能源乘用车研发机构，该中心主要致力于智能网联汽车的研发。

从企业层面来看，长安汽车打造了一支来自全球18个国家、规模达到1.2万人的国际化研发团队，其中研发人员7000余人、高级专家600余人，人才储备居中国汽车行业前列。同时，作为重庆两江新区新能源汽车的代表性企业之一，重庆金康新能源汽车有限公司已在全球范围内聚集了超过1500名研发人员②。除此之外，东汽、长安股份、长安福特等都建立了企业研发中心。综上所述，汽车产业研发团队的有力建设、研发机构的有效设置与研发基地的投入使用，必将大大提升其服务成渝地区双城经济圈汽车研发、设计和检测的综合能力，有力助推汽车产业转型升级。

二　成渝地区双城经济圈汽车产业人才面临的发展形势

认清形势，适应趋势，才能发挥优势。也就是说，认清成渝地区双城经济圈汽车人才面临的发展趋势、适应我国汽车产业未来的发展趋势，才能发

① 《中国汽车工程研究院汽车研发基地在渝建成启用》，电动汽车网，http：//www. diandong. com/zixun/1624 6. html，2019年12月5日。

② 《重庆汽车升级加速，汽车产业高端人才踏“云”而来》，中国高新网，http：//www. chinahightech. com/html/chany/xny/2020/0608/5553283. html，2020年6月8日。

挥成渝地区双城经济圈汽车产业人才发展的区域优势。成渝地区双城经济圈汽车产业人才面临的发展形势，主要表现为以下四个方面。

（一）汽车产业协同发展是新时代要求

落实制造强国战略部署、推动汽车强国建设，《汽车产业中长期发展规划》强调，“协同发展、合作共赢”是新时期汽车产业发展的基本原则之一，具体应围绕以下三个方面展开。一是推进汽车设计制造和服务一体化，实现汽车产品全生命周期网络协同；二是通过整车企业和零部件企业合作创新，推动汽车产业链协同；三是引导信息通信、新能源、新材料与汽车产业深度融合，推动汽车产业向智能化、电动化、网联化、共享化发展。进一步推进成渝地区双城经济圈制造业协同发展、打造中国制造“第四极”，汽车产业协同发展是重要发力点之一。由此可见，推动汽车产业协同发展、合作共赢，是新时代汽车产业转型升级、由大变强的必然要求，也是建设制造强国、推动新一轮科技革命和产业革命的必然要求。

（二）汽车产业人才发展障碍亟待破解

根据《中国汽车产业中长期人才发展研究》，现阶段我国汽车产业人才发展主要存在六个方面的问题，分别是人才总量不足、人才流动过于频繁、人才结构不合理、人才制度优势不充分、人才国际化进程缓慢和人才敬业精神建设缺失。在汽车产业的人才队伍建设方面，我国汽车产业的人才总量、人才质量、人才结构和人才分布还不能完全满足汽车产业发展的需要。在整车与零部件、新能源汽车、智能网联汽车和汽车后市场等四个领域，专业技术人才和高端技能人才的储备存在明显短板与不足①。此外，人才工作理念相对陈旧也是制约汽车产业人才发展的重要因素，企业对人才的使用仍停留在“人才雇佣制”层面，理念更新与产业发展尚未同步。总之，现有的汽

① 汽车人才研究会：《汽车产业紧缺人才目录 & 汽车人才强国七大工程丨报告系列解读》，https：//www. sohu. com/a/313843339_ 120003355，2019 年 5 月 14 日。

车产业人才发展障碍，不利于更快更好地为我国汽车产业发展提供人才支撑与智力支持，制约了汽车人才与汽车产业的深度融合。

（三）产业之间的人才争夺战日趋明显

习近平总书记强调“发展是第一要务，人才是第一资源，创新是第一动力”。当前，要推动经济高质量发展，促进产业结构转型升级是重要着力点。以人才为核心的创新资源，不同于其他生产要素，其在贯彻新理念、激活新动能和发展新产业中具有无可取代的优势。因此，人才资源已不仅是政府之间的争夺对象，更是产业之间的争夺对象。具体来说，在农业领域，着力推进农业转型升级、促进农业均衡发展，亟须推进农业农村人才队伍建设，以农业农村人才振兴促进乡村发展振兴；在工业领域，制造业已经进入工业自动化与信息化高度融合的工业 4.0 时代，对产业链的高层次技术人才和技能人才提出了更加迫切的需求；在服务业领域，现代服务业的高技术密集度、高知识含量、高附加值特点，急需知识精深、综合能力强的复合型专业型人才。总的来说，产业之间的人才争夺战日趋明显，成渝地区双城经济圈汽车产业人才面临的发展形势更加严峻。

（四）现有产业人才发展政策亟须调整

现阶段，我国汽车产业正处于转型升级、由大变强的战略机遇期。我国的新能源汽车发展成绩显著、信息技术产业实力不断增强，汽车产业有望在智能网联领域抢占先机，成为赶超发展的突破口。然而，根据《中国汽车产业中长期人才发展研究》，我国在智能网联汽车领域的专业技术人才严重紧缺。尽管我国针对汽车产业人才发展已出台了一系列政策文件，比如《中国汽车产业中长期人才发展研究》《制造业人才发展规划指南》等，但在新能源、智能网联等汽车产业发展的重点领域，仍缺乏系统完善的人才政策体系。具体来说，在新能源汽车领域，根据最新的《新能源汽车产业发展规划（2021 ~2035 年）》，要为新能源汽车产业发展提供人才保障，还需在学科布局、人才培养、人才引进、人才激励等方面持续发力，加快推进新能源汽车产业人才队伍建设。在智能网联汽车领域，我国仍缺乏对人才发展的顶层设计和规划指导。相对而言，各汽车工业强国都已制定了智能网联汽车发展的长远规划或行动计划，包括加大人才资源投入，加强高端人才培养等。总之，我国现有汽车产业人才发展政策急需调整，以满足汽车产业的发展需求。

三　成渝地区双城经济圈汽车产业人才发展问题及其成因

加强汽车产业人才队伍建设，完善汽车产业人才政策体系，是成渝地区双城经济圈汽车产业协同发展的基本要求。从我国汽车产业人才发展战略和成渝地区汽车产业协同发展目标指向来看，在人才队伍建设和人才发展保障方面，成渝地区汽车人才发展还存在与产业需求、区域发展不相适应的问题，有必要进一步加强人才队伍建设，完善人才公共服务。

（一）成渝地区双城经济圈汽车产业人才发展现存的问题

1. 高端人才供给不够充分

产业高质量发展与产业高素质人才密切相关。推动成渝地区双城经济圈汽车产业健康持续发展，实现产业协同发展目标，需要能力够强、素质过硬的人才队伍。近年来，成渝两地不断完善人才发展体制机制，逐步优化人才服务保障环境，人才队伍建设有所发展，但仍面临汽车产业高端人才匮乏的问题。一是高端人才定位不够明确。现阶段，在新能源、智能网联等领域，汽车产业对高端人才的需求更加迫切，高端人才的知识结构、技能要求也变得更加复杂多样。显然，传统意义上的汽车人才难以满足汽车产业未来发展需要。汽车人才尚未重新定义，不利于汽车产业高端人才队伍建设高质量有序进行[①]。二是高端人才培养平台较少。目前，尽管成渝地区双城经济圈在

① 朱明荣：《关于汽车产业中长期人才发展战略的思考》，腾讯网，https：//new. qq. com/omn/20200428/2020042 8A0JFPJ00. html，2020 年 4 月 28 日。

制造业各细分行业中均有一定数量的科研机构和研发平台，但存在机构平台规模小、人才集聚效应不明显的问题。在新一轮技术革命背景下，成渝地区双城经济圈有关互联网技术、智能制造、新能源等领域的科研平台和培训项目发展相对滞后，高端人才集聚程度不高。三是高端人才结构分布不均。通常来说，高端人才更倾向于进入高等学校、科研院所、政府机关及事业单位，而选择在企业就职的人数相对较少。也就是说，相对于产业发展、技术研发等生产实践领域和创业领域而言，高端人才在科学研究等学术创新领域发挥的作用较多。

2. 人才共建共享意识较薄弱

在共享经济快速发展的时代背景下，汽车行业人才共建共享模式探索开始出现，汽车行业发展对人才共建共享模式创新的需求也日益高涨。自古以来，成渝两地地理同域、文化同源、经济同体；但由于人才共建共享意识不足，严重制约了两地的合作规模、合作水平①。一是人才协作机制缺位。尽管成渝两地在人才发展方向定位、人才队伍建设、人才公共服务等方面出台了一系列改革政策，签署了《成渝地区双城经济圈人才协同发展战略合作框架协议》，并就两地的人才协同发展战略谋划、合作项目、双核引领、推进机制等内容进行了深入研讨。但相对于京津冀地区联合制定人才一体化发展规划纲要，成渝两地在人才规划布局、人才政策制定、人才制度协同等方面，仍具有较大“鸿沟”②。二是人才培养联动机制不健全。目前，成渝地区部分高校在协同合作方面已经取得了初步进展，但总的来说，西南大学、重庆大学、四川大学、四川农业大学等高校之间，在加强学科平台、高端人才、学术成果共享等方面，仍有很大的发展空间③。此外，政府、行业与企业之间的联动以及企业与学校、社会培训机构之间的联动不断增强，也必然

① 《推进成渝地区双城经济圈建设 听听委员怎么说》，中国产业经济信息网，http：//www.cinic.org.cn/xy/sc/805806.html，2020 年 5 月 9 日。

② 《深度丨关于促进科技人才高效集聚 助推成渝地区双城经济圈建设研究》，七一网，https：//www.12371.gov.cn/Item/556361.aspx，2020 年 4 月 29 日。

③ 《促进人才合理流动和高效集聚 助推成渝地区双城经济圈高质量发展》，人民网，http：//cq.people.com.cn/n2/2020/0509/c367668 -34003929.html，2020 年 5 月 9 日。

对成渝地区双城经济圈人才培养联动提出更高要求。

3. 人才公共服务载体不充足

成渝地区双城经济圈的人才公共服务一直在拓展和延伸服务内容的广度和深度，以求满足日益增长的社会化需求与个性化需求；但人才公共服务载体并不充足，距离最终目标实现仍有一定差距。一是人才公共服务信息平台比较落后。在大数据的推动下，成渝地区先后通过网上招聘平台、微信微博公众号、移动微信客户端、咨询服务等多种公共服务方式发布人才招聘信息，人才公共服务已经步入了数据共享时代。但在国民经济发展迈入新常态及汽车行业结构调整急需人才转型升级的大背景下，上述形式不具备可持续性。此外，目前的人才公共服务载体在推进数据资源开放利用方面依然滞后，不符合汽车产业转型升级、由大变强的需要。二是人才公共服务内容相对陈旧。具体来说，成渝地区现有的人才公共服务平台主要围绕以下几个方面提供服务，分别是人才政策法规、公共信息技术、人才流动信息、就业人才创业信息、人才就业培训技术支持和企业人才信用评价评估。然而，推进成渝地区双城经济圈人才一体化发展、促进成渝地区双城经济圈人才集聚，仅靠现有人才公共服务载体远远不够。必须在现有基础上，进一步丰富人才公共服务相关内容。比如在流动人才方面，应加快流动人才数字档案建设，做好统一标准、互认互转；完善流动人才党团建工作，整合两地红色资源、互建基地、共享师资等。

4. 人才成长的保障水平较低

成渝地区针对人才发展相继施行了一系列政策，并且收效明显，出现了一大批高层次人才向成渝地区集聚的“虹吸现象”，并通过不同人才政策间的相互配合，逐渐完善了成渝地区双城经济圈的人才体系。但是，随着政策的施行，人才成长保障水平较低的问题逐渐浮现。一是引进人才后期保留政策模糊、培养力度不足。尽管高端人才引进是成渝地区人才发展的工作重点，并且根据人才政策，在高端人才引进方面的财政投入较大、资金保障清晰明确；但在人才引进后如何保留问题上，人才政策则显得较为模糊。此外，引进人才培养资金投入不够，缺乏系统而完善的培养机制，制约了引进人才的成长和技能提升①。二是人才保障性和服务性政策较少。成渝地区双城经济圈立足于社会发展，制定和颁发了一系列针对人才发展的政策文件、法律法规，并实施了一系列战略工程。但成渝地区的人才发展政策主要以促进人才集聚为重点，即以促进性政策为主。相对而言，确保人才成长、人才发展的保障性和服务性政策较少②。

（二）成渝地区双城经济圈汽车产业人才发展问题的成因

要想真正解决成渝地区双城经济圈汽车产业人才发展现存问题，必须从问题产生的根源着手。引起成渝地区汽车产业人才发展问题的原因较多，例如人才发展配套政策和制度不健全，两地人才一体化发展机制建设不完善，人才发展的保障水平不高，人才发展的政策协同性差等。

1. 已有产业人才政策较少，执行效果不佳

一是政策文件少。目前，成渝两地在引进高层次人才方面的政策主要有《重庆市引进高层次人才若干优惠政策规定》《重庆市引进海内外英才“鸿雁计划”实施办法》《成都实施人才优先发展战略行动计划》等。然而，在紧缺实用人才、高端产业人才方面，目前尚无针对性的引才政策。在汽车产业的人才评价、人才使用、人才激励、人才流动和人才保障方面，相关的政策文件更是屈指可数。

二是政策较笼统。当前，成渝地区有关高端人才引进的优惠政策办法主要侧重学历、头衔、奖项等因素，这显然有利于引进大学高校、科研院所和技术研发类人才。但针对产业类人才引进的条款规定较少，不利于引进产业类人才，人才政策效果尚未实现最大化。另外，与人才发展相匹配的，还有“百人计划”“技能大师”等多项人才项目。但这些人才项目主要偏重“塔尖式”的高层次、领军型人才，而对“塔基式”人才的重视程度明显不够，

① 西南财经大学发展研究院等编《四川人才发展报告（2019）》，社会科学文献出版社，2019，第146页。

② 西南财经大学发展研究院等编《四川人才发展报告（2019）》，社会科学文献出版社，2019，第192页。

比如应用技能型人才等。

三是政策不系统。已有产业的人才政策制定偏向于单项突破，后续设计与配套设施跟进不足。在与人才引进、人才发展相适应的政策设计上缺乏突破性内容。比如，人才发展的体制机制改革、人才市场的体系构建、人才发展的环境优化等。综合来看，已有产业的人才政策制定还停留在表层，政策系统性不足、联动性较差，执行效果不佳、综合效力不足。

2. 两地产业同质化严重，人才协调难度大

建立创新型现代产业体系，是成渝地区双城经济圈产业发展的核心任务。但由于行政壁垒、区域竞争及特殊的“邻里效应”，成渝地区产业布局同质化现象较为严重。就成渝地区的汽车制造行业而言，近些年来，重庆以长安集团为龙头，在两江新区建立上汽通用五菱、北京现代汽车生产线，打造千亿级西部汽车城；成都则在天府新区规划中建立了龙泉国际汽车城，大力引进吉利、沃尔沃、中国一汽（大众、丰田）等标杆性企业，建立以零部件研发、整车设计为重点的汽车产业综合功能区。显然，同质化产业结构体系正面临竞争大于合作的挑战，加大了成渝两地的人才协调难度。一是人才发展具有地方保护主义色彩。成渝地区产业同质化现象的存在，严重制约区域生产要素资源的有效配置，还进一步加剧了产品和人才的恶性竞争，无形之中形成了对各自人力资源市场的保护，难以通过人才资源互补取得共同发展。二是人才互认共享机制尚未健全。成渝两地产业同质化现象严重，“你有的我也要有”的思想观念阻碍了人才资源合理流动、降低了人力资源配置能力，其所建立的人才互认共享机制也只限于行政区划内部。

3. 财政投入力度小，人才发展保障能力弱

近些年来，成渝地区在人才引进的相关激励政策和资助保障上持续发力，但仍缺乏竞争力。从人才引进的资助保障和相关激励政策来看，重庆市自 2009 年出台《重庆市引进高层次人才若干优惠政策规定》以来，有关人才资助和扶持等项目多年未调整更新，直到 2017 年出台《重庆市引进海内外英才“鸿雁计划”实施办法》，2019 年印发《重庆英才计划实施办法（试行）》，重庆市人才格局才发生了较大变化。尤其是从 2019 年起执行的

英才计划指出，要用5年左右的时间，有计划地遴选支持重点领域、重点产业、重点行业的高层次人才2000名、团队500个，示范带动各地区各部门加强人才队伍建设，为全面落实习近平总书记对重庆提出的“两点”定位、“两地”“两高”目标、发挥“三个作用”和营造良好政治生态的重要指示要求提供有力人才支撑。尽管成都市对人才引进的资金资助做出了明确规定，即按照成都的人才引进政策，根据人才引进类别每人给10万~200万元不等的资金资助，但财政支持力度与发达地区仍有一定差距。比如，深圳市对引进高层次人才最高给予160万~300万元资助，并对项目团队最高给予5000万~1亿元的综合资助。从R&D投入经费和投入强度来看，2018年，成都和重庆的R&D投入经费分别为392.3亿元、410.2亿元，R&D投入强度分别为2.56%、2.01%，重庆尚未达到全国的平均水平（2.19%）。相比较下，北京、上海、广州的R&D投入经费分别高达1870.8亿元、1359.2亿元、2704.7亿元，R&D投入强度分别为6.17%、4.16%、2.78%，远高于全国平均水平。在信息通信、新能源、新材料等技术与汽车产业相互融合的背景下，新技术研发和创新性人才对财政投入的需求持续高涨，按照现有的财政投入水平，还不足以保障科技原始创新能力有效提高。此外，成渝地区在人才引进后期培养、保留等方面，也存在财政投入不足问题。总的来说，成渝地区汽车产业财政投入水平较低，人才发展保障能力较弱。

4. 两地一体化发展机制不健全，政策协同性弱

成渝两地市场相近、产业相近，但一体化发展机制不健全、政策协同性不强。在汽车产业布局方面，重庆具备良好的工业基因，汽车品牌培育能力较强；而成都则在吸引外资汽车企业方面更具优势。在新一轮技术革命背景下，重庆于2018年发布了《关于加快汽车产业转型升级的指导意见》，将新能源汽车和智能网联汽车作为重庆汽车转型升级的两大关键。成都于2019年发布了《成都绿色智能汽车产业发展规划（2018~2022年）》，也将推动绿色智能汽车产业集群发展。从这个层面来看，成渝两地已经明确了区域汽车产业的发展定位与比较优势，但仍缺乏区域汽车产业和汽车人才一体化发展的总体规划，包括总体定位的统筹、发展规划的衔接、劳动力市场的

统一。在产业人才发展方面，成渝地区针对人才发展先后出台了《成都市中长期人才发展规划纲要（2010～2020年）》《关于深化人才发展体制机制改革加快推进国家中心城市建设的实施意见》《重庆市中长期人才发展规划纲要（2010～2020年）》《重庆市人民政府关于进一步优化人才环境的决定》等政策文件。但在人才发展目标、培育重点和优惠政策等方面，两地具有明显差异。比如，成都的人才发展目标偏向于科技人才队伍结构调整优化；而重庆则以培育高端人才为重点，近两年才更加重视行业人才，两地人才政策缺乏协同性。

四　成渝地区双城经济圈汽车产业人才发展对策与建议

在汽车产业生态深刻变革、竞争格局全面重塑的时代背景下。成渝两地要打造汽车产业发展高地、实现汽车产业协同发展，就要破除成渝地区双城经济圈汽车产业人才发展障碍，处理好成渝“双核”带动与区域协调联动；要加快转变汽车人才发展理念，深化汽车产业人才发展体制机制改革。

（一）增强协同发展能力，强化成渝双核引领

第一，推进人才发展政策和制度协同。跳出“一亩三分地”的传统思维，破除“以邻为壑”的人才竞争观念；围绕区域长远发展战略和用人主体需求，协同制定人才良好互动的长期战略，强化人才发展与共同培育的主体性制度；完善人才引进、人才使用、人才激励、人才流动和人才保障配套性措施，共同推动政策红利转化为人才福利。

第二，推进人才培养和发展区域协同。结合区域发展特点，聚焦区域主导产业发展需求、立足区域人才发展现状。鼓励高校调整学科课程设置和教学计划，支持校企合作“定制式”培育成渝地区支柱产业的储备人才，支持企业工程师与学校实训教师双重身份的建立；制定区域人才振兴计划，建

设紧缺人才培养基地，创新区域协同引才机制①。

第三，推进人才治理和人才服务协同。引导两地政府加快建立新型的区域协调观和人才发展观，消除狭隘定势发展思维，破除行政区划壁垒；鼓励两地人才办建立定期有效的会晤机制，并集中在人才评价、人才激励和人才培训等方面形成共享共建②；推动两地人才市场相通，人才平台共建，人才资源共享，人才活动联办。

（二）完善人才服务体系，优化人才发展环境

第一，营造尊重人才的良好社会氛围。采取线上和线下宣传相结合的方式，加大人才发展方针政策宣传力度，促进人才发展政策内容透明化；塑造科技创新人物、产业发展人才形象，宣传科技创新、产业发展重大事件，报道科技创新、产业发展重大成果。引导社会形成资源共享、尊重劳动、爱护人才的良好氛围③。

第二，搭建区域人才综合服务平台。在“以城聚人，以人聚产，以产兴城”的逻辑下，联合成渝地区双城经济圈人才服务机构，线下打造“成渝地区双城经济圈人才综合服务中心”展示平台，为到成渝地区发展的各类人才营造高效的综合服务环境。同时，建立成渝地区双城经济圈人才综合服务网站、增设成渝地区双城经济圈人才综合服务公众号、开通成渝地区双城经济圈人才综合服务微博等。依据人才开发各个环节，增设对应模块，构建“一站式”全方位人才服务体系，为各类人才提供政策咨询、就业创业、社会保障等便捷高效服务④。

---

① 《双核引领，做大成渝地区双城经济圈人才蓄水池——当好桥头堡　成都这样“谋”与“动”》，四川日报，https：//sichuan. scol. com. cn/dwzw/202005/57797989. html，2020 年 5 月 6 日。

② 西南财经大学发展研究院等编《四川人才发展报告（2019）》，社会科学文献出版社，2019，第 47 页。

③ 中共重庆市委人才工作领导小组办公室，重庆市人才研究和人力资源服务协会：《重庆市人才发展报告（2018）》，2018，第 347、369 页。

④ 西南财经大学发展研究院等编《四川人才发展报告（2019）》，社会科学文献出版社，2019，第 89 页。

第三，建立区域人才环境评估机制。根据成渝地区双城经济圈不同区县、不同片区、不同行业，有针对性地建立人才发展环境监测点。具体来说，人才发展环境监测点在征集有效信息后及时上报至有关部门，信息主要包含不同区县、不同片区、不同行业的人才需求，以及人才发展和人才成长亟须解决的问题。基于上述信息，有关部门可定期委托专业的第三方评估机构，按照不同维度，对人才发展有关责任部门的工作效果、人才发展政策的执行效果进行评价，并根据评估结果建立激励约束机制和完善相关政策①。

（三）创新人才保障机制，推动人才高效集聚

第一，加强人才发展的组织保障。要注重发挥成渝高校、企业、社会组织中党组织在人才工作中的领导核心作用，为做好成渝地区双城经济圈的人才工作提供坚实的政治保障和组织保障。建立成渝地区人才协同发展部际协调小组和联席会议制度，成立成渝地区人才队伍建设领导机构，指导成渝地区双城经济圈的人才工作，统筹协调成渝两地有关部门做好政策制定、力量整合、环境优化工作。进一步明确各行业、各部门在成渝地区双城经济圈人才队伍建设中的工作目标和服务职责，完善监管、评估和考核机制，确保政策合力效果最大化。

第二，强化人才发展的政策保障。持续完善人才培养、人才评价、人才流动和人才激励等政策机制，不断深化人才发展体制机制改革。优化人才培养机制，以区域发展需要和社会需求为导向，以培养创新能力为重点，以提高人才队伍素质为目标；改善人才评价机制，打破唯学术头衔、唯人才称号等评价桎梏，综合考量人才品德、能力等因素；完善人才流动机制，疏通人才流动渠道，支持人才在区域之间、产业不同行业和所有制之间流动；强化人才激励机制，完善人才激励办法，丰富人才激励形式，满足不同层次人才需要②。

① 中共重庆市委人才工作领导小组办公室，重庆市人才研究和人力资源服务协会：《重庆市人才发展报告（2018）》，2018，第 270 页。

② 盖世汽车资讯：《【汽车人才观】朱明荣：关于中国汽车产业中长期人才发展规划研究几个问题的思考》，https：//auto. gasgoo. com/News/2017/08/2503202720277002161OC303. shtml，2017 年 8 月 25 日。

第三，落实人才发展的财政保障。完善人才发展财政投入机制，加大人才发展财政投入力度；设立人才发展专项基金，扩大高端人才培养规模①，划分一定比例经费作为人才“成长基金”；在人才项目和配套资金等方面加大支持力度，在扶持产业高层次人才创新创业、教育培训、项目审批等方面给予优惠。同时，拓宽人才发展的资金筹集渠道，吸收多元资本投资以支撑人才发展工作，构建稳定的财政投入机制，稳定人才发展的财政投入。

（四）健全人才流动机制，提高人才利用效率

第一，引导人才流动方向。充分发挥人才支持政策、人才发展资金、人才教育和支柱产业的牵引作用，引导高层次人才积极投身成渝地区数字经济、智能制造等新兴领域，为成渝地区双城经济圈抢抓“新基建”机遇，实现“一极两中心两地”建功立业；加快出台助推产业发展的“人才新政”，加大“两江学者”“特支计划”“英才工程”等人才项目实施力度；加强技能型人才、技术型人才定向培养，引导高层次人才向支柱性产业、成渝地区双城经济圈流动。

第二，破除人才流动障碍。整合区域内户籍、身份、住房、社保等一系列配套政策，促进高层次人才合理流动，实现人才资源有效配置；推动两地就业、社保、农民工、劳动关系等方面的数据交换共享，统一同一服务事项名称，实现办事指南规范；扩大成渝地区医疗保险异地结算实施范围，推进两地社保关系无障碍转移，建立社会保险协同互认机制。进一步借鉴上海、武汉、长沙等城市的做法，完善本科、硕士、博士等不同层次人才的落户政策和保障措施②。

第三，搭建人才流动平台。疏通党政机关、企业单位、事业单位、大中专学校等各方面人才流动通道；鼓励科研院所、高等学校设置一定比例的流

① 黄庆华、周密：《依托成渝地区双城经济圈建设西部人才集聚高地》，中国经济新闻网，http：//www. cet. com. cn/wzsy/ycxw/2577876. shtml，2020 年 6 月 14 日。

② 《推进成渝地区双城经济圈建设　听听委员怎么说》，中国产业经济信息网，http：//www. cinic. org. cn/xy/s c/805806. html，2020 年 5 月 9 日。

动岗位，吸引创新创业型人才；支持企业人才与高校教师双重身份的建立，促进人才在区域不同区县、不同产业和行业的流动。同时，通过在岗创业、项目合作、兼职挂职等方式，搭建成渝地区双城经济圈人才流动平台[①]。

参考文献

张宇：《成渝经济区协调发展机制研究》，西南财经大学博士学位论文，2010。

① 中共重庆市委人才工作领导小组办公室、重庆市人才研究和人力资源服务协会：《重庆市人才发展报告（2018）》，2018，第269、366页。

成渝地区双城经济圈金融人才发展研究

罗荣华　许　志　居晓玲　刘弟东*

摘　要：　高素质金融人才是成渝经济圈打造西部金融高点的关键要素，而全面做好金融人才的培养与引进工作更是重中之重。目前，随着成渝经济圈建设上升到国家战略层面，成渝两地对于金融人才都加大了支持力度，但在金融人才总量、高端人才占比、人才国际化程度等方面仍然存在不足。鉴于此，成渝地区应加强在金融科技领域的交流合作，着力培养数字型金融人才；创新政府与高校的联合培养模式，着力培养市场型金融人才；顺应“金融+科技”的时代潮流，着力培养复合型金融人才。

关键词：　成渝地区双城经济圈　金融人才　人才发展

近年来，党中央和国务院高度重视西部金融人才发展，成渝两城作为国家中心城市，在带动西部金融发展方面起到了关键性作用。从成渝经济区到成渝城市群再到成渝地区双城经济圈，这既是成渝两城格局的变化，也体现着大城风范。经济的发展离不开金融的发展，金融是现代经济的核心和血液，血脉通，增长才有力。金融活，经济活；金融稳，经济稳。经济兴，金融兴；经济强，金融强。因此，成渝经济圈的建设需要一个繁荣稳定的金融

* 罗荣华，博士，教授，西南财经大学金融学院副院长，主要从事资本市场研究；许志，博士，教授，西南财经大学金融学院，主要从事资本市场研究；居晓玲，西南财经大学金融学院硕士研究生，主要从事资本市场研究；刘弟东，西南财经大学金融学院硕士研究生，主要从事资本市场研究。

行业作为助力，而这其中，金融人才的培养和选拔又是重中之重。

为响应国家对于成渝地区双城经济圈建设的号召，同时服务于“一带一路”建设，政府、企业、高校三方协同发力，创新金融人才培养新模式，国家和地方政府牵头，高校担任主力军，企业则为金融人才实现自身价值的最终平台。通过三方联动，实现金融人才的创新培养，并以此作为成渝地区金融发展的中坚力量，实现整个西部地区的金融繁荣。

就目前金融行业整体的招聘情况来看，除了院校背景和专业基础这些硬性条件外，招聘单位也愈加重视各类专业性证书的信号传递作用。此外，如今大数据时代，复合型人才深受招聘单位的青睐，拥有交叉学科背景的金融毕业生更受欢迎。在学历背景上，各大金融机构也更倾向于硕士生以上的学历，或是带有丰富从业经验以及大型项目主持经验的从业人员。

本研究基于成渝地区近五年来的金融行业的社会招聘数据以及问卷调查分析，从成渝地区金融行业整体情况入手，按照高校、政府、企业三个层面依次对各自的人才培养模式以及现状展开分析，最后结合高校现有人才培养模式给出关于成渝两地金融人才建设的建议和展望。

研究范围与内容：本研究以成渝两城的高校金融教师、学生和金融从业人员为研究对象，主要探究高校和企业对成渝经济圈发展的看法及金融人才培养模式现状。问卷主要围绕高校金融人才培养现状和成渝经济圈金融人才需求趋势两个维度。

研究方法：通过问卷调查、访谈、公开资料、查询文献等多种途径来完成整篇报告的数据和理论支撑。

资料来源：本研究宏观层面的数据主要来源于国内公开数据库如国家统计局、中国统计信息网等；国内商业数据网站如 wind 等；数据论坛如大数据人、经管之家等。关于细分行业的人才就业资料来源于各大招聘平台（智联、BOSS 直聘、51job 等）以及国内外 500 强的公开招聘数据。参与此次问卷调查的涉及金融各个细分行业的从业人员以及高校金融相关专业教师、在校生 2039 人，包括各大银行、大型券商、保险公司以及互联网金融公司、其他金融机构以及西南财经大学、重庆大学、四川大学等高校。

一　成渝地区金融行业发展的宏观背景

近年来，国家高度重视成渝两城经济融合发展，从最初的成渝经济区的构想，到成渝城市群概念的提出，最后上升为今天的成渝地区双城经济圈，这是国家和成渝两城携手努力的成果，同时也是中央赋予成渝地区做大做强做优的时代机遇。成渝地区双城经济圈是带动西部地区发展的活力源，这对于四川和重庆全域甚至整个西部地区来说都具有极其强大的示范效应，同时为“一带一路”的发展提供强大的动力。

（一）成渝地区金融行业发展回顾与现状

成都，地处四川盆地西部，四川省省会，中西部重要中心城市之一。成都是全国率先建立社会主义经济市场体制的试点城市、金融对外开放城市。成都近几年多次被评为中国新一线城市之首，被《财富》杂志（中文版）评为“中国最佳商务城市”。重庆，中国最年轻的直辖市，国家级中心城市。重庆是长江上游经济中心和金融中心、国家高技术产业基地、中西部地区发展循环经济示范区。重庆近几年也一直在新一线城市名单中排名靠前，发展潜力十分巨大。成都和重庆依靠成渝高铁和成渝高速公路连接，自成渝高铁开通后，成都重庆实现了“一小时经济圈”，为建设和发展“成渝经济圈”提供了基础设施保障，也为成渝金融行业的协调发展提供了可能。

1. 政策现状

2020 年 1 月，中央财经委员会第六次会议提出，要推动成渝地区双城经济圈建设，在西部形成高质量发展的重要增长极。成都主要通过摸清成渝共建西部金融中心的“家底”，研究国内外城市群共建金融中心的经验，推进成都、德阳、眉山、资阳金融一体化，并以此为基础促进成渝共建西部金融中心的实现。当前首要任务是争取国家层面出台支持成渝地区双城经济圈建设的金融政策和《建设西部金融中心行动计划（2017 ~ 2022 年）》，包括共同争取特色金融平台和创新试点工作、引进金融机构总部和丰富持牌金融机构。同时，加强与重庆的协调，打造同城化发展，包括推动金融机构跨区域协作、共同创新发展特色金融产业、推进区域市场互联互通、完善金融政策协调机制。如今，金融跨区域协作等措施已经取得了初步成效。2020 年 4 月，成都银行与重庆银行签订了《共同服务成渝地区双城经济圈建设 加强全面战略合作框架协议》，这是成渝两地地方法人金融机构之间、银政之间首次签署的金融合作协议。根据协议，成都银行与重庆银行将通过资源共享、优势互补、强化支撑、相互借力，共同促进成渝地区金融联动、产业融合、人文交流。此外，成都还从成渝两地法人金融机构分支互设、地方金融组织互助、金融政策红利共享、金融风险防控和金融监管联动等具体方面，争取共同做大成渝金融在西部地区的市场份额。

2. 产业现状

成渝双城同为经济大市，2019 年，重庆地区生产总值达 2. 3 万亿元，成都地区生产总值达 1. 7 万亿元，在全国所有城市中分别排名第 5 位和第 7 位，增速在全国地区生产总值过万亿级城市中名列前茅。落户成都的世界 500 强企业已达 301 家，落户重庆的世界 500 强企业超过 150 家。成都 2019 年实现外贸进出口总额 5822. 7 亿元，同比增长 16. 9%，增速在全国地区生产总值过万亿级城市中名列前茅，固定资产投资同比增长 10%，高于全国 4. 6 个百分点，在全国地区生产总值过万亿级城市中增速位列第七，成都和重庆经济的快速发展为成渝金融圈建设提供了产业基础和内生动力。

3. 人才现状

为了积极吸引相关金融细分领域人才集聚发展，成都出台了《成都市引进培育交子金融人才实施办法》，全方位打造鼓励金融人才聚集的生态环境，吸引人才、留住人才、用好人才，为国家西部金融中心建设提供坚实的人才政策支撑。截至 2019 年底，成渝地区拥有四川大学、电子科技大学、西南财经大学、重庆大学、西南大学等超过 100 所高校，在校大学生超过 150 万人，拥有各类人才超过 700 万人。近两年来成都累计吸引新落户本科及以上学历青年人才近 35 万人。2019 年全球人才竞争力指数报告显示，成都和重庆分别列第 109 位和第 112 位。《2019 年应届生求职趋势报告》显示，成都已成为新一线城市中，最受年轻人喜欢和中高端人才净流入率最高的城市，位列所有城市中第三。同时，重庆作为新一线城市，应届生留存率达到 75.3%，排名仅次于成都。从户籍人口增量看，成都和重庆在一系列人才引进政策的促进下，2018 年其户籍人口增量分别为 40.72 万人和 22.18 万人，分别列新一线城市中第二和第五名。

4. 金融机构现状

据统计，2019 年成都市各类金融机构总计已有 3000 多家，其中新增省级银行保险机构 6 家、融资租赁公司 3 家、地方资产管理公司 1 家，建行投行交易中心、工行软件开发中心和集约运营中心等重大功能性总部陆续落地。目前，成渝地区证券公司总部只有 5 家，其中包括重庆 1 家西南证券，成都 4 家分别为华西证券、宏信证券、国金证券、川财证券，2019 年，成都仅有的两家上市券商华西证券和国金证券分别以 14.32 亿元和 12.99 亿元的净利润列 44 家上市券商第 15 名和第 16 名，这个成绩处于区域性券商头部行列。重庆方面，各类金融机构超过 1500 家，证券经纪机构方面，西南证券是重庆市本地最大的券商，2019 年的利润为 10.42 亿元，处于区域性券商头部行列。

重庆市另有证券营业部 205 家，证券分公司 42 家；成都市另有证券营业部 222 家、证券分公司 55 家、期货公司 3 家、期货营业部 48 家、基金公司分公司 14 家以及证券投资咨询公司 3 家。

（二）成渝地区金融人才发展分布与趋势

发展是第一要务，人才是第一资源，创新是第一动力。将成渝地区打造成为具有全国影响力的重要经济中心、科技创新中心、改革开放新高地、高品质生活宜居地，离不开人才的智力支撑。中国城市可持续竞争力报告显示，当前中国城市可持续竞争力总体格局呈现“东中同升、南升北降”。西南地区城市可持续竞争力排名分布在第 20 ~ 130 名，其中成渝两地优势明显，可持续竞争力显著提高，人才密度及人才增量均有不同程度的上升，人才增量上升幅度更大。可见人才增量的显著提高是城市可持续竞争力变化的关键影响因素。

1. 人才发展现状

从成渝经济圈共建西部金融中心的目标来看，促进金融人才发展，是推动成渝经济圈高质量发展的必然要求。目前金融行业发展对高端管理人才、业务人才及复合型人才的需求非常迫切。猎聘 2020 年上半年金融人才需求排在前五位的职业分别为部门管理、投资理财顾问、客户经理、销售经理和销售代表，业务类人才仍然受到银行、保险、证券、基金行业的青睐。除线上渠道外，金融行业使用内推渠道占比较高，这与金融人才倾向于业内流动、更注重人才可靠性有关。

在来自人才资源的“软实力”方面，成渝地区优势显著。BOSS 直聘研究院数据显示，2020 年春招季，新一线城市吸引了 38.5% 的应届生，较 2019 年同期再次提升，超出一线城市 11.5 个百分点，成都、重庆、杭州应届生的本地求职率位列新一线城市前三名。截至 2019 年底，成都拥有四川大学、电子科技大学、西南财经大学、西南交通大学等 60 多所高校，在校大学生超过 100 万人，拥有各类人才 529 万人，近两年来累计吸引新落户本科及以上学历青年人才近 35 万人。同样地，重庆拥有西南大学、重庆大学、西南政法大学等近 20 所高校，人才资源也颇为丰富。以渝中地区为例，“十三五”期间渝中区人才资源总量达到 23 万，平均受教育年限超过 12.5 年，全区现有科技型企业 435 家、国家高新技术企业 90 家、市级及以上技术研究中心等 21 个、国家级“众创空间” 4 个，入选“重庆英才计划” 56 人，吸纳 4000 余名金融人才、8500 余名商务人才、近万名大数据智能化人才在渝中执业，是全市人才比例最高、人才质量最优的城区。

但相比于东部沿海地区城市群，作为西部地区城市的成都和重庆在吸引人才方面仍然存在明显差距，对金融人才，特别是对高层次金融人才的吸引力尚有较大的提升空间。经济规模是吸引金融人才的一个重要因素，近 10 年间，成渝城市群地区生产总值取得了年均超过 10% 的增长率，已经接近 6 万亿元规模，但与我国其他的世界级城市群相比发展差距明显，如长三角城市群规模达到21万亿元、粤港澳大湾区规模达到10万亿元。由此可见，成渝两地的金融人才需求缺乏经济支撑。

另外，缺乏面向市场的高校教育体系，以及金融行业普遍存在的职业培训短板，导致大批高校毕业生无法有效转变为适合金融行业需求的后备人才。基础人才中，操作人才基本满足需求，甚至供大于求。数字型人才中，投资研究型人员目前总供给相对不足，而风险控制、精算等相对较新发展职能的人才则供给更少，在各类金融企业中都极其缺乏。市场型人才中，能够通晓国际金融业务的运作流程和经验、抵御金融风险的业务管理人才的供给和需求严重不平衡。复合型人才中，具备金融业务知识和专门领域知识的复合型金融法律人才、复合型金融信息人才比较短缺。

2. 人才发展趋势

推动成渝经济圈建设，人才将发挥支撑引领的战略资源作用，“高精尖缺”金融人才的合理流动和高效集聚则是建设金融中心的重要支撑。为此，成渝经济圈亟须增强综合经济实力和促进金融资源协同，以高事业成功率吸引金融人才，提升金融人才队伍的专业能力、创新能力以及国际化水平。

在互联网金融不断冲击传统金融业，以及金融机构进一步发展混业经营的新形势下，未来几年，银行业用人需求将继续稳定在低速增长状态，而保险、证券、基金等行业的用人需求将在未来几年内保持高涨，其招聘金融人才时最看重的四个方面分别为综合素质、经验、技能及学历。为了适应金融行业对数字型、市场型、复合型人才不断上升的需求，金融人才不可一业不专，也不能只专一业。

成都于2019年出台了《成都市引进培育交子金融人才实施办法》，并于2020年顺利举办了“蓉漂人才荟”暨“成渝双城人才招聘会”。由此可见，为了突破相关金融细分领域人才吸引力不足的瓶颈，成渝两地将继续协同合作，通过紧扣成渝经济圈建设的战略大局，面向两地广大用人单位，着力促进成渝两地高校毕业生和外地来渝来蓉青年人才就业创业，让金融人才在流动和集聚中支撑成渝经济圈建设。

随着成渝经济圈的落实，从中央层面上，成渝地区的金融人才队伍建设将获得更多的支持；从地方层面上，成渝的金融人才政策也将以此为契机不断突破瓶颈，全方位打造鼓励金融人才聚集发展的生态环境，吸引人才、留住人才、用好人才，为成渝经济圈建设和国家西部金融中心建设提供坚实的人才支撑。

二　成渝地区金融人才培养模式与现状分析

为响应国家对于成渝地区双城经济圈建设的号召，同时服务于“一带一路”建设，高校、政府、企业三方协同发力，创新金融人才培养新模式，由国家和地方政府牵头，作为金融人才培养的引路人，实现人才政策上的积极引导；高校担任主力军，承担着金融人才培养中最关键的一环，师生身处同一战线，致力于将人才培养课程模式最优化；企业作为金融人才实现自身价值的最终平台，引领着金融从业者将所学理论实践化，通过多样的培训方式，提高从业者们的行业认知与业务水准，最终实现企业人才双赢。通过三方联动，实现金融人才的创新培养，并以此作为成渝地区金融发展的中坚力量，实现整个西部地区的金融繁荣。

（一）主力军：高校——创新课程模式，实现全面培养

人力资源是构建成渝经济圈新发展格局的重要依托，而高校作为金融人才的孕育地，是成渝经济圈建设过程中人才需求的主要输出口，对成渝经济圈的发展发挥着至关重要的作用。因此关注成渝高校金融人才的培养现状和模式、分析其中存在的问题、加快调整优化成渝高校的人才培养结构，使之与新发展格局相适应，成为当前和未来成渝双城经济圈建设中需要重视的问题。为了更直观地了解成渝高校金融人才的培养情况，本文利用问卷调查的方式，从教师和学生的角度设计了两套线上问卷，收回有效问卷 1792 份（其中教师篇 64 份，学生篇 1728 份），覆盖四川大学、重庆大学、西南财经大学等多个川渝高校，从师生两个方面联系对比反映了成渝高校人才培养的现状和一些问题。

1. 高校人才培养基本情况

政策背景方面，2020 年 5 月 12 日，由重庆大学和四川大学牵头的成渝地区双城经济圈高校联盟成立大会在四川大学国际学术交流中心召开，包括四川大学、电子科技大学、西南财经大学等 12 所四川高校和重庆大学、西南大学等 8 所重庆高校共 20 所高校发布了《成渝地区双城经济圈高校联盟成立宣言》。联盟成立的宗旨，是服务成渝地区双城经济圈建设，充分发挥成渝区域高校特色和优质办学资源，开展多领域、深层次的交流合作，推动成渝地区高等教育高质量发展，为成渝地区双城经济圈建设提供科技支撑和智力支持。

教学方面，问卷结果显示，超过 60% 的教师认为一流的教学水平是师资队伍能力中最为重要的，其他依次为一流的学术能力和丰富的社会资源。同时，选择一流的教学水平作为师资队伍最应具备的能力的学生也超过了 60%。教师和学生在这一点上达成了共识，教学质量是影响知识传递效率的重要因素。一流的教学水平保证了教师方面知识的输出精准性以及学生方面知识接受的有效性，师生双方共同努力提升教学效果是人才培养的重点。教学的时代性上，超过 90% 的教师认为其所教授的课程内容与“成渝经济圈”金融人才的需求是相匹配的，但是其中有约一半的人认为匹配程度为“一般”，说明教学内容还有进一步完善的空间，才能够帮助学生培养契合成渝经济圈金融建设所需要的职业能力。同时，基础课程中数理类、软件工具类以及社科类（政治学、经济学、法学等）被超过半数的教师选择为对学生帮助最大的课程，其中软件工具类和数理类的占比略高于社科类，由此可见“理论知识 + 工具实现”的结构依旧深受重视，在当今创新科技高速发展的背景下，数理基础以及操作实现能力将更大程度上构成未来学习和工作的竞争力。

学生能力要求方面，有接近 60% 的教师认为交流沟通能力是最为重要的，31% 的教师认为专业技术能力最重要，其余不足 10% 的教师选择了组织领导能力和创新思辨能力等其他能力。与之形成对比的是，超过 50% 的学生认为专业技术能力在未来的职场上是最重要的，有 30% 左右的同学则认为交流沟通能力是最重要的。可见对于学生能力的要求上，教师和学生存在一定的认知差异。学生对专业能力的重视程度高于交流沟通能力。但是交流沟通能力与专业技术能力都是双方认同的最为重要的能力，今后高等院校在人才培养过程中应着重这一能力的培养，以适应成渝经济圈金融人才之需。

2. 高校师生对成渝经济圈的看法

成渝经济圈的优势主要集中在三个方面：一是经济规模基数大、增速快；二是地方政府引领有力、人才政策出台及时；三是营商环境“软实力”突出。同时，与我国沿海的另外三个重要的经济增长级相比，劣势也是比较突出的：一是合力不足、核心城市辐射周边城市作用小；二是深处内陆且区位封闭、不利于经济贸易发展；三是金融人才缺少足够的政策支持和资源供给。对成渝经济圈的发展前景，超过半数的教师和学生十分看好，认为“成渝经济圈”将会成为继京津冀、长三角、珠三角之后的中国经济发展的第四极。就发展所需金融人才缺口而言，高达 79. 69% 的高校教师认为需求呈增加趋势，其中有 21. 88% 的人认为需求会大幅增加，57. 81% 的人认为需求有一定增幅，此外还有 15. 63% 的人认为需求的变化不大以及 4. 69% 的人认为需求呈萎缩趋势。人才需求类型上，老师和学生群体普遍认为技术型人才和综合型人才将会成为最紧缺的金融人才类型。由此可见，高校教师和学生都深刻认识了成渝地区建成具有全国影响力的重要经济中心、科技创新中心、改革开放新高地、高品质生活宜居地的战略目标，与之相匹配的技术型、综合型人才是最合时代需求的人才类型，这从侧面指明了人才培养模式改革的方向。

职业规划上，在谈及选择就业地时所考虑的因素的时候，学生群体最在乎的三个因素分别是薪酬、城市发展潜力和家庭，依次占 88. 39%、80. 89% 和 64. 84%。城市的发展潜力是大家第二在乎的因素，这充分说明了成渝经济圈要想留住更多的人才，必须双城联动，落实人才、企业优惠政策，实现城市产业结构多元化、分工合理化，规模扩大持续化，切实提高城市的发展潜力。只有这样，成渝经济圈才能真正引得来、留得住高端金融人才。在行业选择方面，学生群体选择的大多是银行、券商和基金，相比之下，教师群体推荐的行业除了传统金融机构如银行、证券外，互联网金融行业占比也比较大。这与成渝地区电子信息优势是相适应的，所以学生在为就业做准备以及毕业后择业时，不应局限于传统的金融行业，要打开视野，了解行业的现状，跟上时代的步伐，选择真正适合自己的职业。

3. 高校人才培养存在的问题及建议

第一，学生作为成渝经济圈金融行业建设的实际践行者，缺乏完整的职业体系认知，职业选择准备不足。培养学生的第一步就是培养老师，培养躬身入局和扎根大地的老师。教师团队可以发动自己的行业资源以及往届毕业生资源，了解行业真实需求，由此带动学生更全面地了解行业动态，有意识有针对地为自己的职业方向做好准备，避免闭门造车、纸上谈兵的情况。

第二，高校课程设置更新、教学方式改革缺乏时代性。教学没有完全跟上成渝双城经济圈建设的步伐，课程与成渝经济圈的匹配度大部分为“一般”，对此高校自身要积极适应时代要求，深化理论知识与应用技能的结合，注重对复合型人才的培养，制定出符合成渝经济圈建设金融人才需求的教学模式。同时，可以充分推动成渝双城经济圈联盟成员间的教师资源、社会资源，信息资源的共引共享，形成开放自由的学术氛围、创新的学术土壤，凝聚一批一流科研团队，构建国际一流的基础科学研究平台，为各高校金融人才培养模式提供更全面更具有时代性的指导。

第三，高校与企业的联系较少，实践教学环节效果欠佳。打造具有全球影响力的产业链、供应链和价值链，打造带动全国高质量发展的重要增长极和新的动力源，都离不开金融企业的配合参与。因此高校在政府重视和政策支持的情况下，要充分发挥成渝区域在电子信息、物流等方面的特色优势，积极推动产学研一体化和跨学科的复合型人才培养，立足实践并着眼未来，理解和认清各行各业的发展现状和趋势，致力于培育本土人才，让金融真正服务于地区发展。

（二）引路人：政府——搭建基础平台，进行政策指引

高素质金融人才是成渝经济圈打造西部金融高地的关键因素，而做好人才引进工作更是其中的重中之重。当前，成都市正处于发展新经济、培育新动能、为建设全面体现新发展理念的国家中心城市、打造新动力引擎和现代化经济体系的关键时期，面临着经济发展的动力转换节点。新一轮科技革命和产业变革创造了前所未有的历史性机遇，高素质人才在城市建设与金融行业发展中的作用越来越重要。因此，正确认识金融领域高素质人才培育及引进工作重要性、积极实施金融人才引进战略，对成都市建成“西部金融中心”具有十分重要的现实意义。

1. 政府对于成渝经济圈金融业发展的相关引导措施

2020 年初召开的中央财经委员会第六次会议提出，要推动成渝地区双城经济圈建设，在西部形成具有全国重要影响力的增长极。成渝地区双城经济圈的提出，正逢全球百年未有之大变局。在这一大背景下，成渝经济圈的金融行业发展将迎来巨大机遇。为此，成渝地区的相关政府部门开展了一系列工作，尽力加快对成渝经济圈金融人才的培养，完善金融人才的引进政策措施，全方位助力成渝地区双城经济圈的建设。

随着成渝两地政府对于成渝经济圈金融业发展的重视程度不断提高，两地政府不断加大对金融发展的政策支持力度。以成都为例，成都市政府将构建新金融产业生态圈放在了非常重要的位置，包括设立总规模超 20 亿元的知识产权运营基金；设立超 100 亿元的金融科技产业投资基金，对不同阶段、不同创新方向的金融科技企业予以奖励及补贴，同时正在打造具有聚集效应的金融产业园区，其中聚焦大数据、云计算、人工智能等金融科技前沿领域的交子金融科技中心于 2019 年 4 月投入运营。目前成都正在打造的金融中心分别包含：成都金融总部商务区、骡马市省级金融服务业集聚区、成都金融高科技园区、天府国际基金小镇、东大街金融一条街、环西南财大财经智谷等。

随着这一系列强有力的政策的出台，成渝经济圈金融业将迎来突飞猛进

的发展，这势必会增加成渝两地对于金融人才的吸引力，打造西部金融人才聚集的高地。

2. 政府对于金融人才的引进培养情况——以成都市为例

2019年中国（深圳）综合开发研究院发布的第十一期“中国金融中心指数”显示，当前成都市金融综合竞争实力全国排名第五，中西部第一，已然成为我国中西部地区金融机构种类最为齐全、数量最多、金融市场发展最为迅速的城市。截至2019年末，成都本外币存款余额3.9万亿元，贷款余额3.5万亿元；保费收入606亿元；证券交易额4.7万亿元，位居中西部前列。近年来，成都金融机构继续快速增加，截至2019年末，成都市共有各类金融机构及中介服务机构2650余家，其中银行业金融机构84家、保险机构97家、证券经营机构341家；地方金融机构900余家，其中融资担保公司76家、小额贷款公司82家。成都具有金融中介机构数量众多和金融生态链较为完整的特点，金融人才需求量空前增加。

在吸引金融机构集聚，建设西部金融机构中心、西部金融市场中心的同时，成都还大力建设西部金融科技中心。目前，成都有金融科技企业180余家，位居全国第五。国家金融与发展实验室成都基地、诺贝尔金融科技实验室、西南财经大学金融科技国际联合实验室相继落地成都。金融科技众创空间——金融梦工场，目前已入驻100多个金融科技创业团队和2000多名创客，到2019年末，金融梦工场运营面积达到10万平方米，聚集约300家金融科技企业和10000名金融科技从业人员，成为全球规模最大的金融科技创新创业平台之一。

针对金融人才需求的扩大以及成都市发展新经济的需要，成都市采取了多方面的措施来引进金融人才，且初显成效，但仍然存在相应的问题，主要有以下几个方面。

首先是金融人才总量不足，高端人才尤其匮乏。从相关数据可知，成都市当前的金融人才总量与重庆相当，但与上海等金融发达城市相比，金融人才总量仍然偏少，高端金融人才尤其不足。例如，截至2019年底，上海市金融从业人员已超37万人，总量大幅度领先于成都，这些人员分布于上海市的各类金融要素市场、金融机构以及金融监管和服务部门，涵盖银行、证券、保险、基金、信托、资产管理和新金融等多种业态，且其中青年人才所占比例高达75.5%，为上海市金融业的发展提供了一支最有朝气、最富活力的主力军和生力军。

其次是人才国际化程度较低，海外人才引进工作进展较慢。据了解，虽然成都市近年来开始注重鼓励外籍人士来蓉创新创业，积极推动有效分享全球智力资源，但相比国内一线城市，当前成都市拥有海外学习和交流经历的国际化金融人才在金融行业中占比远低于北上广深等国际化程度较高的城市。

最后是人才发展环境还有待进一步完善。目前，虽然成都陆续出台一系列政策用以支持金融人才的服务平台和机制建设，但是其对于金融人才引进政策的支持力度同发达地区相比较还有一定的提升空间。

“人口”是经济社会活动的基石，“人才”是城市竞争的制胜法宝，在科技创新不断加速迭代的当下，人才资源已然成为最重要的战略资源。为推动金融人才引进工作的顺利开展，营造一个金融人才来蓉发展的良好环境，进而强化成都西部金融中心高地的建设，成都市近年来采取了一系列方针措施，主要集中在以下三个方面。

第一，优先做大产业基础，夯实金融业发展的底层根基，做大承载人才的“盘子”。实体经济是金融发展的底层根基，一个城市或者一个地区的金融业要想获得实质性的发展，就必须要具备一个强大的产业空间，有了强大的产业根基才能有稳定的就业根基，才能为吸引各类金融人才提供宽广的施展才华、成长成才的空间。作为全国第一个系统提出发展新经济的城市，成都在2017年就确定了重点发展“数字经济、智能经济、绿色经济、创意经济、流量经济、共享经济”六大新经济形态，要求到2022年基本形成具有全球竞争力和区域带动力的新经济产业体系，新经济产值达5000亿元以上，新经济总量指数排名进入全国第一方阵。

成都市对经济发展思路提前进行系统化战略布局，效果已经显现。据统计，2018年，成都新增新经济企业3.1万余家，66个产业功能区和28个产业生态圈完成统筹布局，诞生了“新潮传媒”“医联”“1919”这些“独角兽”企业。2019 年，成都聚集互联网企业达 3400 余家，营业收入超过 548.5 亿元，较 2018 年增长 25.4%。其中，营业收入超过 2000 万元的互联网企业共 443 家，较 2018 年增加 30 家。作为成都发展新经济的主要阵地，成都高新区以 5G 通信、人工智能、网络视听、数字文创、大数据等新经济产业为主攻方向，吸引了阿里巴巴、百度、快手、爱奇艺等头部企业纷纷落户。如在 5G 与人工智能方面，目前成都高新区聚集重点企业 180 余户，2020 年上半年产业规模以上重点企业实现营收 112.2 亿元。在网络视听与数字文创方面，成都高新区聚集重点企业 600 余户，2020 年上半年产业规模以上重点企业实现营收 220.8 亿元。成都新经济的蓬勃发展，给人才们带来了新的、广阔的发展空间和机遇。自 2020 年 6 月成都全面开展项目招引攻坚行动以来，全市新经济系统目前已叩门拜访新经济企业 679 家，跟踪在谈项目 385 个，签约项目 62 个，计划投资总额达 938.93 亿元。

第二，优化人才政策环境，完善人才培养体系，着力建设金融人才聚集制高点。建设西部金融中心，离不开金融产业蓬勃发展，更离不开金融人才这一金融业发展的第一资源。成都市高度重视金融人才的引入工作，从 2011 年开始先后制定了多项人才吸引政策，更在 2016 年 11 月将上述政策汇总为统称为“成都人才计划”的《成都市引进高层次创新创业人才实施办法》。2014 年，为推动成都西部金融中心建设，吸引金融人才来蓉，成都市发布了《关于开展“成都人才计划”高层次金融人才申报工作的通知》，首次将高层次金融人才纳入第四批“成都人才计划”中。该计划针对高端金融人才提供了多个方面的优惠政策。

为顺应金融业发展需求，成都市在 2019 年出台了《成都市引进培育交子金融人才实施办法》，填补了市级层面金融人才政策空白，着力在政策吸引、人才培育、生活服务等方面加大扶持力度，在进一步加快引进顶尖、领军、管理类高端金融人才的同时，也非常注重本土技术类实用金融人才的培育。《实施办法》既有对人才的支持，也有对平台的支持，支持项目多、标准高、范围广。《实施办法》坚持引育结合，突出资金奖励与事业激励并重。对入选的“交子金融人才”，给予最高个人300万元、团队500万元的资金支持。

此外，《实施办法》还重点突出金融人才平台建设，从塑造“交子金融人才”国际品牌形象、打造“交子金融人才”交流平台、创建成都金融智库品牌、提升金融人才中介服务水平、打造国际金融高端社区等方面，全方位打造鼓励金融人才聚集的生态环境，着力建设西部金融中心的人才聚集高地。

第三，优化学术环境，打造财经智谷，为金融人才引进提供强有力的学术支持。建设西部金融中心、引进高素质金融人才不仅需要采取措施推动成都市实体金融产业的繁荣兴盛，同时也需要在理论和学术方面激发金融领域的活力与创新力，优化学术环境，为构建西部金融中心提供智力支撑。近年来，成都市在金融学术环境的优化以及学术氛围的营造上都采取了相应举措，其中最为突出的举措是推动“环西南财大财经智谷”的建设，并在此基础上举办一系列学术论坛及学术交流活动。上述举措，不仅为成都市金融领域的产业创新提供理论支持与智力支撑，同时也能够以高校为轴心搭建起一个兼具学理性和实务性的财经智囊人才库，优化学术环境，在培养大批优秀青年金融人才的同时进一步吸收引进外部高素质金融人才，为人才引进营造良好的学术氛围，为成都市建设西部金融中心提供强有力的人才支撑。

3. 对于政府人才引进的相关建议

第一，深刻认识金融人才在成渝经济圈建设发展过程中的战略意义，高度重视人才引进工作。金融是现代经济的血脉，金融总量的大小、金融市场的发育程度决定着一个地方的经济发展速度和水平，高素质金融人才的作用更是举足轻重。因此应高度重视金融人才在城市建设与新经济发展中的战略意义，对金融人才引进给予高度关注，落实好相应的人才政策，积极推进金融人才引进工作的开展。同时，还应当加强对金融人才来蓉之后生活状态的关注，尤其需要帮助海外金融人才适应本地生活工作环境。

第二，提升城市金融服务功能，推动实力金融机构的进入。对于处于金融第二梯队的城市来讲，其金融业要获得长足的发展，非常重要的一方面就在于实力金融机构的引入。实力金融机构的引入，可以就以下两个层面予以考虑：一是金融机构总部，通过税收或者政策优势，吸引金融机构总部在川设立。二是双总部或多总部，通过税收或政策优势，吸引知名金融机构在川建立双总部或多总部之一。

第三，加快人才引进模式向市场主导型转变，进一步健全完善人才服务体系。对于成渝两地的政府而言，成渝经济圈的经济发展正面临“规模”和“层级”的双重挤压，创新创业层次较低，高素质人才缺乏，金融人才的集聚亟待充分发挥市场在人才资源配置中的决定作用，并进而为西部金融高地的构建打造可持续发展潜力的人才引进机制。

（三）造梦者：企业——组织后续培训，完善思维体系

成渝地区的金融机构呈现量大而不精的典型特征。据统计，2019 年成都市各类金融机构总计已有 3000 多家，重庆市各类金融机构超过 1500 家，但是问题依旧突出，在成渝地区能够做到核心业务高端化的金融机构寥寥无几，并没有出现领头羊式的金融机构，而且无论在资产规模还是营收利润上，成都市和重庆市本土金融机构的体量都远远落后于同行业头部企业。

根据成渝经济圈金融企业的整体特征，本研究设计了《成渝经济圈金融人才发展报告——企业篇》调查问卷，由 21 题组成。第一部分为企业从业人员的基本信息（共 6 题），第二部分主要是调查企业人才培养模式现状以及从业人员对于成渝经济圈金融业发展前景的看法。通过深度访谈，追踪调查，回收改进，最终共回收了 247 份调查问卷，其中有效调查问卷为 231 份，有效回收率为 94%。研究对象来源于各类金融机构的从业人员，基本涵盖了金融各个细分行业，样本具有较强的代表性和随机性。

调查结果显示，从业人员毕业院校基本来源于川渝高校，其中西南财经大学占比最大。学历层次鲜明，本硕全覆盖，硕士研究生占比仅比本科生高出 4 个百分点。人才分布在金融各个细分行业中，其中银行业和证券业分别以占比 42%、19% 领先，其余主要分布在政府、互联网金融、保险业等行业。而对于薪资待遇方面，整体水平较高，但差距特征仍较为明显，月薪分

布占比位于前三的区间分别为 12000 ~ 30000 元，8000 ~ 12000 元以及 5000 ~ 8000 元，占比分别为 30%、30%、22%，薪资整体情况向好，在所有行业中处于领先水平。本次调研主要体现如下几个问题。

1. 企业人才需求现状

作为金融人才的主需求端，调查结果显示，企业对于金融人才供求方面，64% 的人觉得成渝地区金融人才缺口较大，其余 36% 的人却觉得成渝地区金融人才内卷化严重，企业主要对于拥有“金融 + 编程能力”的技术型人才和拥有丰富投研经验的综合型人才需求较大，也有部分人觉得企业需要招聘一些懂合规、监管等方面法律知识的法律型人才。从数据中可以看出，现有的高校人才培养模式远远滞后于企业的需求，企业更需要的是多元化人才，光有扎实的专业知识基础已经不能够完全适应市场的需求，在此基础上，应该更多培养的是学生的实操能力。因此，如今大多数企业也是大力支持高校学生到企业中实习，有些企业甚至有留用的机会，同时企业也偏好掌握软件编程能力的学生。大数据时代下，掌握数据处理的能力就是抓住了职业选择的机会，无论哪个岗位，都离不开数据支持，所以毕业生寻求工作时会发现，往往那些擅长数据处理或是具有理工科背景的学生更易找到工作；另外，还有一类人才也是深受企业欢迎，即拥有法律专业背景的学生。金融领域需要金融创新赋予活力，而金融创新背后又离不开金融监管，因此，在遵循金融监管的统一规则和风险防控标准上，懂法的金融人才显得相当重要，这能够让企业规范性开展金融业务。

2. 企业人才培养的方式

对企业而言，完整的培训一般分为职前—职中—职后三个阶段：对新员工来说，入职前的培训必不可少，基本的业务知识以及职业素养、道德规范必然会被列入其中；此外，非学历教育的形式也被逐渐采用，对新员工以集训的方式进行培训，且多是封闭式培训；在正式进入职业中，要随时掌握行业发展动态与市场前沿，结合时代的发展及时更新专业知识并付诸实际工作中，只有不断地更新自己的知识体系才能立足于这个行业，守住自己的岗位；而员工职后培训这个过程同样至关重要，无论是新老员工，还是高管人员，都必须明确自己的工作职责，坚守工作准则，在其位谋其职，规范职业道德体系，争取实现自身职业价值最大化。我们调研结果显示，企业对于人才培养的内容集中在基础培训方面，主要涉及业务合规、工作技巧、工作规范等内容，其次在技能培训、行业与产品研究分析、经验分享方面也有较多的培训，同时会有关于课题研讨、团队建设、党务培训、行政管理等方面的少量培训。培训频率较为频繁，基本是每半月一次，极少数甚至每天都会进行培训，而培训频率少于每季度一次的企业，大约占到32%，可见大多数企业对于人才培养工作还是较为重视的。

3.企业人才培养的不足以及建议

虽然企业重视人才培养，但多数人觉得这些培训方法过于单一，且占用过多时间，用处不是很大；还有一部分人认为缺乏健全而系统的培训机构，内容脱离实际，针对性不够明显，线上培训缺乏实际体验，我们可以看出企业平时过多地注重培训的数量而忽视了质量，在开展一系列培训前并没有进行相关的实际情况调查或是采集员工的需求，从而导致培训内容片面化、单一化。在培训的时间安排上也显得不够合理，过多占用大家的自由时间强制性培训必然会带来情绪上的反抗以及心理上的排斥，这样带来的培训效果也是不尽如人意的。同时，也有一小部分人认为培训频率太低，希望多增加培训的机会，这可能更多地体现出一些企业确实在员工培训方面投入的力度不够，员工有需求，企业无对接，导致最终的无效需求。所以，企业在开展员工培训工作前期，一方面应该积极采集员工们的需求，了解大家在平时业务开展时遇到的问题，以便对症下药，也能更有针对性地寻求更加专业的培训机构或是相关领域的专家；另一方面在培训时间以及周期的安排上也要做足前期的准备，避开大家工作高峰期，避免占用过多空闲时间和休息时间，这样才能使得培训的效果有所提升。

调查显示，大多数人觉得除了高校现有专业课程的传授，还应该加强实务能力的培养，可以在课程培养计划中多增加关于金融科技、法律以及编程等方面的内容，这一定程度上反映出高校在相关领域教学的不足。同时也有很多人表示应该在人才培养过程中多加一些职业生涯规划方面的指导，主要是关于金融行业潜在岗位的介绍分析，匹配学生和金融公司的需求。现在很多毕业生求职时，并不明确自己的岗位需求，或是对于自己正在寻求的岗位并不了解，从而在工作过程中造成定位偏差。另外，针对那些由于对当前经济形势不了解而产生的择业偏差，应该在人才培养过程中增加宏观经济分析和政策导向解读等专题讲座，以便求职者能够紧跟大势，及时更新自己的认知，从而更加明确未来的职业生涯发展方向。

三　成渝地区金融人才发展的愿景与使命

金融业是人才和智力密集型行业，针对如何建设高素质金融人才队伍、促进我国金融业健康发展，习近平总书记提出了“特别要注意培养金融高端人才，努力建设一支宏大的德才兼备的高素质金融人才队伍”的要求。作为行业的基础环境建设，金融人才发展的重要性不言而喻。同时，金融人才的发展更要顺应时代的发展，面对当前复杂的经济形势，金融人才应该是兼备数字型、市场型、复合型的多元化人才，要将创新理念贯穿整个人才发展理念中，给整个成渝地区的金融发展注入活力。

（一）数字型

2020 年 9 月举办的中国国际服务贸易交易会，向全世界展示了中国蓬勃发展的数字经济和数字贸易，2019 年中国数字经济规模达 35.8 万亿元，占 GDP 比重的 36.2%。

数字化主要包含大数据、云计算、人工智能以及区块链技术。以这些新一代信息技术为核心的数字经济发展，对科技创新人才的培养提出了全新挑战和更高要求。创新是第一动力，人才是第一资源。创新之道，唯在得人。数字人才作为数字经济的核心要素，在数字经济发展中发挥着至关重要的作用。

在科技与金融深度融合的过程中，数字化拥有的海量信息、计算能力、共识机制，可以大幅度地提高金融服务的效率、安全性，降低金融机构的运营成本、坏账率和风险。因此，各大金融企业纷纷制定了数字化转型愿景和战略。根据中国银行业协会“陀螺”评价体系评价结果，上榜银行的金融科技投入普遍从此前占总营收的1%上升至2%，一些头部股份制银行和城商行投入占比超过了3%。

人力资本研究机构怡安翰威特发布的《金融行业科技人才管理趋势报告》显示，2019年，有接近40%的公司增加金融科技人才编制。一方面，传统银行业急需一批具备相应业务知识并且能够较为熟练掌握各类数据分析工具的金融人才，发扬用数据驱动业务决策的大数据文化，从而为行业数字化转型提供人才动力。另一方面，在金融与互联网的交叉地带，即金融科技领域，对具备云计算、大数据、人工智能等技术能力和具备金融业务理解以及实施能力的金融人才的需求也不断攀升。

然而，普华永道曾在报告中指出，金融科技人才缺口超过150万人。《2021中国金融科技人才发展白皮书》指出，当下金融机构的金融科技人才现状是：招不到人、用不起人、用不好人。数字型金融人才数量不足、质量不高的短板制约了金融行业数字化转型进程。数字型金融人才，从字面上理解可简单定义为，同时具备金融和数字技术相关专业知识技能的人才，但它并非简单的两个专业的组合，而是需要更深层次地了解这两者结合后所带来的新的商业逻辑和处理规则。

《2020金融科技人才流动趋势报告》发现，数字型金融人才更容易拿到高薪资。金融科技的各类岗位中，需求最大的是数据分析类人才，其次是风控人才和客户端开发人才。数据与算法能力是数字科技的底层核心技术，也是当前数字经济时代的核心竞争力，所以这类职位能够获得很高的薪酬。风控是金融的核心，风险管理是红线和底线，因此这一领域的人才也颇受企业青睐。客户端开发则是离客户最近的技术岗位，需要懂行业、懂用户，这类人才中的佼佼者也是企业争抢的对象。

在成渝地区双城经济圈建设背景下，成都将加强与重庆在金融科技领域的交流合作，努力形成成渝协同发展的强大合力，打造成渝金融科技发展高地。目前，成渝经济圈内的许多高校根据社会实际需求状况，纷纷开设专门的金融科技相关专业，或在计算机系相关专业中加入经济学课程。在重塑金融类课程体系的过程中，最主要的是嵌入新一代的数字经济技术，设置大数据概论、大数据技术架构与实践、人工智能与机器学习、云计算、区块链等数字前沿课程，提升金融人才的数字技术运用能力。通过学科的融合培育数字型金融人才，有助于将来大批经过专业化培训的人才出现在金融科技市场中，弥补人才缺口。

（二）市场型

金融，从本质上讲就是服务于社会实体经济的工具，使社会的资源、资本和风险更加合理地分配。金融要服务于实体经济，否则就是无源之水、无本之木。中国金融不能走投机赌博的歪路，不能走金融泡沫自我循环的歧路，不能走庞氏骗局的邪路。要坚守金融发展基本规律和金融从业基本戒律，紧贴企业生产经营，抓住市场新趋势、新机遇，支持经济发展重点领域和薄弱环节，使金融服务与实体经济相互促进，健康发展。所以，成渝地区作为中国金融第四极，应当加大对市场型金融人才的培养。

市场型金融人才是充分了解实体经济市场中的某一或者某些具体行业的现状，对行业有深刻的判断，而不仅限于纸面上行业数据分析的人才。这类人才的培养需要更多的行业和市场的实践机会，将行业知识和金融知识结合学习，从而对金融与行业市场有机结合、综合认知。

这类人才的培养对学校和政府而言都是一个“持久攻坚战”。需要在政府与各大高校的联合推动下，形成“财经强校学金融、其他高校识行业、企业实践练本领”的联合培养模式。联合培养过程需要结合各大高校的优势学科资源以及对应的社会企业资源，其中也不可缺少政策的引导与支持。培养的方式大致为在经济、金融、财会知识的学习基础之上，财经高校为学生提供去其他学校学习行业知识的机会，学生根据个人兴趣选择，在某一集中时间段到对应学校进行学习。然后整合各大高校的行业资源为学生提供市场实践的机会。

通过这种方式的培养，学生能够在市场的背景下对金融有更加深刻的思考，在金融的基础上深耕各类实体市场行业的研究。该模式能够发挥每个学生的个人兴趣爱好，不仅能够提高金融人才市场化的效率，更能够改善人才同质化的现象。对于整个市场、整个实体经济的运转效率的提升也将会是空前的，为未来“成渝经济圈”的发展打下坚实的基础。

（三）复合型

随着金融科技的发展，互联网时代早已到来，我国也已踏入5G时代。未来，我国金融科技发展将会呈现三个特征：功能越来越多、更新越来越快、规模越来越大。而这所有的特征，都要依托一个极其庞大且复杂的计算机网络。要想保证网络的正常运行和金融业的未来发展，必须依托复合型的“金融+网络型”人才。

根据国家信息产业部的统计，在今后五年，中国从事网络建设、应用、服务的新型网络人才需求量将达到一个高峰，区间在60万~100万人。而目前现有的新型网络人才仅有不到20万人，新型网络人才呈现极大缺口，体现出了非常高的需求。特别地，成渝经济圈地区新型网络人才缺口高达7万人。而通过问卷了解到，从目前成渝经济圈金融行业的现状来看，大多数金融人才，并不是复合型人才，他们也许对金融很了解，但无法将金融与其他技术联结在一起，不能够满足未来的金融科技时代对于人才的技术和知识的需求。约有99%的企业人员认为成渝经济圈金融业对于复合型人才的缺口较大，比如拥有“金融+编程”“金融+法律”的能力。此外，还存在接近一半的企业人员认为，成渝经济圈人才结构中缺乏高层次人才。

综合以上种种迹象显示，我们认为，未来成渝地区金融人才建设过程中，为了适应和跟上金融科技时代的发展，将目光聚焦在复合型人才的吸引和培养当中乃是重中之重。

参考文献

白峰：《新形势下加强金融专业人才队伍建设的分析和思考》，《金融发展研究》2020 年第 6 期。

马天禄：《推动成渝金融一体化合作发展》，《中国金融》2020 年第 11 期。

贾佳、王蓉：《我国金融人才供需的结构性矛盾分析》，《现代管理科学》2017 年第 12 期。

吴婷婷、傅连康：《现代金融市场发展的新趋势及其对金融人才的要求》，《金融理论与教学》2016 年第 1 期。

黄宝菊、马欣：《大数据时代金融人才培养方式探析》，《现代经济信息》2015 年第 16 期。

秦洪军、袁凯宇：《中国金融人才培养的文献统计研究——基于中国知网 2006 ~ 2012 年学术期刊的数据分析》，《金融教育研究》2015 年第 1 期。

汪天倩、王江轩、郑琳：《“互联网 +” 背景下湖北省高校金融人才培养现状调查分析》，《时代经贸》2019 年第 8 期。

刘灿、毛洪涛：《我国高层次金融人才培养现状调查》，《中国大学教学》2008 年第 10 期。

管 理 实 践

Administration Practice

以互联网思维创新网信人才培养路径

——基于四川的探索与实践

刘海燕　祖　霞　刘　波　顾婉湫　蒋双霜*

摘　要：习近平总书记指出，网络空间的竞争，归根结底是人才竞争。网络安全和信息化人才（以下简称“网信人才”）是人才资源的重要组成部分，引领支撑着网信事业健康发展，在建设网络强国中发挥着重要作用。党的十八大以来，党中央和四川省委高度重视网信人才队伍建设，做出一系列重要部署，要求“研究制定网信领域人才发展整体规划，推动人才发展体制机制改革”，确立了以网信人才引领网信事业高质量发展的战略地位。四川省委网信办高度重视网信人才工作，自2018年11月正式组建以来，就明确将网信人才培养作为事关网信事业长远发展的关键性课题来抓，先后开展两轮调研。“第一轮调研”摸清家底、找准症结，

* 刘海燕，四川省委网信办机关党委（人事处）专职副书记；祖霞，成都信息工程大学人力资源与行政管理系副教授；刘波，四川省互联网不良与违法信息举报中心副主任；顾婉湫，四川省网络舆情中心工作人员；蒋双霜，四川省网络安全应急指挥中心工作人员。

发现当前四川省网信人才队伍总量不大、结构不优，在人才培养上还存在诸多制度性障碍。“第二轮调研”明确方向、破局开路，聚焦网信人才培养工作的痛点难点堵点，专题研判攻坚，积极探索适合四川省网信人才培养的新模式新路径。

关键词：　网信人才　互联网思维　四川省

习近平总书记指出，网络空间的竞争，归根结底是人才竞争。2018 年 11 月四川省委网信办正式组建以来，始终坚持以习近平总书记关于网络强国的重要思想为指导，将网信人才培养作为事关网信事业长远发展的重中之重来抓，大力实施“天府网信菁英培养计划”，运用互联网思维探索实践网信人才培养新模式新路径，有效整合各地各相关部门及社会力量，建设全国首家省级层面自主建立的网信人才培养基地，创新网信人才培养评价机制，为加快建设网络强省、数字四川、智慧社会提供有力的人才保障和智力支撑。

一　当前四川网信人才培养的现状与问题

2019 年以来，四川省委网信办联合成都信息工程大学，先后将全省网信人才队伍摸底调研和培养工作专题调研纳入省社科课题项目进行立项研究。通过实地调查、走访座谈、调查问卷、网上搜集、查阅资料等方式，分类了解党政机关和事业单位、高等院校、科研院所、企业、媒体等网信人才队伍基本情况，抽样调研 6500 余个单位，涉及 10 万余人，基本掌握了四川省网信人才队伍的底数基数和培养工作中存在的主要问题。

（一）网信人才总体规模不大，与四川数字经济大省地位不相匹配

四川既是经济大省，也是数字经济大省。作为“首批国家数字经济创新发展试验区”和国家布局的电子信息产业基地之一，数字产业基础较好，是全国第一个“全光网省”，数字经济指数、数字消费力、大数据应用水平等指标排名全国前列，“数字中国”省级排名列第6位，居中西部第一。但网信人才作为网信产业发展的重要支撑和数字经济发展的重要力量，在总体规模上并不占优势。从人才总量看，2019年，四川省数字经济总量超1.4万亿元，增长15%左右，占全省GDP比重超过30%；全省人才资源总量860万人，信息传输、软件和信息技术服务业等数字人才总数88.10万人，占比仅10.24%，与全省数字经济总量占比相距甚远。从中心城市数字人才规模来看，上海数字人才占全国16.6%，北京占比为15.5%，都远远高于成都的数字人才占比（2.5%）。从人才缺口看，未来5~10年，四川省网信人才市场需求规模年增长将超过30%，特别是网络安全人才需求缺口至少7万人。抽样调查中，近一半的样本单位表示目前网信人才无法满足工作需要，这对四川省网信人才培养工作带来极大挑战。

（二）网信人才整体结构不优，与培育网信新业态新生态要求不相协调

党的十八大以来，中央和省委对网信工作重视程度空前，网信部门在新一轮机改中专门列入党委工作机关序列，对领军型、综合管理型、跨界复合型网信人才的需求剧增。与此同时，随着数字经济新产业新场景新业态快速发展，打造“互联网+”全生态产业链、形成数字经济新优势迫在眉睫，特别是疫情期间蓬勃发展的在线教育、远程办公、共享员工、无接触配送等，催生了一大批新技术、新职业和新岗位需求。但从四川省现有网信人才队伍结构来看，还存在学历结构不合理、地域分布不均衡、岗位匹配不协调等诸多问题，无不影响四川省网信产业的快速发展。从学历层次看，全国数

字人才中硕士、博士占比为44.3%。抽样调查显示，四川省高层次网信人才（硕士、博士）偏少，仅占13.75%。此外，88.78%的博士学历人才均在高校工作，从事学术科研的较多，但从事成果转化或直接服务网信产业发展的极少，人才层次梯队建设面临失衡风险。从地域分布看，优质网信人才资源多向中心城市聚集，大成都的产业集聚与人才虹吸效应十分明显，远离成都的地区尤其是艰苦边远地区网信人才极其短缺，且流失严重，不利于全省网信产业“一干多支、五区协同”整体发展。仅以软件产业为例，2019年上半年全省从业人员35.9万人，成都35万人，占比高达97.50%。从岗位匹配看，抽样调查显示，网信行业各岗位人才大多分布在网络内容建设等传统领域，信息化、网络安全方面占比较低，分别为24.19%、14.10%，与网信产业新业态新生态发展需求不相匹配。

（三）网信人才培养机制不畅，与持续引领支撑网信事业高质量发展不相适应

四川省委十一届八次全会指出，“数字经济是未来发展制高点”“发展数字经济，主要比拼的是人才、技术、创新和市场”，这对四川省网信人才培养工作在战略眼光、统筹谋划、机制创新、平台建设等方面提出了新的更高要求。但目前四川省网信人才培养还存在党政干部互联网思维和数字治理能力亟待提升、网络社会新技术新职业新岗位空白亟待填补、网信人才自主培养平台亟待建立“三大短板”，难以持续引领支撑网信事业高质量发展。在战略规划方面，抽样调查显示，多数单位对网信人才培养缺乏战略眼光和统筹谋划，72.08%的单位没有网信人才培养计划，仅有9.26%的单位建立了网信人才引进制度，90%的单位表示未来五年对网信人才有需求，但对所需网信人才的岗位、学历等关键要求不清晰。在体制机制方面，对习近平总书记关于“互联网领域的人才，不少是怪才、奇才”“对待特殊人才要有特殊政策”领会不够，网信人才发展体制机制改革创新不足，尤其在落实网信领域特殊人才特殊政策、建立适应网信特点的人事和薪酬制度、建立灵活的人才评价和激励机制等方面，存在较严重的体制机制壁垒，滞后于网信事

业发展。比如抽样调查显示，网信部门急需的舆情监测分析人员中有76.81%的平均年薪酬水平在10万元以下，不利于吸引留住人才。在培养方式方面，往往采取单线型、粗放化的培养方式，呈现党政类培训偏理论化、社会类培训偏技术化的“两化”偏差，以及政治思维和融合跨界思维培养课程、攻防对抗等实战演练课程“两少”现象，接续性、递进式跟踪培养不足，缺乏系统的培养路径和精准的培养耐性。高校网信学科（专业）、网信行业资质、网信职称评审等设置不够全面，尤其在新交叉学科方面存在诸多“盲点”，无法有效衔接社会需求。在平台建设方面，开展网信人才培养，对政治性、专业性、保密性均有很高要求，缺乏网信人才自主培养平台，主要依赖高校、社会培训机构，或在酒店宾馆进行临时性培训，无法满足网信行业培训的特殊需要。

二　新发展阶段推动四川网信事业高质量发展赋予创新网信人才培养路径的历史使命

新发展阶段是全面贯彻新发展理念、推动高质量发展的阶段。高质量发展是时代的主题，也是我们谋划全省网信人才培养的逻辑起点。探索网信人才培养新路径，必须抓住“创新”“高质量”等关键词，坚持“政治引领、统筹谋划，创新驱动、多元共建，聚焦前沿、突出实战”的总体思路，以培养高质量网信人才引领网信事业高质量发展。

（一）面对立足新发展阶段建设网络强省、数字四川的总体要求，需要在培养战略上更加强化政治引领、统筹谋划

深刻把握四川网信人才发展所处新发展阶段的新特征，特别是省委十一届八次全会“加快建设网络强省、数字四川、智慧城市、数字乡村”对网信人才培养提出的新要求。网信部门必须紧扣时代主题，始终强化政治引领、牵头抓总、主动作为，统筹谋划、整体推进网信人才培养战略。一方面，必须坚持政治引领、战略谋划。着眼于培养担当民族复兴大任的时代新

人，精准定位网信事业“培养什么样的人、为谁培养人、怎样培养人”，研究制定网信人才培养整体规划，科学提出培养的目标原则、整体方案和实施步骤。坚持以政治引领实现思想和价值引领，构建政治品德、知识能力、综合素质等为一体的新时代网信人才核心素养培养体系，确保网信人才培养工作始终保持正确政治方向，强化人才培养的安全维度。另一方面，必须坚持深度主导、统筹推进。充分发挥网信部门统筹协调作用，用好“有为政府”和“有效市场”两个重要手段，积极争取各级各部门特别是组织、宣传、教育、财政、人社等支持，整合高校、企业、科研院所等各方力量深度联动协作，全程主导把关，组织力量对培养目标、培养模式、培养平台等各重点环节深入研究，提出明确意见，督促具体落实。

（二）面对贯彻新发展理念建设国家数字经济创新发展试验区的现实要求，需要在培养模式上更加突出创新驱动、多元共建

党的十九届五中全会指出，要“坚持创新在我国现代化建设全局中的核心地位”。四川已成功争取到国家数字经济创新发展试验区落地，必须把创新、协调、开放、共享等新发展理念贯穿网信人才培养全过程。在培养机制上更加突出创新驱动、多元共建，切实破除体制壁垒和机制障碍。一方面，必须坚持创新驱动、多元共建。开展网信人才培养，涉及资金、场地、师资、教学等方面，必须打破网信资源要素的区域分割、行业分界和体制分隔，尽可能聚集省内相关领域重要优质资源，以“事业共同体”理念为牵引，探索平台共建、责任共担、利益共享的多主体育人机制，为人才培养匹配充足要素保障，促进优势互补、资源互用、要素融合、动能转换。另一方面，必须坚持价值驱动、持续发展。坚持政策牵引和价值驱动，以市场化运作的人才培养模式，带动科学研发、成果转化、产业发展、业内赛事、会展活动，激活各参与主体的主观能动性，推动网信人才培养工作投入者、参与者成为获益者，形成“培养网信人才、促进网信研究、带动网信产业、推动网信事业”闭环运行、可造血、可持续的良性发展生态。

（三）面对融入新发展格局推动四川网信事业高质量发展的内在要求，需要在培养体系上更加聚焦前沿需求、实战应用

当前，以互联网技术为代表的现代科技，既是推动国内大循环的第一生产力，也是突破国际循环障碍的现实手段。新发展格局的底层逻辑，是以人才驱动科技创新，以科技创新驱动高质量发展。这就要求网信部门必须加快建立更高质、更开放的“全周期、全链条”新型培养体系。一方面，必须坚持聚焦需求、注重品质。2020 年初中国就业培训技术指导中心发布了《关于拟发布新职业信息公示的通告》，网约配送员、人工智能训练师、全媒体运营师等多个网信相关职业都已纳入其中。由此可见，网信领域职业更新、岗位更新速度远超其他传统行业和职业更新速度。网信人才培养必须坚持与时俱进、需求导向，统筹考虑时代、人才、社会等各方需求，将精品理念融入专业学科建设、培训方式改革等各个方面，做到高起点设计、高标准推进、高品质运行。另一方面，必须坚持聚焦前沿、突出实战。网信事业是技术密集型、人才密集型事业，网信领域是知识技术更新最快的领域，区块链、大数据、云计算、人工智能等新技术日新月异、发展迅猛，“互联网＋”“＋互联网”已经渗透到社会生产生活的方方面面，对网信干部和网信从业人员专业能力提出极大挑战。网信人才培养必须以用为本、实战为先，突出“新”“实”，精心设计实践、实战、实训、实操系统，有效传递本领域最新的发展态势、最新的思维方法、最新的知识技术，不断更新知识结构、克服本领恐慌。

三　以互联网思维创新四川网信人才培养路径的探索与实践

加大网信人才培养、建强网信人才队伍是落实省委网络强省、人才强省战略的重要举措，是实施“十四五”网信工作规划、实现“十四五”网信事业发展目标的重要保障。互联网时代，依靠传统思维开展网信人才培养已

难以满足人才需求和社会需求。四川省委网信办在充分调研的基础上，借鉴先行地区有益成果，以政治思维、迭代思维、中台思维、品牌思维、用户思维、跨界思维等互联网思维为引领，积极探索网信人才培养新模式新路径，创新建立全国首家省级层面的网信人才培养基地。

（一）坚持以“政治思维”强引领，实施网信人才培养新战略

政治思维，即坚持“党管互联网、党管人才”。省委网信办始终毫不动摇地坚持和落实党管互联网、党管人才原则，战略性构建网信办牵头抓总、多方协同推进的网信人才培养新格局。在统筹谋划上，始终坚持立足全局、着眼长远，牵头制定网信人才培养发展规划，搭建起统揽全省网信人才培养工作的制度框架体系，统筹力量协调各方，不断深化人才培养体制机制改革，着力构建规范化系统化的培养体系、分众化精准化的评价体系、标准化精品化的教学体系。在理论武装上，始终把习近平总书记关于网络强国的重要思想作为网信人才培养的“开班第一课”和“从业必修课”，从严把牢政治关口。在考核评估上，将网信人才培养任务细化分解到各地各相关部门，并纳入目标考核，充分发挥考核评估“指挥棒”作用，严格要求、明确分工、压实责任，定期开展网信人才培养阶段性评估，形成“以评促改、以评促优”长效机制。

（二）坚持以“迭代思维”谋发展，建设网信人才培养新基地

迭代思维，即坚持“敏捷开发、小步快跑，持续迭代、逐步完美”。在深入调研、充分研判的基础上，省委网信办坚持把建设网信人才自主培养平台作为第一抓手和突破口，形成“一年起步、三年成形、五年建成”三步走构想分期推进，致力填补人才培养市场空白。“一年起步”，即2020年在成都、宜宾“一体两地”布局，建成四川省网信人才培养基地，全面启动对党政机关、企事业单位领导干部、网信从业人员等系统培训。“三年成形”，即2022年左右，在实体基地提档升级的基础上，依托成都信息工程大学、成都芯谷产业园等高校和互联网头部企业，规划“一地三区多中心”

（四川省网信人才培养基地；成都信息工程大学航空港校区、人南校区和成都芯谷产业集聚区；教学科研中心、产教融合工程技术中心、演训赛考中心、学术交流中心、场景体验中心、金融数字研究中心等）支撑的网信人才发展产教融合创新示范园区。“五年建成”，即2025年左右，运用市场化运作方式，创新模式招商引资、招才引智，借力科研机构、高校、社会组织，灵活运用政府投入、银行贷款、合作投资、基金风投等资金支持，搭建“科技+资本+产业”的产教融合发展新模式，建成“教学训研赛会考展”全线贯通的体系化正规化产业化新型互联网学院。

（三）坚持以“中台思维”聚合力，构建网信人才培养新生态

中台思维，即坚持“有效整合资源、增强集聚效应、形成乘法效应”。省委网信办坚持从人才培养战略整合、资源整合、优势整合等方面进行全方位统筹，从平台思维向中台思维延伸，从资源链接向效益递增拓展。一方面，强化资源整合形成规模效应，在省委组织部、省委宣传部的指导下，联合教育厅、人社厅，采取“产研训融合，政企社协作”模式，以培养基地为“中台”，聚集高校、科研机构、头部互联网企业、产业园区等优质资源，配套网信人才发展研究中心、网信人才发展联盟、多战略合作伙伴的“1+1+N”支撑体系，全力推动市场配置、产教融合、迭代发展，构建政府、高校、企业、科研机构等多层次运行、多力量参与、多主体共建的生态圈，有效避免党政类培训“大包大揽”和市场类培训“放任放养”两大误区。另一方面，推动川渝协作增强递增优势，围绕成渝地区双城经济圈建设国家战略，以基地中台带动实施川渝网信人才培养协作计划，在更大范围整合力量资源，形成“中台共搭、资源共享、人才共育、项目共孵、学科共建、标准共商”的良好态势。

（四）坚持以“用户思维”抓供给，厚植网信人才培养新优势

用户思维，即坚持“以人为本、以用户为中心；细分需求、精准供给”。针对调研中发现的政企互联网思维培养、网信人才职业发展、青少年启蒙教

育等“六大培训需求”，省委网信办按照“缺什么、补什么”的原则，分级分类建立网信人才评价标准，对标制定培训培养标准。一方面，提档升级培训供给，自主研发教学大纲，设置主体班、专题班、研修班、资质班4类班次，推出网络舆情处置、数字经济发展、智慧乡村治理等特色“菜单式”培训项目，由“用户”按需定制，自由选择搭配培训课程和培训师资，满足个性化、分众化需求，增强有效供给，实现培训实效最大化。四川省网信人才培养基地自2020年9月揭牌开班以来，已根据用户“订单”开设网络风险防范化解、网络空间安全治理等各类培训班次12期，1000余人次参与培训。另一方面，线上线下有效衔接，针对更为广泛的“线上用户”需求，同步打造“四川网信云课堂”，每周二定时上线涉及网络内容建设、网络安全等各类网信课程20节，观看量达3万余人次，受到社会各界广泛关注和充分肯定。

（五）坚持以“跨界思维”促融合，催生网信人才培养新动能

跨界思维，即坚持“突破惯例、打破边界；跨界融合、创新发展”。互联网的快速发展，催生了众多新兴技术与产业，知识与技能交叉融合不断深入，省委网信办在调研实践中，逐步形成“三个新交叉”共识：把新技术新岗位新职业融合，交叉形成新职业新需求；把产研训连成一条线、政企社拧成一股绳，交叉形成“互联网＋人才”实现方式；把岗位职能业务流程与应用场景实操演练融合，交叉形成思维能力逻辑方法深度学习模式。在平台建设上跨界，引进奇安信、封面传媒等头部互联网企业，设计建造网络舆情管理、媒体融合发展、政务新媒体、网络空间治理等示范性多功能教室。在学科专业上跨界，采取校企合作方式，联合组建智慧治理、网络心理行为、互联网法治等新兴交叉学科教育研究机构，为推动网信学科（专业）建设夯基蓄势。在师资配置上跨界，采取专家学者、一线人员、党政干部三个“三分之一”配置师资，领导干部、业界专家、实战先锋、企业人士、网媒新锐联袂执教。在支持系统上跨界，设置教学、演练、实训、竞技4大系统50余类子系统，推出“云端集成、实战实操、拓展灵活、同步迭代”亮点工程，推动功能场景跨界互融，形成场景式、融入式、复合式教学培训特色。

实施人才工作品牌化战略 让“蓉漂”成为时代风尚

——基于成都市人才工作创新与实践的思考

阳 夷*

摘 要： 近年来，成都市认真落实习近平总书记关于人才工作的系列论述，落实中央、省委人才工作的战略部署，积极探索新时代人才工作方法路径，顺应流量经济时代发展需求，将品牌化战略有效植入人才工作中，塑造具有全球影响力和深入人心的“蓉漂”品牌，以“蓉漂”品牌冠名重大人才工程重大人才活动和服务载体，形成具有影响力的“蓉漂计划”“蓉漂人才荟”“蓉漂人才日”“蓉漂人才发展学院”“蓉漂青年人才驿站”“蓉城人才绿卡”六大拳头产品及系列衍生产品，持续营造“让‘蓉漂’成为时代风尚”的社会氛围，不断提升人力资源协同创新水平。“蓉漂”品牌化战略被业内人才专家称为继深圳、上海之外的第三种模式，成为成都人才工作的显性标识。

关键词： “蓉漂” 品牌化战略 六大拳头产品

* 阳夷，成都市委组织部人才处处长、市人才办副主任。

一　人才工作品牌化战略提出的背景

（一）从国际背景看，人才竞争已上升到国家安全的高度

国与国之间的竞争、地区与地区之间的竞争，归根结底是人才的竞争，特别是掌握关键核心技术“高精尖缺”人才的竞争。2000～2017 年，美国在化学、医药和物理领域获得的 79 项诺贝尔奖中，40% 奖项的获奖者为外国出生的科学家。近年来，美国频频阻挠华裔专家回国创新创业，并加大筹码引流国内优秀人才、挥舞“制裁大棒”打压中国高科技企业，不仅严重冲击我国海外引才育才工作，也力图进一步巩固全球人才强国地位，从根本上遏制中国崛起。简而言之，大国之间的竞争，使得传统上靠政府直接参与人才引进的做法受到了限制，塑造人才工作软实力，成为我们面临的新课题。

（二）从国内形势看，“后抢人大战时代”呼唤人才工作突围之策

2017 年以来，以成都、武汉、西安等为代表的城市掀起“抢人大战”引发社会热议。习近平总书记在全国组织工作者会议上强调，引才政策要符合实际，坚持需求导向，统筹考虑就业、教育、医疗、交通等承载能力，不要乱发“帽子”，不要简单许诺一大堆物质条件，不要没有目的地撒大网。中组部也对“人才大战”进行规范，提出“尊重市场经济规律，禁止各地简单通过‘政策加码’‘竞相涨价’来吸引人才，防止脱离实际、盲目攀比，避免各地陷入恶性竞争”。2020 年以来，一些主要城市一边强力控疫情，一边发力抢人才，让城市人才竞争“重燃战火”。2020 年 3 月，中组部人才局开展地方人才计划优化整合工作，要求其间人才项目暂停实施，并加大人才政策的审查力度，带来了阶段性静默，也令众多城市陷入如何破局应变、实现战略突围的沉思。

（三）从城市阶段来看，城市能级的提升要求人才软实力的整体提升

成渝地区双城经济圈建设战略的实施，要求成都作为全国发展最重要的增长极和新的动力源，要站在全球75亿人的平台上聚集一流人才，更需要按照国际标准和规则，通过构建人才工作的软实力——人才工作品牌来引进人才。

践行新发展理念的公园城市示范区建设，赋予了成都探索新时代城市转型发展新路径的历史使命，要求我们始终坚持"人城产"逻辑，将人才工作品牌有机植入城市建设的各个领域，打造符合人才发展规律、贴近人才需求，近悦远来、巴适安逸的生活城市和幸福家园，构筑起吸引人、留住人、激励人、成就人的综合竞争优势。"一干多支"发展战略，要求成都充分发挥引领辐射带动作用推动干支联动，需要我们在推动人才工作的过程中，以特大中心城市的资源优势，建立起开放协同的人才工作品牌体系，放大资源集聚、价值创造的网络协同效应，推动门户枢纽平台、产业协作平台、人才发展平台等开放共享，实现区域人才链、产业链、创新链、服务链高度融通，人才工作体系从虹吸区域向建立紧密的地区合作转变。

（四）从人才发展规律来看，需要更具传播性的人才工作品牌来适应"90后"新生代的行为模式

随着时代的发展，人才工作的受众对象发生了显著的变化，概括起来，是在新经济中从事新职业的新生代人群。人社部等国家部委已发布38个新职业，人社部中国就业培训技术指导中心联合阿里、钉钉发布报告显示，未来5年人工智能等领域的新职业人才需求将超3000万人。目前成都全市新职业人群规模突破45万人，人群规模与新经济活力指数均位居全国第三。

"90后"、"95后"甚至"00后"的新生代人才，主要呈现个性化、存在感、仪式感等特征。因此，要把握新的群像特征和对象需求，更好适应他们的思维方式、行为模式、传播习惯，根据新的时代风潮量体裁衣，以喜闻

乐见的品牌来高度凝练人才工作，让人才工作更富时代气息、更加活力迸发、更具口碑效应，在自媒体时代发挥最大化的传播效果，推动成都人才工作更加深入人心。

二　“蓉漂”：人才工作品牌战略的提出

（一）什么是人才工作品牌

在当今时代，品牌战略已经成为组织战略的核心，从国家、企业，再到个人，都是至关重要的无形资产。“2019 年 BrandZ 全球品牌价值榜单”前 100 强的品牌价值合计相当于 47000 亿美元，约等于西班牙、韩国和俄罗斯的 GDP 总和。例如全球范围内最具价值的饮料品牌可口可乐，其品牌价值高达 568.94 亿美元，全球范围认知度高达 94%，几乎无人不知无人不晓。2019 年《Interbrand 全球最佳品牌 100 强》榜单显示，排名前 10 的品牌中，美国的占 7 成，其中，苹果公司以 2342.41 亿美元的品牌价值位居榜首，此外，还有谷歌、亚马逊、微软、可口可乐、麦当劳以及迪士尼。这些品牌支撑美国成为全球超级大国。另外，随着互联网经济的崛起，各种网络平台所带动的个人品牌方兴未艾。从网红走红获上亿元融资，到淘宝直播带货大热，创造巨大的销售额，让众多企业望尘莫及、深感危机。这就是强大的个人品牌力作用，正如管理学家彼得斯所说，21 世纪的工作生存法则就是建立个人品牌。

品牌战略进一步延伸，20 世纪 90 年代初，管理专家西蒙布朗、提姆安博拉教授提出将营销学中的“产品品牌”概念应用到人力资源管理领域。换言之，一座城市、一个区域的人才工作要通过品牌塑造，在全国乃至全球的人力资源市场找到自己的价值定位，在人才的集体视野中建立独特的雇主城市形象，从而更好地吸引、激励和挽留高素质人才，实现人才工作比较优势。

（二）人才工作品牌的实践价值

1. 顺应流量经济和自媒体时代发展需求

在中国，流量经济具有得天独厚的发展空间。用流量经济的巨头微信举例，2019 年微信月活跃用户达到 11.5 亿，占到全国 14 亿人口的 82%，如此巨大的流量能够引发的溢出效应十分惊人。经济转型周期缩短，快速迭代，流量经济时代和自媒体时代下能让人迅速产生印象，产生最高效的传播效应，品牌的标签化、形象化、集成化，是将人才工作高度凝练，瞬间给人印象的最有效的途径，将人才工作进行运作，形象化、人格化，使人才工作快速让人产生印象，更加深入人心。

2. 顺应人才流动规律

品牌与人才应建立持久稳定的互动互需关系。人才流动是人才工作的一个基本规律，要吸引人才更重要的要留住人，通过与用户建立一种关联，打上一种标签。正如大家所知，“蓉漂”就是成都人才的标签，这也就是我们与人才建立的一种关联度。同时我们还通过打造六大拳头产品和系列衍生产品来增强这种黏合度，发挥好品牌效应，与客户端建立良好的用户黏性。

3. 顺应文化情感共识

品牌是撬动市场的无形杠杆，因为它本身就是一种号召力和影响力，是一种综合实力的体现，更是一种文化力和共情力。好的品牌不仅对于吸引人才至关重要，也是人才工作创新、质量、效益的集成传播，极大增强人才工作的话语权和人文属性。我们将过去喊口号的人才工作宣传方式变为以人才特别是青年人才喜闻乐见的方式来推荐成都人才政策及人才发展环境。比如，成都地铁站最暖“蓉漂”地铁印象墙常有驻足拍照的青年大学生，QQ 音乐下载的“蓉漂”人才之歌——《留在成都》，常让听得人热泪盈眶。这正是人才与人才、人才与城市之间的文化共情，也是我们人才工作品牌持续不断的文化价值和竞争力来源。

（三）“蓉漂”品牌的战略要义

人才工作品牌化战略是成都市在践行新发展战略从成都的城市历史文化中提炼，在城市发展中不断完善。它根植于城市肌理，承载城市发展愿景，促进了人才与城市生长同频，有助于共绘“人产城”的美好蓝图。

1. “蓉漂”品牌的提出

“蓉漂”一词出自网络语言，是有流量、有热度的网络热词，既结合了成都作为移民城市的特点，又借力“漂”这个网络热词的传播效应，迅速在海内外传播开来。自带流量是品牌塑造的前提，“蓉漂”作为品牌，还必须有内涵和价值理念。2017 年 4 月 27 日，在成都市第十三次党代会上提出——“让‘蓉漂’成为时代风尚”，正式提出了“蓉漂”概念，以城市之名广纳贤才。2017 年 7 月 20 日，成都市委市政府对社会发布“成都人才新政 12 条”，开启了“蓉漂”人才工作品牌的实践之路。

2. “蓉漂”品牌的内涵

“蓉漂”品牌内涵概括为三个词——迁徙、扎根、成功。迁徙，“蓉漂”取其迁徙之意，有“漂”字的城市都有巨大吸引力，宁愿“漂泊无依”甚至“居无定所”也愿意漂在那里。扎根，因人才新政 12 条等一系列政策举措，解决户籍、安居等“北漂”面临的痛点难点，让“蓉漂”的“漂”，它听起来不再那么无奈酸楚，相反却平添了几分稳稳的幸福。成功，成都尊重每一位个体的梦想，珍惜每一种向上的力量，用最大的诚意助力“蓉漂”实现个人价值。新时代的“蓉漂”，特指一群有活力、有梦想的年轻人，离开家乡来到成都打拼，以地理纬度的变迁实现价值纬度的升华。

3. “蓉漂”品牌的溯源

成都自古就是一座典型的移民城市，具有开放包容、宽厚友善的文化特质。早在古蜀时期就有来自岷江上游、湖北等地的部族迁徙蜀地，自战国时期秦惠文王“移秦民万家”以来，历经“数万民众随刘备入蜀”“湖广填四川”“抗战期间华东华北大量人口迁入”“三线建设”等九次大移民大融合，“蓉漂”的基因传承和文化内核早已根植于城市发展轨迹之中，融汇成为成都生生不息的动力势能，改变了“漂”的原义，丰富了“漂”的内涵。

三 “蓉漂”品牌产品体系

没有产品就没有品牌，好的产品才能形成人们对品牌的总体印象。成都人才工作大力塑造“蓉漂”品牌，以“蓉漂”品牌冠名重大人才工程、重大人才活动和服务载体，结合心理学、管理学以及互联网思维模型，形成具有影响力的六大拳头产品及系列衍生产品。

（一）“蓉漂计划”

“蓉漂计划”是由市委组织部牵头组织实施的高层次创新创业人才引进项目，主要面向海内外高层次创新创业人才组织实施，对符合条件的给予个人最高300万元、团队最高500万元资金资助，并且围绕人才全生命周期打造系列发展平台。现已累计引进海内外高层次创新创业人才799名、顶尖创新创业团队78个，其中36名“蓉漂计划”专家创办或领办的18家科技型企业成长为独角兽或准独角兽企业，为成都全面构建“5+5+1”现代产业体系、抢占新经济发展制高点打下了坚实的高层次人才基础。

“蓉漂计划”专家集聚效应形成了一个强大的“环境场”。在这个“场”内，不同产业细分领域的高层次专家相互作用、融合影响，产生化学裂变反应，滋生出新的经济增长点，不断形成城市经济发展的新动力，也反过来不断影响着人才自身发展。

（二）“蓉漂人才荟”

“蓉漂人才荟”是“蓉漂”引才工作的品牌化重要载体，自2017年启动，主要面向海内外名校、名企、名所、名城开展系统化的引才活动。“蓉漂人才荟”通过构建“党委政府引导、用人单位主导、社会广泛参与”的协同引才模式，统一宣传主题、统一推介流程、统一标识标语，有效撬动党委政府、用人单位、社会力量等不同主体引才聚才资源，带动社会广泛参与招才引智活动，营造全市各级各部门各行业共同引才的良好氛围。

塑造“蓉漂人才荟”产品借鉴了相亲心理学的一些思维特征，让“蓉漂人才荟”成为城市与目标人才的一场充满诚意的相亲大会。我们带着成都最大量优质的企业需求，主动上门，体现了极大的诚意。近三年来，“蓉漂人才荟”赴伦敦、东京、香港、北上等海内外30多个城市举办了300余场招才引智活动，当场签约超过5万人，引进重大项目超过100个，搭建起人才工作品牌推广的重要窗口。“蓉漂人才荟”不仅招揽了人才，还提升了城市的影响力，成都连续两年获“中国年度最佳引才城市奖”，有媒体报道，成都在全国刮起了“招揽人才旋风”。

此外，为了增加人才毕业后来蓉发展的可能性，探索引才工作前置化，成都市委组织部联合共青团成都市委，于2019年启动了首个“蓉漂”青年人才实习季系列活动。作为“蓉漂人才荟”的创新品牌，“蓉漂”青年人才实习季面向海内外知名高校海选1000名“准蓉漂”，从中择优确定66名“蓉漂”城市代言人，邀请他们分别深入产业功能区、重点企业和基层一线开展深度体验活动，全程记录在蓉经历，“口碑式”传播成都“求才、尊才、爱才”的城市形象，为服务城市高质量发展储备青年人才资源。

（三）“蓉漂人才发展学院”

“蓉漂人才发展学院”着眼于培育跨界复合型人才，是“一所面向未来的学院”。当前，兼具管理和技术的复合型人才成为人才需求的重要标志，学院通过“政府引导+市场运作+业界共治”的运营模式恰好解决了“单个企业培训成本高，培训机构因为订单小不愿意合作”这一难题。通过政府搭平台给政策，左手收集用人主体需求，右手链接优质培训机构，既降低企业育才成本，又吸引越来越多的全国乃至全球的优质培训机构纷纷加盟合作。同时，学院通过多元化的精品课程设置，建立起符合各类人才开发和人才全面开发的多元化思维模型课程体系，充分体现思维的跨界和融合，协助人才建立多元思维模型，从不同角度去分析解决实际问题。

学院于2019年4月27日正式揭牌，首家办学试点落户高端人力资源聚集地成都高新区，于2019年7月正式投入运营以来，已培训近7万人次。学院联合混沌大学启动了城市企业创新计划，通过“IPO新机遇”等专门培训，助推成都先导药物开发有限公司成为西南地区首家科创板上市企业。学院得到中组部的充分肯定，相关经验被中组部《组工信息》头题刊发。

（四）“蓉漂人才日”

成都市将每年4月最后一周的星期六设为“蓉漂人才日”，以专属节日的方式向为成都发展做出贡献的广大人才致敬。自2018年起连续举办3届，“蓉漂人才日”已经成为“蓉漂”冠名的重大人才活动，传递了市委市政府重才爱才的鲜明导向。活动充分调动社会各方力量广泛参与，以“蓉漂·高峰荟”、开行“蓉漂·人才主题列车”、“蓉漂”青年人才特大型招聘会、青年人才嘉年华等形式，邀请海内外高层次人才、做出重大贡献的本土人才、青年“蓉漂”等广泛参与。

2020年4月27日，举办了以“更好的成都，成就更好的你”为主题的第三届“蓉漂人才日”。2020年“蓉漂人才日”紧扣成渝地区双城经济圈建设，现场发布《成都市人才开发指引（2020）》，首次将新职业人才写入“人才白皮书”，首次设立了“蓉漂人才首席推荐官”。现场还启动了全年规模最大、层次最高、领域最广的“心心向‘蓉’、成就未来——2020蓉漂·云招聘活动”等项目。

（五）“蓉漂青年人才驿站”

“蓉漂青年人才驿站”自2017年7月启动建设以来，按照市场化原则，主要面向来蓉求职的本科及以上应届毕业生提供7天以内免费住宿，并提供常态化、便利性的就业培训、城市融入、人才交流等综合服务。“蓉漂青年人才驿站”的打造正是抓住了初来成都的“蓉漂”人才没有安全感、担心被拒绝的陌生人心理，想方设法地为他们解决障碍、消除陌生恐惧，营造城市对人才良好的“首因效应”。

截至目前，全市22个区（市）县依托交通便捷、条件相对舒适的经济型酒店建成24个青年人才驿站，实现了“中心城区+郊区新城”全覆盖，累计接待青年大学生近4万余人次，极大地吸引了海内外优秀学子向成都汇聚。

（六）“蓉城人才绿卡”

“蓉城人才绿卡”是成都人才专属的“荣誉卡”“服务卡”，是解决人才服务零散化、碎片化的创新举措。由成都市委组织部牵头，统筹公共服务资源，撬动市场资源，建立以“蓉城人才绿卡”为中心的立体化服务系统，有机整合“线上 + 线下”“部门 + 区（市）县”优质公共服务资源。通过精准化的支持政策和定制化的服务，持续为人才提供价值保障，让人才有地位感和荣誉感，将人才转化成为城市的“超级用户”，极大程度提升了城市对人才的“用户黏性”，也极大地促发了人才为城市发展和产业发展做出贡献的持久动能。

目前，市本级已面向在蓉“两院”院士、国家和省“千人计划”专家，“蓉漂计划”专家发放共计 876 张“蓉城人才绿卡”市级卡，提供交通出行、落户、医疗、出入境和停居留便利、创业扶持等 24 类服务事项。此外，还配套开发了“蓉城人才绿卡”管理系统，开通了“蓉城人才综合服务平台”全媒体工作平台，向持卡人才累计提供各类服务近 5 万人次。

（七）“蓉漂 + ”系列衍生产品

1. 音乐类产品

针对广大青年喜闻乐见的方式，通过 QQ 音乐、全国网络视听大会等有影响力的传播平台，海选出“蓉漂人才之歌”原创歌曲《留在成都》，以歌声唱出“蓉漂”在成都工作和生活的幸福画面。

2. 影视类产品

策划拍摄“蓉漂”追梦人微纪录片《成都有家　未来有路》、“蓉漂”人才系列微电影、《留在成都》、《Better Chengdu Better You》等，用真实故事打造有内涵有温度的“蓉漂”文化。

3. 新媒体类产品

依托“蓉漂人才日”等重大活动，打造最暖地铁通道“蓉漂”印象墙、“蓉漂”人物肖像展，覆盖高校、火车站、机场以及重要换乘站点地铁通道。上线“蓉漂”感言，让更多的青年人才成为“蓉漂”粉丝，增强“蓉漂”人才对城市的认同感向心力。

4. 文创类产品

2018 年，依托“蓉漂人才荟”活动周期，成都市委组织部联合成都文旅集团为青年人才精心打造“一份从蓉”伴手礼，受到了广大青年人才的极力追捧。2019 年，为进一步提升品牌显示度，主办方采用大熊猫形象，设计打造了“蓉漂”IP 形象“蓉小盼”，憨态可掬、呆萌可爱的“蓉小盼”作为“蓉漂”官方代言人，出现在“蓉漂”系列重大人才活动及各类“蓉漂”文创产品中。此外，主办方以“Better Chengdu Better You”为主题，充分融合“蓉小盼”的形象，配合“蓉漂”城市品牌海外推广，设计出一套海外文创产品，广受海外人才好评。

四　“蓉漂”品牌塑造要义和下一步发展路径

“蓉漂”品牌塑造要义可以概括为三个词：品牌战略、雇主思维、市场导向。品牌战略是指要有城市发展的长远格局观；雇主思想是指城市要作为一个巨大的猎头，去吸引需要的人才；市场导向则是指品牌塑造的方式方法。

对于品牌塑造，我们提出“六化模型”。

一是创建战略化。首先要有顶层设计，体现城市和产业发展战略考量，以及人才工作的总体布局和未来考量。其次要有一个独特的核心理念，“蓉漂”的六字内涵就是其核心理念。最后有一个显示度的品牌口号，“蓉漂之后，再无漂泊”。二是布局系统化。在“蓉漂”品牌下，我们把整个人才工作都统筹在里面，构建了可持续发展的自主品牌生态体系。三是产品个性化。打造六大拳头产品和系列衍生产品，基于清晰的用户画像，塑造产品独特个性。四是要素协同化。突出品牌“+”模式，协同创新要素，让人才有带入感和参与感，营造浸入式体验式的人力资源应用场景，打造全域开放的协同创新平台。五是价值资产化。我们正在注册“蓉漂”品牌，形成以知识产权为核心的品牌资产，并且将虚化的品牌转化为可见、可使用的产品。六是传播全球化。以整体品牌形象传播的方式向世界推介，提升“蓉漂”品牌的国际影响力。

着眼未来，我们在品牌定位、产品打磨与渠道拓展三方面对“蓉漂”品牌提出了新的发展路径。

一是精准定位，深化“蓉漂”品牌内涵。首先，深挖品牌价值。“蓉漂”人才工作品牌的塑造，要以服务城市战略需要和用人单位发展为目标，进一步精准刻画“蓉漂”品牌的内涵和价值意义，不断提升品牌的深度和号召力，用千千万万的“蓉漂”故事来定义“蓉漂”品牌、传播“蓉漂”符号，不断加大“蓉漂”人才的价值认可和情感归属。其次，细分品牌市场。“蓉漂计划”“蓉漂人才荟”“蓉漂人才发展学院”等各个子品牌要有精准的人才定位和清晰的用户画像，形成环环相扣又各具差异的“蓉漂”品牌结构体系，通过项目效能的叠加释放，形成最大化的品牌效力。

二是雕琢产品，拓展“蓉漂”品牌外延。首先，优化品牌项目。人才工作的品牌塑造要以项目为主要抓手，不断迭代升级现有的“蓉漂”品牌六大拳头产品和“蓉漂+”系列衍生产品，保持各项目的创新理念和竞争优势，源源不断地为成都市人才工作注入新动能。其次，延伸品牌触手。进一步开发“蓉漂”品牌新的衍生产品，结合成渝地区双城经济圈建设以及践行新发展理念的公园城市示范区建设等重大战略契机，以青年人才喜闻乐见的形式及内容，将“蓉漂”品牌主动融入、巧妙融合，实现城市雇主品牌与城市文化品牌的有机耦合。

三是拓宽渠道，提升“蓉漂”品牌影响力。首先，推动全球化传播。要加大“蓉漂”品牌的海外推广力度，依托“蓉漂”城市品牌海外推广系列活动等重点渠道，更加积极、更加主动、更加开放的“走出去”推广，进一步引才聚才，打开“蓉漂”品牌的国际化窗口，构筑国际化人才的集聚高地和价值实现高地。其次，善用社交媒体。要把握好信息化、互联网瞬息万变的时代机遇，运用好创新、高效的传播渠道，例如“两微一抖”等社交媒体，成为品牌传播最为重要的阵地，实现更精准的到达率，建立起更长期稳定的联系，变被动接受为主动传播，发展出更加灵敏、自由灵活、不受时间空间限制的传播方式。

品牌战略和人才工作的深度契合，引发了一场蝴蝶效应的真实演绎。将品牌塑造幻化于无形之中，让成千上万的人才以现身说法的形式展开推介宣传，让人才无限发散的社交网络成为品牌传播的重要渠道，让每一位人才都成为“蓉漂”品牌大使，进一步凝聚成为城市人才品牌最核心的竞争力，为城市厚植比较优势和冲刺世界城市的战略资源。

政策研究

Policy Research

四川省留学归国人员服务政策的优化研究*

傅林　严历　杨秀英　孙媛媛**

摘　要：　当前，四川省留学归国人员服务政策存在三个方面不足。首先，在人才引进政策上，引进条件缺乏弹性，信息平台建设不完备，评估体系和方案落实亟待完善和加强。其次，在就业创业政策上，来川工作的留学归国人员对政策认知不足，优惠政策实际获得感弱。最后，在生活安置政策上，部分留学归国人员对政策缺乏了解，心理预期与现状差距大，且子女实际享受到的生活安置优惠条件非常有限。对四川省留学归国人员服务政策的优化建议：一是全面优化人才引进政策，强化政策导向和激励机制；二是建立健全政策支持体

* 基金项目：四川师范大学统一战线理论研究专项重点课题“新时代统一战线工作背景下四川省留学归国人员服务政策优化研究”，项目批准号：19tz11－04。

** 傅林，四川师范大学教育科学学院教授，博士生导师，主要从事比较高等教育、高等教育政策与管理研究；严历，四川师范大学教育科学学院博士研究生，主要从事比较高等教育研究；杨秀英，四川师范大学教育科学学院硕士研究生，主要从事高等教育政策研究；孙媛媛，四川师范大学教育科学学院硕士研究生，主要从事高等教育政策研究。

系，营造就业创业优良环境；三是完善生活安置政策，增进终端服务实效。

关键词： 留学归国人员 服务政策 人才引进 就业创业 四川省

一 研究背景

2015 年 5 月，习近平主席在中央统战工作会议上强调：“留学人员是人才队伍的重要组成部分。要坚持支持留学、鼓励回国、来去自由、发挥作用的方针，鼓励留学人员回国工作或以多种形式为国服务。”① 留学归国人才不仅是我国人才队伍中不可或缺的部分，也是四川省打造成渝双城经济圈、实现“十四五”规划、推动治蜀兴川迈上新台阶的关键力量。在此背景下，开展四川省留学归国人员服务政策的研究，有利于厘清四川省留学归国人员服务政策的现状，为四川省留学归国人员服务政策的制定提供参考和依据；通过发现四川省留学归国人员服务政策存在的不足，为进一步改进奠定基础；通过探讨具有鲜明特色的四川省留学归国人员服务政策的发展战略，为未来留学归国人员服务政策的制定提供前瞻性思考。

二 研究设计

课题组设计了《四川省留学归国人员服务政策的调查问卷》，问卷共计 40 个问题，其中选择题 39 题、填空题 1 题。调查问卷内容分四部分：基本信息、就业和创业政策、人才工程政策、生活安置政策。通过网上发放的形式对在川服务的留学归国人员展开调查，共收回有效问卷 225 份，其中男性

① 习近平：《巩固发展最广泛的爱国统一战线 为实现中国梦提供广泛力量支持》，人民网，http：//cpc. people. com. cn/n/2015/0521/c64094 -27032339. html。

89 人（39.56%）、女性 136 人（60.44%）。

同时，课题组运用半结构式访谈，访谈了四川省 4 所高校（四川大学、电子科技大学、四川师范大学、警官学院）、1 家公司（成都特力教育咨询有限公司）、1 所研究院（航天科工微电子系统研究院）共计 10 名留学归国人员（每个单位随机选择 1 ~ 3 名人员）。通过面对面访谈，了解受访人员所在单位及四川省留学归国人员服务政策的特点和不足，收集留学归国人员对服务政策的体会、看法和建议。访谈提纲共计 10 个问题，主要从归国来川服务的原因、对工作和生活环境的体会、对服务政策的认知、遇到的主要问题和建议 4 个维度进行设计。

三　问卷和访谈调查结果

（一）问卷调查结果

1. 问卷调查对象基本信息

本次调查对象中，汉族 216 人（96%），少数民族 9 人（4%）；中共党员 108 人（48%）、民主党派 30 人（13.33%）、无党派 87 人（38.67%）；博士研究生超过 50%，本科生人数最少，占比 5.33%。超过 73% 的人在国外学习和工作时间在 5 年以内，问卷调查的其他基本信息如表 1 至表 10 所示。

表 1　四川留学归国人员年龄分布

年龄段	人数	百分比(%)
30 岁及以下	46	20.44
31 ~ 45 岁	148	65.78
46 ~ 59 岁	31	13.78
60 岁及以上	0	0

资料来源：《四川省留学归国人员服务政策的调查问卷》统计数据。

如表1所示，在川服务的留学归国人员以45岁及以下的中青年为主。

表2　四川留学归国人员国外学习类型

类型	人数	百分比(%)
取得学士学位	29	12.89
取得硕士学位	84	37.33
取得博士学位	62	27.56
做博士后	29	12.89
访问学者	57	25.33
科研机构工作及其他	20	8.89

资料来源：《四川省留学归国人员服务政策的调查问卷》统计数据。

如表2所示，在川服务的留学归国人员中，具有博士学位和硕士学位的人数最多，共计占比近65%。同时，具有博士后科研工作经历的人数与取得学士学位的人数持平，而排名第三的人数是访问学者。

表3　四川留学归国人员从事工作领域

领域	人数	百分比(%)
人文社会科学	86	38.22
自然科学(技术)	78	34.67
文化艺术	30	13.33
其他	31	13.78

资料来源：《四川省留学归国人员服务政策的调查问卷》统计数据。

四川省历年出台的海外人才引进政策，在引进对象中，更倾向于自然科学和工程技术领域的人才。而在相关的支持政策中，对于相关领域的支持力度明显高于其他领域，而如表3所示，参与调查的人中，在川从事人文社会科学领域和自然科学（技术）领域的人数相当，而从事文化艺术与其他领域的人基本持平。

表4　四川留学归国人员参政议政意愿

等级	人数	百分比(%)
非常愿意	61	27.11
愿意	75	33.33
不确定	60	26.67
不太愿意	21	9.33
不愿意	8	3.56

资料来源：《四川省留学归国人员服务政策的调查问卷》统计数据。

2015年5月，习近平在中央统战工作会议上明确指出，“党外知识分子工作，是统一战线的基础性、战略性工作，留学人员是统战工作新的着力点”①。如表4所示，“愿意”与“非常愿意”参政议政的留学归国人员占比共计超过60%。统一战线是中国革命、改革和发展的制胜法宝，不少在川留学归国人员具备先进思想理念、知识和技术，如果吸纳有意愿参政议政的留学归国人才，参与四川地方政策的制定，就能真正落实“发挥作用”的方针。纵览四川省历年出台的相关服务政策，并未就留学归国人员的参政议政事宜做出清晰的说明，缺乏对此一问题的高度重视。

如图1所示，留学归国人员选择来川工作的缘由排名前四的是老家在四川（73.78%）、人居环境优美（40.44%）、文化底蕴浓厚（21.78%）、社会稳定（16%）。其余缘由的所占比例均不超过10%，其中排名后三位的分别是：科技发达与工作待遇好（均3.56%）、基础设施条件较好（4.89%）、人才政策优越（6.22%）。

2.就业、创业政策

调查显示，留学归国人员对就业和创业优惠政策缺乏了解，就业和创业中面临的困难突出。在留学归国人员对四川省创业优惠政策的了解方面，其中有44%的人完全不了解，很了解的人只占2.22%。在留学归国人员对四川省创业优惠政策的满意程度方面，对政策不太满意的占10.32%，超过

① 习近平：《巩固发展最广泛的爱国统一战线 为实现中国梦提供广泛力量支持》，人民网，http://cpc.people.com.cn/n/2015/0521/c64094-27032339.html。

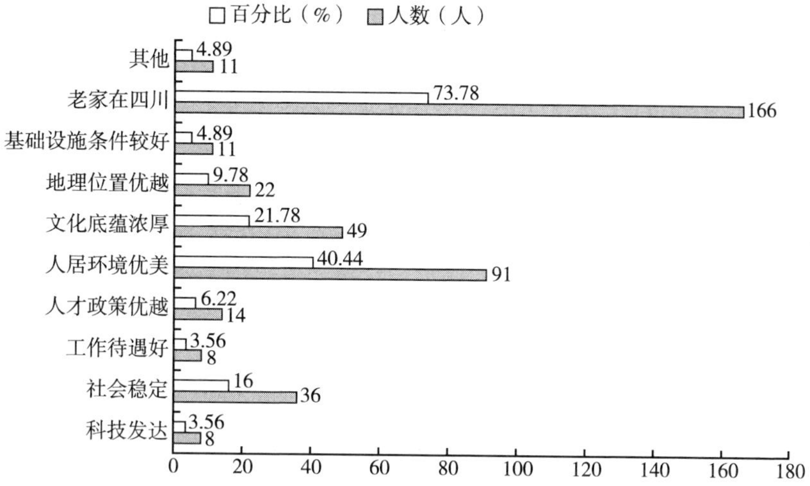

图 1　留学归国人员来川工作缘由

资料来源：《四川省留学归国人员服务政策的调查问卷》统计数据。

50% 的人满意程度为“一般”，表示“非常满意”的人数不到 7%。同时，超过 80% 的在川留学归国人员没有创业经历。在就业优惠政策方面，完全不了解的归国人员近 50%，很了解的只有 3.11%。

图 2 所反馈的信息表明，留学归国人员参与创业过程中遇到的最大困难主要体现在资金、市场两个方面。面对创业中遇到的困难，受访的留学归国创业者们迫切希望政府和相关部门要广开渠道解决资金瓶颈，完善税收激励机制，加强对留学回国人员创业的培训，帮助他们适应国内环境。实际上，此类问题也是目前留学归国人员普遍面临的难题。

图 3 显示，在川留学归国人员就业遇到的三大困难分别是“工作待遇偏低”、“职务、职称晋升难”以及“业绩评价不合理”。其中最为突出的是工资待遇问题。而在基本信息的调查中发现，月收入在 0.5 万元以下的人占 19.56%，0.6 万～0.9 万元的人占 39.11%，1 万～1.5 万元的占 28.44%。根据四川省统计局公布的数据，全省 2018 年城镇全部单位就业人员工资平均月薪约为 5393 元。[①] 近 20% 的“海归”人员没有达到省平均水平，同时，

① 四川省统计局网站，http：//tjj. sc. gov. cn/index. shtml。

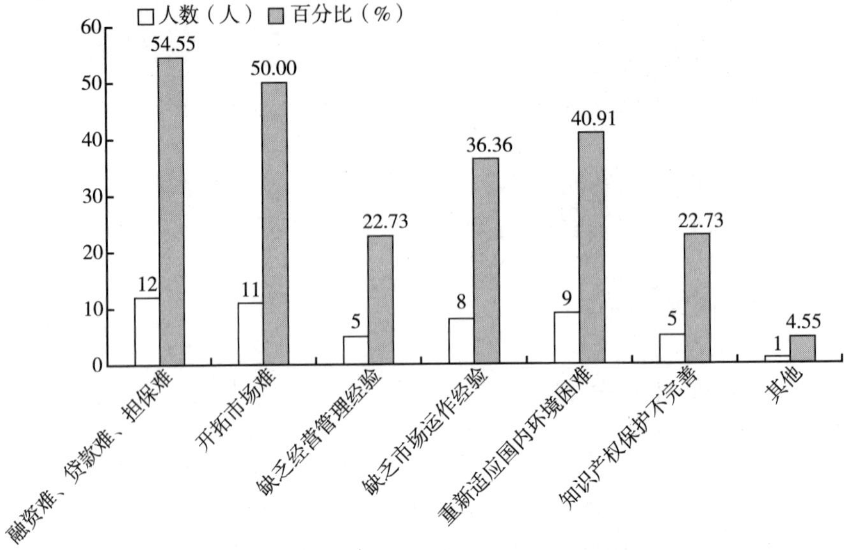

图 2　四川留学归国人员创业过程中的困难

资料来源：《四川省留学归国人员服务政策的调查问卷》统计数据。

在调查中，仅 7.96% 的人认为“薪酬高”是留学归国人员就业政策所带来的便利之一。

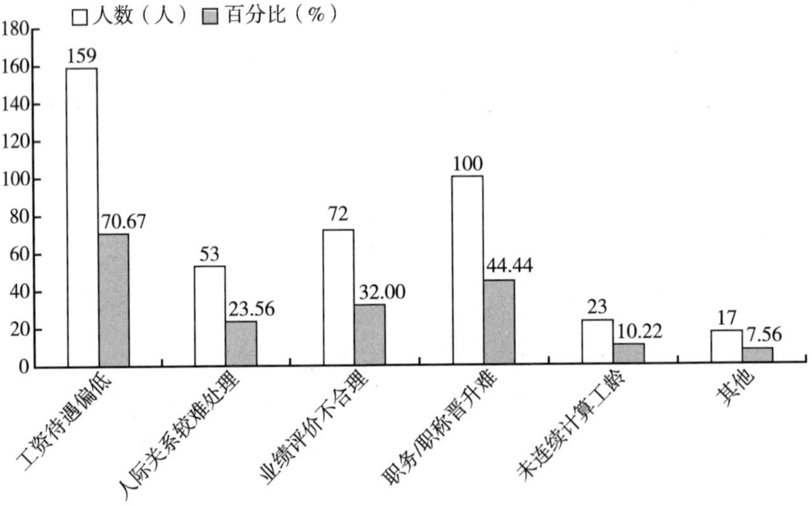

图 3　四川留学归国人员工作中遇到的困难

资料来源：《四川省留学归国人员服务政策的调查问卷》统计数据。

图4显示，提高就业待遇仍然是广大在川留学归国人员高度期望的事项，而进一步开拓归国留学人员就业渠道和对人力资源市场的规范也不容忽视。

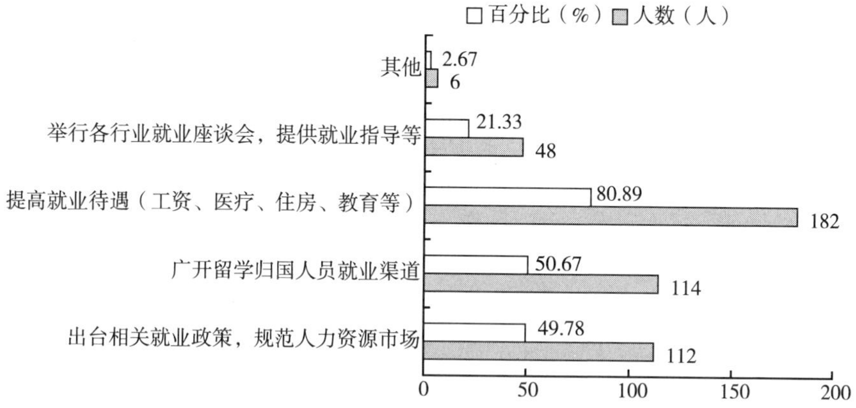

图4　留学归国人员期望政府和组织出台的措施

资料来源：《四川省留学归国人员服务政策的调查问卷》统计数据。

3. 人才工程政策

留学归国人员对人才工程政策了解不足，人才工程政策亟须进一步完善。参与调查的留学归国人员中，不足11%的人了解四川省的留学归国人才工程政策，而近40%的人完全不了解。

在人才考核与评价上，近50%的人认为，评价考核方法单一和评价考核的有效性不强，同时，超过40%的人认为绩效评价指标有待完善。而60%的人认为，对人才的评价与考核内容不了解（见图5）。

问卷数据统计表明，留学归国人员认为当前四川省人才政策存在以下四方面问题：一是只重视人才引进，不重视使用；二是针对留学归国人员发展的制度环境需不断完善；三是需建立更多针对留学归国人员的管理服务机构；四是要积极出台与政策相配套的落地措施。其中“重引进，轻使用”的问题最为突出（见图6）。

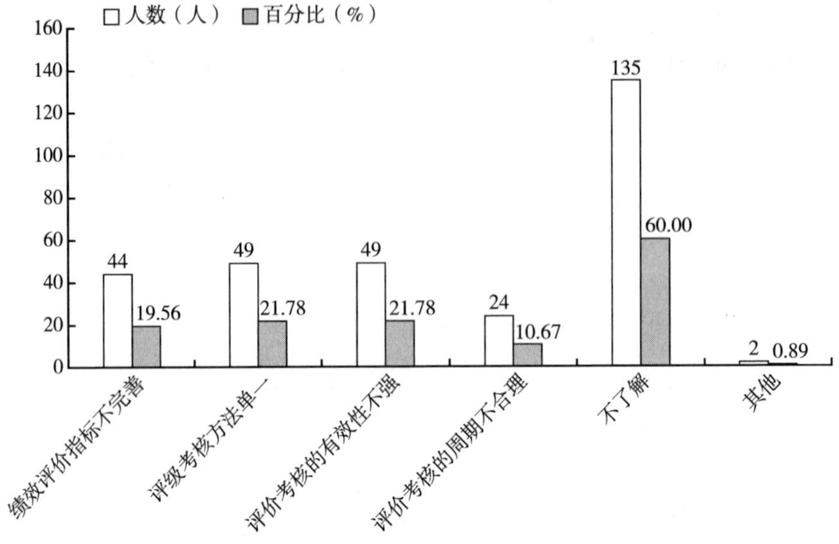

图5 四川留学归国人员对四川省人才评价与考核的看法

资料来源：《四川省留学归国人员服务政策的调查问卷》统计数据。

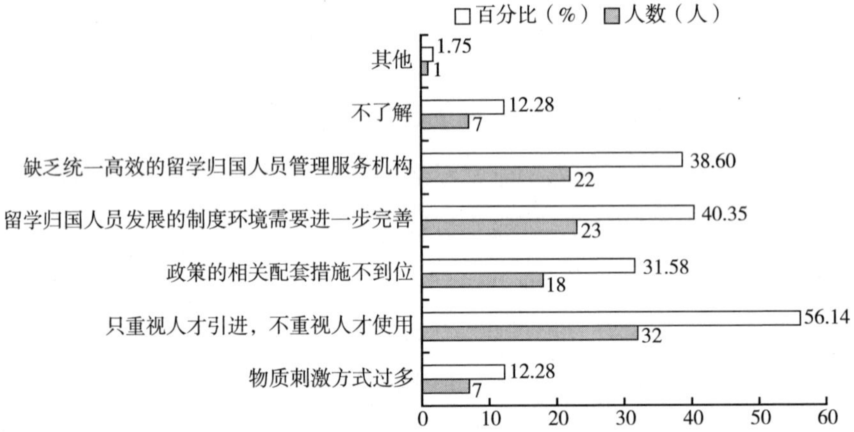

图6 四川留学归国人员反映人才工程政策存在的问题

资料来源：《四川省留学归国人员服务政策的调查问卷》统计数据。

4. 生活安置政策

留学归国人员对生活安置政策的认识不够，政策满意度较低。在川工作的留学归国人员缺乏对涉及他们切身利益的生活安置政策的了解。近 50% 的人不了解，超过 40% 的人知之甚少。而超过 65% 的人表示没有享受过有关留学归国人员的优惠政策，不足 12% 的人表示通过优惠政策解决了住房问题，或享受到一次性安家费。在子女教育上，近 90% 的人表示还没有享受到相关优惠政策。

总之，近 60% 的人对生活安置政策的满意度表示“一般”，表示“不太满意”的人数超过 16%，表示“满意”的人数仅 22.3%。留学归国人员不太满意的指标如图 7 所示。

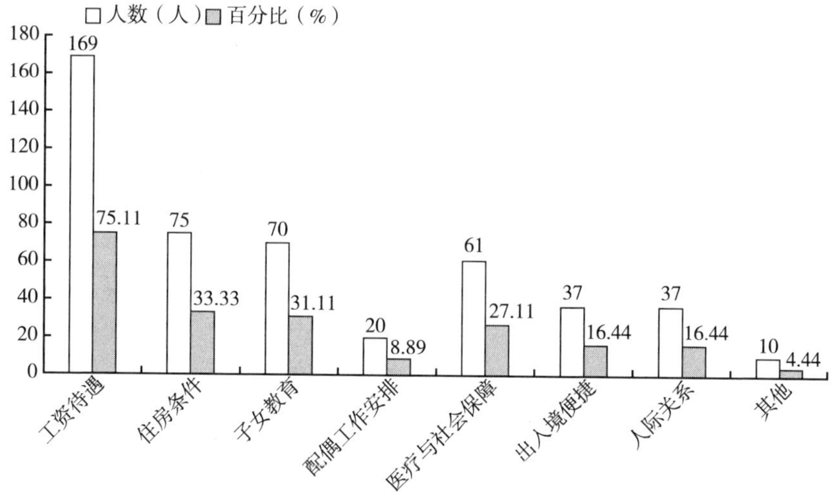

图 7　留学归国人员对生活环境不太满意的指标

资料来源：《四川省留学归国人员服务政策的调查问卷》统计数据。

留学归国人员不太满意的具体指标主要包括六个方面：工资待遇、住房条件、子女教育、医疗与社会保障、出入境便捷和人际关系。良好的生活环境是留学归国人员能够在岗位上踏实工作的基本前提。

（二）实地访谈结果

1. 地区优劣势鲜明，人才吸引力较弱

描述四川优势的高频词有“成都”“城市”“生活”“好”“方便”“环

境”等词语。来川工作的留学归国人员认为四川最大的优势：一是生活成本低、节奏慢；二是气候环境舒适、自然环境好；三是城市包容性强，人文氛围浓厚。关于四川的劣势，主要聚焦“人才”“城市”“发展”“平台”“产业”等关键词。来川工作的留学归国人员认为四川的劣势分别是供人才发展的平台和机遇缺少、高素质人才总量不够、城市基础设施建设亟待提高和教育、科技等部分产业落后。

关于来川工作的缘由，“工作”“成都”“父母”“家”是4个频次最高的关键词。另外，“家乡”“家人”“回家”“爱人”等词也反复出现。由此可见留学归国人员来川的主要缘由：一是先前工作的原因；二是家庭成员的缘故，或一直在川生活。四川省应充分挖掘人才引进的优势条件，扬长避短，提升人才引进吸引力（见表5）。

表5　留学归国人员来川缘由及四川优劣势

单位：人次

来川缘由		四川优势		四川差距	
关键词	频次	关键词	频次	关键词	频次
四川	15	成都	13	人才	11
工作	7	城市	9	城市	9
成都	4	比较	7	发展	8
父母	4	生活	7	沿海	6
家	3	好	6	平台	4
创业	2	方便	4	西南	4
发展	2	环境	4	产业	3
生活	2	节奏	4	高校	3
老家	1	包容	3	基础	3
爱人	1	就业	3	教育	3
包容	1	慢	3	企业	3
出生	1	舒适	3	政府	3
从小	1	自由	3	资源	3
回家	1	成本	2	定位	2
家人	1	氛围	2	分布	2

续表

来川缘由		四川优势		四川差距	
关键词	频次	关键词	频次	关键词	频次
家乡	1	科研	2	工作	2
旅游	1	留学	2	机会	2
轻松	1	平原	2	建设	2
情怀	1	时间	2	交通	2
人际	1	政府	2	设施	2

资料来源：根据访谈内容整理。

2. 信息沟通平台匮乏，政策宣传力度不足

受访者中70%的人对留学归国人才政策只了解一些，信息获悉渠道主要是政府宣传和单位告知。受访者I提到“剑桥大学的校友好像没有大规模地加入欧美同学会。政府会支持欧美同学会的一些工作，具体的联谊会好像在四川开展得不多。之前在北京工作过一段时间，那边的欧美同学会会不定期地举办各种交流活动”。此外，借助各种媒体对政策的宣传不到位。受访者E谈到“偶尔通过微信公众号推送的新闻看到一些，因为我住在高新区，所以关注的公众号也是关于高新区的，了解到的相关信息就局限于这一块”（见表6）。

表6　四川留学归国人员对政策了解情况

单位：人

政策了解程度	人数	获悉渠道	人数
非常了解	1	政府	5
了解	1	周围人	2
了解一些	7	网络	2
不了解	1	单位	3
非常不了解	0	新闻	1
		活动	1
		组织	2

资料来源：根据访谈内容整理（注：个别受访者表示获取渠道较多，有2人未正面回答获悉渠道）。

3. 优惠政策覆盖面小，且没有完全落实到位

受访者中60%的人表示没有享受到留学归国人员优惠政策，其原因有二：一是条件不达标。受访者A表示“孩子择校这样的政策，因为孩子小还未享受到”；受访者E提到“交换留学没有取得学位的归国人员没有这些政策”；受访者I提出“教育公司就没有与申报相关的优惠政策”。二是个别单位对留学归国人员不重视。受访者E谈到“现在海归也挺多，很多的企业或者是单位并不特别看重留学背景，所以也起不了多大的作用”；受访者J提到“目前是没有享受到的，公司也是没有的。留学背景所带来的便利是隐形的，它是一个加分项”。

同时，享受到政策的留学归人员表示：一是政策力度不够。受访者H表示“户口可能本科生都可以，比如说办个蓉城通什么卡，可以坐地铁免费，以及孩子上学、评职称的绿色通道、看医生等等，其实很多问题都解决了。说看病有一个优先级别，但是你去呢，可能很多窗口都是关着”。二是政策条款模糊，落地难。受访者F人员表示“关于职称评定没有说清楚，就把这一次机会稀里糊涂地用掉了，如果说清楚了，可能就不会做这个选择。这些政策其实对于留学回国人才的吸引力是不够的，执行也是有欠缺的”；受访者J也提出“说到政策，政府可以做一个细分，毕竟海归越来越多，但是水平和能力等各个方面参差不齐”。总之，当前的优惠政策存在覆盖面小、力度不足、条款不具体和落地难等多方面问题，政策的覆盖面和有效性有待提高。

表7　四川留学归国人员政策享受情况

单位：人

是否享受到优惠政策	人数	具体享受的政策	人数
是	4	购车免税	2
否	6	子女读书择校	2

资料来源：根据访谈内容整理。

4. 生活环境满意度较高，工作环境多方面亟待改善

90%的留学归国人员对在川的生活环境表示“满意”。当前四川省留学

归国人员服务政策须聚焦在川留学归国人员工作环境的改善，主要涉及科研环境、创业环境、人才环境。

在科研环境上，一是缺乏学术交流平台，资源信息不畅通。受访者 B 表示“学术平台不够，缺少国际交流的机会”；受访者 F 谈到“希望有这样一个平台能够让这批人学有所用，能够让这批人更好地发挥自己在工作中的专长、增加科研上的能力以及国际交流的机会”。二是科研项目申请条件过分限制，系统的政策支持乏力。受访者 B 谈到“申请项目资助会有一定的时限，导致第一年申请后，第二年申请不到”；受访者 C、受访者 F 和受访者 G 均指出，缺乏专门平台、政策或资金对留学归国人员进行支持。

在创业环境上，一是创业人群基数大，人们创业意愿强烈，但大量中小企业竞争力弱，生存周期短。二是融资环境较差，在没有政策支持的情况下融资难，且投资者思想、理念落后，风投、创投金融意识不强。三是国家和地方鼓励投资的政策在基层落实难，配套的法律和政策跟不上，由创业引发的法律纠纷层出不穷。

在人才环境上，受天府之国舒适闲散生活影响，人们的工作节奏相对较慢，组建拼搏奋进的创业团队有一定难度。同时，引进的部分在川留学归国人员能力、专业和岗位匹配度低，无法做到人尽其才。受访者 J 谈到“周围朋友都反映，他们的能力、技能与他们的岗位是不匹配的，也就是说成都没有这样高端的岗位可以匹配到他，他们还停留在一个低端和粗犷的层次”。

表 8　四川留学归国人员对生活环境和工作环境满意度

单位：人

满意度	生活环境	工作收入
非常满意	2	1
比较满意	3	3
满意	4	1
不满意	1	2
非常不满意	0	3

资料来源：根据访谈内容整理。

表9　留学归国人员就业创业遇到的最大困难

编号	困难、难题
受访者 A	学术成果获得认可难、收入低
受访者 B	学术成果获得认可难
受访者 C	学术平台少
受访者 F	职称、科研、资源平台和组织少
受访者 G	买房、户口难题
受访者 H	科研平台少
受访者 I	公司品牌接受力不高
受访者 J	能力、技能展示平台不匹配

资料来源：根据访谈内容整理。

表10　来川留学归国人员提出的政策建议

编号	政策建议
受访者 A	政策落实到位
受访者 B	提高工资水平
受访者 C	增加平台、国际学术交流机会,简化出国交流手续办理程序
受访者 D	增设访学回国人才的优惠政策
受访者 E	加大宣传力度;欧美同学会等组织更多交流活动
受访者 F	制定相应制度,配套政策落实部门;加强留学归国人员的组织建设
受访者 G	放宽政策条件限制,加大宣传力度
受访者 H	增设医疗服务绿色通道,明确政策细节,适当解决配偶生活工作需求
受访者 I	划分高层次人才的创业类型;政府支援专家指导创业;细化指导措施
受访者 J	“海归”人才分类;制定服务手册或指南

资料来源：根据访谈内容整理。

四　政策特点和优化建议

（一）政策特点

四川省留学归国人员服务政策的特点主要表现在以下两方面。

从纵向来看，四川省留学归国人员服务政策在发展过程中具有显著的前后相继、逐渐完善的特点。近20年来每间隔一至两年，在国家战略的指导下，结合本省实际情况，四川省均对留学归人员服务政策进行了调整和改进，从基本原则、工作机制、引才项目及条件等6个方面对2009年颁布的《省人才工作领导小组关于实施海外高层次人才引进计划的意见》、2011年出台的《四川省"青年百人计划"及"百人计划短期项目"实施办法》等一系列人才引进和服务政策进行了全面修订和完善。

从横向来看，四川省留学归国人员服务政策在内容上呈现多向度拓展、稳中求变、由粗到细、由简入繁、不断分化、渐成系统的特点。四川省近20年颁布的留学归国人员服务政策由一系列措施、方针、法律、规定、规划、准则、计划、方案、纲要、条例、细则等构成，形成了一套比较完备的公共政策体系，如图8所示。

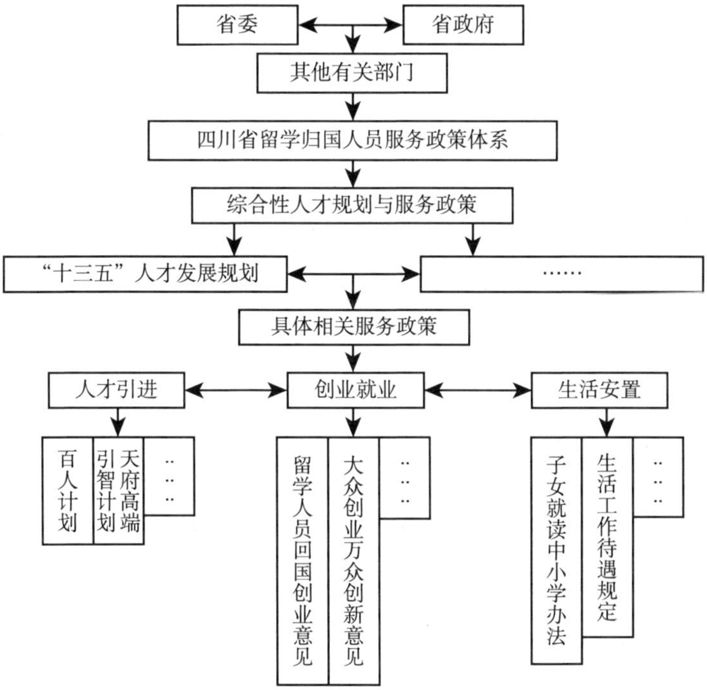

图8　四川省留学归国人员服务政策体系

（二）政策框架

通过近20年的发展，四川省留学归国人员服务政策逐渐完善，形成了涵盖人才引进、就业创业、生活安置等几方面内容的政策框架，如图9所示。

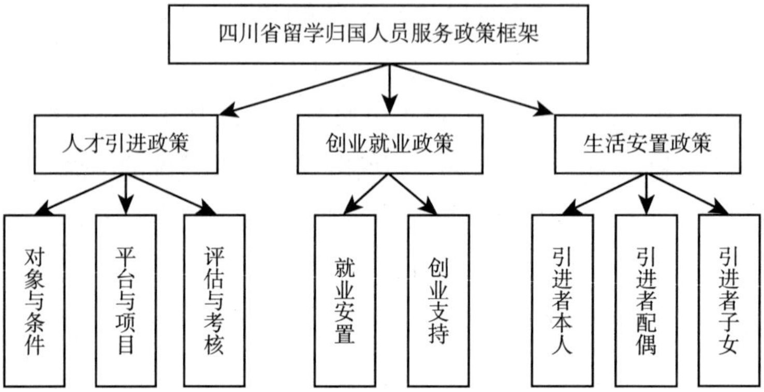

图9　四川省留学归国人员服务政策框架

1. 人才引进政策

四川省针对海外留学归国人员的人才引进方案主要是省“百人计划”，同时基于省情也出台了诸如“天府高端引智计划”“顶尖团队支持计划”等。虽取得丰硕成果，但在引进的对象与条件、信息平台支持和结果评估与考核三个方面也存在一些不足。

首先，在人才引进的对象与条件上，四川省主要聚焦高端人才群体，专业领域单一，条件缺乏弹性。具体表现在：一是引进对象上主要为“一缺、二丰、三高”的人员。“一缺”是指基于四川发展需要的紧缺、急缺人才或团队；“二丰”是指具有丰富的研究成果、丰富的研究或工作经验的人员；“三高”是指高学历、高职称（务）、高技术。这些高端人才为四川省急需，毫无疑问应该作为引进的重点，但人才引进政策在实际执行过程中比较僵硬，一些刚性条款使许多有意来川工作的留学归国人才望而却步。二是引进人才的专业领域绝大多数为计算机、工程学、生物学、材料科学等理工科领域，而人文科学、社会科学等领域的人才引进屈指可数。问卷显示，近

30% 的留学归国人员认为引进的人才专业单一，且对年龄限制严格。

其次，信息平台建设不够完备。一是部分单位对留学归国人才重视力度不够。问卷调查显示，只有约 11% 的人认为四川省很重视留学归国人才。同时，在访谈中，也有不少访谈者谈到出国前后在单位受重视的程度和差异变化并不明显。二是搭建的信息和学术交流平台少，造成交流沟通不畅。部分留学归国人员没有充分了解到相关政策。问卷调查显示，不足 11% 的人了解四川省的留学归国人才工程政策，而近 40% 的人完全不了解。许多受访者表示，当前面临的最大困难和希望解决的问题就是学术交流平台少、资源信息不畅通、施展才能的契机难觅。

最后，评估和考核体系有待完善，方案实施的有效性亟待提高。一方面，省级层面针对留学归国人员评估与绩效考核的方案屈指可数。“天府高端引智计划”等一些重大留学归国人才引进政策的具体实施办法中略有提及对引进人才的职称、成果和项目的评估。另一方面，由于针对在川工作留学归国人员尚未形成专门的评估与考核方案，不少企事业单位对于留学归国人员的评估主要依赖于本单位统一的人才考核和评定制度。问卷调查显示，近 50% 的人认为，评价考核方法单一和评价考核的有效性不强，有的单位只从社会效益的单一角度出发来进行考核和评价，超过 40% 的人认为绩效评价指标有待完善，60% 的人对人才的评价与考核内容不了解。

2. 创业就业政策

从 2001 年的《四川省鼓励海外留学人员来川服务办法》到 2018 年《关于大力引进海外人才、加快建设高端人才汇聚高地的实施意见》，近 20 年来，四川省鼓励海外留学归国人员来川就业、创业政策持续升级。尽管如此，当前留学归国人员来川就业和创业仍然存在许多亟待解决的问题。

在就业方面，四川省出台的关于来川服务的留学归国人员就业安置政策基本上属于人才引进政策的一部分，许多针对配偶的就业内容也涵盖在内。当前存在以下两个主要问题。

一是来川工作的留学归国人员对就业优惠政策认识不透彻。问卷调查显示，近 50% 的人对四川省留学归国人员就业优惠政策完全不了解。对政策认知和了解的不足，导致部分海外留学归国人员感觉不到政府、单位对他们就业上的关怀和支持，使得就业政策的实效性大打折扣。

二是政策支持力度不够，实际获得感较弱。数据显示，大部分来川工作的留学归国人员，选择来川的主要缘由之一是出国之前就在川内工作，由于个人工作和家人的原因选择在川继续服务。因此，基本的就业需求已经无须专门的政策来保障，关键是如何提高他们的就业质量、工作收益和充分发挥他们的才能。留学归国人员在就业方面普遍面临的问题是薪资待遇和科研支持力度较低，职称晋升难；人际交流和学术展示平台少，无法及时获取前沿信息和施展个人所学；业绩评价不科学，许多就业安置条款停留在政策文本上。

在创业环境方面，一是支持政策覆盖范围狭窄，满意度不高。四川省留学归国人员创业政策覆盖的人群主要是“海外引进的高层次人才或顶尖团队”，如“百人计划”“顶尖团队支持计划”成员和团队。同时，对具有高精尖、见效快特点的项目支持力度较大，对文创服务类项目支持乏力。有受访者反映“高科技应该是主要扶持对象，教育公司没有与申报相关的优惠政策”。二是融资环境差，投资观念陈旧，政策终端环节落实难。问卷调查中，超过50%的人认为，川内留学归国人员创业优惠政策一般，创业者面临融资与担保难、市场开拓和适应环境不佳等问题。针对这些创业中的重大问题，有关部门未能有力地采取具体措施来帮助留学归国创业者去解决。

3. 生活安置政策

为更好地促进留学归国人员来川工作，四川省出台了一系列配套的服务政策，如《四川省“百人计划”引进人才享受特定生活及工作待遇的若干政策规定》《关于对高层次引进人才的子女就读中小学实行特殊优惠的办法》等，除此之外，重大人才引进政策也对引进的留学归国人才本人、配偶和子女的生活安置进行了较为周全的说明。这些政策尽管成效显著，但在实施过程中，也显现出很多问题。

首先，部分留学归国人员对政策内容不清楚，没有充分享受到政策带来的各项优惠。调查显示，对于生活安置的政策和条件，近50%的留学归国人员不了解，超过40%的人知之甚少，不足12%的人表示通过优惠政策解决了住房问题，或享受到一次性安家费，而超过65%的人表示没有享受过有关留学归国人员的优惠政策，享受到的也只是极个别的优惠项目，如购车免税等。

其次，生活安置条件与当事人及其家属预期差距明显。调查显示，对生活安置满意的人数只占22%，不太满意的指标有住房条件、医疗与社会保障、出入境便捷情况等。有受访者表示“单位中没有给一些额外的支持，没有住房等方面的一些补贴，房子是自己买的”“在生活方面，没有享受到相关的政策，没有任何的优惠”。

最后，留学归国人员子女实际能享受的生活安置优惠条件非常有限，且要求严格。留学归国人员子女入学择校只有一次机会，可供选择的学校少，留学归国人员表示不敢随意使用子女择校机会，希望加大这方面政策的支持力度。

（三）政策优化建议

四川省留学归国人员服务政策从制定到实施，经历了不断反馈、调整和完善的过程。为进一步改进相关政策，提升留学归国服务工作的质量，实现四川省留学归国人员“引得进、留得住、用得好”的目标，四川省留学归国人员服务政策应进一步得到优化。

1. 全面优化人才引进政策，强化政策导向和激励机制

人才引进政策是海外留学归国人员服务体系的核心组成部分，是其他相关政策的基石。配合国家人才引进工程计划，四川省因地制宜，出台了切合省情的人才引进政策，经20余年的发展变化，可从3个方面进行升级优化。

（1）基于需求、柔性运作、分类引进。当前四川省在海外留学归国人员的引进上，应结合不同产业、行业、领域的需求，设置多样化、多层次、有弹性的条款，分类引进不同人才。在引进条件上，采用弹性条款，如对年龄、工作经验、学历等进行适当调整，防止因个别条款的过分限制造成人才流失。在引进对象上，不仅要聚焦“一缺”“二丰”“三高”的高端人才群体，更要因地制宜，根据四川省不同的行业产业、专业领域的实际情况，兼

顾以计算机、工程学、生物学等为代表的理工科领域人才和以教育、法律和艺术等为代表的人文社科领域的人才引进，促进人才引进的多样化。在人才引进结构上，要统筹考虑当下急需和未来发展，既要着眼于正值职业生涯黄金期的行业、学术领军人物，又要积极招揽年富力强、厚积薄发的青年才俊，更要努力争取积淀厚重、德深望重的名家大师。同时，注重团队引进和个人引进比例的平衡，确保人才引进结构层次的合理性。

（2）树立人才兴川意识，创造沟通展示平台，拓展人才可持续发展空间。一方面，四川省人才安置的一线单位要树立强烈的人才引进和服务意识，充分认识留学归国人员的价值和作用，坚信他们可以用自己掌握的先进理念和知识技术促进社会进步，引起社会变革。在此背景下，实现人才引进理念由“薄扶植”向“厚培养”的转化，对引进的留学归国人才进行持续的关注和培养。建议四川省各用人单位设立“留学归国人才继续教育计划”，结合地区、单位和岗位的现状和特点，对引进的留学归国人员进行再次培养，并持续跟踪他们的后续发展。另一方面，强化留学归国人才的使用，加强人才政策的宣传。要克服人才“轻使用”的现象，各单位要敢于对引进人才委以重任，下放部分权力和任务到留学归国人员身上，实现工作项目的完成和人才培养锻炼的有机统一。此外，要积极创建研讨会、交流会、论坛、沙龙等各种形式的交流平台，加强人才政策宣传，为在川工作的留学归国人员创造更多互通信息、了解政策和展示才能的契机。

（3）搭建“立交桥”式的评估体系，提升绩效考核的科学性。一方面，建立三维度的评价体系，对在川归国人员进行合理评价。如图 10 所示，评价的第一维度包含评价主体与评价客体；第二维度包含评价目的和评价原则；第三维度包含评价内容和评价方式。每个维度都自成一体、要求明确。同时，三个维度之间又相互联系、协调一致。

另一方面，制定和完善省级评价制度和用人单位评价指标。基于上述三维度的评价体系，四川省应出台针对留学归国人员的专门评价制度。在省级层面上，专门针对四川省留学归国人员的职称、成果和项目等评价制度寥寥可数。应尽快出台相关评估制度，为下属机构或用人单位做好顶层设计。除

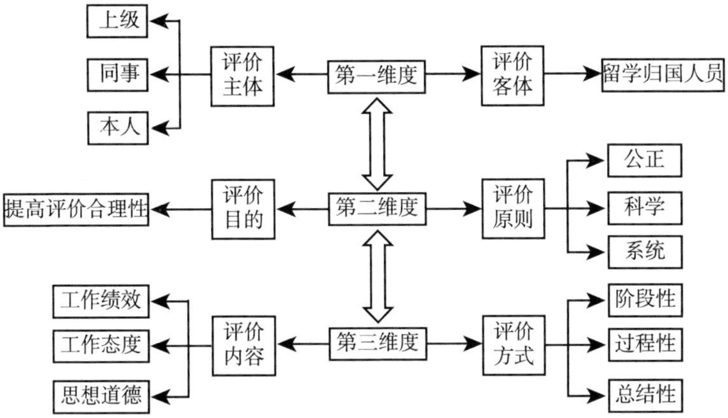

图 10　四川省留学归国人员评价体系

此之外，各具体用人单位应结合地区和岗位的实际情况，制定符合本单位留学归国人员的评估考核的指标，摆脱长期以来仅依靠于本部门统一的绩效考核和评定标准。例如，在评价方式上，不搞“一刀切”，而是根据留学归国人员的特点和工作性质来选择评价方式。在指标要求上，将经济效益、生态效益和思想文化效益相结合，提高评估的针对性和有效性。

2. 建立健全政策支持体系，营造就业创业优良环境

留学归国人员就业和创业质量与政策支持密不可分，要创设就业的“精优环境”和创业的“软硬环境”，为留学归国人员来川工作提供良好的保障和支持。

就业“精优环境”是指精准就业环境与优质就业环境，这可以帮助在川留学归国人员充分发挥个人才能，一展所学。一是建立“在川留学归国人才数据库”，全面把握其专业特点和就业意愿，从引进之初便对留学归国人员做好职业规划与分析，确保其所学所长与工作内容高度匹配。二是制定“留学归国人员职业发展情况跟踪记录表”，适时了解四川省留学归国人员专业领域的变化和工作中所遇的困难，有关单位应主动提供支持和帮助。三是合理提高留学归国人员薪资待遇。人事厅、财政厅和教育厅要相互联系，完善留学归国人员的薪酬政策，并督促用人单位加大财政投入，高效解决四

川省留学归国人员工作待遇偏低的问题。四是建设交流平台，支持留学归国人员项目发布、学术交流、成果展示，建议政府协助打通留学归国人员科研成果转化渠道，将学术研究与市场开发紧密结合，促进用人单位纵横两方面的发展。五是简化留学归国人员的学术交流手续，对重大事项的办理，应开设绿色通道，“特事特办”。

创业“硬环境”主要指场地、办公条件、通信设施及必要的生活条件等。当前，四川省留学归国人员在创业中遇到的最大困难是资金和市场两个方面。有受访者谈到“成都扩张了以后就新增了很多的就业岗位，这方便整个城市打造一个为创客和海归高层次人才就业、生活以及创业的良好环境”。建议打造“四川省留学归国人员创新创业科技孵化园”，为来川创业的留学归国人员提供创业所需的各类基础办公场地和设施，以减轻创业者的资金压力。同时，建议设立“四川省留学归国人员创业基金”和“留学归国人员私募股权投资机构”，在现有的国家级、省级创新创业扶植政策外，研制专门针对留学归国人员创业的资助方案，解决四川省留学归国人员创业“硬环境”上的困境。

创业“软环境”包括“法制法规环境、行政管理环境、人力资源环境、信息环境、金融支持环境、人文教育环境等”①。四川省留学归国人员创业“软环境”的打造应聚焦四点：一是完善法律法规制度，加强投资环境建设。针对四川省创业法律政策不健全、知识产权保护不完善、由创业引发的纠纷多等现象，建议有关部门加强留学归国人员创业立法步伐，为留学归国人员解决创业问题提供法律保障。此外，还要做好投资者的教育引导，更新他们的投资思想理念，提高“风投”“创投”意识。同时，健全政府性融资担保体系，为留学归国人员所创业的融资提供支持，完善税收激励机制，增强留学归国人员创业积极性。二是依托有利的城市战略定位，优化人才创业环境。成都不仅是西南地区和长江经济带的节点城市，也是实施“一干多

① 朱至文：《城市创业环境评价与实证研究——以南京市创业环境评价为例》，南京大学硕士学位论文，2005。

支”发展战略、支撑成渝地区双城经济圈建设的关键角色。在充分发挥四川省人居环境优越、文化底蕴深厚等优势外，还应借助国家和地方的战略导向，争取各种优惠政策的支持，提高四川省留学归国人才吸引力。同时，弘扬吃苦耐劳、拼搏奋进的创业精神，加强留学归国人员创业团队凝聚力和责任感建设，提升留学归国人员创业的竞争力。三是引导留学归国人员加强创业团队凝聚力和责任感建设，在创业团队中弘扬吃苦耐劳、拼搏奋进的创业精神，提升留学归国人员创业的竞争力。四是对四川省留学归国人员所创企业类型展开认证，对不同企业，如高新技术类、生物医药和文化教育类等进行分类认证，每一个大类设置一个服务小组，通过服务小组，邀请或吸引海归人才来蓉创业。同时，学习北京市的有效经验，成立“留学归国人员创业登记流动站”，形成“五专”、“两承诺”和“一上网”的规范化创业服务体系，并发放留学归国人员创业指南，帮助其明晰优惠政策。①

3. 完善生活安置政策，增进终端服务实效

（1）梳理政策漏洞，扩大覆盖群体。一是要尽快补齐政策短板。例如，可适当调整留学归国人员子女入学时间跨度，放宽留学归国人员子女择校的区域范围。单独设立窗口或办事处，为留学归国人员医疗与社会保障提供切实服务。二是要扩大政策适用群体，提高政策的覆盖面。除“百人计划”等引进的高层次人才外，更多的留学归国人员是通过其他渠道来川工作的，省委、省政府及其相关部门要尽快制定针对“非高层次人才”的生活安置政策，供用人单位参考。三是设置服务咨询平台，加强信息沟通。各用人单位可设置专门针对留学归国人员的生活服务咨询处，由相关人事单位进行管理，方便留学归国人员咨询。

（2）加强政策宣传，提高终端服务实效和质量。一是多渠道宣传政策。留学归国人员对政策的了解和认识程度越高，政策的实施效果则越显著。四川省留学归国人员服务政策的宣传体系可采取线上、线下相结合的模式，具

---

① 齐建云：《为让更多的海外学子报效祖国——北京海淀工商分局创办“留学归国人员创业登记流动站”》，《工商行政管理》2001 年第 8 期，第 32 页。

体宣传方式包括政策文件、会议、新闻、报刊、手册、公众号、QQ 和手机信息、留学生同学会、宣讲团等。宣传主体由上到下有省委、省政府及其下属相关部门、用人单位和各服务点等。

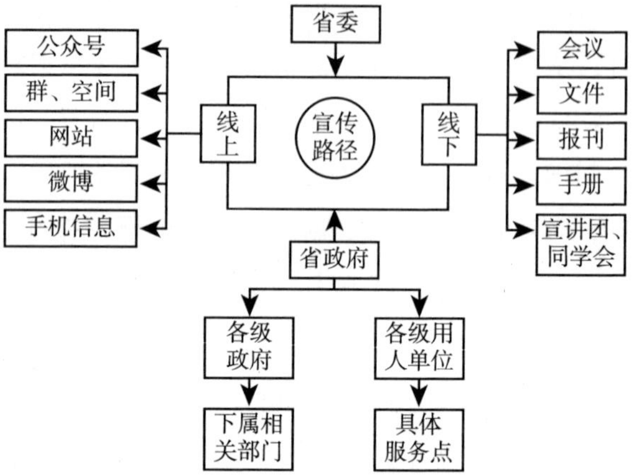

图 11　四川省留学归国人员服务政策宣传体系

二是提升终端服务质量，增强四川省留学归国人员获得感。四川省应多措并举，对四川省留学归国人员在看病、买房、购车、子女择校、学费减免和户口迁移等方面提供“一站式”服务。对留学归国人员进行分类分层，根据相应的引进条件制定服务手册，设立若干留学归国人员线上、线下服务站，全天候提供有效的服务支持，简化留学归国人员手续办理程序，并在就业和创业上提供免费的政策、法律与信息咨询等。

（3）加强组织建设，重视留学归国人员参政议政意愿。定期开展丰富多彩的社区、企业与社团活动，如“留学归国人员联谊会”等，帮助引进人才熟悉四川的风土人情、历史传统，促使其快速融入本地生活，增强四川省留学归国人员归属感和主人翁责任感。此外，数据显示，60% 的留学归国人员有意愿参政议政，而四川省历年出台的服务政策并未就留学归国人员参政议政事宜做出明文规定，应尽快制定“留学归国人员参政议政”有关政策，明确其权利与义务，激发留学归国人员为四川省重大方针、政策和战略的出台献计献策，充分发挥留学归国人员的才智。

新时代四川省引进海外人才的现状、挑战与对策分析

陆毅茜*

摘　要：　海外人才是我国最主要的人才资源之一。从国家到地方都积极地出台了各种吸引海外人才的政策措施，实实在在地加大了引才力度。近年来，海外人才（回）到中国创新创业的热情也逐步升高，他们对国内科技水平的提高、管理水平的提升、创新能力的突破、经济结构的调整都做出了巨大贡献。面对国际政治经济形势的剧烈变化，全球人才资源将会出现新一轮加速配置以及重组，这将为我国的海外引才提供机遇。本文以四川省的海外人才引进工作为例，在介绍四川省海外人才引进现状的基础上，分析当前海外引才工作所面临的挑战和机遇，进而提出对策建议。

关键词：　海外人才　引进工作　四川省

一　四川省引进海外人才的现状

（一）四川省引进海外人才的相关政策和举措

2010 年，根据《国家中长期人才发展规划纲要（2010～2020 年）》，围

* 陆毅茜，博士，博士后，西南财经大学社会发展研究院副教授，主要从事国际移民、知识和技术移民、教育社会学与人才发展以及华人华侨研究。

绕四川省经济社会发展的总体部署，四川省委、省政府制定了《四川省中长期人才发展规划纲要（2010～2020 年）》。十年来，出台了一系列海外人才引进项目和配套政策，逐步构建起与全面创新改革相适应的人才制度体系。

2009～2013 年，四川省实施了海外引才“百人计划”，分四批引进 232 名海外高层次人才和 9 个顶尖创新创业团队，入选数居西部第一、全国第八。[①] 2013～2018 年，四川的海外引才政策创新进入快速发展期。2013 年，为了加强海外高端人才的引进力度，四川启动了“天府高端引智计划”，该计划以支持重大产业发展、重点项目建设、科技创新为目的，资助各类企业、科研院所、高校等用人单位引进“高精尖缺”外籍高层次专家和创新团队。2015 年，该计划被列入省重大引智工程，并于 2016 年修改制定了《“天府高端引智计划”实施办法》。为了加大对创新创业人才的引进和支持力度，2016 年，四川省推出了《四川省激励科技人员创新创业十六条政策》。2018 年，四川省又推出了海外人才引进“升级版”，发布了《关于大力引进海外人才、加快建设高端人才汇聚高地的实施意见》，意见提出，突出“高精尖缺”导向，着力引进四川省发展急需紧缺的高层次留学人员、华人华侨专业人才和外国专家。此外，《实施意见》还提出了关于人才引进的 5 年目标。力争到 2023 年，国（境）外高端人才累计达到 2000 人，海外留学回国人员、在川外国留学生、来川工作交流的外国专家每年分别达到 1 万人、1.5 万人次、2 万人次，基本形成一支与四川省建设内陆开放型高地、实现转型发展和创新发展相适应的海外创新创业人才队伍。[②]

2018 年之后四川省推出的引才政策突出了精准引才和分类施策的特点。如 2018 年推出的省“天府万人计划”以及相关《实施办法》。该政策将高层次人才按 3 大类 12 小类进行引进和施政，既重视杰出人才和领军人才的

---

① 《四川“百人计划”4 年引进 232 名海外高层次人才》，中国政府网，http：//www. gov. cn/govweb/gzdt/2013－02/05/content_ 2327071. htm，2020 年 11 月 1 日。

② 《解读四川海外人才新政十大亮点》，四川省人民政府网，http：//www. sc. gov. cn/10462/10464/10797/2018/5/25/10451686. shtml，2020 年 10 月 30 日。

引进，也关注青年拔尖人才；既涵盖了世界科技前沿领域，也全面囊括了创新创业、文化教育、医学、金融、农业、科技以及社科等多个领域。2020年，为弥补四川作为西部省份在引进高层次人才方面的劣势和差距，发布了《四川省“天府学者”特聘专家制度实施办法（试行）》。该制度本着“不求所有、但求所用”的原则，重点从省外柔性引进高层次人才。除了省级引才计划，各市州政府也针对自己的地域发展需要制定了引才政策，如成都的《成都实施人才优先发展战略行动计划》、《成都市引进高层次创新创业人才实施办法》、成都高新区的“金熊猫”计划、绵阳的“领军人才”政策和“英才计划”、德阳的“引进培育科技、教育、医疗卫生领军人才实施办法”、眉山市的“天府眉山高端人才项目”、攀枝花市全面启用的“攀枝花市高层次人才管理服务系统（人才智库）”等。

目前，四川省的引才政策正在形成体系。该体系体现了“五个结合”的框架，即刚性引进和柔性引进结合、国（境）外与省外发达地区引进结合、顶尖人才与青年人才结合、个人引进与团队支持结合，以及扩大引进规模和精准分类施策结合。除了政策层面，四川省政府还定期组团赴欧美、港澳地区开展专项引才活动，并借助海科会、科博会、中外知名企业四川行等平台和活动招才引智。

除了将海外高层次人才“引进来”，四川省还在“用得好”和“柔性”方面下功夫。除引才项目和计划所对应的《实施办法》中明确的对人才发展和“双创”事业的支持政策，四川省还在打造针对海外人才的孵化平台和离岸“双创”基地。近年来，四川省支持自贸区、天府新区、成都高新区、郫都区等建立集海外研发及孵化中心、留学人员创业园、国际化学校、医院和社区于一体的海外高层次人才创新创业园，营造“类海外”的工作和生活环境。截至2019年7月，成都市共建各类双创载体289家，其中科技双创载体200家。[1] 同时，四川正在加快建设中国（成都）海外人才离岸

① 《六年时间双创载体增至200家，成都加快推进双创载体建设》，中国网，http://sc.china.com.cn/2019/kejiao_ chanpin_ 0730/330071.html，2020年11月2日。

创新创业基地（以下简称“离岸基地”），进一步探索海外预孵化和双向离岸创业模式。通过“海外站点＋国内载体”的平台体系，实现“区内注册、海外孵化、全球经营”。依托海外站点为海外人才提供政策、知识产权、技术、投资对接等集成化的前置服务，进行“海外预孵化”；离岸基地作为国内载体，为海外人才提供区内公司注册、投融资等全方位服务和项目孵化平台。截至2019年7月，成都市已经在英国、德国、日本、韩国等地布局31个海外工作站点，离岸基地则分为成都高新南区和西区两部分，依托该模式入驻的离岸海外人才项目已达15个。①

为达到“留得住”的目标，让已引进的高层次人才安心在川工作和生活，四川省坚持以人为本，不断完善人才服务保障措施，于2017年出台了对人才生活居住需求全覆盖的《高层次人才特殊支持办法》，解决海外引进人才在工作签证、居留许可、社会保障、配偶就业、子女上学、住房等方面的顾虑。同年，四川还启动了“四川省人才之家”，出台了《关于建设四川省人才之家服务高层次人才十二条措施》，为海外高层次人才搭建资源信息共享、创新创业服务、学习充电交流和生活服务保障四大平台。

（二）四川省海外高层次人才引进特征

截至2018年底，“天府高端引智计划”自2013年实施以来，累计柔性引进2264人、3131人次外国高层次人才来川工作和交流指导。② 这些数据表明，近年来四川海外高端人才引进工作取得了一定的成绩，但距离省政府2018年制定的五年引才目标，以及与东南沿海省市海外人才聚集地相比，还有一定差距。

---

① 《打破海外高层次人才空间区域限制，我市已布局31个海外基地（工作站）》，成都日报，http：//cddrc. chengdu. gov. cn/cdfgw/fzggdt/2019－07/02/content_ ba79102c26124342b6bb10450d9aa970. shtml，2020年11月2日。

② 《海外人才引进暨项目合作签约仪式在成都举行》，四川省科技厅，http：//www. most. gov. cn/dfkj/sc/zxdt/201910/t20191010_ 149209. htm，2020年11月15日。

根据2020年对四川省21个市州的1500多家单位进行调研的统计结果，海外高层次人才的分布和引才趋势主要体现了以下特征（本次调研定义具有海外研究生以上学历的引进人才为海外高层次人才）。

1. 海外引才规模显著增长

据不完全统计，2009年以前，四川省引进海外高层次人才1000多名；2010~2020年，引进量达到了6000多名，是上一个十年的接近5倍。尤其是在2018~2020年不到两年时间内，引进量就达到2000以上。此外，2010年以前，94%以上的海外高层次人才都是从国内其他城市引进的，而2010年之后，接近20%的海外高层次人才是直接从海外引进，说明四川在海外人才中的知名度和认同感在增强。

2. 海外人才地域分布不均衡

成都市在海外引才方面占据绝对优势。成都的海外高层次人才数量占全省总量的约45%，其中领军人才和博士学历人才分别占省同类人才总量的46%和58%，同时，成都主要海外人才引进单位数量也占全省总量的约65%。除成都外，绵阳、泸州、南充和达州等市也加大了对海外人才的引进力度，这四个市的海外引进人才总量达到了全省总量的近50%。由此可见，95%的海外人才都集中在成都等上述五市，其他16个地市州的海外人才依然极度缺乏。

3. 海外人才行业分布不均衡

高校的海外人才引进优势明显，而企业的海外引才平台和资源都差距较大。此次调研统计结果显示，川内六十所高校上报引进海外人才接近7000人，而1000多家国营和民营企业以及海归初创企业，上报引进海外人才仅接近3000人。

4. 领军人才和具有海外工作经历的高层次人才比例较低

调研显示，领军人才仅占引进海外高层次人才总数的3%，具有博士学位和海外工作经历的高层次人才占比为6%，而所有具有海外工作经历的高层次人才（包括领军人才）的占比也仅达到17%。同时，57%的领军人才和博士学位人才聚集在成都，而硕士学历人才则相对分布较广，62%的硕士学历人才在成都以外地区工作。

5. 川籍人才依然为海外高层次人才引进的主体

2000年之前，仅5%的引进海外高层次人才为非川籍，2000～2009年，这一比例为17%，到了2010～2020年，这一比例达到了40%。尽管如此，当前调研结果显示，高校、科研机构、企业和机关引进的海外人才中川籍人才依然占主体，占比近68%。

6. 在川外籍高层次人才虽占比低，但总体层次较高

调研结果显示，外籍高层次人才占在川海外高层次人才的4%，但外籍人才中博士学历人才占64%，有海外工作经历的人才占95%。在所有中国籍海外高层次人才中，博士学历人才占34.6%，有海外工作经历的占13.7%。

二 现阶段四川省海外人才引进面临的机遇和挑战

如前所述，我国的海外人才引进事业正处于机遇与挑战并存的重要节点。而作为我国的一个西部省份，四川既面临了与全国相似的机遇和挑战，也要应对自身劣势和问题，挖掘自身特点，拓展机遇。

（一）我国海外引才面临的挑战

1. 国际人才竞争呈现新格局，海外引才面临更加严峻的国际环境

当前，全球化进入经济形态转换阶段，越来越多的国家加入全球人才竞争的行列之中。发达国家的优势和吸引力依然巨大，新兴经济体如印度、东南亚等国家也不断推出各种引才政策，如何应对日趋激烈的国际人才竞争成为我国面临的主要挑战之一。此外，我国还要应对来自美国的不断升级的科技打压和封锁，其为我国海外高层次人才引进工作的开展带来了较大阻碍。

2. 引才方式亟待调整,国际人才制度优势尚未形成

一方面是国际局势的严峻性，另一方面是应对新兴产业发展和经济社会

管理需要而展开的全球人才争夺战导致人才流动加剧，人才内涵与类型发生深刻变化，传统引智政策和方式方法的滞后性逐渐凸显。我国传统引智手段和模式、用人理念和管理方式等过分强调政府角色，在人才引进、薪酬、激励和考评等方面带有一定的计划经济印记，国际人才制度优势尚未形成，难以应对外部竞争及内部提升的需要。

3. 尚缺乏精准引才的数字平台

国际化职业社交平台和全球知名猎头正在成为市场化吸引海外人才的主流方式。尽管我国社交、购物、娱乐等数字平台较为发达，但市场化引才的数字平台还较为缺乏。目前，国际化职业社交平台依然由西方主导，这些平台在全球范围内采集大量人力资源信息并进行动态分析，不仅掌握了精准引才的工具，还掌握着全球人才的数据主权，以及全球人才竞争的主动权。此类数据和平台的缺乏导致我国在对海外高层次人才进行精准对接、引进和交流方面处于劣势。

4. 集聚人才的环境有待提升

瑞士洛桑国际管理发展学院（IMD）发布的2019年版《世界人才排名》报告中，对2015～2019年63个经济体的人才竞争力进行了指标分析和排位。我国对人才的吸引力排名居世界第49～55位。其中，2019年我国人才吸引力指标水平排名较低的方面有：主要大城市生活成本较高（第55位）、空气质量较差（第59位）、专业人才收入较低（第48位）；指标水平排名中下的方面有：生活质量（第37位）、长效激励（第34位）、人才流失影响国家竞争力的程度（第32位）；排名中上的方面有：社会公正（第30位）、营商环境对海外人才的吸引力（第27位）、用人单位对引进和保留人才的重视程度（第23位）、工作动力（第16位）。由此可见，我国有着较强的人才引进的政策和市场动能，但在聚拢人才的软性环境方面，如生活环境质量、专业收入水平和长效激励等方面还有很大的提升空间。

（二）四川省海外引才面临的挑战

1. 国际人才引进竞争力上与沿海发达地区存在明显差距，海外人才来源

多样化程度不高

根据蓝皮书《中国区域国际人才竞争力报告 2017》，四川省的国际人才竞争力综合指数得分为 1.92，在全国 31 个省份中处于第十位，排名前九位的皆为东部沿海省市。四川与第一梯队（综合指数为 3 以上）的上海、北京、广东和江苏有较大差距，尤其是在国际人才规模和国际人才发展方面（主要体现在企业、产业和贸易的国际化水平），四川这二者指数分别为 0.07 和 0.03，而排名第一的上海，这两个指数为 0.8 和 1.0。同时，如前所述，当前高校、企业、科研机构和机关引进的海外人才中非川籍人才仅占 32%。调研过程中，引进人才也普遍反映，非川籍海外高层次人才首选东南沿海省市，到四川发展的意愿较低，而已引进的非川籍人才则发现，因缺乏川内人际关系资源和行业市场信息，其发展受限。

2. 海外人才政策规划与发展需求匹配度不高

虽然四川省在人才政策上不断推陈出新，海外高层次人才规模也在逐年壮大，但引进海外人才政策的总体规划依然存在一些问题。（1）缺乏总体规划，政出多门，引才政策碎片化明显。调查问卷结果显示，56% 的海外引进人才认为四川的海外引才政策政出多门，过于繁杂，不知道如何与相关部门对接，难以了解符合自己条件的人才政策。（2）人才政策的碎片化与宣传力度不足，直接影响到人才政策的认知度，导致政策执行效能发挥不足。调查问卷结果显示，30% 左右的海外引进人才对四川引才政策非常缺乏了解，65% 发现难以了解到如何申请相关的人才待遇，47% 认为引才政策落实力度不够，导致其难以获得应有的待遇，而认为自己享受到了相应人才待遇且满意的海外高层次人才仅为 33%。（3）优惠举措同质化程度高。问卷调查显示，28% 的海外高层次人才认为当前四川人才政策虽多但内容重复性较高，高层次人才优惠政策以人才奖励、住房补助、项目资助等“给钱给物”的传统方式为主，且对同一群体（如具有国家头衔和奖项的高端人才）的待遇重复性较高。

3. 缺乏具有长效性和可持续性的支持人才发展的机制

首先，在人才引进、薪酬、考评和激励等方面过于依赖人才的学历、国内头衔和奖项等指标。虽然近年来四川省加强了对青年、特殊行业、专业技术等海外高层次人才的引进力度，但对他们依然缺乏综合客观且具有针对性的评估手段。因此，调查显示，60%的海外高层次人才认为四川省对非高（尖）端但急需的海外人才引进力度不够。访谈调研中，一些海外高层次人才也提出其所在行业急需中等层次的专业性和技术性人才，此类海外人才虽未获得博士或硕士学位，但具有丰富的海外工作经验和专长，能够为高层次人才提供符合国际标准的服务和支持。问卷结果也显示，20%的海外高层次引进人才认为自己所在行业应积极引进中等层次、专业型或职业技术型海外人才。此外，对大多数高层次但非领军型人才的科研和创业缺乏可持续性的政策支持。调查显示，62%的海外高层次人才认为当前人才扶持政策侧重短期效果，忽视长效可持续发展。座谈会上，科研人才提出常规省级研发经费支持力度不够，申请通道不畅通，评审制度存在问题，支持科研团队组建的政策有限；创业人才则认为政府对“双创”企业，在融资、技术市场转化、产品推广和政策配套对接等方面缺乏具体的政策支持。

4. 现有引才平台与各方需求匹配度不高

主要体现在两个方面：（1）很多用人单位与海外高层次人才难以实现精准高效对接。根据问卷调查结果，45%左右的海外人才、用人单位管理者和负责人认为四川现有的海外人才洽谈会或招聘会活动难以满足人才与企业的对接要求。其中，海外人才发现很难获得专业对口的四川企业或机构的招聘信息，而用人单位管理者和负责人也认为很难找到合适的希望引进的海外人才，大多数的海外高层次人才引进需要依靠私人人际关系。（2）海外人才引进平台和资源发展不均衡。如前所述，从四川现有的海外引进人才的地域分布来看，成都“一市独大”的局面未能被打破。虽然近年来，绵阳等地市的引才力度加大，但总体上成都以外的川内地区在引进海外人才的平台和机制基础方面都较为薄弱。从行业分布来看，高校的海外人才引进优势明显，而企业的海外引才平台资源差距较大。调研过程中，企业负责人和成都以外地区的高校都强调了自身发展对海外人才的急切需求以及引才渠道和平台有限的问题。

5. 海外人才居留环境的国际化程度影响了长期居留意愿

问卷调查显示，77% 的海外人才认为城市国际化水平对自己的长期居留意愿有重要影响，在 8 个社会生活环境类因素中，这一比例仅低于子女教育资源（84%）和日常生活舒适度（82%）。调研还发现，海外人才尤其是外籍人才对四川城市国际化的认可度不高，主要体现在海外材料认证不顺畅、子女教育问题、购房困难、金融业务办理困难，以及社会公共服务领域整体缺乏对外籍人员的身份认证（很多认证系统中仅有对中国居民身份证的认证，对护照和外国人永久居留身份证的认定缺乏），导致其日常生活中面临诸多不便。此外，中国籍的海归人才也反映了一些安居政策落实不到位。问卷调查显示，他们反映较多的急需但未享受到安居待遇包括，住房补贴或引进人才住房（27%），帮助子女入学（17%），安家费（12%），购房权限（12%），配偶安置（9%）等。

（三）海外引才可抓住和挖掘的机遇

2008 年全球金融危机之后，国际经济形势不断变化调整，主要发达国家经济复苏缓慢，而我国经济形势始终保持稳中有增的态势，因此，“归国潮”出现，且“新一线”城市，如成都，成为很多海归首选。自 2008 年以来，我国留学回国人员数量逐年大幅递增，教育部数据显示，近 5 年留学回国人数与出国人数之比已接近 80%，有望在几年后实现“去返平衡”。自 2009 年以来，四川省留学回国人员数量亦增长迅速，平均年增长率超过 40%。尽管海归不一定都是高层次人才，但这一群体具备国际人力资源优势，充分发挥其优势，将进一步促进我国的经济创新，提升国际化水平。“海归”人员的语言能力、海外经历和专业知识是提升城市国际化的人才基础，此类人才的聚集效应可提升四川对海外高尖端人才的吸引力，为其创新创业提供国际标准的人才支持。全球疫情状况下，国内的高效应对，以及诸多发达国家的疫情严重且经济恢复预期不乐观，促使越来越多的海外高层次人才计划归国或来中国发展。

四川在国家经济发展战略中占有重要地位。四川是支撑“一带一路”和长江经济带联动发展的战略纽带，是连接我国西南西北、沟通中亚南亚东南亚的重要交通走廊，是内陆开放的前沿地带和西部大开发的战略依托。四川于2017年成为全国12个“自贸区”之一，与重庆自贸区形成联动效应，共同打造长江经济带“三级”中的一级。因此，四川享有一定的制度和政策红利。

四川具有坚实的引才政策基础和优良的引才传统：坚持人才优先发展，大力实施人才强省战略，长期通过创新政策驱动和改革体制机制实现引才聚才和用才。当前，四川正在推动经济高质量发展，深化拓展全面创新改革试验，深入推进“一干多支、五区协同”和“四向拓展、全域开放”的重大战略。在此关键时期，将人才强省战略纳入其中，进一步提升四川省引才政策和机制的创新与改革力度，将有助于海外人才引进数量和质量的升级，并促进人才一体化协调发展和全域布局。

三　进一步推动四川省海外人才引进的对策建议

结合我国海外高层次人才引进工作所面临的形势和问题，重点根据四川省的具体情况，提出相应的对策和建议。

（一）拓展海外引才渠道和对象，促进引才方式和宣传方式多元化

1. 依托“一带一路”建设，有针对性地从非英美国家引进人才

虽然目前以英美为首的发达国家依然具有非常明显的人才和教育优势，但随着全球化和教育国际化的快速深度发展，高层次人才已不再被自己国家教育资源和条件所限，且一些新兴经济体亦开始发展出自己的先进领域。因此，在继续从英美等发达国家引进高层次人才（包括华人华侨）的同时，还可从其他国家，如欧盟、亚洲和“一带一路”国家，有针对性地引进高层次人才。这种针对性指的是在分析得出这些国家的领先和优势领域后，针对这些领域引进人才。

2. 拓展引才对象，突出海外中青年人才的中坚力量

一方面，直接从欧美发达国家引进高尖端人才的方式受限，而在这些国

家学有所成的博士以及中青年专家和技术人才同样具备掌握关键技术和知识的能力，是实践操作的中坚力量，且具备更强的创新和发展的潜力。另一方面，因发达国家经济发展放缓，内部保守主义抬头，非欧美族裔移民和留学生所处的经济和社会环境恶化，其在当地的发展受限，有寻求其他机会的需求。因此，可进一步加强对在欧美发达国家学有所成和成果突出的博士、中青年专家以及技术人才的引进力度和支持。

3. 支持海外引才形式多元化

加强“以才引才”模式，包括扩大引进“人才团队”，积极鼓励已引进人才推荐其他海外人才；同时不断增加海外人才体量，形成国际化人才环境，对海外高层次人才亦是巨大吸引力。鼓励“高精尖端”海外人才在无法长期来华或实现长期合作的情况下，通过多种非官方形式短期访问四川。在四川已有的离岸基地的基础上，进一步加强建设和完善相应政策法规和服务配套，提升以离岸方式引进高层次人才的便利程度。积极推动与东南沿海地区智力聚集地建立“人才合作”、“人才共享”和“人才帮扶”项目，以多种形式邀请和鼓励常驻东南沿海的海外高层次人才来四川进行短期访问和合作，给予实质性政策支持，并建立长期有效的交流模式。利用这些国内智力聚集地的海外人才资源，设立省外“人才飞地”园区，提供省内人才政策支持。

4. 善用社交媒体以及非官方渠道进行引才宣传

加大对四川文创产业的支持力度，着重鼓励和支持打造提升“四川品牌”效应的文创产品，并充分利用中外社交媒体推广宣传。在打造“四川品牌”时，不仅关注对四川的历史、自然、人文和生活环境的宣传，更应关注对新时代四川企业和产业发展以及人才聚集方面的宣传。将“四川品牌”宣传和四川人才政策宣传相结合，并将相关文创和文宣产品有针对性地在沿海人才聚集地区，通过多种社会性媒体进行投放。积极与海外华人社区建立和加强长期联系。在海外的川籍华人华侨和留学生有着很强的家乡情结，积极与川籍华人社区建立长期联系，并使其成为连通整体海外华人社区的纽带，形成信息交流网络，以社交媒体和非官方渠道推动引才宣传。

（二）进一步改革现有引才机制，建立可持续发展引才制度

1. 对四川海外人才政策实行总体规划，建构四川省引才政策体系和制度

进一步加大省级政府对人才工作进行统一领导的力度，为全省引才工作定调，协调各部门的引才政策制定和推广，统筹全局，整合重复性或相似度高的人才政策，消除碎片化，提升政策的系统性、整体性、认知度和可落实性。

2. 改革机制，为多种类多层次的海外人才提供实现人生价值的舞台

建立一套人才评价机制，实现评估程序标准化，评估标准类别化和多元化，评估结果透明化；根据引进人才类别，确立市场、单位或行业的人才评价决定权，尤其是对学历标准以外的以及非传统型行业人才，应提供对应合理的评价方法和标准。

3. 在外籍人才引进方面进一步创新制度，先试先行，提升四川在国际人才心目中的“开放度”

当前，我国已逐渐进入“制度引才”的阶段，其中移民制度的建立与不断完善就是国际普遍使用的一种引才途径，也是我国开展制度引才的一个重要方面。四川省可借助“自贸区”的优势，在外籍人才的出入境、居留、就业以及申请永久居留等制度方面进一步创新，进行政策试验。例如，在国家移民局指导下，试验将长期（6 个月或 1 年以上）在川居住的外籍人员的信息纳入公安身份认证信息系统，建立外籍暂时身份证制度（根据居留许可设立有效期），对在华居民（包括中国籍和外国籍）的身份认证进行统一管理。

4. 有针对性地为不同类别人才提供充分长期发展的政策支持

改革并建立更加开放、通畅、透明的省级科研经费的申请、评审和立项机制，为海外科研人才的发展以及四川省科研水平的提升提供支持。引进国际国内知名的专业中介机构（孵化器），为初创企业提供全链条系统化服务，帮助企业精准对接政府管理部门、生态资源、投资机构、市场渠道、宣传渠道等。聚焦创新创业“融资难”“融资贵”问题，引进市场机制，推动

政府对创新创业帮扶政策的市场化运作。建议出台政策措施促进社会资本投资（如风险投资、天使基金等）在川发展，并推动“双创”人才与多层资本市场对接。同时，建议政府采用“共赢”方式扶持“双创”企业，如政府参股等模式。为有效提升政策支持的市场化和专业化运作，建议引进相关人才和团队，如创新创业中介服务人才、风险投资管理运营人才、企业高级管理人才等。

（三）搭建好三个“平台”，打通“海外人才－用人单位－人才缺乏地区－政府部门”的信息流通与供求对接

1. 建设全球人才信息数据平台

在政府支持下，通过国内市场化机构搭建面向全球的人力资源网络数据平台，可整合综合性人力资源数据平台功能（如 Linkedin）以及专业性人力资源数据平台功能（如 ResearchGate 等），并通过已有的信息平台和人才网络进行全球传播推广。

2. 全面提升四川省引才平台的市场化和专业化水平，推动用人单位和海外人才的信息流通与精准对接

后疫情时期，引才平台进入全面网络化时代，海外人才越来越倾向在网络平台上寻找匹配的用人单位和引才信息，因此建议省政府与知名的国内和国际专业招聘机构与平台合作，集中力量打造一个四川省引才招聘信息交流平台，邀请并帮助用人单位、地方政府、行业协会组织等在平台上为自己打造专业化的引才面板，并进行全覆盖和专业化的推广宣传，让海外人才听到四川的声音。此外，可提供人才政策线上服务。如成都市已建立起“蓉城人才综合服务平台”微信公众号，将成都人才政策进行综合整理，提供人才匹配和人才服务，发布招引活动信息。此平台为成都线上引才提供了基础，但依然存在缺乏宣传、认知度低、信息不够详尽明确等问题。四川省可打造类似的省级人才综合服务平台，并将其中内容更加系统化、精细化、明确化，同时扩大宣传。

3. 扶持人才资源缺乏地区搭建“人才帮扶平台”

积极鼓励海外人才以多种方式支持人才资源缺乏地区的发展：（1）打造“人才扶贫”项目，为相关的合作和交流提供专项政策支持。（2）建立“人才飞地”园区，支持这些地区为引进海外人才提供更优惠的人才政策，如允许他们在异地落户居住的情况下，依然可为这些地区的用人单位工作，并享受相应人才待遇；或允许在这些地区工作的海外人才，打破户籍界限，享受省会城市居民待遇，如落户、子女入学、购房等。

（四）推动人才服务的市场化和专业化发展，打造海外人才宜业宜居“生态圈”，提升人才聚拢软环境

1. 建立由政府主导，市场化机构合作参与的海外人才全方位服务中心

该中心可汇总省市（州）县三级主要的人才政策和人才工程，形成全省统一、多级联动的线上和线下人才服务中心，在省会建立总部，在其他市县建立分部或办事处，实现全省信息数据联网。同时，该中心可整合所有海外人才所需的服务，确确实实地成为海外人才来川后的“第一站”以及他们可长期倚靠的“人才之家”。相关服务可包括：（1）定居服务。帮助或代理海外人才办理落户、居留、购房等所需手续。（2）对接服务。建立在川海外人才信息库，根据海外人才和用人单位的要求，为其提供专业对口和人才需求的匹配服务。（3）中介服务。人才与引才政策对接服务，帮助海外人才与相关引才政策、创新创业政策以及待遇等进行匹配，并作为中介机构提供代理申请服务。（4）咨询和培训服务。为海外人才提供所有相关政策咨询，为用人单位和相关服务部门提供人才政策培训和咨询。（5）认证和认定服务。根据相关政策，帮助人才为其在海外获得的学历、结婚证等证明进行公证和认证。

2. 提升公共服务国际化水平

开通多国语言版的政府门户网站，提供中英文指南和信息，强调公共服务领域工作人员默认使用普通话提供服务，提升工作人员英语水平，定期开展提升国际化业务水平的培训和测试。各公共服务领域部门的具体政策制定

和实施应及时反映在川外籍居民的特殊情况，尽可能提供与本地中国公民相同的服务和便利待遇，如各种公共领域线上服务应开通对外籍的实名认证；尽可能对长期外籍居民放开购房、金融事务、子女入学等方面的限制，在国家法律规定允许的前提下尽量提供其与中国公民同等的便利和服务。从社区层面与海外人才建立联系，定期开展海外人才需求的问卷调查，不断改进人才服务工作。

3. 成立西部人才研究中心

依托政府、数字引才平台、人才服务中心的数据信息等资源，该中心可对人才数据进行分析整理；开展人才引进相关政策评估；对重要西部人才议题和政策展开研究，为四川引才建言献策；研究制定具备综合性和多元化的人才评估程序与标准，为人才能力综合测评和认定提供依据等。

四川省科技人才政策发展与特点分析

叶　京*

摘　要：科技人才资源的区域分布与区域社会经济发展密切相关。四川省在科技人才方面制定和实施了一系列卓有成效的政策和人才计划。本文从纵向和横向对四川省科技人才政策进行系统梳理与分析，基于四川省科技人才政策发展历程和近年来四川省科技人才主要政策，总结四川省科技人才政策的侧重点，提出未来发展建议，为四川省“十四五”区域人才发展战略规划提供借鉴。

关键词：科技人才政策　区域人才规划　四川省

一　引言

四川省是一个科技大省，科技经费投入力度逐年提升加大。根据2019年四川省科技经费投入统计公报的数据①，研究与试验发展（R&D）经费投入保持较快增长，投入强度持续提高。全省2019年共投入研究与试验发展（R&D）经费871.0亿元，比上年增加133.9亿元，增长18.2%，增速较上年提高2.6个百分点，总量排全国第8位；投入强度（R&D经费占地区生

* 叶京，博士，人才学博士后，中国科学院科技战略咨询研究院助理研究员，主要从事科技人才培养与人才政策研究。

① 四川省统计局，四川省科学技术厅：《2019年四川省科技经费投入统计公报》，http://kjt.sc.gov.cn/kjt/kjtj/2020/9/2/776db4bd6fb74bf1af51278c7d0c8bdb.shtml。

产总值的比例）为1.87%，比上年提高0.15个百分点，投入强度排全国第14位。按R&D人员全时工作量计算的人均经费为51.0万元，比上年增加4.6万元。科技经费投入的提高有助于充分发挥科技人才的潜力，提升四川省研究与开发活动的效率，一定程度反映出四川省对于科技人才发展的重视。

科技人才政策是国家或地区相关政府部门制定的指导科技人才工作的法律法规、规划计划、意见办法等制度的总和，涉及科技人才的引进、培养、评价、流动、激励、保障、使用、管理、服务等。四川省科技人才政策往往以人才计划实施办法、政策实施意见等形式公布，发布机构包括省委、省政府、省组织部等综合管理部门，也包括科技厅、财政厅等开展科技人才资源配置工作的相关部门。科技人才政策对科技人才队伍建设起着重要的导向和激励作用，很大程度决定着科技人才效能的发挥，进而影响一国或一地区科技创新的发展程度①。大部分学者对科技人才政策的政策文本内容进行分类，一般将其分为人才培养政策、人才流动政策、人才评价政策、人才激励政策、人才安全政策以及其他的综合性政策等。政策文本类别能够表现出一个政策文本所要陈述和追求的主旨。明确某类政策在某一时期所占比重，有助于分析当前的科技人才政策体系是否完善，同时发现当前科技人才政策的侧重点，并找出薄弱环节②。因此，本文主要从政策类别上对四川省出台的科技人才政策进行分析，基于四川省科技人才政策发展历程和近年来四川省科技人才主要政策，总结四川省科技人才政策的侧重点，提出未来发展建议，为四川省“十四五”区域人才发展战略规划提供借鉴。

二　四川省科技人才培养情况

科技人才资源的区域分布与区域社会经济发展密切相关。把握区域科技

---

① 陈敏、苏帆：《改革开放40年广东科技人才政策发展历程研究》，《科技管理研究》2020年第7期，第53~59页。

② 张霏霏：《双创背景下我国科技人才政策研究》，云南师范大学硕士学位论文，2018。

人力资源培养情况，对制定科技人才政策至关重要。同时研究其数量和质量状况，数量上掌握四川省科技人力资源的总量和结构情况，质量上要把握新增科技人才的学历结构以及各层次占比情况。根据《中国科技人力资源发展研究报告（2018）》的数据，四川省在科技人才培养方面呈现三种特点。

（一）较强的科技人才培养能力

我国高等院校是科技人才的主要培养机构，四川省是文化大省，注重教育事业的发展，拥有 985、211 高校数量共有 7 所，全国排名第 6。2016～2017 年新增的科技人力资源数量，四川省培养数量在我国处于第二梯队，低于 60 万人但超过 40 万人。因此，四川省有较强的科技人才培养能力，但在培养科技人才上还有较大的提升空间。

（二）科技人力资源培养的层次有待提高

目前，四川省科技人才队伍建设取得了较大进步，但相比其他发达省份仍有较大差距。全省培养的科技人才结构不够合理，缺乏高层次科技人才。2016～2017 年，四川省专科层次科技人才力资源培养数量超过 25 万名，排名第 5。本科层次数量超过 25 万名，排名第 7；硕士研究生层次培养数量超过 4 万名，排名第 8，博士研究生层次培养数量低于 1 万名排名第 7。2017 年新增本科层次科技人力资源占比 46.2%，相比其他省份较低。累计 2005～2017 年本科层次科技人力资源培养总量 132.3 万人，排名第 8；专科层次培养总量 144.0 万人，排名第 7；研究生层次培养总量 25.9 万人，排名第 8。

（三）“孔雀东南飞”现象明显

从科研人员流动上看，四川省科研人员流入量少于流出量，处于人才输出的第二阵营。四川省较为优渥的教育资源集聚周边地区人才，向东部省市大规模输送。供需不平衡是科研人员流动的主要原因之一。随着长三角一体化、粤港澳大湾区等区域发展战略的不断推行，四川省科技基础与产业发展所产生的人才需求小于人才培养所产生的人才供给，使得人才流出省外。

2014～2017年与2010～2013年相比，科研人员流动网络核心度有所下降，人才聚集、吸引与输送能力有必要增强。

三　四川省科技人才发展战略

1992年邓小平南方谈话后，国内对经济进行全面改革，这对我国的经济建设和社会改革起到至关重要的作用，使我国的科技人才政策进入了一个新阶段，进一步落实了我国科研机构的自主权，激发了科技人员的工作积极性[①]。在科技人才的引进、流动、培养、激励等方面都出台了很多相关的政策和措施，大体上确立了我国的科技人才政策体系。随着国家各项科技人才政策出台，四川省依照中央、国务院的科技人才发展战略规划，结合四川省各个阶段人才发展总体规划目标，制定符合四川省发展形势和科技人才需要的科技人才政策。

（一）科教兴川战略

四川省为实现科教兴川的战略目标，加快四川省专业技术队伍建设。首先，这个时期的政策重点之一是培养一批能够进军世界科技前沿的学术带头人。20世纪90年代，四川省委、省政府先后制定了《中共四川省委关于进一步加强和改进知识分子工作的意见》《中共四川省委、四川省人民政府关于大力推动科技进步振兴四川经济的决定》等政策，以及其他相关的配套文件。其次是促进跨世纪青年科技人才的成长。省科委、省教委、省新闻出版局分别建立了“青年科技基金”、“资助青年教师科技基金”和“学术著作出版基金”，择优定向资助跨世纪优秀青年科技人才主持的研究项目[②]，以及改善青年科技人才工作、生活条件包括住房、夫妻分居、子女入学和医疗保健等问题。最后，注重高级科技人才的引进和待

---

① 张霏霏：《双创背景下我国科技人才政策研究》，云南师范大学硕士学位论文，2018。

② 任登菊、张林祥、赵仕荣、张绛、王小刚：《加强四川省跨世纪青年科技人才培养工作的政策措施研究》，《四川师范大学学报》（社会科学版）1997年第3期，第15～20页。

遇提高等，相继出台了《关于进一步改善在川中国科学院院士和中国工程院院士工作和生活条件的意见》《关于进一步发挥学术和技术带头人作用强化后备人选培养工作的意见》《四川省学术和技术带头人认定管理办法》等政策。

（二）人才强省战略

四川省为实现人才强省的战略目标，推进人才资源向人才资本转变。2003 年，中共四川省委、四川省人民政府发布了《关于加快人才资源向人才资本转变的若干意见》，重点突出市场取向、与经济建设结合，推动提高科技成果转化率。2010 年四川省与国家的人才规划相对接，制定了符合四川的实际发展情况的第一个中长期人才规划《四川省中长期人才发展规划纲要（2010～2020 年）》，指导全省在中长期时间内更好地开展人才队伍建设工作，并提出了“着力服务发展、坚持人才优先、注重以用为本、突出高端引领”二十四字指导思想。其中也为四川省在 2020 年末的人才发展目标进行了定位，就是要建成西部地区的人才高地。《四川省中长期人才发展规划纲要（2010～2020 年）》出台后，科技人才政策数量大幅增长。这段时间是四川省科技人才政策集中出台时期，天府英才计划、企业家培育计划、《四川省引进海外高层次人才“百人计划”实施办法》等逐步制定开展的时期。

（三）创新驱动发展战略

四川省为实现创新驱动发展的战略目标，着眼长远发展和现实发展需要，重点建设创新型人才队伍，突出人才为先，把人才作为创新驱动的第一资源，把建立完善激励人才作用发挥的机制放在优先位置。四川省出台了《关于深化人才发展体制机制改革　促进全面创新改革驱动转型发展的实施意见》、《四川省“十三五”人才发展规划》《四川省“十三五”科技创新规划》等系列文件，构建极具竞争力和四川特色的人才制度优势，深入推进全面创新改革，着力实施创新驱动发展战略，促进四川省经济社会发展。

因此，这段时期科技人才政策主要集中在鼓励科技人才创新创业、完善技术转移制度等方面，相继出台《关于进一步做好新形势下就业创业工作的意见》《四川省激励科技人员创新创业十六条政策》《关于加快县域创新驱动发展的实施意见》等。

四　四川省科技人才发展的主要政策

目前来说，对于科技人才政策类别的划分还没有统一的标准，学者们大多根据研究目的和需要从不同角度进行划分①。本文主要根据四川省近几年出台的科技人才政策所涉及的内容进行分类，从“引育留用”四个维度共涉及人才引进、人才培养、人才激励和人才评价四类，研究四川省科技人才政策的政策分布状况，以期找出当前的科技人才政策侧重点与薄弱点。

（一）引才政策：科技人才引进聚集

1. 重视高层次科技人才引进

2016年四川省开始重视高层次人才政策的制定②，高端人才渐成四川省政府人才工作重点发文对象。包括省委组织部、科技厅、教育厅、财政厅在内的多家单位均对四川省引进、培养高端人才制定了有效的措施政策，省委办公厅2016年颁布的《四川省“十三五”人才发展规划》中更是提出要把高层次人才作为人才队伍建设的战略重点，突出“高精尖缺”导向。四川省出台了包括《关于大力引进海外人才、加快建设高端人才汇聚高地的实施意见》等多项高端人才政策，支持引进创新驱动发展急需的战略科学家、科技创新创业领军人才、高级管理人才，以及具有较大发展潜力的青年科技人才。

---

① 张霏霏：《双创背景下我国科技人才政策研究》，云南师范大学硕士学位论文，2018。

② 王恺乐、熊永兰、韩文艳、欧阳峥峥：《基于文本分析的人才政策研究——以四川省为例》，《农业图书情报》2019年第8期，第47～53页。

高层次科技人才引进政策的频出体现出四川省对于高层次科技人才的重视。同时，为增强高层次科技人才吸引力和竞争力，四川省研究制定《四川省高层次人才特殊支持办法（试行）》《关于对高层次引进人才的子女就读中小学实行特殊优惠的办法》《关于建立海外高层次留学人才来川工作绿色通道的实施意见》等高层次人才特殊支持办法，综合运用安家补助、岗位激励、项目和平台支持等优惠政策，确保高层次人才引得进、留得住、用得好。

2. 加强创新人才引进使用

2018 年 7 月，四川省人民政府办公厅印发《关于加快县域创新驱动发展的实施意见》，提出加强创新人才引进使用，推进建立县域人才刚性及柔性引进机制，积极引进带着项目、技术的创新人才和创新团队到县域从事科研和教学工作。支持县（市、区）建设院士专家工作站和技术转化中心，与院士专家团队签署实施合作项目。深入推行科技特派员制度，支持科技领军人才、高技能人才、专业技术人才等带项目、带资金到县域创业。鼓励县（市、区）设立人才发展专项资金，建设科技人才公寓，从编制管理、人事管理、户籍管理、人才选聘、薪酬制度等方面改进人才引进政策，引导急需紧缺人才、高技能人才、高校毕业生等到县域创新创业。

（二）育才政策：科技人才培养开发

1. 结合重大专项的实施营造科技人才培养环境

培养人才，营造环境。结合重大专项的实施，培养和凝聚一批高水平创新创业人才，形成一支产学研结合、创新能力强的科技人才队伍，落实有利于重大专项实施的相关政策。2018 年 12 月，四川省科学技术厅印发《四川省重大科技专项管理暂行办法》，加强四川省重大科技专项科学、规范、高效管理，保证重大专项顺利实施。重大专项的主要任务之一是紧密围绕四川省经济社会发展的重大需求，聚集资源、突出重点、集中时效，通过实施一批重大科技项目，培养科技创新创业领军人才和团队。

2. 强化各类创新人才培养

2018 年 7 月 31 日，四川省人民政府办公厅印发《关于加快县域创新驱动发展的实施意见》，提出系统实施学术和技术带头人培养计划和杰出青年科技人才、青年科技创新研究团队、科技创新创业苗子、科技创新人才支持计划，梯次培养县域创新型人才队伍；发挥企业家在县域创新驱动发展中的关键作用，营造有利于创新型企业家发展的良好环境；着力建好农村工作队伍、新型职业农民队伍、农业科技人员队伍、现代农业企业经营管理人才队伍，扶持草根能人、乡土人才、新乡贤在农村创业发展。

（三）留才政策：科技人才激励

1. 完善科研经费政策加大科技人才激励

2017 年 1 月，四川省印发《关于进一步完善省级财政科研项目资金管理等政策的实施意见》，明确加大对科研人员的激励，取消绩效支出比例限制，科研项目承担单位需使绩效支出安排与科研人员在项目工作中的实际贡献挂钩；明确了科研人员科研项目的劳务费开支范围，且劳务费开支不设比例限制；在项目资金预算上，简化预算编制，实行部门预算批复前项目资金预拨制度，下放预算调剂权限；改进对科研项目结余资金的留用处理方式。

2019 年 9 月，四川省财政厅、省科技厅联合出台《四川省科技计划项目专项资金管理办法》，对四川省科技计划项目中可以开支间接费用的项目类型进行了明确，同时，大幅度提高智力密集型项目尤其是数学等纯理论基础研究项目的间接费用核定比例；明确提出数学等纯理论基础研究项目的间接费用，可按不超过项目专项资金总额的 60% 进行核定；软科学、应用基础研究、软件开发、集成电路设计等智力密集型项目的间接费用可按项目专项资金总额核定。

2. 科技人才奖励营造尊重人才的文化

科技人才激励政策具有长期影响，四川省设有四川省科学技术杰出贡献奖、四川省科学技术进步奖，推动科技人才为四川省科学技术进步做出突出、特殊贡献。四川省科学技术奖励工作深入贯彻“尊重劳动、尊重知识、尊重人才、尊重创造”的方针，四川省科技厅印发《关于做好2017年四川省科学技术奖励推荐工作的通知》，鼓励团结协作、联合攻关，鼓励自主创新，鼓励攀登科学技术高峰，促进科学研究、技术开发与经济、社会发展密切结合，促进科技成果向现实生产力转化，促进创新体系建设，营造创新环境，努力造就和培养国内一流科学家、科技领军人才和科技工作一线创新人才，加速创新驱动发展战略的实施，推进创新型四川建设。

3. 更为细致的科技成果转化激励政策

为激发科技人员创新创造活力，四川省出台《四川科研院所改革总体方案》《深化科研院所改革试点推进方案》等文件，围绕科技人员兼职取酬、离岗转化科技成果、创办领办科技型企业、提高成果转化收益等方面出台一系列“含金量”高、突破力度大的政策措施。近年来，四川省推进的科技人才制度改革，其中包括逐步完善科技成果转化激励政策，涉及科技成果转移转化行动方案、对卫生计生科技创新和成果转化的实施意见以及对科技成果权属混合所有制改革试点的方案。

（四）用才方面：科技人才评价管理

1. 科技人才评价分四类，评价各有标准

四川省科技人才政策类型多样，以综合类政策为主，宏观型政策尤为常见，而政策实施还需要评价、激励等各类政策的保障。政策类型的不均衡也导致了四川省人才政策呈现顶层设计较全，底层配套不足的“倒三角”形政策体系现状①。建立科技人才的分类评价标准，对不同层次的科技人才予以不同程度和不同类型的支持和保障。

最大限度激发和释放人才创新创业活力，离不开对科技人才的评价。2019年11月出台的《四川省深化科技人才评价改革实施方案》，通过对科技人才评价的科学化、严格化、规范化要求，持续开展“四唯”现象清理，

① 王恺乐、熊永兰、韩文艳、欧阳峥峥：《基于文本分析的人才政策研究——以四川省为例》，《农业图书情报》2019年第8期，第47～53页。

旨在进一步加强引导科技人才在川合理布局和向科研活动一线流动。《方案》明确了科技人才评价对象，具体分为基础科学研究人才、应用研究和技术开发人才、实验技术和科研条件保障人才、科技成果转移转化人才。

2. 建立科技专家库和科技特派员

四川省重视建立科技专家库和科技特派员制度，推进规范化管理，进一步深化科技管理改革。2020 年 4 月，科技厅制定了《四川省科技专家库管理办法（试行）》，旨在充分发挥专家在科技活动中的咨询作用，提高决策的科学化和民主化水平。一是将科技奖励评审专家与科技项目评审评估专家纳入统一的四川省科技专家库管理。二是明确了专家入库条件、方式、流程，建立了与省外科技专家库共享机制。三是对专家评审活动实行分级动态管理。

2020 年 5 月，四川省科技厅等 11 个部门联合印发《关于深入推行科技特派员制度的实施意见》，到 2025 年，建立省级科技特派员服务团队 200 个，全省年选派各级各类科技特派员 10000 人次以上；提出拓宽科技特派员渠道、健全科技特派员服务团、加强科技特派员培训、允许科技特派员兼职取酬、支持科技特派员离岗创业、支持大学生科技特派员创业、加大科技计划支持力度等 11 条政策措施。

3. 下放科研自主权

下放科研自主权至高校和科研院所，转化科技成果所获得的收入全部留归本单位，纳入单位预算，不上缴国库，用于对完成和转化职务科技成果做出重要贡献人员的奖励和报酬、科学技术研发与成果转化等相关工作。2020 年 1 月，四川省科技厅、省发展改革委、教育厅、财政厅、人力资源和社会保障厅、国家税务总局四川省税务局 6 部门联合印发《关于扩大高校和科研院所科研自主权的若干政策措施》，对高校和科研院所全时全职承担国家和省级重大技术攻关、重大科技专项任务的项目负责人及单位引进的急需紧缺人才等可实行年薪制、协议工资、项目工资等灵活分配方式；对国家科学技术奖获得者按 1∶1 进行配套奖励，按照省级科技奖励资金进行管理，符合条件的按规定享受税收优惠政策。

五　四川省科技人才政策的侧重点

（一）通过人才引进工程实现人才聚集

引进一个人才、聚集一个团队、兴起一个企业、推动一个产业。四川省人才引进工程主要以高端人才、高层次人才为对象实施人才引进工程，为建设“区域人才小高地”，实现“产业人才大集群”，四川省实施了海外高层次人才引进“百人计划”、“塔尖”产业人才聚集工程、“重点产业（行业）人才支撑工程”等一系列人才工程。

其中，具有代表性的“天府高端引智计划”自2013年实施以来，对促进四川省重大技术创新、核心技术突破、新产品新工艺开发、管理理念创新、产业升级和人才培养，发挥了不可替代的作用。“天府高端引智计划”由国（境）外高端人才引进项目、引智成果示范推广项目和引才引智基地建设项目构成。2019年，四川省科学技术厅、中共四川省委组织部，四川省人力资源和社会保障厅修订《“天府高端引智计划”实施办法》，旨在通过创新机制、优化政策、强化保障，聚集一批高层次国（境）外人才，推广一批优秀引智成果，打造一批引才引智基地，为提升自主创新能力、经营管理能力和产业核心竞争力提供国（境）外人才和智力支撑。

（二）通过人才基地建设推动科技人才培养

建设科技人才基地，发挥创新体系的人才培养功能。2019年，四川省科技厅印发的《四川省引才引智基地管理办法》，将四川省引才引智基地定位成：聚集高层次外国人才的载体，创新引才引智政策和体制机制的载体，培育、转化和推广重大引才引智成果的载体，带动激励国内人才素质提升的载体。

1. 规范大学科技园的建设与管理

大学科技园是四川省创新体系的重要组成部分，是促进融通创新的重要平台、构建双创生态的重要阵地、培育经济发展新动能的重要载体。通过大学科技园的建设，充分发挥创新资源集成、科技成果转化、科技创业孵化、创新人才培养等功能。2019 年印发《四川省大学科技园管理办法》，旨在进一步推进大众创业万众创新深入发展，激发高校创新主体的积极性和创造性，规范四川省大学科技园建设与管理，提升大学科技园的自主创新能力和发展水平。

2. 加强建设和运行省重点实验室

深入推进创新驱动发展战略实施，规范和加强四川省重点实验室（以下简称省重）的建设和运行管理。2020 年，省科技厅印发《四川省重点实验室建设与运行管理办法》，明确了包括省重主任、学术委员会、人员队伍等方面的运行要求。省重实行依托单位领导下的主任负责制，学术委员会进行学术指导，省重应加强产学研合作和协同创新、加强知识产权保护、注重人才梯队建设。

3. 大力推进建设技术创新中心

技术创新中心建设有助于增强企业创新能力和产业核心竞争力，为经济高质量发展提供科技支撑，2018 年 12 月，四川省科技厅印发《四川省技术创新中心建设工作指引》，其重点建设任务之一是培育和吸引技术创新人才，构筑高端人才集聚洼地。在全球范围吸纳集聚一批能够发挥“塔尖效应”的科研人员，集聚一批具有全球战略眼光、管理创新能力突出的优秀企业家，培养一批高层次创新创业人才。

（三）加强基础研究人才队伍建设

2019 年，四川省科技厅明确了 100 个“自由探索型”基础研究项目。这是四川省科技计划项目中首次出现“自由探索型”这个门类。对于基础研究不限项、不限领域，没有名额分配、没有指定方向，让各科研单位自由竞争、让科研工作者自由创造。考虑到区域间和科研单位间平衡，避免项目集中。

2020 年 7 月，四川省科技厅发布《关于全面加强基础研究与应用基础研究的实施意见（征求意见稿）》，提出壮大基础研究人才队伍；深化省校

（院、企）战略合作，鼓励高校院所、企业采取特聘岗位、项目合作等方式柔性引才；鼓励各地探索制定差异化的区域人才政策，研究完善基础研究薄弱地区的人才激励引导政策。深化科技体制改革，赋予科研人员职务科技成果所有权或长期使用权；强化对承担重大任务的人才和团队的激励，探索实行年薪制和学术休假制度。

（四）激励科技人才创新创业

双创背景下，四川省为促进科技人才创新创业与科技成果转化，实现大众创业万众创新，侧重出台改革完善体制机制大力促进大学生和科技人员创新创业的意见、激励科技人员创新创业专项改革方案。2016 年 2 月出台的《关于进一步做好新形势下就业创业工作的意见》指出，支持财政性资金设立的试点高校、科研院所科研人员离岗创业，对于离岗创业的，经原单位同意，可在 3 年内保留人事关系。2016 年 11 月印发《四川省激励科技人员创新创业十六条政策》，提出高层次人才双创项目、省级引导基金可给予股权投资支持；支持科技人员离岗创新创业，期限最多为 6 年；科技人员参加职称评审不将论文作为评价的限制性条件。

此外，推进县（市、区）加快落实激励科技人员创新创业政策措施，建立体现创新质量、贡献、绩效的人才激励政策体系。2018 年 7 月，四川省人民政府办公厅印发《关于加快县域创新驱动发展的实施意见》，提出完善创新创业政策；鼓励高校院所科技人员、科技特派员、“三区”科技人才深入县域通过自主创业、技术入股、成果转让、科技服务等多种方式取得收入，激发科技人员到县域创新创业和转化科技成果的积极性，提升县域创新管理服务能力。

六　总结与建议

总体上，四川省科技人才战略以定性目标为主，科技人才政策主要针对四川省面临的高层次人才引进不足、人才资源分布不均衡等问题制定，聚焦科技人才引进聚集、培养开发、评价激励、人才管理等关键环节，为四川省科技人才队伍建设营造了良好的政策环境，但同时仍存在科技人才流失严重等问题，未来科技人才政策有待完善。

（一）进一步深化科技人才体制机制改革，建设科技人才政策体系

四川省近几年针对科技人才尤其是高端科技人才，完善制定了很多评价激励政策，有助于激发高端科技人才的创新活力。有必要进一步深化科技人才体制机制改革，形成科技人才政策体系，涵盖引育留用等方面。着力破除制约科技人才发展的体制机制障碍和政策藩篱，依靠“改革红利”释放“人才红利”。将科技人才体制机制融入科技创新体制机制，协同推进人才与科技、经济、教育、社会保障的体制机制改革。

（二）加强科技人才政策与产业规划、产业发展的结合

近些年来，四川省以服务创新驱动转型发展为主线，贴近经济社会发展战略需要、贴近产业企业做大做强需要，深入实施了“人才计划”（创新型企业家培养计划、大学生和科技人才创业扶持计划、藏区和贫困地区专业人才支持计划），以全球视野、开放理念和创新政策引才聚才用才①。未来科技人才促进核心产业发展的形势更加明确，政策的发展方向需要聚焦省重点发展的产业，强化企业创新主体地位和主导作用，制定清晰明确的培育目标，包括重点科技领域、新兴产业领域所需的高层次人才和人才团队。

（三）加大重视培养、用好、留住省内高层次科技人才

目前，四川省高层次科技人才主要依靠引进，为此颁布了诸如《四

① 《四川大力实施人才强省战略　为创新发展插上腾飞翅膀》，四川省人民政府网站，http：//www. sc. gov. cn/10462/10464/10465/10574/2016/10/11/10398627. shtml。

川省引进海外高层次人才“百人计划”实施办法》《四川省高层次人才特殊支持办法（试行）》《“天府高端引智计划”实施办法》等多项政策。在吸引科技人才方面加大了投入力度，体现出四川政府对高端人才的求贤若渴。在区域人才竞争日趋激烈的背景下，用好、留住现有科技人才对于四川省的发展显得更为重要。同时有必要重视四川省较强的科技人才培养能力，发挥人才培养优势，为四川省的发展留住更多本省培养的科技人才。

表1　四川省主要科技人才政策文件

发布年份	政策名称
2006	四川省科技型中小企业技术创新资金项目管理办法(暂行)
2007	关于实施“天府英才工程”的意见
2007	关于建立海外高层次留学人才来川工作绿色通道的实施意见
2009	四川省人才工作领导小组关于实施海外高层次人才引进计划的意见
2009	引进海外高层次人才“百人计划”实施办法
2009	关于加快推进“百人计划”的实施意见
2009	四川“百人计划”引进人才生活及工作待遇
2010	四川省中长期人才发展规划纲要(2010～2020年)
2010	关于促进专业技术人才智力转化的若干规定
2011	关于实施“顶尖团队支持计划”的意见
2011	关于加快引进培养高层次领军型人才的实施意见
2012	四川省应用基础研究计划管理办法
2014	四川省人民政府办公厅关于加大力度促进高校毕业生就业创业的意见
2014	四川省科技支撑计划专项经费管理办法
2015	四川省专业技术人才队伍建设资金使用和管理办法
2015	关于实施创新型企业家培养计划的意见
2015	关于进一步做好新形势下就业创业工作的意见
2016	四川省“十三五”人才发展规划
2016	四川省激励科技人员创新创业十六条政策
2017	关于进一步完善省级财政科研项目资金管理等政策的实施意见
2018	四川省技术创新中心建设工作指引
2018	关于加快县域创新驱动发展的实施意见
2019	“天府高端引智计划”实施办法
2019	四川省引才引智基地管理办法

续表

发布年份	政策名称
2019	四川省大学科技园管理办法
2019	四川省深化科技人才评价改革实施方案
2020	关于扩大高校和科研院所科研自主权的若干政策措施
2020	四川省科技专家库管理办法(试行)
2020	关于深入推行科技特派员制度的实施意见
2020	关于全面加强基础研究与应用基础研究的实施意见(征求意见稿)
2020	四川省重点实验室建设与运行管理办法

调 查 研 究

The investigation and study

四川省高校创新人才与创新团队建设研究*

邵云飞　唐小我**

摘　要：科技创新关系一个国家的经济可持续发展、核心竞争力以及国际地位等问题，而科技创新的关键在于培养具有科技创新能力的拔尖人才。高校作为培养高层次人才的场所需要承担起培养创新型人才的重任,对四川省创新体系的运行影响重大。调查发现，川内高校都较为重视对教师的培养。但四川省内高校也不同程度存在创新教育观念、管理理念、管理机制滞后以及资源紧缺等问题，制约了对创新人才的培养，需要通过政府引导、高校人才培养机制改革等多种途径，推动四川省高校创新人才与创新团队建设的发展。

---

* 基金项目：国家自然科学基金项目（71872027；71572028）；教育部产学合作协同育人项目（201801293007）；四川省 2018～2020 年高等教育人才培养质量和教学改革项目（JG2018－194）。

** 邵云飞，博士，电子科技大学经济与管理学院教授，主要从事创新管理与人力资源管理研究；唐小我，博士，四川省高等教育学会会长，电子科技大学经济与管理学院教授，主要从事创新管理与技术管理研究。

关键词： 四川高校 创新人才 创新团队

21 世纪科学技术日新月异，科技创新关系一个国家经济的可持续发展、核心竞争力的增强及国际影响力的提升，而科技创新的关键在于培养具有科技创新能力的拔尖人才。[①] 习近平总书记在 2018 年全国教育大会上强调，要“加快一流大学和一流学科建设，推进产学研协同创新，积极投身实施创新驱动发展战略，着重培养创新型、复合型、应用型人才”。[②] 高校作为高层次人才的培养场所，培养什么样的人，怎样培养人，既是高等教育的出发点，也是高等教育的落脚点。长期以来，我国高校在创新精神、创新意识、创新思维和创新能力的培养方面相对薄弱，普遍存在重理论，轻实践；重知识，轻能力；重统一要求，轻个性发展；重智力因素，轻非智力因素；重基础知识、基本技能训练，轻学生创造性思维的训练等问题。[③]

伴随经济与信息时代的发展，传统的学生培养模式已无法紧跟时代“步伐”。因此，大力推进技术创新，努力培养具有创新意识、创造能力和创业精神的青年学生，造就适应新时代发展的高素质人才，显得极为迫切。如何培养创新人才，如何加强高等学校创新人才的培养成为高校在进行人才教育、培养等方面需要重点研究的问题。

川内高校作为四川省创新体系的重要组成部分，对四川省创新体系影响显著。一方面，四川省高校通过加强创新人才培养，输出更多符合新时代发展的创新人才；另一方面，四川省高校通过完善的创新团队建设，提高创新

① 周绪红、李百战：《国际化引领新时代高校拔尖创新人才培养》，《中国高等教育》2018 年第 2 期，第 28 ~30 页。

② 习近平：《坚持中国特色社会主义教育发展道路 培养德智体美劳全面发展的社会主义建设者和接班人》，http：//www. xinhuanet. com/politics/leaders/2018 - 09/10/c_ 1123408400. htm，2020 年 11 月 27 日。

③ 杨月：《培养大学生创新能力的创新教育机制——评〈高等教育管理与大学生创新能力培养研究〉》，《中国高校科技》2019 年第 5 期，第 97 页。

成果质量，推动四川省创新体系的高效运行。鉴于此，课题组在对省内各高校进行调研的基础上，分析四川省高校关于创新人才培养和创新团队建设的实施现状及存在的问题，并提出相关政策建议。

一　高校创新人才的界定及创新人才应具备的素质

（一）高校创新人才的界定

科技创新体系包括四个主体：创新者（含创新团队）、高校（含科研机构）、企业、政府。四个主体之间的关系可概括为：三方互动，政府推动，其中三方为创新者、高校和企业。[①] 在创新者、高校及企业的三方互动关系中，高校的作用具体表现在三个方面：（1）高校是创新者的依托单位，为创新者提供进行创新的条件，直接造就和培养具有创新素质的优秀人才，为科技创新的可持续发展提供切实保障；（2）高校通过与企业的产学研结合，直接服务于企业的技术创新，为整合科技资源、确立企业的创新主体地位提供直接的智力支持；（3）高校在创新者和企业之间发挥着创新的桥梁和纽带作用，是科学技术转化为现实生产力的重要载体和渠道。

高校作为创新人才培养的基地，其人才培养体系包括教师，又涵盖学生群体。因此，高校创新人才的培养中，既要注重具有创新能力的教师队伍的建设，又要培养具有创新能力的学生。

（二）创新人才应具备的素质

1. 开发型思维和敏锐的观察力

创新人才指具有开发型思维和敏锐的观察力，能够根据已有知识举一反三，灵活运用，解决问题的人才。首先，创新人才需要具有很强的学习能

① 苏明：《区域科技创新能力评价和比较研究——基于 31 个省市自治区创新主体作用的实证》，《区域经济评论》2013 年第 4 期，第 32～38 页。

力，能够基于工作需要迅速学习和掌握新知识，适应新时代发展需求。其次，创新人才需要具有创新精神，即追求创新、推崇创新、乐于创新的精神，主要包括好奇心、求知欲以及对真理的执着追求。最后，创新人才需要具有创新能力和创新人格，即能够根据预定的目标和任务，运用一切已知信息，开展能动思维活动，产生出新颖、独特、有社会或个人价值产品的智力品质。总之，创新能力主要包括创造性思维能力、创新设计能力、科技开发能力以及科学研究能力；创新人格主要包括开拓进取精神以及能够经受挫折的良好心态等。[①] 此外，在技术创新中，实践能力、交往能力和领导组织能力也是十分重要的。

2. 创新素质和创新能力

创新是人们在一定的社会环境下，根据特定目的和需要，运用已知一切信息和科学思维推理，形成能推动人类社会文明和进步、有价值的、与众不同的物质产品和精神产品。创新思维则是充分利用已有知识，运用科学的逻辑推理和丰富的想象力，推断出产品构图，是创新人才综合能力中最关键的因素，是创新能否实现的重要环节，是体现创新能力的桥梁。创新人才则包括正确的人生观、合理的知识库、获取与处理信息的能力、良好的意志品质与集体系统能力。其中正确人生观则是创新人才最基本素质之一，是创新意识形成的源泉与动力；趋于合理的知识库是创新人才的内在源泉，是创新思维的基础；获取与处理信息能力是创新人才的充电器；良好的意志品质和集体协同能力是创新人才成功的催化剂。在新时代，社会发展需要具有创新素质和创新能力的全面发展的人，而不仅是知识传承的人。从人才所应具有的素质诸要素来看，思想道德素质是根本，文化素质是基础，业务素质是本领，身体心理素质是保障。一名高质量的优秀大学生不仅应具备上述良好的素质，更应拥有创新素质。只有具备创新素质，文化底蕴才能更深厚，文化

① 林崇德：《增强适应能力，争做创造性人才——为北师大心理学院新同学的演讲》，《心理与行为研究》2015 年第 5 期，第 577 ~584 页。

取向才能更超前，业务上才能不因循守旧。[①] 基于上述认识，当前在高校中开展素质教育，需要通过改革，形成创新教育的氛围，创造创新教育的课程教学体系，同时加强对大学生的创新思维训练，使大学生在大学阶段形成良好的创新素质，为将来成为创新型人才奠定基础。

二 四川省高校创新人才培养现状

（一）对教师创新人才的培养现状

调查发现，川内高校都较为重视教师的培养，其教师创新能力的培养方式和途径呈现以下特点。

1. 重视提升现有教师学历

从调研的结果看，无论是研究型大学或是应用型大学，在制定教师激励措施时，均在原有基础上增加了学历的要求，引导教师在原有基础上提升学历。此类举措一方面引导教师提升自身的能力，为创新作储备，另一方面也有助于促进学生创新能力的培养。

2. 重视教师科研水平及项目完成情况

教师的科研水平往往与创新成果相关，项目的数量以及完成质量在一定程度上反映了教师的创新能力。在教师激励体制设计时，特别是研究型高校，将教师科研水平及项目完成情况作为重要考核指标。此种举措的实施，有助于引导教师树立创新意识，提高创新能力的作用。

3. 重视人才引进

川内高校均重视人才的引进。一方面，通过短期引进的人才带动本校原有教师的创新热情，提升创新能力；另一方面，通过长期引进的方式，充实新鲜血液，使创新内容和思路多元化，促进高校教师创新能力的培养。

---

① 刘燕：《论研究生创新人格的系统构成及培育》，合肥工业大学马克思主义学院硕士学位论文，2010，第35页。

（二）对学生创新人才的培养现状

1. 强化实践环节，丰富培养措施

各高校切实加强实践性教学环节，提高实验课、实习课、设计课、研讨课等实践课程的地位，把课堂教学、实验操作、生产实习、社会实践、社会调研以及毕业设计等教学环节有机地结合起来，强化学生动手能力和实践操作技能的培养，进而实现从科学知识型向科学知识实用技能型的转化。

2. 搭建创新人才培养平台

教师积极吸纳本科生参与科研活动，引导学生参与科研工作，同时将教师的科研工作与学生毕业论文有机结合。部分高校将科研的先进实验仪器设备向本科生开放，将科研训练纳入学生培养体系中，为本科生提前参与科研活动及创新实践创造条件。此外，各高校投入专项资金，学院设立院基金，开放科研实验室，鼓励学生参加课外科技创新活动，增进学生科研创新意识，提高学生实验技能。

3. 实行大学生创新教育激励竞争机制

为进一步推进大学生参与科研创新和社会实践活动，省内部分高校建立大学生创新教育的激励竞争机制，引导学生注重自身创新能力的培养，为校内外各项创新活动的有序开展提供制度保障。同时，鼓励学生成立科研创新和社会实践活动的各种社团组织，将兴趣和爱好相同的学生汇聚，吸收更多学生参与科技创新活动。此外，高校对在各类竞赛中创新能力突出学生进行表彰与奖励，并作为选优、免试推荐研究生和奖学金评定的重要参考，对获得国家级或省（部）级创新成果及在校内创新实践活动中做出成绩的学生，给予相应的课程学分、课程设计或毕业设计（论文）学分等。

4. 组织大学生参加提高创新能力的活动

省内部分高校还采取加强实验实践教学和科研引导教学等多种措施，积极组织学生参加各种提高大学生创新能力的校内外各级活动，实现第一课堂与第二课堂的良性互动，以此提高学生的科学精神和创新能力，使更多学生在课外科技活动中得到锻炼。

5. 强化教学建设，推进教学改革

为实现创新型人才培养目标，省内各高校以培养学生的创新能力和创新思维为主线，以教学建设和教学方法改革为重点，以此促进学生知识、能力和素质的协调发展。目前，四川省各高校已初步建立起体现创新型人才培养特点的课程体系。此外，各高校正大力推进教学手段和方式方法的改革，积极开展模拟教学、现场教学、案例教学等，推广启发式、研究式、讨论式教学，实现教学方法的多样化，丰富教学内容，多方面增长学生创新能力，培养学生创新思维。

三　四川省高校创新人才培养的问题分析

四川省各高校的创新人才培养已初见成效，但还存在诸多不利于创新人才培养的因素，主要表现在以下几个方面。

（一）教育观念滞后束缚了创新人才的培养

目前，省内多数高校教育观念滞后，主要表现在以下两个方面：（1）学生在教学中的地位没有得到真正的确立。有学校的提法如“教师是主导，学生是主体”，这种“双主体论”从哲学理论上讲，陷入二元论泥潭；从实践上看，其实质奉行的仍是教师主宰的教师、教室、教材“三中心”模式。（2）学生没有得到充分发展。一直以来高校教育施行“大一统”：统一的大纲、统一的考试、统一的标准和统一的评价方式①，此种整齐划一、求同禁异的方式是否有利于富有个性、创造性人才的培养，需要进一步商榷。

（二）高校人力资源管理的观念束缚了创新人才的培养

高校人力资源管理的观念束缚体现在两个方面，其一是引进师资时观念

---

① 郭建如、邓峰：《高校人才培养改革对大学生创新能力的影响》，《高等教育研究》2020 年第 7 期，第 70～77 页。

的“保守”；其二是对教师工作评价中的相对“冒进”。其中，“保守”的人力资源管理表现在对高校教师的选择上，高校体现出尤以学历层次、在校成绩来衡量择优，很少去考查其潜在能力、综合素质；“冒进”的人力资源管理则表现在对教师工作考评中一拥而上，均采用重科研、轻教学的原则，导致教师将大量的工作实践花在出科研成果上。此种模式虽有利于教师掌握最新的学科资讯，但由于教学工作所花的时间较少，对创新培养的教学法研究、教学内容的选择、实践环节等疏于设计，不利于对学生创新能力的培养，导致很多高校出现“教学内容更新速度慢，教学评价手段单一”的问题。

（三）对学生创新人才培养的运行机制不完善

当前，省内高校多数专业的口径不宽，学术视野较窄；课程体系设置缺乏创新，缺乏足够的人文和社会知识教育，过于重视理论教育，忽视工程实践技能教育；教学管理缺乏创新，阻碍了学生的发展，束缚了富有创新性的高素质人才发展。

（四）教育资源紧缺制约着创新教育目标的实现

当前省内部分高校教育资源存在紧缺的情况，主要表现在：（1）师资的紧缺；（2）其他资源的紧缺。其中，师资的紧缺又体现在绝对数量的不足和教师结构的不合理。由于连年的扩招，省内高校的师资配备数量不足，教师教学工作量偏大，教师要承受满负荷的教学压力，没有时间进行创新研究、教学改革，有教学经验的教师也难以发挥“传、帮、带”的作用。教师构成结构的不合理体现在：教师的学历结构不合理，特别是研究型大学的高校中，博士及以上学历的师资数量不够；职称结构不合理，表现为“橄榄球”形的职称结构，即讲师最多，教授及助教较少；在人员结构上存在不合理情况，对教师培训多采用利用学校的现有资源自主培训，造成人才的近亲繁殖严重，在思维方式、研究方法上趋于一致，不利于创新。

此外，扩招致使其他资源紧缺，满足基本教学需要的实验设备难以按照学生比例增加，加之教学管理人员长期形成的管理定式使得添置一定数量的能启发学生创新思维的仪器设置更加困难，使得学生的实验技能、工程实践能力无法得到提高。鉴于高校教师在硬、软件上都缺乏保障，因此教师和学生在创新能力提高上受到限制。

四　创新人才培养的原则

（一）主动性与积极性原则

充分发挥学生在学习过程中的主观能动性是创新教育的基本目标之一，让学生主动地参与学习、发挥主体的积极作用，才能使创新教育促进学生的发展。因此，在大学教育中既要教师发挥主导作用，积极引导，又要学生发挥能动性，主动参与学习，两者有机结合，让学生在深层次的参与中，学会创新。

（二）理论与实践相结合原则

培养具有宽广理论知识和较强实践技能的人才是大学教育的根本目标。实践是人们有目的地改造客观世界社会性的物质活动，它是认识发展的动力，是人所特有的对象性活动，是人类的存在方式。个人能力特别是创新能力都是在社会实践中形成和发展起来的，而实践又需要理论指导，理论与实践是辩证的统一，重理论轻实践或重实践轻理论，都不利于创新人才培养。因此，在创新人才培养过程中，应坚持马克思主义的教育观和人才观，坚持理论与实践统一的原则，坚持以实践作为检验和评价大学生创新能力的唯一标准。

（三）个性化与群体化相结合原则

每个人都是一个特殊且不同于他人的现实存在。若按固定、封闭、僵化的模式教育不同的学生群体，会造成培养的学生趋向于“同质化”。教育必须走出这一误区，从某种意义而言，没有个性就没有创造。群体化是若干人或若干单位构成的群体共同配合完成某一任务，也就是协作体。大学生创新能力的培养必须遵循个性化与群体化相结合的原则，既要培养其自主的意识、独立的人格和批判的精神，又要培养其团结协作精神。在大学生教育过程中，应以信息为载体关注大学生的创造潜质和未来发展方向，同时还应注重协作能力的培养，[①] 鉴于现代科学的发展已经让任何一个人都无法在一生当中涉足科学技术的各个方面，若要在科学技术的基础上有所创造，就必须学会团结协作、与别人进行“信息共享”。[②] 总之，人的创造性既是个人一种品质，也是一种协作精神的体现，培养创新人才，遵从个性化与群体化相结合原则，充分发挥大学生的个人潜能，树立大学生的协作精神，让大学生学会在与人的合作中进行创造。

（四）发展性与前瞻性相结合原则

当前，新一轮科技革命和产业变革加速演进，新的学科分支和新增长点不断涌现，学科深度交叉融合势不可挡。近年来，不断涌现的纳米技术、生物技术、信息技术、认知科学等交叉学科孵化出的原创性突破，不仅为前沿技术、颠覆性技术提供了创新源泉与动力，更驱动高等教育不断进行自身改革。为使大学生能够更好地适应未来社会发展需求，在大学教育过程中不仅应要求大学生注重基础知识的积累，同时还应着眼于未来发展需要，对大学生进行前瞻性教育，服务于学生长远的发展需求。总之，在大学生教育中，创新能力的培养应以信息为载体关注大学生的创造潜质和未来发展方向，使大学生在不断发展的过程中提升创新能力。

---

① 〔英〕罗纳德·巴尼特：《高等教育理念》，蓝劲松译，北京大学出版社，2012，第31页。

② 赵莉：《研究型大学本科人才培养质量提升研究》，中国矿业大学（北京）管理学院博士学位论文，2017，第105页。

五 四川省高校创新人才培养方面的政策建议

针对目前省内各高校创新人才培养方面问题的分析，在坚持创新人才培养的主导原则下，考虑政府在区域创新体系中的引导和支持作用，对政府在推动四川省高校创新人才培养方面提出如下政策建议。

（一）大力宣传转变观念，以创新作为评价人才以及教育成功与否的关键标准

改变教育环境的不利因素首先要变革的是对人才的认识。无论是高校教师，还是高校学生，评测其是否为人才应以创新能力为标准。对教师而言，应寓创新于教学，将科研成果是否能因材施教、开展启发式教学以及是否能促进学生在学习过程中逐步形成创新意识和创新能力，形成浓厚的创新氛围，激发学生探求专业知识的强烈愿望作为评价创新意义的标准。对高校学生而言，其创新能力的评判应基于是否具有质疑的能力、是否具有探求专业知识的强烈愿望。通过观念的转变引导高校教育的创新：树立以人为本的观念，尊重、关心、理解每一个学生；启发、诱导、激励学生的价值，发挥学生的潜能，发展学生的个性；充分发挥学生自身的特点，最大限度地开发学生的潜能与特长，激励学生勇于探索、开拓、发现、创造。

（二）支持高校人力资源管理的改革

改变现有高校引进师资时的“保守”以及管理师资时的“冒进”，控制管理师资时一哄而上的局面，政府部门可以从以下几方面给予引导和支持：（1）在引进师资时，对被引进师资的要求中应该着重强调人才的综合素质，而不单纯以学历衡量。（2）在进行鼓励和表彰创新人才时，既要包括在科研工作中取得突破的先进的创新个人，也应突出对科研团队的表彰和奖励，同时不能偏废在教学工作中有突出成绩、不断创新高校教学方法的教师。此

举将引导川内各高校在评价和激励本校教师时，平衡教学和科研，改变重科研、轻教学的弊端。

（三）完善对学生创新人才培养的运行机制

1. 引导学科技创新导向

高校人才培养要服务于四川省区域创新系统的战略方向，给予与区域创新系统战略方向一致的学科以更多的资金和政策支持，多为其搭建科研所需的平台，组织项目研究，有目的地组织相关行业交流会，创造川内的内部交流机会，也创造与外部交流的机会，促进学科的发展和创新。

2. 加强教学过程的监督和管理

由政府相关部门要求各高校健全教学质量评价和监控体系，加强教学过程的监督和管理；深入推进教学质量与教学改革，进一步完善学分制教学模式；同时，加强教学管理队伍建设，不断提高其整体素质和业务能力。此外，还应抓课程建设、教材建设；健全各项教学工作规章制度；推进专业建设和专业结构调整，打造品牌专业和特色专业；努力建设高水平师资队伍，造就教学创新团队；强化教学基本设施建设，大力推进教学信息化平台；加大校外现有教学实习基地的建设；继续推进校企联合办学以及国际联合办学的力度。国家、省、部、学校都应进一步加强制度环境建设，健全教学质量监控机制、保障机制和教学工作的激励创新机制，使教学工作评估与自我评估转化为学校教学管理的科学化、规范化行为，使教学评估成为经常性事务，并将创新性作为其中最重要的指标之一，从而保证学校的可持续发展，促使学校创新性教育的跨越式发展。

3. 推动川内高校跨学科建设

省内各高校的高等教育多为文理分家，专业面狭窄，学科比例不太合理。一些新学科的设置明显落后于实践。由单一高校承担较大的科研任务，创新效果有限，容易由于资源分散影响创新。因此对于大型项目，可以考虑由政府牵头，多家高校根据自身高校发展战略与学科特点，建立共享学科交叉平台，充分利用学科门类齐全、学科结构层次丰富、交叉学科平台集聚等学科生态系统化的优势，加强规划引导、政策激励和组织协调，实现各高校资源的高效整合及学科的交叉互补。①

（四）引导和支持高校合理配置教学资源

为优化四川省内高校教师资源的配置，政府可从以下方面着手：（1）政府部门可以搭设平台，促进川内高校之间以及川内高校与其他地区的高校之间的人才流动与合作；（2）以政府为媒介，以政府项目为平台，促进不同学校合作、不同学科的交叉互补；（3）为减少高校师资的“近亲繁殖”，应鼓励高校引进高水平的师资，并给他们以政策上（户籍、事业单位指标等）的支持，对于特别突出的高水平人才应给予特殊“通道”，保证人才的顺利引进；（4）赋予各高校高度的人才引进自主权，采用灵活多样的方式引进人才，如短期、长期、约定期限等，对每种类型规定相应的引进政策；（5）对高校人才合理构成的评价应包含合理的师资数量、合理的学历结构、合理的职称结构以及合理的地缘结构，引导高校的资源合理配置；（6）创造条件使得青年教师有机会外出进修，鼓励教师做访问学者，参加科研，加强科技创新的实践。

此外，对于其他教学资源的紧缺，一方面需要总结高校扩招的经验和教训，对扩招的速度及规模进行宏观调控，另一方面在鼓励高校自主解决经费问题的基础上，由政府作为媒介，联系企业、高校和研究机构，加强区域内的“产学研”的合作，既提高区域的创新能力及效率，为高校创新教育提供时间性教学的平台，也帮助高校解决教学资源不足的瓶颈。

（五）采用订单式培养模式

订单式人才培养模式，是指高校针对用人单位需求，与用人单位共同制定人才培养方案，签订学生就业单，并在师资、技术、设备等办学条件方面

① 张晓报：《我国高校跨学科人才培养面临的困境及突破——基于理念、制度和方式的分析》，《江苏高教》2017 年第 4 期，第 48 ~ 52 页。

进行合作，通过学校、企业两个教学地点进行教学，学生毕业后直接到用人单位就业的一种产学研结合教育的人才培养模式。此种模式的基本出发点是将人才培养事业引申为国家、高校、企业共同关注的事业，更好地解决办学、用人和就业三方面的问题，实现学校、企业和学生的“三赢”。对高校而言，订单式教育模式有助于学校准确定位，根据社会企业的实际需要把握办学方向，调整专业设置。对企业而言，学生的实际技能得到增强，学生毕业后到企业可以立即上岗，节约企业培训时间，减少企业人力资源成本。对学生而言，能够使其明确学习目标和能力培养目标，迅速适应企业的岗位要求，在企业中找到适合自己的位置。

成渝高校大学生创客团队创造力的调查与分析

易全勇　刘 许　姚歆玥　罗丽莎　彭振飞*

摘　要： 大学生创客是引领未来经济社会发展的生力军，探索和完善促进大学生创客团队创造力不断发展与提升的路径尤为重要。在构建大学生创客团队创造力操作性定义的基础上，运用结构方程模型对成渝21所高校的3116名大学生创客的调研数据进行实证分析，得到大学生创客团队创造力的测评模型，并利用该模型对大学生创客团队创造力水平进行整体评估与分析。研究结果表明：（1）大学生创客团队创造力整体水平较高，但创客团队创造主体和创客团队创造绩效相对较低；（2）大学生创客团队创造力在学校类型、团队规模和团队成立时长上均存在显著的群组差异。基于此，为进一步提升大学生创客团队创造力整体水平，提出了针对性对策建议。

关键词： 团队创造力　大学生创客　成渝高校

一　问题提出

随着“大众创业，万众创新”的不断深化和发展，创客教育与高校创

* 易全勇，博士，西南大学教育学部讲师，主要从事教育管理学研究；刘许，华东师范大学教育学部硕士研究生，主要从事教育经济与管理研究；姚歆玥，华东师范大学教育学部硕士研究生，主要从事高等教育学研究；罗丽莎，北京师范大学教育学部硕士研究生，主要从事职业技术教育学研究；彭振飞，西南大学教育学部硕士研究生，主要从事基础教育学研究。

新创业教育紧密相连，创客逐渐成为我国“双创”事业的重要力量。团队合作成为大学生创客开展创新创业的主要形式，团队创造力也直接决定着团队创造产出的水平。因此，促进新时代大学生创客团队创造力的不断发展和提升，是高校创新创业教育的未来发展方向。2015 年国务院办公厅印发的《关于发展众创空间推进大众创新创业的指导意见》明确指出进一步推进实施大学生创业引领计划，为大学生创业提供场所、公共服务和资金方面的大力支持①，《国家中长期人才发展规划纲要（2010～2020 年）》进一步指出要造就规模宏大、素质优良的高校拔尖创新人才队伍②。可见，在创客运动的浪潮推动下，我国高校众创空间的规模迅速扩大，高校学生、老师等组成创客团队开展创新创业活动的现象遍地开花，这为高校培养拔尖创新创业人才提供了新思路。基于众创空间迅速发展、创客运动风靡高校和团队合作日趋普遍的现实状况，科学评价大学生创客的团队创造力水平、完善高校创新创业教育途径变得十分重要。但当前高校创新创业教育多关注个体创造力的培养，对大学生创客团队创造力的研究和培养尚处于起步阶段。在国际人才竞争日益激烈的今天，团队创造力的重要性越发凸显。因此，充分发挥高校众创空间优势，融合创客教育等新模式以提升创客团队创造力水平，促进高校拔尖创新型人才的不断涌现，在当今乃至未来社会都有重要意义。基于此，本研究拟解决大学生创客团队创造力是什么、大学生创客团队创造力的现状水平、如何提升大学生创客团队创造力这三个核心问题，通过构建大学生创客团队创造力的测评模型并开展实际评估，加速创客教育与高校创新创业教育的融合与实践。

二　相关研究综述与理论基础

在团队创造力的内涵研究方面，团队创造力的研究源于 1983 年 Amabile

① 国务院办公厅：《关于发展众创空间推进大众创新创业的指导意见》，http：//www. gov. cn/zhengce/content/2015 - 03/11/content_ 9519. htm，2020 年 10 月 18 日。

② 中共中央国务院：《国家中长期人才发展规划纲要（2010～2020 年）》，http：//zzb. xju. edu. cn/info/1038/1081. htm，2020 年 10 月 18 日。

对团队创造力概念的诠释，其内涵解释随研究深入不断发展。研究初期，学者普遍认为团队创造力与个体创造力并无区别，前者是后者转化的成果①。直到1993年Woodman提出团队创造力并非个体创造力的简单相加，而是受多种因素共同影响的群体特征②。时至今日，团队创造力是群体合成特征的观点已成为国内外学界共识。回看国内，早期研究主要借鉴国外已有研究成果加以探讨③。近年来团队创造力研究成果不断丰富，以理性思辨与实证研究为方法探索团队创造力内涵的研究不在少数，但就团队创造力的内涵而言，当前学界仍然存在分歧。基于立足不同的研究视角，当前研究者对团队创造力的内涵主要有以下三种解读：有学者从创造行为出发，认为团队创造力是团队在创造过程中通过成员互动得到创造性思维并进行转换的结果④；部分学者从创造主体出发，提出团队创造力是使个体创新能力发挥到最大效应从而对团队创新产生较大影响的能力⑤；也有学者试图从创造成果出发，认为团队创造力即团队运用资源和发现问题、分析问题和解决问题以提供新颖的、独特的、具有社会意义或经济价值的创新成果的能力⑥。研究者对团队创造力的探究不断深入，但由于研究视角多样，系统化的概念界定难以达成统一，形成不同内涵解释并存的局面。尽管团队创造力的内涵界定仍未达成一致，但基于梳理不难发现三个要点：第一，个体创造力是团队创造力的重要组成部分，与团队创造力紧密相关；第二，团队创造力是群体合成的特征，受到团队内外诸多因素的影响；第三，团队创造力是一个多

---

① Amabile T. M.，"*The Meaning and Measurement of Creativity*". The Social Psychology of Creativity. Springer New York，1983.

② Woodman H. E.，The Mechanism of Cellulose Digestion in the Ruminant Organism. "*Journal of Agricultural Science*"，1993（03）：333－338.

③ 杨志蓉：《团队快速信任、互动行为与团队创造力研究》，浙江大学管理学院博士学位论文，2006。

④ Barlow C. M.，Deliberate Insight in Team Creativity. "*Journal of Creative Behavior*"，2000（02）：101－117.

⑤ 周耀烈、杨腾蛟：《个体创造力向团队创造力转化的机理研究》，《科学学研究》2007年第S2期，第256～260页。

⑥ 钟芳冰、彭灿、陈悦：《团队氛围对个体创造力与团队创造力的影响》，《价值工程》2011年第15期，第12～13页。

层面、多角度的多维整体概念，基于不同的认识视角及评价标准，其内涵存在差异。

在团队创造力的评价指标研究方面，国内外关于团队创造力评价指标的微观研究居多，将团队创造力作为综合指标研究的成果较少。研究初期，学者多从个体认知风格、个体创造力的差异评价团队创造力。多元环境论观点提出后，有学者从单个因素出发，测量团队的氛围或成果进而代表团队创造力水平。随着针对团队主体研究的深入，团队被视作一个整体，研究者提取团队活动过程中的创造性特征，探讨影响团队创造力形成的诸多因素，并将其视为团队创造力的评价指标。现今学者在研究团队创造力评价指标时，一般有狭义和广义两种评价方法。前者从微观切入，以团队的创造性氛围或成果为依据进行单维评价。后者则将个体创造力作为团队创造力的重要投入因子，同时考量团队的创造主体、创造氛围、创造过程、创造成果四类影响因素，并以上述角度为依据评价团队创造力。但无论使用何种方法，相关研究主要围绕四个维度展开：（1）创造主体，如王黎萤在测量团队创造力时评估了团队成员特征①；（2）创造氛围，West、傅世侠、Isaksen 等依据创造氛围测量团队创造力水平②③；（3）创造过程，丁志华等、陈德辉等立足互动过程，将其看成团队创造力的组成部分④⑤；（4）创造成果，如王磊等通过产品的影响力和发展力水平评价团队创造力⑥，郑小勇等则提倡使用主观测

---

① 王黎萤：《研发团队创新气氛的维度开发与结构验证》，《科学学研究》2010 年第 6 期，第 154 ~ 162 页。

② West M. A., Ideas are Ten a Penny: It's Team Implementation not Idea Generation that Counts. "*Applied Psychology*", 2002 (06): 411 - 420.

③ Isaksen S. G., Lauer K. J., Situational Outlook Questionnaire: A Measure of the Climate for Creativity and Change. "*Psychological Reports*", 1999 (02): 665 - 674.

④ 丁志华、李萍、胡志新等：《团队创造力数学模型的研究》，《九江学院学报》（自然科学版）2005 年第 3 期，第 112 ~ 115 页。

⑤ 陈德辉、王续琨：《组织创造力的模型建构与实证分析》，《科学学与科学技管理》2012 年第 9 期，第 130 ~ 136 页。

⑥ 王磊、张庆普：《高校科研团队创造力的可拓评价》，《技术经济》2014 年第 4 期，第 19 ~ 27 页。

量法考察团队的创造成果[①]。以创造主体、创造氛围、创造过程、创造成果为指标的创造力“4P”评价体系在团队创造力领域同样适用。尽管视角各异，但当前学者对团队创造力的评价方法可分为三类：一是通过累积个体创造力指数得出团队创造力评价值；二是通过累积团队成员对团队整体创造力的评价值；三是通过主观评价的方式，由独立评价者对团队的创造性产品或行为进行评价。三种评价方法各有优劣，且都基于使用量化或质性结合的实证研究基础之上，表明当前团队创造力指标体系具备多样性与规范性的双重特点。

在团队创造力的测评模型研究方面，学界关于团队创造力测评模型研究历时较长，但目前仍然缺乏成熟的测评模型。当前学界已有较为成熟的模型分为以下四类：一是基于文献研究成果采用思辨方法构建的理论模型；二是在形成指标体系的基础上，通过层次分析法构建的层次模型；三是为探究团队创造力与其他变量的关系而构建的结构方程模型；四是形成算式和常模的数学模型[②]。尽管四种模型的构建方式不同，但研究者均从团队活动过程的角度解析了团队创造力的内部结构，即认为团队创造力是多种因素综合的结果，而非个体创造力的简单相加。尽管我国关于团队创造力的模型构建研究数量丰富，但质量仍显不足。在测评对象上，多局限于科研队伍、企业团队，鲜有研究聚焦近年来双创浪潮下蓬勃发展的新兴群体，多数研究高度依赖于国外理论成果，且信效度普遍不高，其跨文化适应性有待检验。总而言之，国内团队创造力测评模型研究进展缓慢，有待结合国情继续探索。

综上可知，国内关于团队创造力的研究较之国外起步较晚，针对团队创造力的跨层次影响研究匮乏，研究对象多局限于企业员工团队和科研团队。随着我国创新创业教育与众创空间建设的推进，大学生创客团队规模

① 郑小勇、楼鞅：《科研团队创新绩效的影响因素及其作用机理研究》，《科学学研究》2009年第9期，第1428～1438页。

② 周耀烈、杨腾蛟：《个体创造力向团队创造力转化的机理研究》，《科学学研究》2007年第S2期，第409～413页。

迅速扩大，逐渐成为我国“大众创业、万众创新”的生力军①。相比于社会创客，大学生创客是以创新创业项目和创客空间为平台，通过团队协作将各种创意转化为现实产品的在校生，其团队是学习共同体、跨专业团队、创意社群的合集②，其活动过程也是成员学习团队合作的路径。依托学校提供的运行资金、成员来源、场地支持，大学生创客团队创造力水平关乎高校创新创业教育的实际效用。但目前学术界对高校众创空间和创客的实证研究较少，尤其是在中西部地区，而大学生创客团队创造力这一主题极富研究价值。因此，亟须建构信效度较高的创客团队创造力的测评模型，为团队创造力的测评提供科学的工具支持和实证依据，同时丰富团队创造力的理论研究，为大学生创客团队创造力水平的进一步提升提出理论指导和提供实证依据，助力高校众创空间的发展，为高校创新创业教育改革和发展提供工具支持，深度探究高校众创空间与创新创业教育相融合的新模式。

三　测评模型的构建与检验

（一）理论模型构建与内涵解读

在文献综述基础上可知，团队创造力的测评并非静态单维的结果判断，而应当是动态多维的综合评价。因此，本研究立足“4P”原则和国内外权威的团队创造力评价框架，融合大学生创客的特征，通过对大学生创客团队创造力核心要素的深度分析、评价指标的抽取，并结合相关专业意见构建了包含“创客团队创造主体”“创客团队创造过程”“创客团队创造氛围”

① 《深化高校创新创业教育改革——努力造就大众创业、万众创新生力军　教育部党组学习贯彻李克强总理给清华大学学生创客重要回信精神》，《教育现代化》2015 年第 4 期，第 15 页。

② 余薇：《基于生态视角的高校创客空间建设探索与实践》，《教育现代化》2018 年第 47 期，第 147 ~ 148 页。

“创客团队创造绩效”4个一级指标和10个二级指标的大学生创客团队创造力测评理论模型（见图1）。

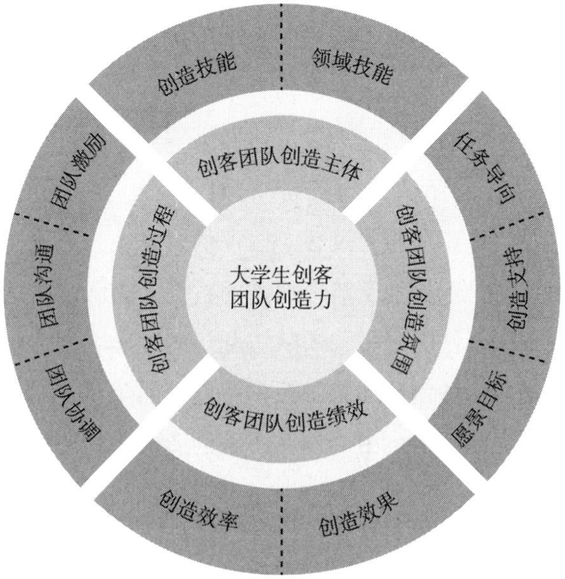

图1　理论模型图

首先，创客团队创造主体是大学生创客团队中创造性活动的实践者，是创客团队创造力形成的基础，一般由具有较强创造意愿和创造能力的在校大学生构成，指向创意实现的创客活动对大学生创客自身个体创造力水平存在一定要求。参考 Amabile 的创造力量表[①]，选取创造技能及领域技能两个维度衡量创客团队创造主体的创造性特质，创造技能包括有利于大学生创客跨领域创造的认知风格、工作风格和思维能力，领域技能主要包括大学生创客在特定领域内主体知识、技能、智力的天赋。其次，创客团队创造氛围是指影响大学生创客团队创造力形成、发展和发挥的环境条件。大学生创客因共同的创意想法而聚合形成团队，良好的创造氛围是其从事创造活动的精神保

① Conti R., Coon H., Amabile T. M., Evidence to Support the Componential Model of Creativity: Secondary Analyses of Three Studies. “*Creativity Research Journal*”, 1996 (04): 385-389.

障。在借鉴 West 的创造氛围量表的基础上①，本研究从愿景目标、任务导向、创造支持三个维度上对创客团队创造氛围进行测量。其中，愿景目标指大学生创客对于团队目标的认同及支持度，任务导向是大学生创客为完成工作任务时的具体表现，创造支持则指向大学生创客在创新点、新视角上的支持程度。再次，创客团队创造过程是指大学生创客团队开展创造性活动的时间序列，即大学生创客通过交互形成创造性思维或进行科学知识发现与创造的过程，参考 Morgan 的团队行为量表②，对大学生创客之间反复研讨、相互学习、相互启发、思想碰撞等过程予以评估。其中，团队沟通指大学生创客为完成预定的共同目标相互交流、促进的过程；团队激励指大学生创客受团队影响持续激发积极性的过程；团队协调指向大学生创客统一目标和行为的过程。最后，创客团队创造绩效是大学生创客团队对预期创新质量的满足程度和最终成果的主观评估。由于创客团队创造成果的衡量标准与创新创业成果的换算方法尚无统一的评价标准，且其创造成果往往需要较长时间呈现，因此本研究基于郑小勇等的科研团队创新绩效量表，结合大学生创客的活动特征，从创造效率和创造效果两个维度来测量创客团队创造绩效。创造效率指大学生创客对创造投入达到预期效果的满足程度，创造效果则指大学生创客对创造产出达到预期质量的满足程度。

基于理论模型与评价指标的解读，本研究从“创客团队创造主体”“创客团队创造氛围”“创客团队创造过程”“创客团队创造绩效”四个维度考量大学生创客团队创造力水平，分别代表大学生创客团队创造的主体、环境、过程与成果。在此基础上，本研究尝试对大学生创客团队创造力构建操作性定义，即在共同的任务目标驱动下，具备一定创造技能和专业知识的大学生创客自发组织形成团队，并通过整合创意、互动协作以提高团队创造效率与效果的能力。

---

① Anderson N. R., West M. A., Measuring Climate for Work Group Innovation: Development and Validation of the Team Climate Inventory. “*Journal of Organizational Behavior*”, 1998 (03): 235–258.

② Morgan B. B. J., Glickman A. S., Woodard E. A., et al., Measurement of Team Behaviors in a Navy Environment. “*Behavioral Objectives*”, 1986 (11): 126.

（二）工具设计与调查对象

在问卷编制方面，本研究在对团队创造力、创客等相关文献进行整理、分析政策、专家咨询的基础上，发现国内外尚无成熟权威的大学生创客团队创造力测评量表可供借鉴，因此本研究量表部分题目借鉴已有相关量表表述，主要借鉴了王磊的高校科研团队创造力测评模型①、王黎萤等的团队过程特征指标②、Isaksen 等的团体创造力的评估模型③、West 的 TCI 量表④、凌建勋修订的 TCL 量表⑤、钟芳冰等的团队氛围量表⑥、美国哈佛大学 Conti 等的 TEYS 量表⑦和张杰的《社会资本影响员工创造力过程模型》⑧ 等相关量表及问卷中的表述。融合大学生创客的特征与内涵，参考国内外关于团队创造力测评的指标体系和测评模型，形成自编问卷。在问卷修订过程中，为了保证问卷的信效度，共经过了两轮调查，预研究以重庆市 6 所高校 61 个创客团队的 357 名创客为调查对象，结合逻辑分析对初测问卷的 48 个题目进行探索性因素分析和项目分析，通过对初测问卷题目进行删减、修正、合并得到具有 37 个题目的正式问卷。针对成渝地区 21 所高校的 418 个创客团队，共计 3116 名大学生创客展开问卷调查。其中，男 1720 人，女 1396 人；农村户籍 1385 人，城镇户籍 1731 人；专科 330 人，本科 2372 人，硕士 308

---

① 王磊：《高校科研团队创造力形成的影响机制研究——以团队知识整合能力为中介》，《科技管理研究》2014 年第 19 期，第 88～95、108 页。

② 王黎萤、陈劲：《研发团队创造力的影响机制研究——以团队共享心智模型为中介》，《科学学研究》2010 年第 3 期，第 420～428 页。

③ Isaksen S. G., Lauer K. J., Situational Outlook Questionnaire: A Measure of the Climate for Creativity and Change. "*Psychological Reports*", 1999 (02): 665－674.

④ West M. A., Ideas are Ten a Penny: It's Team Implementation not Idea Generation that Counts. "*Applied Psychology*", 2002 (10): 51.

⑤ 凌建勋：《团队创新气氛问卷的编制与研究》，暨南大学管理学院硕士学位论文，2003。

⑥ 钟芳冰、彭灿、陈悦：《团队氛围对个体创造力与团队创造力的影响》，《价值工程》2011 年第 15 期，第 12～13 页。

⑦ Conti R., Coon H., Amabile T. M., Evidence to Support the Componential Model of Creativity: Secondary Analyses of Three Studies. "*Creativity Research Journal*", 1996 (04): 385－389.

⑧ 张杰：《社会资本影响员工创造力过程模型研究》，浙江大学管理学院硕士学位论文，2007。

人，博士106人。问卷采用李克特五级量表法进行量化计分，计分标准从5到1分别为“完全符合”到“完全不符合”，逆向题目反向计分。

（三）模型验证性检验

从正式测试数据中随机抽出一半（1558份）用于探索性因素分析，另一半（1558份）用于验证性因素分析。运用SPSS24.0统计软件对正式问卷数据进行探索性因素分析，采用主成分分析法和最大方差旋转法分析得到KMO取样适切度量数为0.82，巴特利特球形度检验显著性小于0.001，表明量表适合进行探索性因子分析。对于37个题项，共抽取四个特征值大于1的共因子，累积方差解释率为67.49%，各题项的标准化因素负荷值均介于0.63~0.89，表明载荷分配较理想，四个因子与本研究构建的大学生创客团队创造力理论模型基本吻合。在理论分析和探索性因素分析的基础上，为了验证在探索性因素分析中得到的大学生创客团队创造力四维度模型是否与实际数据适配，使用验证性因素分析对正式问卷的结构进行验证，提出了二阶模型如图2所示，并利用AMOS21.0进行数据分析。由表1可知，各潜变量的标准化路径系数介于0.73~0.95，各测量指标的标准化因子载荷介于0.70~0.98，表明各测量指标对其潜变量具有较高的解释力度和重要性。将样本数据代入二阶模型，得到各拟合指数［$\chi^2/df = 4.91$，NFI = 0.91，RFI = 0.91，IFI = 0.93，TLI = 0.92，CFI = 0.93，RMSEA = 0.05］，显著性概率值 $P < 0.001$，各项模型拟合指数均达到判别标准，表明大学生创客团队创造力结构方程模型与实际数据具有良好的适配度和拟合程度。

表1　二阶模型因素负荷矩阵

潜变量	标准化路径系数	题目数量	标准化因子负荷				AVE	CR
创造技能	0.89	4	0.71	0.92	0.98	0.77	0.73	0.91
领域技能	0.75	3	0.90	0.70	0.93	—	0.72	0.88
任务导向	0.78	4	0.91	0.95	0.75	0.84	0.75	0.92

续表

潜变量	标准化路径系数	题目数量	标准化因子负荷				AVE	CR
创造支持	0.79	4	0.73	0.76	0.70	0.77	0.55	0.83
愿景目标	0.95	4	0.75	0.78	0.84	0.76	0.69	0.90
团队激励	0.82	4	0.87	0.81	0.80	0.84	0.71	0.91
团队沟通	0.73	4	0.88	0.88	0.84	0.76	0.73	0.89
团队协调	0.93	4	0.86	0.83	0.88	—	0.73	0.89
创造效率	0.80	4	0.77	0.81	0.78	0.81	0.63	0.87
创造效果	0.73	4	0.82	0.83	0.71	—	0.62	0.83

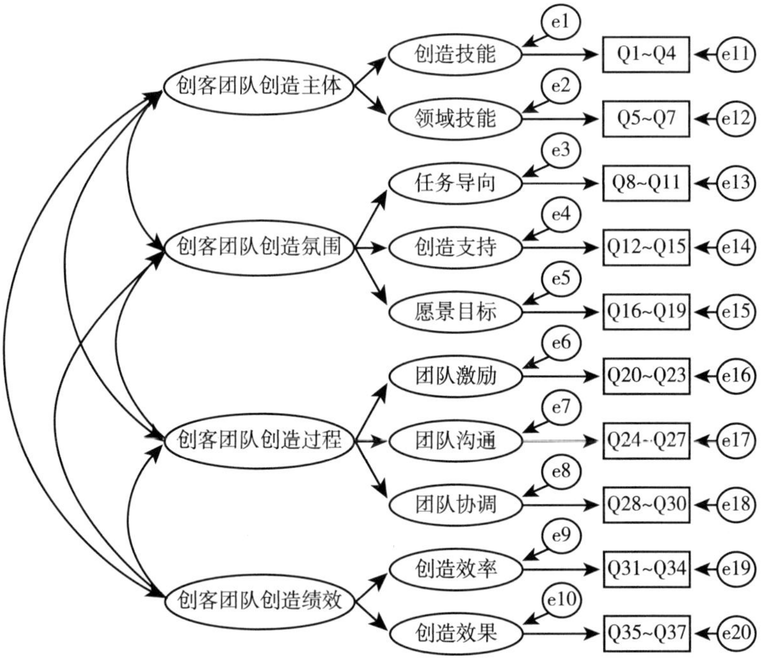

图2　验证性因子分析模型示意

（四）信效度检验与专家评价

本研究利用 SPSS24.0 对问卷数据进行信度检验，总量表的克隆巴赫 α 系数为 0.83，各一级维度的克隆巴赫 α 系数在 0.79～0.87，表明该问卷信度较好。在内容效度上，本研究所编制的问卷维度和题项设计是在前人研究的基础上，经过12位专家的多次修订，从而保证问卷具有较好的内容效度。使用平均变异抽取量（AVE）进行聚合效度检验，AVE大于0.50表明各潜变量的聚合效度较高，验证性因素分析结果表明，本研究中各潜变量的平均方差抽取量（AVE）均大于0.5（见表1），且组成信度（CR）介于0.83～0.92，表明各潜变量可解释变异量的比值较高。同时，为确保测评模型的科学性，本研究编制了“大学生创客团队创造力测评模型认同度调查问卷”。问卷采用李克特五级量表记分方式，邀请11名专家（包括长期从事教育研究的教研员1名、高校教育学教授4名、高校计算机科学教授2名、团队创造力研究者4名），对本研究构建的大学生创客团队创造力测评模型进行评价。结果显示，专家所构建的测评模型的认同度为87%，表明本研究建立的大学生创客团队创造力测评模型获得了相关专家的认可，能对大学生创客团队创造力的现状水平进行有效评估。

四　研究结果

（一）大学生创客团队创造力的总体水平

为验证大学生创客团队创造力测评模型的科学性和实用性，本研究对成渝21所高校所调查的3116个样本数据进行再利用。基于描述统计发现，大学生创客团队创造力总体得分为3.76，说明大学生创客团队创造力水平总体较高。在四个一级维度上，大学生创客团队在团队创造过程得分最高（$\mu=3.80$，$SD=0.61$），团队创造氛围（$\mu=3.77$，$SD=0.71$）次之，而团队创造主体（$\mu=3.73$，$SD=0.80$）和团队创造绩效（$\mu=3.72$，$SD=0.71$）相对较低。

（二）大学生创客团队创造力的群组差异

大学生创客团队创造力水平在高校类型、团队规模和团队成立时长上均存在显著差异（见表 2）。在学校类型差异方面，来自“985 或 211 工程”院校和高职高专院校的创客团队创造力水平显著高于来自其他本科院校的创客团队（$F = 8.44$，$p < 0.001$），在四个一级维度上，来自“985 或 211 工程”院校创客团队的团队创造主体（$F = 11.98$，$p < 0.001$）、团队创造氛围（$F = 3.94$，$p < 0.05$）和团队创造过程（$F = 6.91$，$p < 0.01$）水平显著更高。在团队规模差异方面，中规模和大规模创客团队的团队创造力（$F = 6.86$，$p < 0.01$）和团队创造氛围（$F = 4.19$，$p < 0.05$）水平显著更高，大规模团队的团队创造过程（$F = 4.53$，$p < 0.05$）水平显著更高。在团队成立年限方面，团队成立时间为大于 2 年的创客团队，其团队创造力整体水平（$F = 9.21$，$p < 0.001$）、团队创造主体（$F = 8.53$，$p < 0.001$）、团队创造氛围（$F = 3.86$，$p < 0.05$）水平显著更高。

表 2　差异性分析结果

团队背景变量		团队创造力（M ± SD）	团队创造主体（M ± SD）	团队创造氛围（M ± SD）	团队创造过程（M ± SD）	团队创造绩效（M ± SD）
学校类型	985、211 工程院校（n = 925）①	3.80 ± 0.39	3.84 ± 0.72	3.82 ± 0.62	3.82 ± 0.64	3.69 ± 0.69
	其他本科院校（n－1274）②	3.73 ± 0.40	3.67 ± 0.82	3.75 ± 0.71	3.76 ± 0.62	3.71 ± 0.68
	高职高专院校（n = 917）③	3.77 ± 0.42	3.72 ± 0.83	3.74 ± 0.78	3.85 ± 0.56	3.75 ± 0.77
	F 值	8.44***	11.98***	3.94*	6.91**	1.60
	事后比较	① > ②，③ > ②	① > ②，① > ③	① > ②，① > ③	① > ②，③ > ②	\
团队规模	1 ~ 5 人（n = 242）①	3.68 ± 0.04	3.66 ± 0.75	3.64 ± 0.48	3.74 ± 0.48	3.67 ± 0.60
	6 ~ 10 人（n = 1752）②	3.76 ± 0.42	3.73 ± 0.81	3.78 ± 0.74	3.78 ± 0.62	3.70 ± 0.71
	> 10 人（n = 1122）③	3.78 ± 0.42	3.75 ± 0.79	3.77 ± 0.70	3.84 ± 0.61	3.75 ± 0.74
	F	6.86**	1.20	4.19*	4.53*	2.47
	事后比较	② > ①，③ > ①	\	② > ①，③ > ①	③ > ①，③ > ②	\

续表

团队背景变量		团队创造力（M±SD）	团队创造主体（M±SD）	团队创造氛围（M±SD）	团队创造过程（M±SD）	团队创造绩效（M±SD）
团队年限	<1 年（n = 1270）①	3.74±0.41	3.68±0.80	3.75±0.72	3.78±0.62	3.71±0.70
	1～2 年（n = 873）②	3.74±0.39	3.71±0.80	3.73±0.71	3.80±0.62	3.70±0.71
	>2 年（n = 973）③	3.81±0.39	3.82±0.78	3.82±0.69	3.83±0.60	3.74±0.71
	F	9.21***	8.53***	3.86*	1.58	1.06
	事后比较	③>①，③>②	③>①，③>②	③>①，③>②	\	\

注：$*p<0.05$，$**p<0.01$，$***p<0.001$。

五 讨论

（一）大学生创客团队创造力的整体水平

从实证调查数据可以看出，成渝地区大学生创客团队创造力水平整体较高，尤其在互动协调和创造氛围方面表现较好，但创造技能、领域技能和成果产出较低。究其缘由，首先，大学生创客以兴趣作为出发点的创造动机提高了其参与团队互动协作的主观意愿，通过互动进行创意融汇和智慧交流①成为创客团队的主要凝聚点。伴随众创空间规模的不断扩大，大学生创客团队交流、互动、分享、协作获得了稳定的核心空间，继而为互动交流的提高提供设施保障。其次，在创造氛围方面，有学者指出创客群体是跨专业的创意社群，以兴趣为导向自发组成的团队，成员间往往拥有一致的愿景目标，易形成良好的创造氛围。随着我国创客运动的持续开展，各大高校陆续整合

① 张争光：《创客教育与物理教学的有效融合》，《教学与管理》2016 年第 28 期，第 47～49 页。

当地创新创业资源，通过开设众创空间、举办创客大赛、召开交流会等形式以提高大学生创客培养质量，间接催成了融洽的技术交流平台、浓厚的创新创业文化等资源要素①，促进了大学生创客团队创造氛围的营造。再次，大学生创客在创造和专业领域的知识与实践水平仍较为薄弱。大学生创客自身兼具学生与创客的双重身份，尽管学生角色层面上的创客团队具有学习共同体的特征，并可激发出高水平的合作创新意识，但以学校为单位举行的创客活动旨在为学生提供学习知识和积累经验的机会，对创客成员领域专业技能并未设置过高的门槛，多数大学生创客缺乏实践经验与专业创造技能，创客的专业性角色不够突出，因而大学生创客创造技能与领域技能尚有进步空间。最后，由于经验短缺、资源匮乏等不利因素，成果的转化与延伸多依赖高校的资源平台与科研水平②，大学生创客团队的成果产出能力普遍不佳。此外，大学生创客团队因兴趣而聚合，主观上更倾向于创意的生成而非成果的产出，且当前大学生创客团队成果的评价体系还未成型，类型多样的创客项目形成了多样化的成果形式，对成果测评的难度较大，这对团队创造效率的提升存在不利影响。

（二）大学生创客团队创造力的差异

在学校类型方面，“985、211 工程”院校和高职高专院校的创客团队创造力水平显著高于其他本科院校的创客团队，且来自“985、211 工程”院校的创客在个体创造力水平和创客团队创造氛围上表现最佳。原因在于各类高校在组织创客团队开展活动的过程中，所拥有的硬件支持、育人理念、师资力量存在显著差异。首先，“985、211 工程”院校比其他层级院校有更多机会获得国家给予的硬件支持，拥有更多可支配的人力、财力、物力，进而利于校内众创空间的建设与运行，为本校创客团队合作互动提供基础的硬件

① 王佑镁、钱凯丽、华佳钰等：《触摸真实的学习：迈向一种新的创客教育文化——国内外创客教育研究述评》，《电化教育研究》2017 年第 2 期，第 34 ~ 43 页。

② 赵雪梅：《校企合作下的大学生创客空间培养模式研究》，《中外企业家》2019 年第 4 期，第 173 ~ 174 页。

支持。其次，近年来“985、211 工程”院校积极响应培养创新型人才的政策号召，重视应用型人才的培养，通过举办各类双创大赛、改良图书馆等形式营造浓厚的创新创业氛围①。而高职高专教育自身具备的实务导向与勇于实践的创客理念存在共性，因此高职高专院校的人才培养路径与本校创客活动同质②，使得高职高专院校的创客团队在团队创造过程中展现出较好的互动与协调效果，在团队创造力的综合评价中也显著胜过其他本科院校。最后，由于我国“985、211 工程”院校相比其他院校拥有更多兼具指导经验和领域创新技能的优质教师，科研经验丰富的导师团体能够在教学过程中影响着学生的认知风格和思维能力，在学科建设指导下帮助创客团队取得突出效果，对于学生学习专业知识与创造技能具有积极意义，以上优势使得“985、211 工程”院校的创客团队成员的创造技能和领域技能得分相较于其他院校更高③。

在团队规模方面，大规模和中规模创客团队的团队创造力水平优于小规模创客团队，且大规模团队拥有知识异质性与职能异质性的优势，利于团队成员在互动中发生更多学习迁移、技能借鉴的环节，促进团队创造力的迸发。在知识异质性上，得益于高校多样化的专业设置，大学生创客团队大多由不同领域专长的团队成员组成，通过增加知识异质性以促进团队创造力的提升④，而团队规模的增大提升了形成跨专业的团队的可能性，因而大学生创客有更多机会融合专业学科知识进行技能创新。技术专长类成员、决策能力类成员以及协调沟通类成员都能极大地影响团队的互动过程⑤，因此，团

① 刁羽、杨群：《高校图书馆嵌入式创客服务研究》，《图书馆工作与研究》2017 年第 2 期，第 107～110 页。

② 谢志远：《高职院校培养新技术应用创业型创新人才的研究》，《教育研究》2016 年第 11 期，第 107～112 页。

③ 杨晓明、冯茜：《研究生创新能力影响因素实证分析》，《研究生教育研究》2014 年第 6 期，第 38～41、46 页。

④ 许士荣：《我国高校师资博士后政策的十年回顾与展望》，《高校教育管理》2015 年第 4 期，第 120～124 页。

⑤ 王华荣：《以案例教学推动大学课堂教学模式改革的实践与探索》，《中国大学教学》2011 年第 4 期，第 62～64 页。

队规模的扩大依赖合理的成员职能的分工，具备不同职能的大学生创客进行跨职能的思想交流，将多元化思维视角融入团队交流，碰撞出精妙的创意灵感，提升创客团队分析问题、整合问题、解决问题的能力。

团队成立时间方面，成立时间长的大学生创客团队的团队创造力整体水平显著高于成立时间短的创客团队，在创客的个体创造力和团队的创造氛围两个维度尤为突出。有学者发现当项目团队成立时间小于5年时，团队信息的多样性能够对团队创造力产生显著的正向影响①。我国创客运动兴起时间尚短，参与调查的大学生创客团队成立时间均不满五年，因此在团队成立初期，初入团队的创客受到来自专业异质的创客帮助，在新领域知识的启发下跨学科进行知识整合和知识再创新②，对其创造技能和领域技能的提升都有积极意义。此外，也有学者基于企业团队的实证研究结果指出，团队成立的时间越长，成员之间的同质性也会有所提高③，创客自身的认知与工作风格向其他创客趋同，团队共识与信任度逐渐加深，彼此相互支持的力度增大，对团队的愿景目标与任务布置有更强的认同感，为创造提供更有利的环境条件，进而促进团队创造力水平的整体提升。

六　结论与建议

本研究在构建大学生创客团队创造力的操作性定义的基础上，采取理论模型构建和实证方法检验的整体思路，构建了信效度良好、拟合程度高和可操作性的大学生创客团队创造力测评模型，归纳出大学生创客团队创造力包括创客团队创造主体、创客团队创造氛围、创客团队创造过程和创客团队创造绩效四个一级维度及十个二级观测指标，为科学测评大学生创客团队创造

① 李虹颖：《团队多样性对互联网项目团队创造力的影响研究：团队特征和任务特征的调节作用》，南开大学商学院硕士学位论文，2014。

② 吕洁、张钢：《知识异质性对知识型团队创造力的影响机制：基于互动认知的视角》，《心理学报》2015年第4期，第533~544页。

③ Chen M. H., Chang Y. C., Hung S. C., Social Capital and Creativity in R&D Project Teams. "*R & D Management*", 2007 (01): 21-34.

力的水平提供了工具支持，并使用该测评模型调查并掌握了成渝高校大学生创客团队创造力的现状水平，研究结果发现：（1）大学生创客团队创造力的整体水平较高，但发展不均衡，创客团队创造主体和创客团队创造绩效相对较低；（2）大学生创客团队创造力整体水平及其各维度在高校类型、团队规模和团队成立时长上存在显著差异，来自“985、211 工程”院校或高职高专院校、团队规模越大和团队成立时间越长的大学生创客团队的团队创造力水平显著更高。基于川渝地区的教育基本情况，以形成大学生创客团队创造力的四个维度为出发点，为进一步提升大学生创客团队创造力的整体水平，提出如下对策建议。

首先，全面普及创客教育，激发团队主体创造性。第一，大力开展高校创客教育。高校应建立并完善创客教育体系，开设川渝地区本土化创客教育课程，以大学生创客之间的思维碰撞、创意分享为课程导向，在合作探究的过程中巩固知识体系，培养跨学科交互能力，实现创客团队创造主体性的发挥。第二，以提升创客创新能力为核心。高校应开展多种创新创业活动如创新创业沙龙、宣讲会、训练营等，加强创客经验分享与先进创客理念的贯彻，通过极富创新精神和创造能力的活动提升创客创新能力，充分展示主体活力。第三，建立专业性导向的创客团队组建指导课程。鼓励根据专业领域特色组建学科异质性团队和大规模团队，通过开设指导课程引导创客团队合理分配团队任务，发挥异质性、大规模团队的潜在优势，提升团队成员的创造主体性。

其次，团队领导者发挥引领作用，共促创造过程高效循环。第一，遴选优质创客导师。高校应为创客团队配备优质的创客导师，由导师针对团队构成、年限、职能等特点设立科学的、合理的、完善的创新创业方案，引导大学生创客创造性与创新性的过程性凸显，促进团队创造过程的高效循环。第二，对团队领导者开展专业培训。团队领导者是调动创客团队创意沟通和融洽协调的轴心角色，决定了整个创造过程的流畅度和凝聚力。定期的专业培训可以提升领导者执行力和决策力，为团队协调力和沟通力的提高提供保障。

再次，设立众创导向课程，搭建校内外交流平台。第一，扶持川渝高校众创空间的建立。建立众创空间为创客团队提供共同的办公场地，提供低成本的创业环境，利于创客团队举行活动、经验分享，进行产品展示、项目路演等。第二，高校为创客团队设立基金、比赛、项目等激励措施，开展一系列的创新创业讲座、论坛、文化节等活动，创设浓厚的创新创业文化氛围，以激励团队形成共同的团队目标愿景，从外部层次给予团队创新支持。第三，设立以项目式课程设计为核心的创客教育课程，为大学生创客设置项目导向的创新创业项目，增进学生对项目目标的认同及支持度，共建愿景目标，鼓励学生互帮互助实现创意，营造共谋分享的氛围。

最后，建立健全评价机制，构建绩效评价体系。第一，高校“创课”应建立学生自我评价机制，由学生对团队创造过程做出形成性评价和项目最终产出的结果性评价，以软性评价与硬性评价相结合，衡量创造产出达到预期质量的满足程度。第二，设立针对不同领域的专业评价标准，构建大学生创客团队绩效评价体系。针对各个领域不同的产出成果设立体系化的绩效评估方式，绩效评估方式尽量公正完善，并与社会经济效益结合，综合多种因素，构建全面的产出测评模型。

“一带一路”背景下商科留学生“沉浸式”培养模式改革研究

——基于四川省X大学分析

陈小满　李雨萌*

摘　要：在“一带一路”建设的推进过程中，高等教育合作范围逐渐扩大，合作层次日益深化，人才培养渠道更趋多元。借助于新丝路之势，X大学以商科留学生培养为依托，积极推动来华留学生教育改革，探索“沉浸式”商科人才培养模式。其措施主要包括：建立沿线国家商科教育院校联盟，促进多模式国际交流与合作；制定特色商业课程方案，提升来华留学项目层次与品牌；提升留学生财经汉语教学水平，优化留学生语言课程；构建留学生管理体系，使教学、管理、服务一体化；拓展国际学生市场，推动“留学生融入中国”计划；完善“学分银行”的理念，使留学生发展融入“一带一路”倡议，以培养具备政治互信、文化互融的高端领军人才，取得了突出成效，具有较强的推广价值。

关键词：“一带一路”　商科　留学生　“沉浸式”培养模式

---

* 陈小满，博士，西南财经大学发展研究院讲师，主要从事高等教育政策与人才发展；李雨萌，西南财经大学会计学院本科生，主要从事教育政策研究。

长期以来，来华留学生传统培养模式大多只关注留学生语言本体知识培养或只关注语言技能和基本文化知识的学习，使得留学生对我国了解只能长期停留在基础交流阶段，无法深入理解中国社会、经济的方方面面。推进“一带一路”建设，无论是作为经济互助互通的“硬联通”，还是作为政策交流沟通的“软联通”，都离不开理论与实践贯通的“人联通”。① 随着“一带一路”倡议的推进，合作国家的经贸合作程度将逐步加深，使熟悉多国文化的商科人才需求日渐增强。我国是“一带一路”倡议的发起国，培养大量通晓中国文化的商科留学生，对增进我国与“一带一路”沿线国家的经贸合作具有重要意义。为适应“一带一路”倡议要求，要改变传统商科留学生教育模式，培养适应时代需求的综合型商科人才。教育部在《推进共建“一带一路”教育行动》中明确提出，“全面提升来华留学人才培养质量，把中国打造成为深受沿线各国学子欢迎的留学目的地国”。② 据此，X大学开始探索“服务‘一带一路’倡议，创新商科留学生‘沉浸式’培养模式改革”试点。沉浸式教学起源于20世纪60年代的加拿大，是一种基于学科内容、以目的语为教学语言的教学模式。③ 沉浸式教学，“不是通过学习语言课程来实现语言教育的目标，而是通过其他科目的学习来帮助学生掌握两种语言”。④ “沉浸式”培养模式，即强调以目的语教学为主进行专业课教学的模式，即通过“沉浸”在中文的语言环境中，培养学生不仅提升专业知识，也增强语言运用、理解能力。该试点区别于以往的传统语言技能教学，不仅注重对来华商科留学生专业知识的培养，更注重通过“沉浸式”教育模式，培养具有政治互信、文化互融基础的，能够统领未来商业发展与

① 朱以财、刘志民：《“一带一路”背景下高等教育人才联通：要义、角色与路径》，《高校教育管理》2018年第5期，第8～14页。

② 教育部：《教育部关于印发〈推进共建“一带一路”教育行动〉的通知》，http：//www.moe.edu.cn/jyb_xwfb/s271/201608/t20160811_274678.html，2018年10月12日。

③ 江傲霜：《对美国中文沉浸式教学的思考》，《民族教育研究》2017年第3期，第95～96页。

④ 施信疑、朱萍：《“一带一路”沿线国家来华留学生人才培养策略研究》，《南京理工大学学报》（社会科学版）2018年第5期，第66～70页。

合作的高端领军人才。该项目的总体目标是依托“一带一路”节点优势，结合“引进来、走出去”政策，加强高校合作联盟，建设成校际政治互信、经济融合的责任共同体、利益共同体；推进由单向语言技能教学转向商科专业与文化交融相结合教学模式的改革，培养语言技能超群、商科知识扎实、文化理解精准的“一带一路”专门人才。统筹管理留学生与校际合作外向型发展，采取“一点一策”方针夯实沿线高校政策互通的合作基础，深入开展留学生“沉浸式”教育培养模式改革，培养既有较强的汉语运用能力，又掌握扎实的商务知识的复合型人才。这一项目的实施，有助于提升我国高校的国际化水平和国家文化软实力，助力实现“一带一路”沿线国家文化交融的目标。通过开展高校国际合作与交流，倡导文明对话，健全合作沟通机制，与沿线各国院校打造民心相通、文化包容的命运共同体。

在“一带一路”推进过程中，既强调经贸合作，也重视文化教育合作，且教育交流起到了联通各国民心的桥梁作用，而人才培养则为实现政策沟通、设施联通、贸易畅通、资金融通提供了智力支撑。[①] 推进“一带一路”沿线国家和地区的高等教育合作，有助于各国各地区培养高端人才，有利于打造合作共赢、互融互通的高等教育合作共同体。在这一倡议已经步入全面推进的阶段中，X 大学作为国家重点财经类院校，具有招收留学生的前提基础和准备条件，目前拥有较大的在校生人员规模，留学生人数呈直线上升态势。截至 2014 年底，X 大学留学生人数已达 628 人；同时，该校依托良好的商务专业优势及扎实的科研教学团队，已经通过欧洲质量改进体系 EQUIS 的首次认证，为招收商科留学生奠定了坚实的基础，有条件也有能力承担服务国家经济发展、提供人才支持的责任和使命，主动发挥“丝绸之路经济带”战略腹地的地缘优势，大力推进国际化进程，以优质学科平台为依托，积极开展创新改革举措，培养适应“一带一路”沿线商贸经济发展及商业往来所需紧缺商务人才。

① 周群英、向巧利：《沉浸式教学模式下国际汉语教师发展研究》，《云南师范大学学报》（对外汉语教学与研究版）2018 年第 3 期，第 74～81 页。

一　商科留学生“沉浸式”培养模式改革目标

沉浸式教学是指用目标语言作为教学语言，使学生在校的全部时间或一段时间“浸泡”在目标语言环境中，教师不仅教授目标语言，而且使用目标语言讲授其他学科知识。在“一带一路”倡议背景下，培养商科留学生要设置新的目标和要求，为促进经贸合作提供人才支撑。X 大学依托雄厚的师资力量、优良的教学方法、完善的训练设施及一流的服务理念，积极探索商科留学生“沉浸式”培养模式改革，使留学生“浸泡”在中文环境中学习商务类专业，为培养“一带一路”倡议背景下新型综合商务留学生人才打下坚实基础。

（一）立足经贸，建设“汉语、商务、文化”三位一体综合性新型人才

通过对来华留学生开展“沉浸式汉语教学”，培养深谙中华传统文化和现代中国经济体系的留学商务精英。“一带一路”倡议的提出和实施，成为中国与沿线国家连接的“坚固桥梁和纽带”，因而培养实用的新型商务人才，有助于促进与沿线国家的商业合作、商业沟通。一方面，以沿线国家的市场需求为导向，确立“语言 + 专业 + 文化 + 实践”四维动态的财经汉语教学内容，为沿线国家提供“订单式”人才培养服务。另一方面，以汉语为载体实现跨文化教育，引导留学生正确理解中国传统文化中的商务知识和洞悉中国特色的商务思维方式，打破文化之间的障碍，达成跨文化交流与合作的意愿，帮助促进我国与丝路国家民众间的互信互融，反哺“一带一路”倡议。

（二）优化留学生课程设置，构建特色鲜明的财经汉语文化专业课

该校具备较为坚实的对外汉语教学基础，拥有高质量的留学生中文示范

课程，并且不断建立和增强课程建设，为留学生提供完善的课程体系和课程保障条件。对商科留学生而言，其课程设置将遵循“宽基础、重实用”的理念，强调语言基本知识和商务基本理论并重原则，将语言教学与科研教学相结合。同时，适当拓展专业知识，增加实践课程的比例，建立动态的、灵活的、开放的商务汉语专业课程体系。依据“一带一路”需求做科学灵活变通，以财经汉语文化教学为支点，助力来华留学生文化互融。

（三）加强校企协同，参与基础设施互联互通项目

借力“一带一路”建设之势，深化校企合作，拓宽第二课堂实践教学内容，加强留学生就业实习基地的搭建。一是根据教学的实际需求，设置商务实战演练、商务文化体验、商务调研报告等实践活动，丰富第一课堂理论教学体系的内容。二是选拔留学生深入企业，参与基础设施建设；加强校企协同，主动服务于互联互通项目。同时，搭建产学研用结合、政策互通互融的实践实训平台，助推“一带一路”倡议的推进和实施。三是利用国内外校友资源，发挥出校友圈的辐射带动作用，为“一带一路”建设做出应有的贡献。加大对我国周边以及丝路沿线国家校友工作的支持力度，研究丝路建设中如何发挥校友的作用，做勤、做好校友工作；建立基于校友网络的大数据，深入对文化、区域、各国高校合作的具体路径进行探讨，致力于提高“一带一路”建设的效率和质量。

二　商科人才培养模式改革措施及实施方案

为顺利推进商科人才培养模式改革，学校成立了教育体制改革领导小组，统筹计划实施中的重大事宜。一是建立定期通报制度，保持信息畅通、进展有序。二是建设优秀的师资队伍，鼓励学生参与教师高水平科研项目的机制。三是积极争取配套资金的投入，采取措施降低学费，吸引优秀生源；改善办学环境，提升办学软硬件质量，进而提高办学水平。具体改革措施如下。

（一）建立沿线国家商科教育院校联盟，促进多模式国际交流与合作

首先，集中区位优势，建立商校联盟圈，培养“一带一路”商贸经济发展紧缺人才。该校坚持开放办学的理念，充分利用国内外高校资源，尝试与具有生源优势、区位优势的国内高校在联合招生和培养等领域进行协作，实现资源成果共享、优势互补。其次，建立中欧商校联盟，进一步与国际商学院接轨，加深与欧洲商学院的交流与合作，加强对外宣传，拓展“一带一路”沿线国家合作伙伴和院校。例如，利用已经举办的中俄两河流域论坛成立中俄两河流域商校联盟、俄罗斯商校联盟，定期举办中俄青年论坛、“中国传统文化日”、“俄罗斯文化日”等活动。同时，借助于“一带一路”倡议合作的愿景，瞄准沿线伊斯兰国家金融的重要作用，建立阿拉伯商校联盟，从而起到“以点带面”和“以短带长”的效果，成为国家“一带一路”地区财经领域的智库，培养“一带一路”商贸经济发展所需紧缺人才。

另外，全方位政策覆盖促进多模式国际交流与合作。一方面，根据《X 大学关于进一步深化改革推进内涵发展的若干意见》的指导，X 大学将不断拓展多种国际交流合作形式，积极创办本、硕、博层次的合作办学项目，尝试异地办学和开设海外校园，为改革试点提供良好的环境，促进彼此在学生互换、教师交流、合作期刊、合作研究、校企关系共享等方面的交流与合作。另一方面，深入开拓“一带一路”沿线教育资源，开发“一带一路”来华留学商科高端项目。项目以“整体提高、试点培养”为原则，探索开发多种招生渠道，利用新媒体广泛开拓“一带一路”生源国，不断扩大试点留学生培养规模。在各种国际合作项目的开展和实践中，加强与“一带一路”国家高校的交流合作，与泰国、法国、智利等多个“一带一路”国家和地区的高校建立了紧密的伙伴关系。2017 年，试点新建立国内外招生合作机构 16 所，成功举办“‘一带一路’倡议背景下的留学生教育国际交流研讨会”。

（二）制定特色的商业课程方案，提升来华留学项目层次与品牌

一是结合该校财经学科优势，学校增加多语种课程建设，不断完善留学生商科教育的“沉浸式”培养模式。首先，根据实际情况建设符合留学生本国需求的商业课程、金融课程等，建设符合区域性需求的经济课程，如众多阿拉伯国家的金融体系有别于传统金融。因此，为有需求的留学生定制伊斯兰金融课程、中欧商务经济课程以及中国与东南亚商务经济课程等，并且与沿线国家高校紧密联系，实现政策互通，为新丝路沿线国家财经领域来华留学生制定特色化方案，培养试点学生关注中国社会发展、捕捉社会需求的嗅觉与能力。其次，研发系统实用的财经文化课堂，打造通晓中国商情的新丝路商科人才。另外，依据“产教结合、校企合作”模式探索建立商科留学生教育人才成长“立交桥”。试点计划在现有合作的企业及机构中挑选具有典型示范效果的合作伙伴进行深度开发，通过正式授牌、签署协议等方式打造一批留学生实践实训基地，将实践环节普及留学生培养的全过程中，强化留学生的理论基础，在实践环节中加深其对经管知识的运用程度，达到新型人才培养的目的。

二是创新传统短期项目，提升来华留学项目层次与品牌。首先是建设全英文授课平台，奠定试点项目教学基础。《留学生经费分配和管理办法》的实施，带动学校层面的研究生公共基础课程全英文授课平台的搭建，推动全校培养。与此同时，学院积极申报本专业方向的全英文授课课程，鼓励跨学院选择全英文授课课程并由学分平台进行统一的费用结算，做到可持续良性循环，为改革试点提供资金充足的基础。其次，试点紧扣培养高端商科人才的主题，开发包括联合培养硕士项目和各类交换项目在内的一批成熟稳定、具有创造性和前瞻性的合作项目，积累了稳定的留学生生源，大幅提升了留学生的培养质量。首个泰国清迈皇家大学“2＋1＋1”商务汉语试点班，顺利完成在X大学的学业，并于2017年9月迎来第二批试点学生；2017年5月试点重新规划了美国佛罗里达大学暑期项目，计划引入“沉浸式”教学；试点成功与法国诺曼底商学院签订了自费留学生派遣协

议，中欧国际双硕士项目（CEEBS）试点成功，连续三年获批教育部创新型人才合作培养项目。

（三）提升留学生财经汉语教学水平，优化留学生语言课程

学校具有“汉语国际推广基地”的优势，一方面可以依托汉语推广基地培养、招收留学生；另一方面，汉语推广成都基地可以为商科留学生提供汉语学习和文化交流的平台，同时与丝绸沿线国家紧密联系，为培养新型的商科留学生搭建文化交流基地。依托财经类汉语模式创新探索教改项目，提升留学生财经汉语教学水平。四川省研究生教育教学改革项目——《留学生硕士培养中的财经汉语教学模式创新探索（留学生财经汉语学习动机与学习策略研究及教学改革）》遵循“服务需求，提高质量”的指导方针，建立留学生硕士培养中的财经汉语教学模式创新探索实践点，加强对攻读硕士学位的留学生教育改革创新的管理，从而提高该校攻读硕士学位的留学生教育质量内涵式发展的客观要求，同时为改革试点建设国内一流学科、建立具有较强竞争力的优势特色学科提供强有力的保障。

据统计，对上海市4所高校来华留学生的调查研究显示，汉语授课和英语授课的留学生分别占所有留学生的84.8%和11.0%，而只有10.9%的留学生认为用目前的授课语言进行学习很容易或容易，感到很困难或困难的留学生高达40.7%。[①] 不难发现，语言障碍成为影响“一带一路”沿线国家的学生来华深造的首要因素并亟待解决。因此，学校加大力度整合财经教学与汉语教学的资源，研发实用性强的、科学系统的、有特色的财经汉语课程。一方面，留学生通过集中语言培训后，将根据商科留学生的需求，开设中文商务汉语谈判课程、中文商务汉语写作、商务礼仪等实用性课程。同时，采用中国学生和留学生同堂授课、统一的考试标准、中外集体参与活动的培养模式，打造创新型国际化人才的培养环境，建设国际化商科教育教学

① 丁笑炯：《来华留学生需要什么样的教育——基于上海四所高校的数据》，《高等教育研究》2010年第6期，第39页。

优质资源。另一方面，发挥“沉浸式”教育教学主渠道作用，采用符合中国商情的课堂教学方式，引用大量的商业案例，积极探索商业实践与理论研究相融合的路径，培养致力于未来的商业领军人才，更好地服务于丝绸之路建设。

（四）构建留学生管理体系，使教学、管理、服务一体化

学生教育培养是一项复杂的系统工程。从管理角度看，主要可分为生活管理、教学管理和业余活动管理三大环节。[①] 为了提升留学生管理质量与效率，学校建设了专业化的留学生管理干部队伍，为试点项目储备优秀管理人员。一方面，通过举办讲座、组织考察国内外先进高校等方法，培养一批业务水平高、沟通能力强的留学生管理教师，凭借其丰富的管理经验，深入了解外国留学生的学习需求和职业发展规划，以较好地开展各项教育教学活动。另一方面，由国际教育学院统筹，建设一支专人组成的留学生基层辅导员队伍，留学生辅导员由接受过国外高等教育，熟悉国际事务和进行过相关专业培训的专门人才担任，经培训后分布于各培养学院，肩负着在基层一线为全校留学生提供服务的重任，通过与各部门配合管理激发高校内生动力，服务试点改革项目。

另外，学校还运用现代化科技手段，为改革试点提供高效精准的留学生管理保障。建立留学生管理系统，将留学生管理中碎片式、残缺式的问题通过信息化手段加以整合。一是建立完善留学生在线申请系统、留学生入学测试系统，形成科学精准的留学生信息分类系统。二是建设留学生中文学习在线资源库，实现网络中文教学。三是完善留学生信息管理平台，及时掌握留学生学习、生活动态。立足工作实际，利用信息系统，有效跟踪学生各项重要信息，切实辅助留学生日常学习与生活，实现从留学生申请到校友管理的全过程全方位管理，为留学生教育的全面改革提供信息保障。

---

① 项硕、莫锋、韦宇冰、江漫：《地方综合大学外国留学生培养模式改革之探讨》，《广西大学学报》（哲学社会科学版）2002 年第 S1 期，第 21 ~ 23 页。

（五）拓展国际学生市场，推动“留学生融入中国”计划

菲利普·阿特巴赫教授与简·奈特教授指出，教育价值观输出、可观的经济收入以及其他的政治经济考量等因素推动着诸多国家和高校加大力度采取多种措施吸引国际学生留学。① 对此，世界各国纷纷制定政策，大力拓展国际学生市场，重视留学生招生工作。X 大学利用“一带一路”倡议的契机，在配合国家和地方留学生发展计划的过程中，通过自主招收中国政府奖学金留学生、成都市友好城市奖学金、X 大学留学生校长奖学金和企业奖学金等一系列推进国际化教育政策下，增加留学生奖学金资助渠道，增加来华留学奖学金生的名额，为教育模式改革提供客观的教学实训对象，提高试点成果的准确性。

通过大力开展文化体验活动，成功举办首届国际文化周，留学生表现出融入中国社会的强烈渴望。学校定期举办国际文化周，也使得校内外各界人士都能积极参与到中外文化的体验与推广当中，能有效推动“留学生融入中国”计划的实施。一是组织参加“汉语桥”大赛，以赛促学，为留学生弘扬中华文化提供渠道。二是加强留学生与社区的互动，试点将在原有合作社区的基础上扩大留学生社区体验的区域及项目类型，通过社区共建等多种形式深化留学生与当地居民的联系，利用传统文化介入组织相关语言实践及文化体验活动，确保培养出“熟知中国国情，敏于中国经济”的新一代留学人才。三是试点将为商科留学生提供留学实习机会，让学生深入具体环境体验中国西部的经济发展及中国的商情规律。在全民创业的大环境下，试点将根据留学生实际，培养一批愿意扎根中国、服务西部的留学生创新创业人才。

（六）完善“学分银行”的理念，使留学生发展融入“一带一路”倡议

学校以国际化战略为支撑，建立健全外事工作机制，革新与完善来华留

① Philip G. , Altbach & Jane Knight. The Internationalization of Higher Education: Motivations and Realities, “*Journal of Studies in International Education*”, 2011 (04): 290 - 305.

学生选课制、转换制以及评价制度等众多制度。根据“学分银行”实施的具体要求，完善流程，确保项目执行的制度化与常态化。“学分银行”政策提高灵活性合作办学指标，从总体上对中外合作办学的学分认定进行规划，有利于引进优质教育资源，推进商科留学生“沉浸式”教育培养模式改革试点顺利进行。第一，制定并实施“学分银行”细则，打通学校各学院传统课程、时间选择限制，将专业学习与学历教育、学分认证、学费分配密切结合，实现各学院资源共享、学分通兑，“学分银行”灵活自由的机制为留学综合能力的培养提供支持。第二，建立公共基础课程平台，提供丰富的课程选择方式及种类，促进不同学院之间的学分购买和转化，为来华留学生实现自我发展提供多种机会多项选择。第三，开设高质量高标准的全英文课程，适应各类来华留学生的实际需求，使留学生个人发展更加符合“一带一路”商科人才需求。

三　商科留学生“沉浸式”培养模式改革的成效

X 大学国际教育学院“服务‘一带一路’倡议，创新商科留学生‘沉浸式’培养模式改革”的研究项目，不仅注重对来华商科留学生专业知识的培养，更注重通过“沉浸式”教育模式，系统提升和优化“一带一路”沿线国家留学生人才培养方案、课程设置。同时，还整合第一、第二课堂，提升留学生创新创业能力，致力于培养汉语水平优秀、专业技能过硬、文化融入密切、实践经验丰富的商科人才，以服务“一带一路”的整体推进。

（一）留学生招生成效显著，试点具有广泛推广价值

试点通过拓展招生路径，探索线上线下一体化招生机制。2017 年，招生工作实现三大突破，首先，全年留学生总人数首破千人大关达 1142 人，生源国首次破百达 117 个国家，秋季学期学历留学生占比首次过半达 51%。其次，学历生分布在 18 个学院（中心）共 53 个专业中，接收留学生的学院和专业范围进一步扩大。最后，留学生结构优化明显。留学生奖学金资助

途径、人数均有提高，覆盖面同比提高 5 个百分点达 26%。另外，试点具有广泛的推广价值。“沉浸式”商科留学生创新培养模式满足一般需求，同时创新一套可复制的新型培养模式，既覆盖了人才培养的常规需求，又兼顾个性化人才培养，形成了一套可复制推广的创新培养模式。留学生教育的可持续发展需要课程改革的大力推行。“沉浸式”培养教育模式在商科留学生培养中的运用与研究是一种有益的探索和尝试，也为高校商科留学生教育模式培养提供参考。尽管在实施过程中会遇到各种难题，但项目组不断总结经验教训，及时调整研究策略，通过深入调查研究、制度机制建设、校企共建实训基地等多种形式进一步深化商科留学生“沉浸式”培养教育模式改革，培养出“熟知中国国情，敏于中国经济”的新一代留学人才。不断更新国际化办学理念，以“内生”和“外延”为路径，完善留学生培养制度，创新教育教学模式，切实担负起人才培养的重要使命，主动服务于国家“一带一路”建设需要。

（二）校外实训基地建设取得良好效果，满足企业“个性化”需求

“沉浸式”培养模式满足企业“个性化”需求，试点对象就业优势明显。通过与企业建立实习基地，学校为企业定制人才培养。例如，学校举办了首届泰国商务汉语试点班，17 名留学生回国后均从事与中国相关的贸易、翻译、电子商务等工作，收效甚好；试点中欧双硕士项目的同学，均已实现 100% 就业（包括进一步攻读博士学位的毕业生），毕业生的工作单位有国有大中型企业、世界 500 强公司、大型金融机构、政府部门及事业单位、各国当地的优势企业等，就业态势呈现稳中向上的状态。同时，留学生跨国就业也成为常态化。另外，试点项目将校内课程学习与校外实训实践结合起来，大力支持校外实训基地建设，开展多层次、丰富的实践辅助教学。目前学校与一汽大众成都有限公司、SAP 成都分公司、西门子成都公司、远鸿地产开发有限公司等单位达成了学位实践基地合作协议，在实务型专业核心模块课程建设、校外导师指导、专业实习、职业培训等方面展开合作。部分在

华德资企业偏向于雇请有欧洲（德国）学习生活经验，同时具备扎实专业基础的学生。X 大学向在华德资企业推荐多名试点毕业学生，已形成良好的口碑效应。

（三）提升国际化课程建设质量，培养多元文化理解力

以高端项目为引领，塑造留学教育品牌是留学教育保持生命力、凝聚留学优势、培养高层次留学人才的有效途径。学校投入专项资金建设公共课程平台。中级宏观经济学、中级计量经济学、中级微观经济学、中级管理学等核心课程运行良好，能够最大程度弥补留学生因教育背景造成的差异。“学分银行”机制日渐成熟，校院两级协同开发、管理、推进全英文课程建设。其中，《管理学原理》入选教育部第二期来华英语授课品牌课程，加速 X 大学留学生课程整体提升。另外，还培养了留学生多元文化理解力。X 大学成功申办 HSK、BCT 考点，并于 2017 年 11 月迎来首批考生，为留学生参加 HSK、BCT 考试提供便利。另外，试点积极组织留学生自主筹办国际文化艺术节、参加“中外一家亲”“端午粽香”“中秋赏月”等文化活动，使留学生真正融入大学校园。基于文化传播与交流的角度，这一项目的试点，扩宽了留学生的国际视野，提升了对世界多元文化的认识和对跨文化交流理解的能力，并具备世界眼光的洞察力。

四　结论及建议

尽管商科留学生“沉浸式”培养模式改革取得了显著成效，但仍然存在一些不足之处。一是“沉浸式”教育培养模式中，校内外的融合融入程度有待进一步改善。目前在校内的培养可以做到“沉浸式”“融入式”教育教学，但校外社会服务、公共设施建设等还不够理想，还难以做到“沉浸式”实践教学。同时，留学职业规划建设也还需进一步加强，以更好地融入我国就业市场。二是留学生在中国创新创业机制方面还有进一步改革提升的空间。尽管国家允许硕士留学生在我国创业，但在签证办理、政策支持方

面还不够完善，需要进一步加强留学生在我国创业的支持，可以采取更便捷、普惠的措施来推动留学生创业教育工作。因此，为了招收更多、更优秀的留学生，使 X 大学成为培养国际一流商科人才的摇篮，X 大学要加强“商科”发展的战略规划，不断提升该学科的国际影响力，努力使商科人才的培养质量达到世界一流水平。2017 年，X 大学入选“双一流学科”建设高校，而打造一流的教学科研环境和建设一支一流的师资队伍是“双一流”建设的关键。[①] 对此，需要加强商科教学、科研环境建设，不断提升商科师资队伍的专业化水平，才能更好地服务于“一带一路”倡议的推进。

① 张继桥：《全球国际学生流动趋势及我国留学教育的战略选择——基于“一带一路”建设的视角》，《河北师范大学学报》（教育科学版）2018 年第 4 期，第 69 ~75 页。

研究生职业价值观与自主学习的相关性研究

——基于四川S大学的调查

李雪辉*

摘　要：近年来，研究生的就业形势越来越严峻，除了受高校不断扩招以及市场经济发展下的人才市场供需变化等外部客观条件影响外，研究生自身的就业观念以及学习状况也是重要影响因素。其中，对研究生的就业观和学习状况有极大影响作用的研究生职业价值观也越来越引起人们的关注和研究。本文试从研究生职业价值观出发探求其与自主学习之间的相关性，以期为指导研究生的学习行为及培养其健康的职业价值观念提供借鉴依据。

关键词：研究生　职业价值观　自主学习　四川省

一　研究生职业价值观

（一）价值观

1. 价值观的内涵

关于价值观的研究起源于20世纪30年代，国内外研究者们从不同视角

---

* 李雪辉，博士，青岛大学师范学院讲师，主要从事研究生教育管理研究。

对价值观给出了相关概念的界定。Kluckhohn 认为，价值观是一种外显的或内隐的，有关什么是“值得的”的看法，它是个人或群体的特征，它影响人们的价值行为、价值手段和价值目标。[①] Rokeach 认为，价值观是一般性的信念，其有动机功能、评价性、规范性和禁止性，是人的客观行动和主观态度的指导，可以是个人的也可以是社会的现象。[②] Super 在研究中指出价值观是合乎需要且超越情景的目标，在一个人的生活中或其他社会存在中起着指导原则的作用。[③] 我国学者袁贵仁认为，价值观是在一定的社会群体下人们对于好坏、正误、符合或是违背人们意愿的共有观念，是人们在自身生存和发展需要的基础上对事物好坏的根本看法，是对于事物存在价值与否和具有何种价值的根本看法，是人们特有的对希望和回避某种事物的见解，是表达主体对客体的一种态度。[④] 黄希庭指出，价值观是区分好坏、美丑、益损、正误等的观念系统，富有感情，并为人相应行为提供充分的理由。[⑤] 综上所述，本文可以作如下总结：价值观是以人的理想和目标为最终指向，在已有认知基础上对事物做出价值判断和选择的思想观念的集合。

2. 价值观的维度

价值观的维度是价值观结构的明晰体现，不同学科、不同角度对价值观的维度划分也是不一致的。国外学者 Perry 将价值观划分为经济的、政治的、认知的、美的、道德的和宗教的六大类。[⑥] Lorr 等提出了 3 个维度的价值观结构，即个人目标、社会目标、个人和社会所偏好的行为方式。在我国，黄希庭等人对价值观的分类具有一定代表性，他们将价值观分为政治的、人生的、道德的、宗教的、自我的、人际的、职业的、审美的、婚恋的

---

① Kluckhohn C. , “*Values and Value Orientations in the Theory of Action an Exploration in Definition and Classification/Parsons T, Shiles EA, Tow and a General Theory of Action Cambridge*,” Haw and Univ Press. 1951: 395.

② Rokeach M. , “*The Nature of Human Values.*” New York: New York Free Press. 1973: 358 –361.

③ Super D. E. A life – Span, Life – Space Approach to Career Development. “*Journal of Occupational Psychology*” . 1980 (52): 129 – 148.

④ 袁贵仁：《价值学引论》，北京师范大学出版社，1991，第 43 页。

⑤ 西南师范大学心理学系主编《黄希庭心理学文选》，西南师范大学出版社，2000，第 127 页。

⑥ Perry R. B. , “*General Theory of Value*” . Mass: Harvard University Press, 1926: 97.

和幸福的10种类型。辛志勇等将价值观划分为目标价位观、手段价值观和规则价值观三类，其中目标价值观又分为个人性目标（金钱物质取向、工作成就取向、荣誉地位取向、自身修为取向）、社会性目标（婚姻家庭取向、友谊爱情取向和合格公民取向）和超然性目标（回归自然取向、贡献国家取向和人类福祉取向）；手段价值观分为知识努力取向、智慧机遇取向和人格品质取向；规则价值观分为法律规范取向、舆论从众取向和道德良心取向。[①] 本文从辛志勇提出的三类价值观中的前两类（目标价值观和手段价值观）出发进行研究生职业价值观的调查研究。

（二）职业价值观

1. 职业价值观的内涵

价值观在职业问题上的体观就是职业价值观，国外常以工作价值观指代通常所说的职业价值观。由于对职业价值观的研究方法以及理论出发点的不同，人们对其定义也不尽相同。Super 认为职业价值观是个人追求的与工作有关的目标，亦即个人的内在需求及在从事活动时所追求的工作特质或属性。[②] Elizar 认为职业价值观就是个体对某种工作结果重要性的看法。[③] 国内学者黄希庭从职业价值观与职业需要的关系角度，认为职业价值观反映的是人们的需要与社会职业属性之间的关系。[④] 于海波、张大均等在总结前人的基础上指出，职业价值观是人们依据自身的需要对待职业、职业行为和工作结果的比较稳定的、具有概括性和动力作用的一套信念系统。[⑤] 综括而言，职业价值观就是个体的一般价值观在职业生活中的体现，是择业的重要表现

---

① 辛志勇、金盛华：《大学生的价值观概念与价值观结构》，《高等教育研究》2006年第2期，第88~89页。

② Super D. E.，“*Manual of Work Values Inventory*”. Chicago：Riverside. 1970：231.

③ Elizar D.，Sagie A.，Facts of Personal Values：A Structural Analysis of Life and Work Values. “*Applied Ppsychology Review，an International Review*”，1999（1）：73－87.

④ 黄希庭、张进辅、李红等：《当代中国青年价值观与教育》，四川教育出版社，1994，第6页。

⑤ 于海波、张大均、张进辅：《高师生职业价值观研究的初步构想》，《西南师范大学学报》（人文社会科学版），2001年第2期，第2~6页。

倾向。

2. 职业价值观的理论基础

（1）职业选择理论

Holland 提出的职业选择理论认为大多数的人格可以分为六种类型：现实型、研究型、艺术型、社会型、企业型与传统型。每一种特定类型的人都会对应相应职业类型的工作或者对相应职业类型的工作感兴趣。人们所处的环境也可以分为相应的六种类型，人们寻求能充分施展其能力与价值观的职业环境。[①]

（2）职业发展理论

美国的职业问题专家金兹柏格根据青年的职业性成熟程度将他们的职业选择观念分为空想期、尝试期、现实期三个阶段。[②] 研究生对职业的选择与发展处于现实期这一阶段，其主要特征就是对职业选择结合了主观选择与个人客观条件、外界客观条件（环境）和社会需要等多个方面，开始专注于某一职业目标而努力。

（3）职业锚理论

美国职业管理学家 Schein 提出了职业锚理论，又称为职业定位理论。该理论的中心概念是职业锚，职业锚指的是“自省的才干、动机和价值观的模式”，是一种指导、制约、稳定和整合个人职业决策的自我观。Schein 于 1996 年对职业锚进行了扩充性界定，认为职业类型选择共有八种类型：管理型、技术职能型、自主性、安全稳定型、生活型、服务型、挑战型和创新型。[③]

3. 职业价值观的影响因素

职业价值观的形成受多种因素影响，既包括家庭、社会、学校教育等外部因素，也包括自身经历、发展现实等内部因素。这些不同因素的

---

① 宗雷敏：《我国研究生职业价值观与学习自主性的实证研究》，苏州大学硕士学位论文，2010。

② 薛利锋：《我国大学生职业价值观教育研究》，东北师范大学博士学位论文，2011。

③ 薛利锋：《我国大学生职业价值观教育研究》，东北师范大学博士学位论文，2011。

影响主要包括以下几点：首先，外部因素主要包括家庭因素（父母的价值取向、教育方式和举止言行等）、学校教育（专业教育、教师的职业态度和职业评价、学生就业指导等）、社会环境因素（不同的政治、经济、文化氛围等）；其次，内部因素主要包括性别、年龄、学历、兴趣、能力等方面。

（三）研究生的职业价值观

研究生的职业价值观是在价值观的基础上衍生出来的概念，基于以上对价值观以及职业价值观的认识，可以将职业价值观定义如下：职业价值观就是研究生群体在职业选择过程中所表现出来的、较为稳定的观念倾向，这种倾向将对研究生在择业过程当中面临的具体问题产生重要影响。

二　自主学习

（一）自主学习的内涵

对自主学习的研究始于20世纪80年代，不同学者对自主学习的具体内涵提出了不同的见解：Holec将自主学习的理论引入外语教学领域，他认为自主学习是“自己负责自己的学习的能力”，其中包括确立学习目标、自我监督和自我评价等。Zimmerman指出自主学习的三个特征：强调元认知、动机和行为等方面的自我调节策略的运用；认为自主学习是一种自我定向的反馈循环过程，认为自主学习者能够监控自己的学习方法或策略的效果，并根据这些反馈反复调整自己的学习活动；强调自主学习者知道何时、如何使用某种特定的学习策略，或者做出合适的反应。我国学者庞维国认为，自主学习能力包括三个方面：一是对自己学习活动的计划和安排；二是对自己学习活动的监控、评价、反馈；三是对自己学习活动的调节、修正和控制。他主张从学习的维度和过程两个角度来定义自主学习，从学习的维度界定自主学习是指从学习的诸方面来综合地规定自主学习的本质属性；从学习过程界定自主学习是指从学习活动的整个过程来阐释自主学习的实质。综括起来，我们可以这样定义自主学习：学习者制定学习的目标、学习内容和学习计划，并在学习过程中对自己的学习活动进行有效的管理、监控和评价的这一现代化学习方式的具体行为表现。

（二）自主学习的理论基础

1. 操作主义理论

行为操作主义理论认为自主学习是条件反射的结果，是由个体过去和将来环境中的相关刺激所决定的。因此可以通过设置一套“刺激—行为—结果—强化”的程序来激发和促进学生自主学习行为。该派心理学家进一步研究认为，自主学习是从学习过程的观察、审视和评定到采取诱发强化目标的行动，再到学习的结果和过程与既定标准作比较，最后通过维持或减退某种行为来促进或保证学习达到强化目标。

2. 现象学派理论

现象学派重视自主学习的心理机制与内部影响之间的因素，认为个体总是依据他对自己个人特征、能力等方面的自我体验和自我知觉来对外界做出适当的反应。自主学习行为的根本动机是加强或实现个人的自我概念，自主学习的发展依靠于个体自我系统知识结构和自我认知、自我监测、自我评估等过程的发展。现象学派强调教师应通过消除学生的自我怀疑感，帮助学生树立自信心，形成适当的自我概念，来促进学习者的自主学习。

三　确定调查量表

（一）选择调查量表

1. 背景资料

背景资料主要是用于进行样本特征分析，本次调查问卷的背景资料主要包括性别、专业和年级三个方面。

2. 研究生职业价值观调查表

研究生职业价值观量表，用于测量研究生的职业价值观结构，该量表将直接借用金盛华编制的大学生职业价值观问卷。该问卷以目的性职业价值观和手段性职业价值观划分为基础，由目的性职业价值观问卷和手段性职业价值观问卷构成，其中，目的性职业价值观问卷包括家庭维护、地位追求、成就实现、社会促进4个维度，共16项目（1～3题属于家庭维护维度；4～8题属于地位追求维度；9～13题属于成就实现维度；14～16题属于社会促进维度）；手段性职业价值观问卷包括轻松稳定、兴趣性格、规范道德、薪酬声望、职业前景、福利待遇6个维度，共18个项目（17～19题属于轻松稳定维度；20～22题属于兴趣性格维度；23～25题属于规范道德维度；26～28题属于薪酬声望维度；29～31题属于职业前景维度；32～34题属于福利待遇维度）。

3. 研究生自主学习能力调查表

本文的学习自主性能力调查表是在借鉴谢敏修订的《大学生自主学习问卷》调查量表的基础上形成的。她的这一量表是借鉴Holec、齐莫曼和庞维国所提出的自主学习的有关因素制作而成。之所以采用这一量表是因为其量表内容较好地考察了学生自主学习过程中的学习自主性倾向，且经检验有较高的信度和效度。此问卷一共18个项目，分别从学生制定学习目标和计划、自我监控和评价、自我调节这三个方面，每一方面各6个题目，以此给出相关信息。自我制定学习目标和计划是指学生能够根据教师的教学指导和自身实际学习情况，制定出切实符合自身发展的学习目标以及达成这一学习目标的具体实施步骤。这一维度重点考察学生制定计划的合理性、明确性、灵活性以及与教师计划相结合的程度。自我监控和评价是指学生对自身学习行为以及学习过程的主动掌握，通过自我反思对自己思想、行为等做出的判断和评价。自我调节（self-regulation）是在自我监控和自我评价的基础上形成的，通过对自身行为的评价和判断，查找不足，以使自身发展由不平衡趋向平衡的过程。

该问卷采用四级评定的计分方式，“1”表示完全不符合，“2”表示通常不符合，“3”表示通常符合，“4”表示完全符合。

（二）量表的信度和效度

1. 信度检验

信度分析是用来测评综合评价体系是否具有一定的稳定性和有效性的方法，即对多量表的有效性进行研究。内在信度分析重在考察一组评估项目是否测量的是同一个特征，这些项目之间是否具有较高的一致性。一般而言，信度在 0.7 以上为可接受水平，在 0.8 以上为较好水平。

（1）大学生职业价值观量表

本文所借鉴的研究生职业价值观调查表是经过多重检验的，其中，宗雷敏①在其硕士论文中也运用了这一量表，经其检验，其内部一致性信度为 0.859，分半信度为 0.744；手段性职业价值观分量表的内部一致性信度为 0.855，分半信度为 0.755。这说明直接借鉴的大学生职业价值观量表具有较好的信度，可以使用。

（2）大学生学习自主性量表信度

本文所借鉴使用的大学生自主学习调查问卷也是很多调查中经常使用的量表，其中，谢敏②在其调查问卷中检验此量表的内部一致性系数达到 0.868，三个分量表的内部一致性系数都在 0.79 以上，学习动机量表及其所含的分量表有较好的信度水平，内部一致性系数较好，说明问卷信度较好，可以使用。

2. 效度检验

（1）大学生职业价值观量表的效度

效度（Validity）即有效性，指测量工具或手段能够准确测出所需测量的事物的程度。效度是指所测量到的结果反映所想要考察内容的程度，测量结果与要考察的内容越吻合，则效度越高；反之，则效度越低。

---

① 宗雷敏：《我国研究生职业价值观与学习自主性的实证研究》，苏州大学教育学院硕士学位论文，2010。

② 谢敏：《大学生学习动机和自主学习的相关性研究》，南昌大学教育学院硕士学位论文，2011。

①目的性职业价值观量表的效度

表1　目的性职业价值观量表四维度之间的相关系数

维度	家庭维护	地位追求	成就实现	社会促进
家庭维护	1			
地位追求	.684	1		
成就实现	.592	.632	1	
社会促进	.368	.368	.363	1

注：系数大于或等于0.01，就认为两维度之间显著相关。

通过相关系数分析，对研究生目的性职业价值观量表效度进行检验。研究结果表明（见表1），家庭维护、地位追求、成就实现以及社会促进四维度之间存在显著的相关，表明量表具有较好的效度。

②手段性职业价值观量表的效度

表2　手段性职业价值观量表六维度之间的相关系数

维度	轻松稳定	兴趣性格	规范道德	薪酬声望	职业前景	福利待遇
轻松稳定	1					
兴趣性格	.376	1				
规范道德	.095	.733	1			
薪酬声望	.330	.458	.307	1		
职业前景	.172	.535	.785	.602	1	
福利待遇	.127	.105	.269	.609	.637	1

注：系数大于或等于0.01，就认为两维度之间显著相关。

通过相关系数分析，对研究生手段性职业价值观量表效度进行检验。研究结果表明（见表2），轻松稳定、兴趣性格、规范道德、薪酬声望、职业前景、福利待遇这六个维度之间存在显著的相关，表明量表具有较好的效度。

（2）大学生学习自主性量表的效度

表3　学习自主性三维度间的相关系数

维度	自我制定学习目标和计划	自我监控和自我评价	自我调节
自我制定学习目标和计划	1		
自我监控和自我评价	.796	1	
自我调节	.376	.439	1

注：系数大于或等于0.01，就认为两维度之间显著相关。

通过相关系数分析，对研究生学习自主性量表效度进行检验。研究结果表明（见表3），自我制定学习目标和计划、自我监控和自我评价以及自我调节这三个维度之间存在显著的相关性，表明量表具有较好的效度。

四　调查过程及结果

（一）选定调查的样本群体

本文选择了S大学研究生进行研究，通过随机抽样的方法选定调查样本，并发放问卷。为了避免样本过于单一，在选样本时尽量考虑到了学科、性别、年级等变量间的平衡。共发放问卷500份，回收问卷428份，回收率为85.6%。其中有效问卷410份，问卷有效率为95.79%。

（二）调查结果分析

1. 描述性统计

本文把大学生职业价值观调查结果整理如下（见表4、表5）。本调查共收集410个样本数据，按性别分类，男175人，占比42.68%，女235人，占比57.32%；按年级分为研一、研二、研三，其中研一人数为98人，占比23.90%，研二人数为112人，占比27.32%，研三人数为200人，占比48.78%。

表4、表5中的最小值为样本中此项内容最小得分；最大值为样本中此项内容最大得分；平均数为样本测试在此项内容的平均得分，描述了样本数据的总体水平和集中趋势；标准差是各数据偏离平均数的距离（离均差）的平均数，它是离差平方和平均后的方根，它反映了一个数据集的离散程度。

表4　大学生职业价值观现状调查

单位：分

内容	最小值	最大值	平均值	标准差
成就实现	11	25	16.60	3.463
地位追求	9	24	15.85	3.676
家庭维护	5	15	11.15	3.215
职业前景	3	15	10.00	2.847
轻松稳定	7	13	9.50	2.112
福利待遇	3	15	9.13	2.839
规范道德	4	14	8.78	2.741
兴趣性格	5	13	8.55	2.298
薪酬声望	3	13	7.85	2.190
社会促进	4	10	6.95	1.724

从表4中我们可以看出，各维度的平均数大小的顺序依次为：成就实现 > 地位追求 > 家庭维护 > 职业前景 > 轻松稳定 > 福利待遇 > 规范道德 > 兴趣性格 > 薪酬声望 > 社会促进。从而说明，研究生在选择职业时对各个因素的重视程度不同，他们比较重视的是成就实现、地位追求、家庭维护和职业前景；而对薪酬声望和社会促进相对不是很看重。受就业压力及社会环境的影响，新时代的研究生们选择职业时重视的是自身理想、抱负的实现以及自身将来的发展，而不是一味地向钱看，他们会更多地考虑到社会的促进作用，具有人文情怀。从样本数据的离散趋势来看，地位追求、成就实现的离散趋势最大，社会促进的离散趋势最小。值得注意的是，成就实现、地位追求两个维度的平均数最高，但是离散趋势也最大。

表5　大学生自主学习性现状

单位：分

内容	样本数	最小值	最大值	平均数	标准差
自我制定学习目标和计划	410	9	24	17.15	3.498
自我调节	410	11	23	16.18	2.881
自我监控和自我评价	410	9	22	14.70	2.963

从表5中可以看出，各维度平均数大小的顺序依次为自我制定学习目标和计划 > 自我调节 > 自我监控和自我评价。说明研究生在自主学习时对各个因素的重视程度不同，他们比较重视自我制定学习目标和计划以及自主调节，而自我监控和自我评价相对不看重。从样本数据的离散趋势来看，自我制定学习目标和计划离散趋势较大，自我监控和自我评价平均得分最低，且离散趋势较大。

2. 背景变量的影响

（1）性别对职业价值观的影响

表6　性别与研究生职业价值观的差异分析

单位：分

维度	性别	平均得分	标准差	方差齐性	T值	P值
家庭维护	男 女	12.14 11.35	3.394 2.697	是	.841	.421
地位追求	男 女	18.86 15.31	5.005 2.977	是	2.821	.008
成就实现	男 女	19.57 17.31	4.219 3.017	是	1.965	.057
社会促进	男 女	7.29 7.77	3.024 1.451	否	-.564	.580
轻松稳定	男 女	8.00 10.08	2.148 1.623	是	-3.443	.001
兴趣性格	男 女	8.71 9.50	2.054 2.387	是	-1.040	.305
规范道德	男 女	9.71 9.42	3.221 2.469	是	.320	.751

续表

维度	性别	平均得分	标准差	方差齐性	T 值	P 值
薪酬声望	男 女	8.29 7.96	3.583 2.126	否	.310	.760
职业前景	男 女	11.00 10.23	3.679 1.657	是	.915	.366
福利待遇	男 女	9.86 9.38	3.613 2.282	是	.507	.615

研究结果表明（见表6），在地位追求方面，男生得分明显高于女生，且对应的检验统计量P值为0.008，小于显著性水平α（0.05），在统计学意义上表明：在职业选择过程中，地位追求在男女性别上具有显著性差异。由此说明，男性在职业选择过程中，更加重视对地位的追求。通过标准差也能看出，男性在追求地位方面存在较大差异，而女性与男性相比，普遍不太注重地位。在轻松稳定方面，女生得分明显高于男生，且对应的检验统计量P值为0.001，小于显著性水平α（0.05），在统计学意义上表明：在职业选择过程中，轻松稳定在男女性别上具有显著性差异。说明女硕士生在职业选择时，比男硕士生更加强调工作的轻松和稳定。

（2）性别对学习自主性的影响

表7 性别与研究生学习自主性的差异分析

单位：分

维度	性别	平均分值	标准差	方差齐性	T 值	P 值
自我制定学习目标和计划	男 女	16.57 17.46	4.433 2.929	是	-.764	.450
自我监控和自我评价	男 女	14.71 14.69	4.103 2.223	否	.019	.985
自我调节	男 女	16.14 16.19	3.060 2.843	是	-.051	.960

研究结果表明（见表7），通过平均分值和T值对应的检验统计量P值来看，研究生学习自主性在性别上不存在显著差异。

表 8 专业与研究生职业价值观的差异分析

维度	家庭维护	地位追求	成就实现	社会促进	轻松稳定	兴趣性格	规范道德	薪酬声望	职业前景	福利待遇
P值	0.054	0.255	0.00	0.291	0.886	0.042	0.274	0.049	0.287	0.014

注：P值小于显著性水平 α（0.05），表明存在显著影响。

通过单因素方差分析可以看出，专业对研究生职业价值观有一定影响，研究结果表明（见表8），专业对成就实现、兴趣性格、薪酬声望、福利待遇四个维度有显著影响。

3. 变量间的相关分析

在进行回归分析前，首先就各变量间的关系进行了相关分析，只有存在相关关系的变量才能进行回归分析，并且相关程度越高，回归测定的结果越可靠，相关分析（Correlation）是用于研究变量之间密切程度的统计方法，本文以Pearson相关分析为主，系数值介于 -1、+1 之间，系数值的绝对值越大，表明变量间的相关性越高。

表 9 职业价值观各维度与学习自主性各维度的相关系数

维度	学习自主性	自我制定学习目标和计划	自我监控和自我评价	自我调节
目的性职业价值观	家庭维护	.532	.481	-.092
	地位追求	.282	.346	-.222
	成就实现	.353	.373	-.118
	社会促进	-.013	.062	.016
手段性职业价值观	轻松稳定	.085	-.226	-.434
	兴趣性格	.282	.132	-.111
	规范道德	.183	.065	-.163
	薪酬声望	.318	.287	-.360
	职业前景	.182	.219	-.297
	福利待遇	.323	.332	-.233

研究结果表明（见表9），职业价值观变量中除了社会促进变量外，其他所有变量都与自我调节变量呈负相关。社会促进维度与自主性学习三个维

度的相关程度最低，且社会促进是与自我制定学习目标和计划维度唯一呈负相关的变量。从总体上看，目的性职业价值观与学习自主性的相关程度普遍高于手段性职业价值观与学习自主性的相关程度；目的性职业价值观中的家庭维护、成就实现、地位追求维度及手段性价值观中的薪酬声望和福利待遇维度与学习自主性各维度的相关程度明显高于其他维度；手段性职业价值观中的轻松稳定、职业前景、规范道德维度与学习自主性各维度的相关程度明显低于其他维度。由此可见，职业价值观与学习自主性之间关系比较密切。

4. 回归分析

通过表 9 的变量间的相关分析可知，除了目的性职业价值观中的社会促进维度与学习自主性各维度相关不显著外，职业价值观中的其他维度与学习自主性之间都存在显著相关，说明其间可能存在预测关系，故可以用回归分析进行研究。本文将职业价值观的九个维度，即除去原来的社会促进维度，作为自变量，学习自主性作为因变量进行多元回归分析。

表 10　回归结果分析

来源	偏回归系数	标准化偏回归系数	T 值	P 值
	44. 230		4. 783	. 000
家庭维护	1. 476	. 556	2. 323	. 027
地位追求	-. 131	-. 069	-. 206	. 838
成就实现	-. 015	-. 007	-. 032	. 975
轻松稳定	-1. 396	-. 368	-1. 865	. 072
兴趣性格	1. 667	. 487	1. 563	. 129
规范道德	-1. 449	-. 505	-1. 198	. 240
薪酬声望	-. 835	-. 287	-. 986	. 332
职业前景	-. 074	-. 024	-. 050	. 960
福利待遇	. 845	. 301	1. 198	. 240

从表 10 中看出，回归模型的检验统计量对应 P 值为零，小于显著性水平 α（0. 05），说明该模型有显著的统计意义。并且，通过对偏回归系数的显著性检验，只有自变量家庭维护的系数对应的检验统计量概率 P 值小于 0. 05，即只有家庭维护自变量的系数具有统计学意义。由此可见，家庭维护

与学习自主性之间存在显著的线性关系，对自主学习具有一定的正面激励作用。

对于多元线性模型，通常还应检验其自变量之间是否存在共线性的问题。

表 11　共线性检验结果

模型	容忍度	方差膨胀因子	特征根	条件指数
1			9. 701	1. 000
家庭维护	. 383	2. 611	. 086	10. 608
地位追求	. 196	5. 090	. 069	11. 832
成就实现	. 454	2. 203	. 048	14. 223
轻松稳定	. 564	1. 773	. 036	16. 313
兴趣性格	. 226	4. 426	. 022	21. 080
规范道德	. 124	8. 079	. 017	23. 759
薪酬声望	. 259	3. 858	. 009	33. 096
职业前景	. 096	10. 375	. 008	33. 987
福利待遇	. 348	2. 875	. 003	57. 999

研究结果表明，从表 11 看出，回归模型中的自变量除了职业前景外，其他变量的容忍度都大于 0. 1，且职业前景的方差因子大于 10，说明和其他的解释变量之间存在严重的多重共线性。其中特征根都不等于零，但解释变量福利待遇的条件指数为 57. 999，这说明该模型可能存在职业前景、福利待遇和其他变量之间的多重线性相关问题，可以通过主成分分析和岭回归分析等进一步进行分析。

5. 调查结果

通过以上分析，可总结调查结果如下。（1）四川 S 大学研究生在确立职业价值观过程中，男生在职业选择过程中，更加重视对地位的追求，而女生更注重工作的轻松和稳定。（2）就整个调查群体而言，研究生更加重视目的性职业价值观中的成就实现、地位追求以及家庭维护，对社会促进、薪酬声望的关注则相对较弱。（3）研究生在自主学习方面，自主制定学习计划和目标能力较强，自主规划学习能力值得肯定，但是在自我监控和自我评价上仍然较为薄弱，可能会导致制定的计划得不到贯彻落实。（4）目的性价值观中的家庭维护与学习自主性存在显著的正相关，具有一定的激励作用。学校可以通过适当强化家庭维护方面的教育内容来进一步提升研究生的学习自主性。

五　研究生职业价值观与自主学习的相关性研究总结及建议

第一，从调查结果中可以看出，研究生职业价值观与自主学习存在一定的相关性。因而，学校要引导研究生树立正确的职业价值观，加强对研究生的思想政治教育。具体包括：一是注重思想道德教育。择业道德是研究生在择业中所表现出的政治素质和道德修养等的具体表现，在职业选择中，学校相关部门应以加强研究生的社会责任感为重点开展对毕业研究生的教育。二是加强奉献精神教育，奉献精神是正确的人生观、价值观的具体表现。作为高素质人才，追求自身的价值实现和地位的提升无可厚非，但研究生的职业发展应该在促进社会进步、维护国家利益的大前提下进行，研究生理应在国家就业政策指导下，增强自身为国家奉献的精神。三是重视高层次人才教育，高层次人才不仅表现在学历方面，更表现在其价值观和道德观层面。国家所急需的人才，就是拥有高尚职业情操的高学历人才。研究生要成才，就必须把自身价值的实现和社会主义事业发展紧密结合起来，提高自己的综合素质。

第二，调查表明研究生在自我监控和自我评价方面仍然存在一些薄弱环节，为了提高研究生的学习自主性，要在以下方面做出努力：首先要认清自我的学习心态、学习能力和学习状况，时常开展自我监控和自我调节，准确把握自己的学习心态。对应当前专业知识学习以及个人能力发展的需要，有计划地完善自我学习方法，提高自我学习能力，尤其是掌握好自主学习的方法和规律，做到学习自主、高效、高质量。其次，为适应社会需要以及培养自我学习能力，研究生应该树立终身学习的观念，主动发展自我以求适应社会的需要，要学会正确的自我设定学习目标、选择良好的学习方法、有效地进行自我检查和调节的自主性方法。

第三，研究调查结果表明，目的性价值观中的家庭维护与学习自主性存在显著的正相关，具有一定的激励作用。因而，学校可以通过适当强化家庭维护方面的教育内容来进一步提升研究生的学习自主性。但是，价值观作为一种主观意识只能间接影响行为，而不能直接影响行为。虽然价值观设定的标准和目标可以诱发和指导行为，但是主体表现的差异也与当时的情景有关系。也就是职业价值观规定的标准和目标只有在情景的激发下才能显示出对主体行为的指导作用。所以为了提高研究生自主学习的能力，一方面引导研究生形成正确、合理的职业价值观，另一方面积极营造有利于研究生进行自主学习的情境，把两者结合起来，相互促进，这样才能使研究生在正确、合理的职业价值观指导下进行高效率的自主学习，并最终获得自己学业和事业的双丰收。

第四，研究生阶段属于高等教育的较高阶段，研究生面临着工作或继续进行更高层次学习的目标选择，这一过程中难免会出现一些与自我职业价值及职业选择相冲突的地方。此时与导师的沟通及交流就显得较为重要，与导师保持密切联系，把导师作为自己生活、学习上的领航者，不仅能切合实际解决问题，还可以为有更加明确的生活方向作指引。

第五，研究生阶段的主要学习任务由学习他人知识转变为在他人知识的基础上研究新知识，这不仅对于研究生来说是一个极大转变，对于教育者来说更是一种挑战。为了更好地完成这种转变，学校教育工作者应该从以下几方面入手：首先，应该加强学生自主学习观念的培养，扩展学生知识面。虽然研究生期间，老师对学生不再采取传统式的教学，但老师的上课风格和课堂前准备，对学生的自主学习积极性和学习方向都有一定的引导作用。其次，应该革新教育环境，激发学习兴趣和创新观念。当前的教育与教学活动是在严格的计划性指导下开展的，规律性和重复性较强。虽然当前实施的学分制一定程度上给予研究生选择的自主权，但现行的学年学分制，并不是完全的学分制，学生的课程选择不能按照自我兴趣和自我发展规划的需要进行，学生的发展规划还是学校统一安排下的自我发展，自主性没有得到完全的体现。为此，学校要革新当前的教育环境，逐步完善完全的学分制，拓展专业口径，淡化专业界限，调整专业课程设置体系，让学生能够在学年之间、学期之间、专业之间按兴趣自由选择学习内容。进一步加强学生的创新意识，要求教学教师和导师以培养创新能力作为教育和教学的重点，时刻在专业上、课程上、生活上指引学生学习、运用和适应创新意识，营造一个力争创新的学习环境。

专题研究

The Special Subject Study

人才健康管理及健康工作场所构建

——理论研究与四川实践

卿 涛 刘 爽 穆鑫岩*

摘 要： “复工”后一手抓防疫，一手抓生产，兼顾员工健康与生产使企业面临窘境。但大量研究证明，企业提升员工健康，不但不会增加成本，还能够提升企业绩效。因此，解决健康与效率问题的根本途径包括两个方面：一是在组织中积极推行健康管理；二是构建一个健康的工作场所。疫情当前，各企业积极引入健康管理实践，构建健康工作场所，提升员工健康水平和工作效率，增加企业绩效，有助于企业顺利渡过疫情危机。

关键词： 健康管理 健康工作场所 健康促进型领导

* 卿涛，博士，西南财经大学工商管理学院教授，主要从事人力资源管理与组织行为研究；刘爽，博士，河北经贸大学工商管理学院副教授，主要从事健康人力资本研究；穆鑫岩，西南财经大学工商管理学院博士研究生，主要从事人力资源管理研究。

当今，许多组织正在积极地采取健康管理措施，以提升组织员工的健康水平，构建组织健康。Sauter 等人[①]认为，一个健康的工作场所是一个能够将员工的健康目标与公司利润和效率进行有效协调的组织。这一定义明确了健康工作场所的两个关键组成部分——组织绩效和员工健康[②]。这两个概念由健康工作场所完美连接，体现了组织中健康管理内涵的巨大转变。由此可见，组织的健康管理包含两个重要方面：一方面，组织要运用灵活的健康管理政策，将组织绩效与员工健康有效结合，创造组织健康管理的软环境；另一方面，组织应对工作场所的构建进行投资，为健康管理提供一个和谐的硬环境。

一　树立人才健康管理理念，拓宽健康管理途径

最初组织员工的健康评价是根据维持健康状态所需的资源底线来确定的。许多组织的目标是避免不健康，而不是优化健康。从 20 世纪 40 年代开始，各机构开始转变这一观点，为员工举办郊游和野餐。在 20 世纪 70 年代和 80 年代，公司为员工提供健身项目。现在，世界各地公司的员工都被各种各样旨在最大化员工健康和组织健康的计划所淹没。员工人数在 50 人或 50 人以上的组织中，约 90% 的组织提供某种旨在促进健康的项目[③]。工作是人生命中的重要组成部分，因此，组织对工作场所健康管理的重视程度和投资数额也呈现逐年上升的态势。据调查，成年人至少有 1/4 到 1/3 的时间处于工作状态。此外，工作满意度估计占成年人生活满意度的 1/5 到 1/4[④]。

---

① Sauter M. , Organizational Health: A New Paradigm for Occupational Stress Research at Niosh. "*Mental*", 1996, 4 (4): 248 – 254.

② Jaffe D. T. , "*The Healthy Company: Research Paradigms for Personal and Organizational Health*". Washington, D. C. , American Psychological Association, 1995: 13 – 39.

③ Aldana S. G. , Financial Impact of Health Promotion Programs: A Comprehensive Review of the Literature. "*American Journal of Health Promotion*", 2001, 15 (5): 296 – 320.

④ Harter J. K. , Schmidt F L. , and Keyes C. L. M. , "*Well-being in the Workplace and its Relationship to Business Outcomes: A Review of the Gallup Studies.*" Washington, D. C. , American Psychological Association, 2003: 205 – 224.

根据这些百分比，我们不难理解为什么有如此多的组织花费大量的时间和精力来发展、实施和监测健康管理计划。过去的研究和调研并没有涉及不健康组织所带来的巨大的财务和人力成本①。然而，当今人力资源管理专家已经将健康管理项目和健康管理活动作为企业获取竞争优势的重要资源，这些项目和活动在帮助企业降低增长迅猛的健康护理费用、吸引和留住人才、营造和谐的人际关系、满足劳动者多样化的需求等方面发挥着重要的作用。

Aldana②将健康管理定义为所有"增强意识，改变行为，创造支持良好健康实践的环境"。他将健康管理实践分为五类，即工作－生活平衡、员工成长与发展、健康与安全、奖励以及员工参与度。组织可以根据这五个方面制定和实施实现员工福利和组织效能最大化的各种健康计划和政策。这些标准被美国心理协会用作工作场所心理健康奖励计划的一部分，并被视为健康工作场所实践的指标。

（一）工作－生活平衡计划

工作生活平衡计划是指帮助员工平衡生活的多种需求③。工作－生活平衡计划的前提是首先要承认员工在工作之外还要承担家庭生活的责任。通常家庭支持是对员工照顾老人和儿童方面的政策和措施。但没有这方面需求的员工也会面临一定的家庭义务，这些义务也要求员工花费时间和精力去应对。因此，丰富家庭支持计划的内容，将其扩充为更加具有包容性的工作生活平衡计划，为所有员工提供满足其工作和个人生活所需的灵活的时间安排是非常必要的。因此，工作生活平衡计划的内容包括弹性工作日、儿童保育、养老保险、失业保险等诸多方面。

---

① Cooper C. L., The Costs of Healthy Work Organizations. "*Creating Healthy Work Organizations*", 1994 (1－5).

② Aldana S. G., Financial Impact of Health Promotion Programs: A Comprehensive Review of the Literature. "*American Journal of Health Promotion*", 2001, 15 (5): 296－320.

③ Jamison D. and O'Mara, "*Managing Workforce 2000*". San Francisco: Jossey-Bass, 1991.

（二）员工成长和发展计划

员工成长和发展计划主要是为员工提供扩大其知识、技能和能力的机会，以便于他们能够应对新的挑战[①②]。员工成长和发展计划鼓励组织通过培养领导能力、解决问题能力和其他技能等方式开发员工的潜力。这些措施将会使员工更加忠于公司，并帮助其获得职业的晋升。员工成长和发展计划主要内容包括额外的在职培训、领导力培养、继续教育课程和提供内部职业机会。

（三）健康和安全计划

健康和安全计划旨在通过预防、评估和治疗潜在的健康风险和问题，最大限度地提高员工的身心健康[③]。针对酒精和戒烟等问题提供员工援助计划、健康筛查、压力管理培训、安全培训和咨询等支持方案，帮助员工培养健康生活习惯，避免健康风险，改善员工的健康状态。

（四）表彰计划

表彰计划是指针对员工为组织做出的贡献和成就进行奖励的一系列政策和措施[④]。虽然奖励的方式通常以金钱形式出现，如奖金或加薪，除此之外，也可以辅之以荣誉奖励，如荣誉仪式、牌匾和个人表彰等。

（五）员工参与计划

员工参与计划是指让员工参与决策[⑤]。以前，员工参与的目标是让员工

---

① Jamison D. and O'Mara J.，"*Managing Workforce 2000*". San Francisco：Jossey-Bass，1991.

② Pfeffer J.，"*Competitive Advantage Through People：Unleashing the Power of the Work Force*". Boston：Harvard Business School Press，1994.

③ Aldana S. G.，Financial Impact of Health Promotion Programs：A Comprehensive Review of the Literature. "*American Journal of Health Promotion*"，2001（15）：296－320.

④ Browne J. H.，Benchmarking HRM Practices in Healthy Work Organizations. "*American Business Review*"，2000，18（2）：50－61.

⑤ Stern M. J.，Healthy Work：Stress，Productivity，and the Reconstruction of Working Life. "*Administration in Social Work*"，1992，16（2）：125－127.

在解决问题和提高工作效率时，激发员工创新的思维和想法。而在健康管理实践中，员工参与决策、授权、自我管理和工作自主性可以帮助员工最大限度地参与到组织实践中，从而为组织问题的解决提供更加优化的资源配置方案，使员工更加有效率地完成工作，从而实现员工工作 - 健康平衡，培养员工健康的工作习惯。

健康管理的五个方面内涵，为人才健康管理的实践提供了五个角度的具体操作指南，其具体实施可以从以下四个方面着手：首先，必须制定评估流程和标准，以评估五个关键健康管理实践（即工作 - 生活平衡、员工成长和发展、健康与安全、员工参与和认可）的实施情况。其次，必须对沟通机制进行评估，以确保组织在向员工传达项目意图和倾听员工的需求方面的有效性。再次，必须设计机制以确保组织实施的健康管理实践与组织环境（包括组织的价值观、战略和结构）相一致。这将使人们更加明确地认识到，工作场所的健康管理是通过优化资源配置的方式实现的。最后，必须为健康管理制定一个明确的评价标准。

在具体操作中，员工参与计划被视为健康管理的基础，其重点是全面质量管理（TQM）、收益共享和自我管理的工作团队等。此外，其他类别的实践实际上也与员工参与度有关。正如 Brazen[①] 所指出的，组织在设计任何工作场所计划时都应该考虑员工的具体需求。这种向上沟通的机制意味着任何健康管理政策的有效设计和实施都要有一定程度的员工参与。与其他四个类别（即工作 - 生活平衡、员工成长与发展、健康与安全以及奖励）一样，它们都为员工福利和组织改进提供了潜在的好处。因此，管理者应该探索如何帮助组织制定健康管理计划，将多个类别的具体实践结合起来。例如，对健康和安全计划感兴趣的组织可能只考虑提供旨在改善员工健康和安全的培训计划。另一方面，管理者可以帮助组织将健康和安全计划与奖励计划相结合（例如，对在培训后效果最明显的员工、团体或部门给予奖励）。通过结

① Brazen L. , The ROI of Human Capital: Measuring the Economic Value of Employee Performance [J]. "*Aorn Journal*", 2004, 80 (6): 1146 - 1146.

合和整合不同类别的具体实践，组织能够实现优化整体利益的目标。

沟通是健康管理的关键，管理者应该致力于在组织中建立一套畅通的沟通机制，以促进健康管理实践的有效实施。通过健康培训、健康交流、举办关于健康的主题讲座、知识竞赛等方式，可以帮助员工树立健康观念、强化健康意识、培养健康习惯和健康行为。同时，在健康沟通和交流过程中，组织可以更加有效地了解员工的健康状态和组织整体的健康水平，从而科学地制定健康政策和措施，使健康管理实践具有针对性。而健康沟通机制的建立和完善，需要管理者运用自身的领导力，根据组织和员工的特点，进行自上而下地改革和设计。

最后，更重要的是，管理者应该密切关注环境要素在健康管理实践中的作用。组织经常在执行计划时不考虑环境在该计划成功中的重要影响。在设计和实施健康管理实践时应考虑的各种环境因素，包括组织的物理环境、组织文化、战略和价值观。管理者要确保健康管理实践与其实施的具体环境保持一致性。这通常要求在实施健康管理政策之前，对企业的某些方面进行变革。管理者应事先进行评估，以确定组织环境的关键要素是否会成为成功实施健康管理实践的动力或障碍。因此，构建健康工作场所，成为开展健康管理实践的重要途径和方法。

二　优化室内设施，提升工作场所的可持续性

当今，许多组织正在积极采取健康管理措施，以提升组织员工的健康水平，构建组织健康。Sauter[①] 认为，一个健康的工作场所是一个能够将员工的健康目标与公司利润和效率进行有效协调的组织。这一定义明确了健康工作场所的两个关键组成部分——组织绩效和员工健康[②]。这两个概念由健康

① Sauter M. , Organizational health: A New Paradigm for Occupational Stress Research at Niosh. "*Occupational Mental Health*", 1996 (4): 248 - 254.

② Jaffe D T. , The Healthy Company: Research Paradigms for Personal and Organizational Health. "*Washington D. C. : American Psychological Association*", 1995: 13 - 39.

工作场所完美连接，体现了组织中健康内涵的巨大转变。因此，良好的工作场所物理环境，对健康管理实践的开展具有积极的推动作用。Nickl-Weller 和 Nickl① 指出，室内景观（最好是自然景观）、日光和适当的室内氛围（自然通风、无噪声）都有助于人的健康。由此可见，适当的健康和健康投资可以显著改善使用者的健康和生产力，并为管理的其他方面和可持续性投资提供强有力的财务支持。因此，疫情背景下，各企业一方面要抓业绩，恢复生产，另一方面更要加强防疫。建设科学的物理环境，成为健康工作场所的重要举措，具体从以下两个方面着手。

（一）优化工作场所室内设施和布局

首先，增加室内植物的摆放量。Smith 和 Pitt② 指出植物在消除室内空气污染物和增加员工幸福感方面很重要。植物具有去除办公室常见污染物的能力。放置大量植物的办公室让人感觉更舒适、更有效率、更健康、更有创造力，压力也更小。经常在办公室放置植物可以使员工的缺勤率大大减少。因此，疫情期间办公室应增加植物的摆放量，充分发挥植物的空气净化作用，尽量为员工创造一个清洁的工作环境。同时，绿色植物代表着健康、顽强、生机勃勃，摆放室内植物，可以激发员工对珍爱生命、珍惜健康和奋勇拼搏的渴求，进而展现出更好的效率和创造力。此外，Smith 等人③还发现植物可以影响办公室的湿度，并使人感觉办公室更具有美学观感。

其次，科学布置室内颜色。Bakker 等人④验证了红色或蓝色能够改善员工的心情，增强凝聚力，提升员工的幸福感。办公场所合理的颜色搭配可以

---

① Nickl-Weller, C. and Nickl, H., "*Healing Architecture*". Salenstein: Braun Publishing, 2013.

② Smith, A. J. and Pitt, M., Sustainable Workplaces: Improving Staff Health and Wellbeing Using Plants, "*Journal of Corporate Real Estate*". 2009, 11 (1): 52-63.

③ Smith, A. J., Fsadni, A. and Holt, G. Indoor Living Plants' Effects on An Office Environment, "*Facilities*". 2017, 35 (9/10): 525-542.

④ Bakker, I., Van der Voordt, T. De Boon, J. and Vink, P., Red or Blue Meeting Rooms: Does It Matter? The Impact of Colour on Perceived Productivity, "*Social Cohesion and Wellbeing. Facilities*". 2013, 31 (1/2): 68-83.

给员工带来积极、喜悦的心情，尤其是疫情期间，新型冠状病毒具有传染性，时刻威胁着员工的健康，同时也给员工带来巨大的心理压力。科学改善工作场所的颜色，可以减轻疫情带来的压力，帮助员工建立积极向上、勇抗疫情的乐观主义精神。疫情期间“保持距离”和“隔离”在一定程度上疏远了人与人之间的关系，而通过合理的工作场所颜色搭配，可以缓解由于距离而导致的人际关系的疏离，增强凝聚力。良好的心情和融洽的人际关系可以提升员工的幸福感，缓解疫情对工作和生活的不利影响，提升员工的工作效率。

再次，加强室内通风保持适度的空气湿度和温度。大量研究表明办公室内缺乏足够的通风或空气质量较差，会对员工的健康和幸福产生负面影响。Tolman 和 Parkkila[①] 指出，湿度和温度会影响人们的健康，过高的湿度会对健康产生不利影响。例如，在夏季高温时期，为改善一线作业职工的生产和生活环境，保障员工的生命安全和身体健康，四川华西集团工会为在建项目安装空调，并在无法安装空调的区域安装降温喷雾系统，有效降低室内及环境温度，施工现场还建立职工休息室和茶水亭，为职工提供茶水以及防暑降温物品。四川航天川南火工技术有限公司为保障员工健康，除了特殊工种（如热处理、表面处理）外，基本上所有工作场所均安装中央空调或挂机，保证工作场所维持适宜的温度和湿度[②]。

另外，疫情期间各企业应加强办公场所的通风，并增设一定的设备保持室内湿度和温度。通风不但是有效防止疫情的重要手段，它更能够改善室内空气质量，给员工带来舒适和健康的感觉。这一措施既是最简单也是最有效的防疫方式，也是促进员工健康，提高生产效率的有效方法。最后，降低噪音污染保持室内舒适的光线。Rasila 和 Jylhä[③] 的研究指出，办公室职员更喜

---

① Tolman, A. and Parkkila, T. FM, Tools to Ensure Healthy Performance Based Buildings, “*Facilities*”. 2009, 27 (11/12): 469 – 479.

② 《提早安排，统筹协调，精心准备——四川省各级工会切实做好一线职工防暑降温工作》，中国工会劳动和经济工作网，2020 年 9 月 29 日。

③ Rasila, H. and Jylhä, T. The Many Faces of Office Noise-case Contact Center, “*Facilities*”. 2015, 33 (7/8): 454 – 464.

欢安静和少噪音的环境。办公室噪音可能会导致压力、疲劳和缺乏动力。噪声环境的感知与个体的具体工作类型和个人特征密切相关。在开放式办公室中，不相关的背景语音是最严重的噪音问题，因为员工需要专心工作，保持安静。因此，背景语音清晰度和整体噪音应该降低，同时也要注意播放一些舒缓的背景音乐，以免使办公室环境过于安静。Mattsson 和 Laike① 的研究表明，对于灯光，不同人群基于不同习惯而产生不同的反应。设置能够随着外界光线变化而调节的灯光开关，以便使灯光随时调节到合适的亮度，会让员工感觉更加舒适。因此，各企业应注重工作场所的噪声污染和光线调节，在疫情期间为员工创造一个有利的工作环境，以便员工能够集中精力投入工作，减轻压力和疲劳感，提高劳动生产率。此外，热环境也是影响员工健康的重要因素。Gou 和 Lau ②对于中国的研究表明，寒冷的季节建筑物室内环境达到 25 摄氏度可以使 80% 以上员工感觉舒适。以上因素均未达到标准通常称为病态建筑，Gou and Lau ③认为建筑室内的热度、空气质量、噪声和照明会对员工的健康产生影响，这种影响被称为病态建筑综合征。除了上述影响因素外，办公室的建筑格局也会影响员工的健康。Too 和 Harvey④ 以“有毒工作场所” 的名义调查了不健康的工作场所，发现建筑物的物理尺寸、员工自由流动的障碍、面对面交流和电子接触的障碍以及缺乏个人隐私等也在无形之中影响着员工的健康。因此，疫情期间工作场所的构建是一个涵盖空气、水、营养、光线、健康、舒适和精神整体协调与提升的过程，依据这些标准所建造的办公场所通常称为可持续办公场所。

---

① Mattsson, P., Laike, T., Optimal Office Lighting Use: A Swedish Case study, “*Facilities*”. 2015, 33 (9-10): 573.

② Gou, Z. and Lau, S. S-J., Post-occupancy Evaluation of the Thermal Environment in a Green Building, “*Facilities*”. 2013, 31 (7/8): 357-371.

③ Gou, Z. and Lau, S. S-J., Sick Building Syndrome in Open-plan Offices: Workplace Design Elements and Perceived Indoor Environmental Quality, “*Journal of Facilities Management*”. 2012, 10 (4): 256-265.

④ Too, L. and Harvey, M., “TOXIC” Workplaces: the Negative Interface Between the Physical and Social Environments, “*Journal of Corporate Real Estate*”. 2012, 14 (3): 171-181.

（二）提升工作场所的可持续性

工作场所的可持续性是指工作环境涵盖空气、水、营养、光线、健康、舒适和精神整体协调。Smith 和 Pitt① 指出可持续工作场所的重点是营造可持续的环境，这一过程对于员工的健康、满意度和福利将大有裨益。Lo 等②通过对 12 座可持续办公楼的研究，发现搬入可持续办公大楼后的公司表现出了更好的生产率。Kato 等③开展了关于员工对绿色工作环境的感知的在线调查，包括满意度，对绿色工作环境的了解、功能、声誉、自我评估的健康和生产力影响等问题。研究结果表明，绿色工作场所给人带来的心理改善（以工作环境为荣）比身体改善（健康和生产力的提高）更高。因此，健康工作场所的构建首先要建造一座可持续建筑作为健康工作场所的物理环境，它是其他一切软环境的基础和支撑，尤其是疫情期间，各企业应依据可持续建筑的标准改善工作环境，不但可以有效地开展防疫工作，而且能够在很大程度上抵消疫情给工作效率带来的负面影响，实现“抗疫复产两不误”。

三　再造健康工作流程，提升工作场所弹性和恢复力

（一）设计工作应避免过度消耗工作资源

不科学的工作程序和工作设计是增加员工健康风险的重要因素，它会导致过度的工作需求、有限的工作控制、努力与回报之间的不平衡、工作场所

① Smith, A. J, and Pitt, M., Sustainable Workplaces and Building User Comfort and Satisfaction, “*Journal of Corporate Real Estate*”. 2011, 13 (3): 144 – 156.

② Lo, K. K., Hui, E. C. M. and Zhang, K. Z., The Benefits of Sustainable Office Buildings in People's Republic of China (PRC): Revelation of Tenants and Property Managers, “*Journal of Facilities Management*”. 2014, 12 (4): 337 – 352.

③ Kato, H., Too, L. and Rask, A., Occupier Perceptions of Green Workplace Environment: the Australian Experience, “*Journal of Corporate Real Estate*”. 2009, 11 (3): 183 – 195.

的创伤、欺凌、角色冲突和感知组织内部的不公正①。缓解这一问题的措施大多集中在增加员工的控制力方面。加强员工控制的干预措施往往集中于促进灵活的工作条件或旨在加强雇员参与决策的机会，具体体现为：（1）设置灵活的工作环境。弹性工作条件对心理健康和幸福感存在积极的影响，增加员工对工作模式、轮班安排的控制和选择权，可以使员工保持更加健康的工作状态②。此外，加强员工的控制还能够改善心理健康，显著减少员工因疾病而缺勤。（2）增加员工参与度。通过问题解决会议、教育研讨会和压力管理协会等方式，加强员工的参与，增强员工的控制力。（3）实施工作－家庭平衡计划。工作和家庭角色之间的冲突会降低员工对工作和家庭生活质量的认知，进而导致生产力低下、缺勤和人员流动。疫情期间，各企业应在“防疫复工两不误”原则指导下，科学设计工作程序，改良工作设计，增强员工控制力和参与度，为员工妥善处理家庭与工作间的冲突，以帮助员工一方面做好防疫保护，另一方面有足够的自由度应对工作中的各种问题，减少因工作设计不当带来的各种负面影响，以保证防疫、生产两手都要抓，两手都要硬。

（二）通过良好的管理建立组织弹性

组织弹性是指一种协调、管理和适应压力、变化、逆境或创伤的能力，个人及其环境中的各种因素促进适应能力以及在逆境和压力面前恢复的能力。弹性发生在组织和个人层面，提高组织弹性的策略需要领导者和管理者的参与。具体包括两个方面：（1）加强团队支持。团队支持是弹性组织的重要表现，它可以增强组织的适应性和恢复力，工作场所内的个体对团队支持的感知可以增强个体对压力的抵抗强度和恢复力。甚至团队支持还可以减

① Harvey S. B.，Modini M，Joyce S，et al. Can Work Make You Mentally Ill? A Systematic Meta-review of Work-related Risk Factors for Common Mental Health Problems. “*Occupational and Environmental Medicine*”. 2017，74：301－310.

② Joyce S，Modini M，Christensen H，et al. Workplace Interventions for Common Mental Disorders：A Systematic Meta-review. “*Psychological Medicine*”. 2016，46：683－697.

轻员工的抑郁症状。[①]（2）有效的变革管理。有证据表明，在组织面临重大变化时，有效的管理策略可以维护员工心理健康，增强员工的适应性。一项公开实验显示，组织面临重大事件时，接受了公开沟通的员工心理压力会降低。疫情是摆在企业面前的一次严峻考验，很多企业面临财务危机，甚至破产倒闭的风险，这些不利因素也会影响到员工的工作积极性和投入度。因此，企业应该将自身所面临的危机与困难积极与员工进行沟通，引导员工与企业站在一起共渡难关。通过这样的管理措施，不但可以减轻员工的心理压力，还可以激发员工的工作热情，鼓舞士气，还可以提升企业的组织弹性，增强企业生命力，为企业顺利度过疫情提供动力。

（三）为员工提供恢复力训练

通过提高个体的应对技能和适应力来改善员工的心理健康，可以通过直接的恢复力训练、生活方式改变计划、工作指导以及工作场所健身计划等方式来实现。（1）正念或抗压恢复力培训。心理弹性是一种非常有价值的心理能力，可以减轻压力或其他心理健康挑战的负面影响，如认知行为治疗或压力训练都具有良好的效果。正念是当今组织中流行的一种心理培训项目，对于员工的健康具有积极效果，它能够提升员工的心理弹性，缓解压力。很多研究显示使用认知行为疗法或正念技巧以及混合干预方法，可以极大地提升员工的心理弹性。（2）开展以认知行为治疗（CBT）为基础的压力管理项目。世界卫生组织（World Health Organization）将工作压力定义为，当人们面临与他们的知识和能力不匹配的工作需求和压力，并对他们的应对能力构成挑战时，他们可能做出的反应。基于认知行为疗法（CBT）的压力管理项目被证明是有效的管理举措。（3）恢复力指导项目。恢复力指导是一种有效的减轻工作压力、提升工作幸福感、降低抑郁风险的方式。组织可以通过开展针对高管和高级经理的认知行为解决方案培训

① Harvey SB, Hatch SL, Jones M, et al. Coming Home: Social Functioning and the Mental Health of UK Reservists on Return from Deployment to Iraq or Afghanistan. "*Annals of Epidemiology*". 2011, 21: 666 – 672.

项目，设置领导力培训项目，或推行基于认知的、聚焦于解决方案的员工生活辅导小组项目，以及由同行或专业生活导师提供的基于小组的生活辅导课程等方式实施工作指导策略。此外，多种形式互相配合可以获得更好的效果。（4）工作场所健身计划。体育活动对心理健康的积极影响为大家普遍接受，在工作场所开展健身活动有助于提高个人适应力。有氧运动和力量训练可以显著减少工人的抑郁症状，而非工作场所锻炼计划可以明显改善员工的总体健康水平。

在疫情期间，坚持工作的员工承受着来自身体和心理的巨大压力，长期的压力将导致员工身体和心理资源的过度消耗，从而容易导致员工免疫力降低，加重防疫工作的负担。企业不但要提供足够的资源和政策，还要帮助员工提高自身的免疫力和恢复力。开展工作场所健身活动，提供必要的健身器材，鼓励员工利用工歇时间积极健身，增强体质。开设抗压和恢复力培训和项目，帮助员工进行心理建设，增强抗压能力，保持积极乐观的心理状态。这些不但有利于防疫工作取得良好效果，还可以帮助企业提升绩效。在抗击新冠肺炎疫情的关键时期，四川省总工会依托全省各级工会，在广泛宣传有关政策措施和防疫知识的同时，还着重加强情绪引导，尤其是对直接参与疫情防控的一线职工。全省各级工会将医疗、交通、物流、医药用品生产企业等疫情防控相关行业的职工作为重点服务对象，及时追踪掌握其心理状态，一旦发现问题，及早进行心理危机干预，减缓和控制疫情对其造成的心理影响。此外，四川省总工会倡导全省职工及家庭积极参与有益身心健康的系列活动，帮助职工舒缓情绪，提升身心健康，例如倡导职工带动家人每天进行体育锻炼、增加彼此沟通、以书写和拍摄视频的方式记录下积极客观防疫的作品等①。四川交投建设桥隧分公司考虑到项目一线员工加班加点较多，项目驻地偏远，施工进度快，员工与亲人团聚的时间少，员工情绪可能比较焦虑，因此公司为职工举办了心理健康知识讲座，邀请行业专家、专业心理咨

---

① 《四川省总工会守护职工心理健康，倡导大家“扭”起来动起来》，四川在线，2020 年 2 月 6 日。

询师作为主讲人，针对工程行业的特点，围绕职工心理健康常识、常见心理困扰及简单应对策略等主题对员工进行辅导①。

（四）重返工作岗位支持

复工后一手抓生产，一手抓防疫，包括对员工的重返工作岗位支持：（1）工作式心理治疗。以工作为重点的心理干预对改善心理障碍、强迫症（OCD）和适应障碍，帮助员工重返工作岗位具有良好的效果。（2）工作场所的改善和支持。主管的管理策略和同事们的支持等工作场所改善可以帮助员工重返工作岗位。在生病的员工中，主管和同事的支持可能是增加重返工作可能性的潜在决定因素。疫情期间，存在大量被认为是疑似病例经历过隔离的员工，他们中有很多参与过此次抗击疫情的行动，做出了巨大贡献。对于这些人，各企业应积极为其提供复工支持，让他们在身体上得到及时的恢复和保养，在心理上得到科学的引导和治疗，领导应带领同事给予他们关怀和支持，帮助他们消除心理障碍，以更饱满的热情重返工作岗位。疫情发生后，四川森林消防总队的成员在进行居家隔离和单位集中隔离后，相继解除隔离，重返岗位。在隔离时期，阿坝森林消防支队定时对隔离人员进行体温监测和消毒，进行针对性训练。解除隔离后，各地消防支队成员都快速回归执勤岗位，并在支队的相互支持和鼓励下开展体能恢复训练，以良好的身心状态投入工作中②。

四　优化健康管理实践，增强个体与工作的匹配性

支持和提高员工的健康可以被视为健康促进型领导的关键方面。Plath 等③

① 《四川交投建设：开展心理健康知识讲座，把服务送到员工“心坎”上》，人民网，2020 年 8 月 28 日。

② 《疫情防控：四川森林消防归队人员隔离 14 天后，重返岗位》，澎湃新闻，2020 年 2 月 12 日。

③ Plath S. C., Krause H., et al., Prevention, Health Promotion and Workplace Health Management in German Banks: Results from a Nationwide Representative Survey. “*Journal of Public Health*”. 2008 16 (3): 195 - 203.

认为健康促进型领导对员工健康的影响可以归纳为七个方面：降低工作负担、提升控制力、给予工作奖励、促进交流沟通、加强组织公平性、树立健康价值观和提高健康意识。这一概念侧重于个人和组织之间的相互作用，并试图确定可能的不匹配，对员工的健康有负面影响。领导者能够影响这些组织方面，从而减少个人和工作场所之间的不匹配。因此，健康促进型领导通过减少个人与工作场所间的不匹配，从而创造一个健康的工作场所。

（一）降低工作负担

Maslach 等[①]指出为了管理定性和定量的工作量，人们需要资源来满足工作需求，如果工作需求超出了人们所掌握的资源，就会导致更高的情绪耗竭风险。如果员工不能在工作中得到足够的资源以休息和恢复精力，那么压力和资源之间的关系的平衡性就被打破。[②] 因此，在工作中应制定成功的恢复策略来调节平衡性，以消除这种负面过程带来的影响，保证员工处于健康的工作状态。由此，健康促进型领导会将工作量保持在一个合理的水平，并给予员工足够的工作资源，帮助员工增加恢复的机会。疫情期间，员工工作过程中，承受较大的健康风险，身体和心理面临巨大压力。领导应合理安排工作进度，将员工的工作量控制在可接受的水平，并在防疫和工作资源上提供足够的支持，以保证员工身体和心理处于良好的状态。

疫情期间，四川省人民政府网站发布《全面落实疫情防控一线社区（村）工作者关心关爱措施的实施方案》的通知，方案提到要继续推进减负减压，要求除党中央国务院和省委省政府已有的明确要求，各地各部门原则上不得向社区（村）摊派工作任务，防止加重基层负担，禁止多头重复向基层派检查组、派任务。社区（村）疫情防控信息按指挥部统一表格上报，

---

① Maslach, C., & Leiter, M. P., Early Predictors of Job Burnout and Engagement. "*Journal of Applied Psychology*". 2008, 93: 498 – 512.

② Jiménez, P., & Kallus, W. Stress and Recovery of Social Care Professionals: Development of a Screening Version of the Recovery-stress-questionnaire for Work. "*Change and Quality in Human Service Work*". 2005: 311 – 323.

禁止各地各部门重复要表格、要数据。各地区根据疫情防控实际及后续相关工作需要，合理安排机关干部、驻社区单位人员、志愿者等力量充实社区一线力量，鼓励动员居民参与疫情防控工作，以此保障因疫情工作负担加重的基层工作人员的身心健康，避免高强度工作带来情绪、心理和身体上的耗竭①。

（二）提升工作控制力

大量研究证明，提高员工对于工作的控制力可以有效改善员工的健康状况。② 工作控制力主要表现为组织对员工赋权和赋能的管理策略，如增强员工的工作自主权、充分运用自身技能的机会和鼓励员工尝试新的工作方法等，这些管理策略可以帮助员工应对较高的工作要求，避免由于过度消耗工作资源而导致情绪耗竭和离职。同时，还可以引导员工参与决策以获得足够的工作需求信息，保持员工工作独立性，建立有效的时间管理机制等均可以减轻因不确定而带来的压力，③ 帮助员工在工作中保持健康的工作状态。④ 健康促进型领导通常通过提高员工的工作控制力来增强员工的工作自由度，增加其所掌握的工作资源，减少因资源消耗而带来的不利影响，为员工创造一个健康的工作环境。

（三）建立工作奖励

对工作成果的赞赏对于建立领导与员工之间的良好关系起着重要的作

① 《四川：全面落实疫情防控一线工作者关心关爱措施，补助标准公布》，《四川日报》2020年4月10日。

② Nielsen, K., Randall, R., Yarker, J., & Brenner, S., The Effects of Transformational leadership on Followers' Perceived Work Characteristics and Psychological Well-being: A Longitudinal Study. "*Work & Stress*". 2008, 22: 16 – 32.

③ Lee, W., Joo, H., & Johnson, W. W., The Effect of Participatory Management on Internal Stress, Overall Job Satisfaction, and Turnover Intention Among Federal Probation Officers. "*Federal Probation*". 2009, 73: 33 – 40.

④ Nahrgang, J. D., Morgeson, F. P., & Hofmann, D. A. Safety at Work: A Meta-analytic Investigation of the Link between Job Demands, Job Resources, Burnout, Engagement, and Safety Outcomes. "*Journal of Applied Psychology*". 2011, 96: 71 – 94.

用。研究表明，奖励不足（财务奖励和非财务奖励）会增加员工疲劳的风险。[①] Brun 和 Dugas[②] 总结了四种非财务奖励的管理实践：存在性奖励（个人或团队奖励）、工作实践奖励、工作奉献奖励和工作结果奖励。通过奖励政策，员工意识到，领导和组织在关注其工作表现，员工的努力、投入和成就能够得到及时的认可、赞扬和回报。健康促进型领导应创造一种工作氛围，在这种氛围中完成工作得到赞赏，努力不会被忽视，贡献得到认可。在疫情期间，员工冒着极大的健康风险坚持工作，这一行为本就值得认可和鼓励。中央应对新冠肺炎疫情工作领导小组印发的《全面落实疫情防控一线社区（村）工作者关心关爱措施的实施方案》中也提到要做好表彰褒扬工作，对在疫情防控一线表现突出的社区（村）工作者，县级以上党委、政府可分级分层进行表彰，街道（乡镇）可进行表扬，给予一线工作者及时的肯定和关怀[③]。组织应及时发现，并通过当面表扬、海报宣传等方式赞扬在工作中积极、努力的员工，让员工的投入得到认可和回报，让其他员工看到对工作的热情和投入能够得到组织的关注和鼓励，这些措施可以极大地缓解疫情带来的压力，提升员工的士气，提高组织的生产效率。

（四）加强组织公平性

Maslach 等[④]认为如果员工在工作场所受到不公平待遇，会导致情绪疲惫或愤世嫉俗。公平是组织在工作环境中具有重要控制权的方面之一。公平主要包括员工应该在决策和程序上得到公平待遇，所有的管理政策和措施都

---

① Skakon, J., Nielsen, K., V., & Guzman, J., Are Leaders' Well-being, Behaviours and Style Associated with the Affective Well-being of their Employees? A Systematic Review of Three Decades of Research. "*Work & Stress*". 2010, 24: 107 – 139.

② Brun, J., & Dugas, N., An Analysis of Employee Recognition: Perspectives on Human Resources Practices. "*The International Journal of Human Resource Management*". 2008, 19: 716 – 730.

③《四川：全面落实疫情防控一线工作者关心关爱措施，补助标准公布》，《四川日报》2020 年 4 月 10 日。

④ Maslach, C., Schaufeli, W. B., & Leiter, M. P., Job Burnout. "*Annual Review of Psychology*". 2001, 52: 397 – 422.

应该平等分享。Robbins 等[①]指出组织公平对员工的健康有积极的影响。虽然公平感是一种个人的感觉，可能因人而异，但健康促进型领导能够通过公平分配组织的资源，为每个人提供相同的职业机会，从而创造一个公平的工作氛围。疫情期间，防疫资源紧张，生产资源不足，面对员工的工作资源需求，各企业领导应高度重视工作中的公平性问题，工作决策、工作程序和资源分配等方面应做到公开、公平、公正，防止因资源分配的不公而带来的矛盾和冲突，以保证防疫和生产顺利开展。

（五）树立健康价值观

价值观是指每个人和公司特有的理想和动力。个体对组织价值观认同，其在组织中会感到舒适。而个体观念与组织价值的不匹配，会体现为工作任务与个人想法之间存在巨大差异。Leiter 等[②]指出员工个体价值观和组织价值观的一致性的体验，对于其积极的工作具有正向影响。这意味着个人的质量标准或个人的职业目标必须与组织的目标一致。如果一个人在个人价值观和组织价值观之间存在差距，那么他感到精疲力竭的风险就会增加。领导者的任务不是改变个人或组织的价值观，以达到员工和组织的高价值一致性。相反，领导者应该传达组织的价值观，强调员工与组织的价值观和目标之间的一致性。此外，作为组织价值观的榜样的领导者应该提高追随者的个人－组织一致性的感知[③]。更具体地说，健康促进型领导应该能够使员工的日常活动和职业兴趣与公司的目标相匹配。疫情期间，各企业领导应抓住这一契机，以共同抗“疫”为纽带，积极团结员工，宣传组织的价值观，加深员工对组织价值观和理念的理解，与组织保持一致性。这些措施一方面可以缓

---

① Robbins, J. M., Ford, M. T., & Tetrick, L. E., Perceived Unfairness and Employee Health: A meta-analytic Integration. “*Journal of Applied Psychology*”. 2012, 97: 235－272.

② Leiter, M. P., Gascón, S., & Martínez-Jarreta, B., Making Sense of Work Life: A Structural Model of Burnout. “*Journal of Applied Social Psychology*”. 2010, 40: 57－75.

③ Hoffman, B., Bynum, B., Piccolo, R., & Sutton, A., Person-organization Value Congruence: How Transformational Leaders Influence Work Group Effectiveness. “*Academy of Management Journal*”. 2011, 54: 779－796.

解疫情带来的压力，另一方面强化企业的内部凝聚力，提升了员工的士气，有利于员工工作效率的提升。

五 倡导健康促进型领导，营造健康工作氛围

（一）倡导健康促进型领导

健康促进型领导是指能够影响员工健康，塑造健康促进环境的领导行为①。Hewison 和 Griffiths② 指出，通过提高领导技能来改变领导者的行为，只是健康促进型领导的一个方面。另一方面是创造条件，支持和加强新创造的领导文化。他们将健康促进型领导理解为领导者的个人特征和组织方面的结合，提出了能够促进健康的四个领导维度：个人领导实践、决策空间和工作环境、专业发展机会和工作场所质量。通过处理个人和组织的组成部分，领导力的发展不局限于单个的个人，而是涉及整个组织的文化。Eriksson 等人③认为发展促进健康的工作场所的管理活动最能够体现健康促进型领导力，因为它描述了个人和组织层面上与健康相关的领导力。根据学术界对健康促进型领导的界定可以看出，健康促进型领导是一种支持和促进健康工作场所建设的领导类型。疫情期间，尤其需要领导的带头示范作用，为员工树立起科学防疫、健康工作的典范，帮助员工培养健康生活习惯，并出台相关措施，限制或禁止不健康行为如不戴口罩、随地吐痰、聚会等，以保证企业防疫工作和恢复生产的正常秩序。

---

① Jiménez, Paul, Winkler, B., & Dunkl, A., Creating a Healthy Working Environment with Leadership: the Concept of Health-promoting Leadership. "*The International Journal of Human Resource Management*". 2017, 28 (17): 1 - 19.

② Hewison A, Griffiths M., Leadership Development in Health Care: A Word of Caution. "*Journal of Health Organization and Management*", 2004, 18 (6): 464 - 473.

③ Eriksson, A., Axelsson, R., Axelsson, S. B., Health-promoting Leadership-Different Views of the Concept. "*Work & Stress*". 2011, 40: 75 - 84.

（二）营造健康氛围

健康氛围是组织氛围的一种具体形式，它描述了个人对工作环境中健康价值的感知。健康氛围主要由健康管理价值（如管理层对员工健康的关注）、健康管理和组织实践（如培训的充分性、健康设备的提供、健康管理系统的质量）、沟通以及员工对工作场所健康的参与等要素构成。研究表明，这些因素可以对员工的健康具有促进作用。健康氛围对员工的影响主要通过员工对健康氛围的感知来发挥作用，它是指个体对工作场所中政策、程序和实践中健康元素的感知。群体健康氛围是指群体作为一个整体所共有的健康感知。组织整体健康氛围需要组织从资源、习惯、团队精神等方面进行支持和培育。主要包括：组织内提供支持健康促进的资源；通过管理策略培养员工健康的生活方式。进行必要的宣传活动，让员工能够注意到组织对健康行为的支持。同时采取一定的管理方式和惩罚手段，对组织不健康行为进行规范。培养员工的团队精神，使其在思想上能够统一，对健康行为具有集体认同，对组织中的健康要素具有灵敏的感知等。疫情期间，组织应从以上方面着手，积极培育组织的整体健康氛围，加强对健康观念和健康意识的引导，鼓励和帮助员工培养健康的工作习惯，这些是企业和员工共同努力，顺利度过疫情。

（三）促进健康交流

Miner-Rubino 等①的研究表明，工作中积极的社会互动（来自同事或上司的支持），较高的社交质量可以有效地缓解疲惫。相反，工作场所的不文明行为，如不尊重、傲慢、社会排斥，会使员工产生工作倦怠感。因此，建立良好的工作场所社交环境，维持员工间健康的互动关系，是健康促进型领导的重要职责。在疫情期间，健康威胁给员工心理带来极大的压力，“保持

① Miner-Rubino, K., & Reed, W. D., Testing a Moderated Mediational Model of Workgroup Incivility: The Roles of Organizational Trust and Group Regard. “*Journal of Applied Social Psychology*”. 2010, 40: 3148 - 3168.

距离”和“隔离”措施在一定程度上限制了人与人之间正常的交往，各企业领导可以采取灵活多样的管理措施（如建立网上社群、转发正能量视频、正能量娱乐活动、鼓励性肢体语言等），加强员工间的沟通与交流，维护员工间正常的交流和沟通关系，以减轻疫情带来的压力。

（四）提高健康意识

健康意识是指员工所掌握的工作场所健康基本知识及其对健康的重要性的理解。提高组织的健康意识应从领导和员工两个方面入手。领导的健康意识具有转移效应，员工会认为注重自身健康的领导者，也会关心员工的健康。Franke 和 Felfe① 的研究表明，关心自己健康的领导者是员工的榜样，这种榜样的作用会对员工的健康产生积极的影响。个人健康意识是组织氛围形成的基本单元，主要体现在员工良好的健康观念和健康习惯，对健康活动参与的积极性等方面。因此，在疫情期间，领导者应注重自身的健康，积极掌握健康知识，培养健康的工作习惯，为员工树立珍爱生命、关心健康的榜样，带动员工遵守防疫规则，培养健康习惯。员工的健康意识的加强和健康习惯的养成是“防疫复产两不误”的重要保障。疫情期间，作为员工个体应加强自身的健康意识，积极参加各种健康活动，培养自身的健康习惯，与他人建立科学的健康交流，积极融入组织构建的健康氛围中，做到“努力工作，不添乱”。

综上所述，健康管理实践的推行和健康工作场所的构建是现阶段企业应对疫情危机，协调疫情防控与恢复生产的有效手段，它解决了员工健康与企业绩效之间的矛盾，将员工健康投入转为企业的核心竞争力投资，为企业的可持续发展带来动力和活力。疫情让我们认识到健康的重要作用，甚至有人提出“免疫力才是核心竞争力”的观点。可以预见，未来的企业管理理念和管理流程都将融入健康元素，健康工作场所将成为未来企业管理的重要手段和策略，为企业竞争带来新的增长源泉。

---

① Franke F, Felfe J., How Does Transformational Leadership Impact Employees' Psychological Strain? Examining Differentiated Effects and the Moderating Role of Affective Organizational Commitment. “*Leadership*”, 2011, 7 (3): 295 - 316.

四川高等教育人才供给结构与产业结构转型升级的适应性研究

——基于1996~2018年面板数据的分析

齐明明　林艺欣*

摘　要：本文基于1996~2018年四川年鉴数据资料，从就业结构、科类结构、布局结构对四川高等教育人才供给与产业结构间的关系进行实证研究。结果显示，四川高等教育人才供给结构与产业结构存在结构性失衡现象。主要表现为：就业结构调整滞后于产业结构转型，科类结构调整与产业结构优化并未同步，五大经济区区域生产总值的差异决定了高等教育布局结构的不均衡。面向未来，需大力发展职业教育，围绕产业结构转型升级方向调整学科专业结构，加快构建“一干多支、五区协同”区域发展新格局。

关键词：产业结构　人才结构　科类结构　布局结构　结构协调度

新时代推进西部大开发形成新格局、成渝地区双城经济圈建设等一系列国家重大战略部署的出台，为推动四川高质量发展提供了历史机遇，站在新的历史起点上，需要从战略和全局的高度看待产业结构与高等教育结构调整

---

* 齐明明，博士，成都理工大学马克思主义学院讲师，主要从事高校发展规划理论与实践、高校思政课教学改革、高校教师专业发展研究；林艺欣，成都理工大学马克思主义学院硕士研究生，主要从事马克思主义中国化基本问题研究。

优化问题。一方面，产业结构转型是引发高等教育结构调整的内在动力，产业结构优化升级对高水平、技能型、复合型、创新型人才需求旺盛，迫切需要高等教育结构性改革；另一方面，作为人才的供给侧，高等院校需要加快培养与中高端产业发展相适应的各类高级人才，为产业发展提供源源不断的人才支撑，助推产业结构的转型升级。产业结构与高等教育结构的互推作用也得到了实证研究的证实，如迟景明等人运用回归分析等方法测算出，经济发展对我国高等教育层次结构的发展演变具有显著影响作用。① 何菊莲等利用测度的数据实证分析了高等教育人力资本对产业结构优化升级具有明显的促进作用。② 方丽通过实证研究证明了高等教育为产业结构的调整提供了重要的技术支持和智力保障。但另一方面，高等教育结构与产业结构相适应过程中仍然存在困境与问题。如朱艳、刘学智指出高等教育结构调整滞后于产业结构升级，无法满足产业结构的创新需求。③ 岳昌君认为高等教育结构与产业结构之间存在显著的专业不匹配现象。④ 杨林等认为“偏振型”的学科结构不利于产业结构的调整与升级。⑤ 陈万明等具体测算了高等教育结构与产业结构互动关系中的时滞时间。⑥ 邓光平认为高等教育结构与产业结构不相吻合引发了毕业生就业的结构性失衡与过度教育。⑦

由于高等教育结构与产业结构间存在显著的相互促进作用，所以要重视

---

① 迟景明、何晓芳、程文等：《高等教育层次结构与经济发展关系的实证研究》，《教育与经济》2010 年第 1 期，第 3 ~ 9 页。

② 何菊莲、李军、赵丹：《高等教育人力资本促进产业结构优化升级的实证研究》，《教育与经济》2013 年第 2 期，第 48 ~ 55 页。

③ 朱艳、刘学智：《多重制度逻辑下中国高等教育结构变迁分析》，《现代教育管理》2015 年第 12 期，第 12 ~ 16 页。

④ 岳昌君：《高等教育结构与产业结构的关系研究》，《中国高教研究》2017 年第 7 期，第 31 ~ 36 页。

⑤ 杨林、陈书全、韩科技：《新常态下高等教育学科专业结构与产业结构优化的协调性分析》，《教育发展研究》2015 年第 21 期，第 45 ~ 51 页。

⑥ 陈万明、沈婷：《高等教育结构与产业结构互动关系中的时滞性探究》，《黑龙江高教研究》2012 年第 1 期，第 73 ~ 76 页。

⑦ 邓光平：《高校毕业生就业结构性失衡与教育过度探析》，《江苏高教》2004 年第 3 期，第 42 ~ 45 页。

产业结构与高等教育结构的协调发展。产业结构与高等教育结构的完美耦合是一种理想状态与目标追求，但现实境遇中，高等教育结构与产业结构间存在或多或少、或快或慢、或长或短的不协调问题，这也限制和影响了高等教育人力资源供给功能的发挥。本研究基于1996～2018年四川省经济社会发展和高等教育发展状态的面板数据，在实证分析的基础上，具体揭示四川省产业结构与高等教育结构的匹配度问题，为四川省高等教育改革和发展提出对策建议。

一　四川人力资源就业结构与产业结构的协调度分析

已有研究通过SEM结构模型等证实了产业结构与就业结构之间存在显著的关联性，[①] 产业结构与就业结构的内部关联性主要表现为，人力资本是产业结构转型升级的基础性要素，人力资本供给的数量、结构、质量决定了产业结构优化升级的速度、方向和效果。为探究四川产业结构与就业结构的协调性问题，引入结构偏离度、比较劳动生产率、就业弹性指数三个统计指标具体测算四川产业结构与就业结构的协调度。

（一）四川产业结构与就业结构的演变历程

1. 四川产业结构与就业结构演变向高级化方向发展

根据配第—克拉克定理（Petit-Clark theorem）和库兹涅兹法则（Kuznets' rule），产业结构和劳动力就业结构高级化的重要标志是随着经济发展和国民收入水平的提高，产业结构和就业结构都呈现由第一产业向第二、三次产业转移的趋势。从图1四川产业结构演变的长期变动趋势来看，四川三大产业之间的比例关系不断优化调整，产业结构经历了由“二、三、一”向“三、二、一”的演变历程。第一产业地区生产总值比重快速下降且降幅最大；第二产业地区生产总值比重经历了波动的过程，1996～2011

① 孙建、周兵：《产业结构与就业结构相关性的SEM研究》，《统计与决策》2008年第11期，第109～111页。

年，第二产业的比重总体上呈上升趋势，2011 年达到改革开放以来的最高峰值 47.8%，之后第二产业的比重持续下降，但第二产业比重长期稳定在 35%～45%，第二产业经济增长方式转型升级效果明显。第三产业地区生产总值快速增长，由 1996 年的 33% 增长至 2018 年的 51.4%，增幅最高。在就业结构上（见图 2），第一产业就业比重快速下降，第二、第三产业就业比重持续上升，第三产业就业比重和增幅大于第二产业，劳动力就业人口由第一产业向二、三产业持续转移。第一产业的缩减和第三产业的扩张，是四川产业结构和就业结构调整的基本特征。

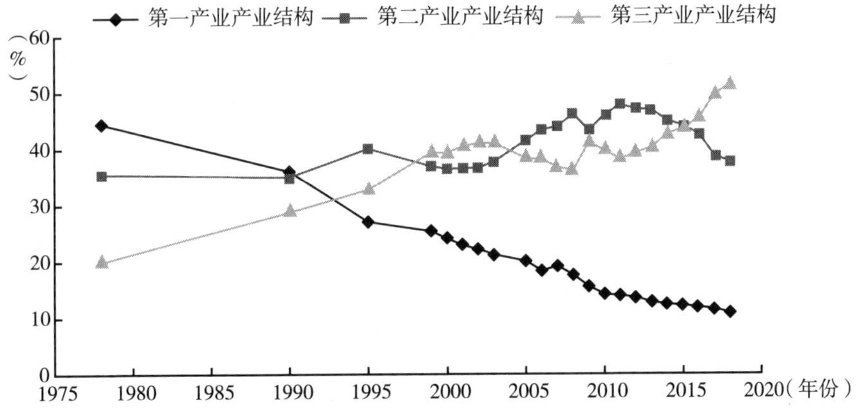

图 1　1978～2018 年四川产业结构演变趋势

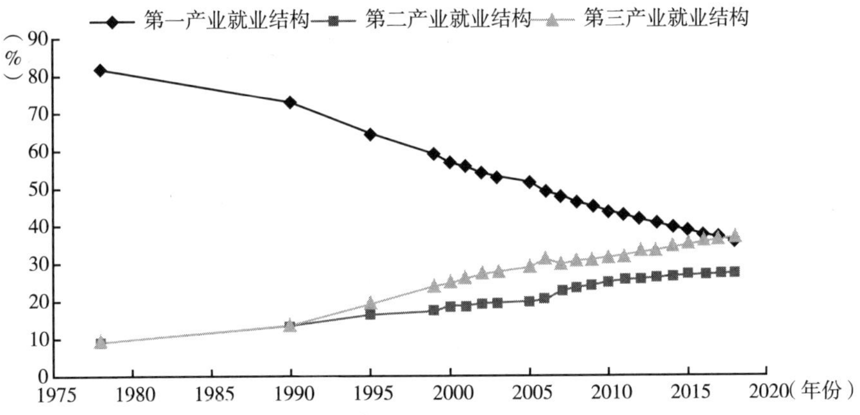

图 2　1978～2018 年四川就业结构演变趋势

2. 四川就业结构的调整滞后于产业结构的转型

从产业结构与就业结构的比例排序来看，四川三大产业结构排序与就业结构排序从未一致，产业结构与就业结构存在明显的结构性偏差，主要表现为就业结构的调整滞后于产业结构的转型。1996 年，四川三大产业结构排序为“三、二、一”，就业结构排序为“一、三、二”，此时产业结构占比最高的为第二产业，但第二产业就业结构占比最低，第一产业就业结构占比最高，说明第二产业劳动力短缺现象较为严重，第一产业存在大量的农村劳动力冗余。2000 年产业结构出现短暂的“三、二、一”排序，但就业结构仍稳定在“一、三、二”的排序，产业结构与就业结构仍处于不均衡的发展状态。2016 年，第三产业地区生产总值比重开始超过第二产业，三、二、一倒金字塔式的产业结构发展成型，但直到 2018 年，虽然就业结构中第三产业就业人员占比开始超过第一产业，但第一产业就业比重仍大于第二产业，就业结构呈现“三、一、二”的哑铃型样态，就业结构仍不能满足产业结构转型升级的需要。从全国范围来看，早在 2000 年，全国第三产业就业人口比重就已经超过第二产业，2011 年第三产业的就业人口也已超过第一产业，到 2018 年全国就业结构与产业结构均发展成为“三、二、一”的优化排序，四川产业结构与就业结构的调整速度要滞后于全国的发展速度。

表 1　1996～2018 年四川省产业结构与就业结构分布顺序

区域	1996 年	2000 年	2005 年	2010 年	2011 年	2015 年	2016 年	2018 年
全国 产业结构 就业结构	Ⅱ>Ⅲ>Ⅰ Ⅰ>Ⅱ>Ⅲ	Ⅱ>Ⅲ>Ⅰ Ⅰ>Ⅲ>Ⅱ	Ⅱ>Ⅲ>Ⅰ Ⅰ>Ⅲ>Ⅱ	Ⅱ>Ⅲ>Ⅰ Ⅰ>Ⅲ>Ⅱ	Ⅱ>Ⅲ>Ⅰ Ⅲ>Ⅰ>Ⅱ	Ⅲ>Ⅱ>Ⅰ Ⅲ>Ⅰ>Ⅱ	Ⅲ>Ⅱ>Ⅰ Ⅲ>Ⅰ>Ⅱ	Ⅲ>Ⅱ>Ⅰ Ⅲ>Ⅱ>Ⅰ
四川省 产业结构 就业结构	Ⅱ>Ⅲ>Ⅰ Ⅰ>Ⅲ>Ⅱ	Ⅲ>Ⅱ>Ⅰ Ⅰ>Ⅲ>Ⅱ	Ⅱ>Ⅲ>Ⅰ Ⅰ>Ⅲ>Ⅱ	Ⅱ>Ⅲ>Ⅰ Ⅰ>Ⅲ>Ⅱ	Ⅱ>Ⅲ>Ⅰ Ⅰ>Ⅲ>Ⅱ	Ⅱ>Ⅲ>Ⅰ Ⅰ>Ⅲ>Ⅱ	Ⅲ>Ⅱ>Ⅰ Ⅰ>Ⅲ>Ⅱ	Ⅲ>Ⅱ>Ⅰ Ⅲ>Ⅰ>Ⅱ

资料来源：根据《四川统计年鉴》（1996～2018 年）整理而成。其中Ⅰ代表第一产业，Ⅱ代表第二产业，Ⅲ代表第三产业。

（二）四川产业结构与就业结构结构性偏差的具体表现

1. 四川产业结构与就业结构的结构偏离度指数

结构偏离度指各产业结构与就业结构比值与1的差值。计算公式为某产业结构偏离度=该产业生产总值的产业构成百分比/就业的产业构成百分比-1。结构偏离度的值具有以下含义：其值越趋向0，说明产业结构与就业结构的偏离度越低，产业结构与就业结构越均衡；当值为0时，说明产业结构与就业结构处于完全均衡状态；当值为正数时，表明该产业所占地区生产总值比重大于就业人员比重，该产业具有较高的劳动生产率，能吸纳更多就业人口；当值为负数时，表明从事该产业的就业人员比重高于产业产值比重，该产业劳动生产率相对较低，出现劳动力冗余，需转移剩余劳动力。结构偏离度的绝对值越大，表明该产业结构越失衡；结构偏离度绝对值越小，表明该产业结构越均衡。

从表2可知，四川第一产业的结构偏离度小于0，二、三产业的结构偏离度大于0。说明第一产业一直存在劳动力冗余问题，二、三产业劳动力供给相对不足，二、三产业具有较强的劳动力吸纳能力。从1996~2018年的时间序列考察，第一产业结构偏离度的绝对值在增大，说明第一产业的结构偏离程度呈扩大化的趋势；第二产业的结构偏离度趋向0，说明产业结构与就业结构由极不均衡向快速走向均衡转变；第三产业结构偏离度变化趋势小，整体趋向均衡方向发展。作为农业大省，四川农业人口基数大，比重高，早在1996年第一产业就业结构就达62.2%，经过三十余年发展，就业结构虽然在快速降低，但到2018年仍占据35.9%的比重。而随着产业结构的转型升级，第一产业产值占比在快速下降，由1996年的26.8%下降到2018年的10.9%。第一产业劳动力就业转移的速度滞后于产业结构优化调整速度，由此造成第一产业结构偏离度不仅未减小，反而出现扩大化趋势，第一产业劳动力冗余的问题愈加突出。

表 2 1996～2018 年四川省产业结构与就业结构的结构偏离度指数

结构偏离度	1996 年	2000 年	2005 年	2010 年	2011 年	2015 年	2016 年	2017 年	2018 年
第一产业	-0.57	-0.53	-0.61	-0.68	-0.67	-0.68	-0.68	-0.68	-0.70
第二产业	1.40	0.85	1.11	0.85	0.89	0.66	0.59	0.43	0.39
第三产业	0.55	0.37	0.33	0.27	0.19	0.26	0.28	0.37	0.39

资料来源：根据《四川统计年鉴》（1996～2018 年）整理而成。

2. 四川三大产业的就业弹性指数

就业弹性指数是产业就业人员变化率与产业地区生产总值变化率之间的比值，也就是该产业地区生产总值增加一个百分点带动就业增长的百分点，它反映的是经济发展与就业增长数量之间的函数关系。若就业弹性大于0，说明就业变化率大于产业变化率，产业发展对就业的拉动较强；若就业弹性小于0，说明就业变化率小于产业变化率，产业发展促进就业的能力较差。表 3 是四川省 2017 年和 2018 年三次产业的地区生产总值和就业人口情况，2018 年，四川省第一产业地区生产总值增加 3.85%，第一产业从业人员下降3.5%；第二产业地区生产总值增加6.94%，就业人口增加34.1%；第三产业地区生产总值增加 13.8%，就业人口增加 35.7%。四川第一产业的就业弹性指数为 -0.91，随着农业现代化的发展、劳动生产率的提高，第一产业呈现“挤出”效应，已经不再具有吸纳就业人口的潜力。第二产业和第三产业的就业弹性指数均大于0，其中第二产业就业弹性指数最高，吸纳就业的能力最强。此外，从劳动生产率的角度看，就业弹性是在其他因素保持不变的情况下，只考虑就业增长与产业增长的衡量指标，就业弹性下降也意味着劳动生产率的提高。由此，第二产业需要由粗放型模式向集约型模式发展；第三产业就业弹性为 2.59，第三产业就业拉动能力较强，为促进农业剩余劳动力的转移，第三产业需要大力发展劳动密集型产业，通过经济增长创造更多的就业机会。

3. 四川二元经济结构限制了产业结构的转型升级

二元经济结构最早由英国经济学家刘易斯（W. A. Lewis）提出，他认为发展中国家同时存在传统农业与现代化工业两种经济结构。其中，第一产业

表 3　四川省三大产业的就业弹性指数

年份	第一产业		第二产业		第三产业		就业弹性
	地区生产总值（亿元）	就业人员合计（万人）	地区生产总值（亿元）	就业人员合计（万人）	地区生产总值（亿元）	就业人员合计（万人）	第一产业：-0.91
2017	4262.35	1792.9	14328.12	1315.4	18389.75	1327.6	第二产业:4.91
2018	4426.66	1730.1	15322.72	1763.7	20928.75	1801.1	第三产业:2.59

资料来源：根据《四川统计年鉴》（1996～2018 年）整理而成。

代表一元，二、三产业代表另一元。二元经济结构的测度指标主要有比较劳动生产率、二元对比系数和二元反差指数。比较劳动生产率（Comparative Labor Productivity）具体指行业产值占总产值的比重与行业就业人数占总就业人数的比重的比值，具体计算公式为 $B1 = \frac{G1/G}{L1/L}$，$B2 = \frac{G2/G}{L2/L}$，其中，B1 代表农业部门比较劳动生产率，B2 代表非农业部门比较劳动生产率。比较劳动生产率越高，说明该产业的地区生产总值与劳动力比值越大。生产要素从比较劳动生产率低的产业向高的产业转移是产业结构转型升级的内在动力。由表 4 可知，四川省第一产业比较劳动生产率低于 1，二、三产业比较劳动生产率一直高于 1。四川省第一产业与二、三产业之间存在明显的比较劳动生产率的差异，比较劳动生产率差异的存在是二元经济结构存在的重要原因。二元对比系数是二元经济中农业生产和非农业生产比较劳动生产率的比率，计算公式为：$R1 = \frac{B1}{B2}$，也就是第一产业比较劳动生产率与二、三产业比较劳动生产率的比值，二元对比系数越小，说明农业产业与非农产业之间的差别越大，经济的二元性越大。1996～2018 年，四川二元对比系数长期在 0.22 左右徘徊，农村剩余劳动力长期得不到有效转移，二元经济结构处于刚性状态。二元反差指数是两部门产值（或收入）比重与劳动力比重之差的绝对数的平均值。从表 4 可以看出，二元反差指数呈现减小的趋势，说明经过三十余年的经济发展，虽然目前四川二元经济结构状态仍比较突出，但从历史发展的视角来看，四川二元经济结构正在弱化。

表 4　四川省三次产业的比较劳动生产率

年份	农业比较劳动生产率	非农业比较劳动生产率	二元对比系数	二元反差指数
1996	0. 43	1. 94	0. 22	35. 4
2000	0. 43	1. 75	0. 25	32. 6
2005	0. 39	1. 65	0. 24	31. 4
2010	0. 32	1. 52	0. 21	29. 5
2011	0. 33	1. 50	0. 22	28. 7
2015	0. 32	1. 43	0. 22	26. 4
2016	0. 32	1. 41	0. 23	25. 7
2017	0. 32	1. 40	0. 23	25. 2
2018	0. 30	1. 39	0. 22	25. 0

资料来源：根据《四川统计年鉴》（1996～2018 年）整理而成。

二　四川产业结构与高等教育人才供给科类结构的协调度

高等教育科类结构是高等教育人才供给结构的重要指标。高等教育科类结构与产业结构的协调发展能够有效达到高等教育人才供给与经济社会发展人才需求之间的均衡发展。但由于产业发展与高等教育变革属于两个系统，因此，两者的变革并不总是同步，主要表现为高等教育的超前或滞后发展。产业结构与高等教育科类结构的描述性分析初步揭示了两者不协调的表现，相关性分析和结构协调度指数具体呈现两者出现偏差的程度。

（一）四川高等教育科类结构的演变历程

自 1999 年高校扩招以来，四川高等教育科类结构最显著的变化是第二产业高校毕业生所占比重持续快速下降，第三产业高校毕业生所占比重持续快速上升，第一产业高校毕业生所占比重缓慢下降。2005 年，第三产业高等教育毕业生人数占比首次超过第二产业，高等教育科类结构实现了由“二、三、一”向“三、二、一”的转变。从学校类型上看，四川普通高等学校类型丰富，涵盖综合、理工、师范、农业、医药、语文、政法、财经、体育、艺术、民族11大类院校。2018年，院校结构中，理工与综合类院校数量最多、占比最高，达32%；其他各类型学校总计43所，共占比36%。毕业生结构中，综合性院校毕业生人数最多，占比达35%；其次是理工类院校，占比为30%；其余九类院校毕业生占比共35%。科类结构中，农学所属的第一产业占比1.41%；理学、工学所属的第二产业占比39.38%；第三产业科类结构占比最高，达59.21%。分学科来看，四川工学毕业生数量最多，达60948人，占比32.70%；其次是管理学，占比18.82%；随后为艺术学（12.33%）和文学（9.16%）；历史学（0.50%）和哲学（0.01%）比重最低。

表5　2018年四川高等教育科类结构

学校类型	学校数量（所）	2018年		分学科数（本科）	2018年		科类结构比重（%）
		毕业生数（人）	比重（%）		毕业生数（人）	比重（%）	
合计	119	393543	100	合计	186361	100	100
综合大学	38	136519	34.69	农学	2629	1.41	第一产业 1.41%
理工院校	38	119357	30.33	理学	12456	6.68	第二产业 39.38%
农业院校	2	11890	3.02	工学	60948	32.70	
医药院校	8	22873	5.81	经济学	7457	4.00	第三产业 59.21%
师范院校	12	47626	12.10	法学	6025	3.23	
财经院校	7	18642	4.74	教育学	7912	4.25	
政法院校	2	2702	0.69	文学	17079	9.16	
体育院校	2	2147	0.55	历史学	932	0.50	
艺术院校	6	16067	4.08	哲学	27	0.01	
民族院校	2	8982	2.28	医学	12832	6.89	
语文院校	2	6738	1.71	管理学	35080	18.82	
				艺术学	22984	12.33	

资料来源：根据《四川统计年鉴》（1996～2018年）整理而成。

（二）四川高等教育科类结构的调整与产业结构的优化未同步

2018年，四川产业结构和科类结构均实现了“二、三、一”的排序，但从 1999 ~ 2018 年三十余年的发展历程来看，四川产业结构经历了由“三二一”到“二三一”再到“三二一”的演变，四川高等教育科类结构经过了“二三一”到“三二一”的演变历程（见图 3）。运用 spss 软件对高等教育科类结构、产业结构进行皮尔逊（Pearson）相关分析可知（见表 6），第一产业产业结构和科类结构之间的相关系数值为 0.764，并且呈现出 0.01 水平的显著性，说明第一产业产业结构和科类结构之间有着显著的正相关关系，即随着第一产业产业结构的下降，其科类结构也在下降。第二产业产业结构与科类结构之间的相关系数值为 -0.736，并且呈现出 0.01 水平的显著性，因而说明第二产业产业结构和第二产业教育结构之间有着显著的负相关关系，1999 ~ 2008 年第二产业的产业结构在增加，而第二产业的科类结构却在迅速下降；之后第二产业的产业结构呈现波动状态，第二产业的科类结构整体呈下降趋势。第三产业产业结构和科类结构之间的相关系数值为 0.404，接近于 0，并且 P 值为 0.151 >0.05，第三产业产业结构和科类结构之间并没有相关关系。除第一产业高等教育科类结构与产业结构相适应外，四川高等教育科类结构与产业结构的发展历程并不同步。

表 6　高等教育科类结构与产业结构的 Pearson 相关分析

产业划分	第一产业产业结构	第二产业产业结构	第三产业产业结构
第一产业教育结构	0.764 ** (0.000)		
第二产业教育结构		-0.736 ** (0.000)	
第三产业教育结构			0.404(0.151)

注：*、**、*** 分别代表在 0.1 水平（双侧）、0.05 水平（双侧）和 0.01 水平（双侧）上显著相关，括号内为相关系数检验的 P 值。

（三）四川产业结构与科类结构的偏离度指数显示高校毕业生存在结构性失业

四川高等教育科类结构与就业结构演变呈现不协调状态，为具体测算二者匹配度的差异，运用结构偏离度指数从数值上判断高等教育人才供给结构是否合理。具体公式为：高等教育科类结构偏离度 = 产业结构/科类结构 -1。偏离度大于0，产业比重大于高等教育供给比重，该产业可以吸纳更多的毕业生就业；偏离度小于0，高等教育供给比重大于该产业生产总值比重，该产业高校毕业生存在隐性失业。从图3可知，四川高等教育人才供给存在结构性就业问题。从长期趋势来看，第一产业结构偏离指数虽向0趋近，但2018年，结构偏离度指数仍高达6.73，第一产业高端劳动力严重短缺，难以满足农业现代化的发展需求；自2005年以来，第三产业高等教育人才供给结构偏离度指数一直处于小于0的状态，且在2005~2014年，结构偏离度指数呈扩大化趋势。说明随着高等教育的大扩招，与第三产业相关的专业招生人数剧增，由此造成第三产业高等教育人才供给大于产业需求，高校毕业生存在结构性失业问题。1999~2017年，第二产业高等教育人才供给结构偏离度指数经历了由小于零向大于零的转变，说明在这期间，高等教育人才供给经历了由人才供给饱和向人才供给不足的转变。解决毕业生就业问题，急需高等教育专业结构调整，以适应产业结构转型升级的需要。

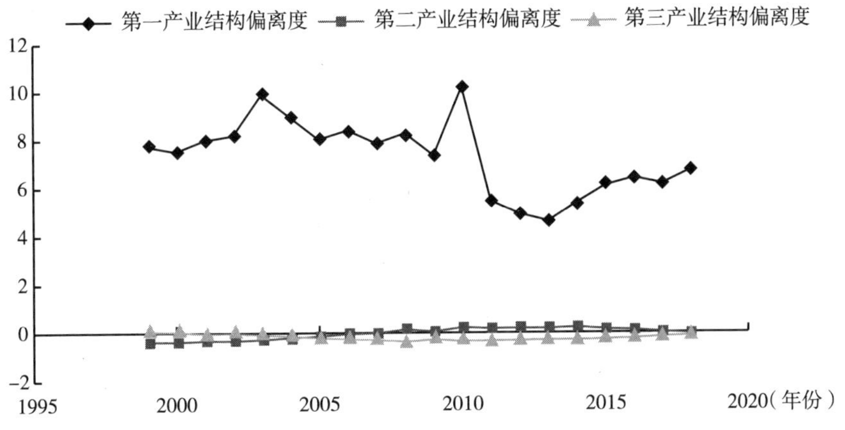

图3　1999~2018年四川高等教育科类结构与产业结构的偏离度

三　四川区域经济结构与高等教育人才供给布局结构的协调度分析

高等院校的布局具有空间性，合理的空间布局对高等教育布局结构的调整具有重要意义。区域经济与高等教育布局结构之间是相互影响、相辅相成的关系。区域经济的发展为高等教育布局结构提供了资源和物质支持，高等教育布局结构优化为区域经济发展提供人才供给和智力支持。高等教育布局结构的调整要建立在区域经济发展的基础上。通过分析区域经济发展与高等教育布局结构之间的协调关系，可以分析判断高等教育布局结构是否合理，并为高等教育布局结构的优化调整提供理论指导。

（一）高等教育布局结构与区域经济发展之间的相关性

根据地理区位、资源优势和区域定位，四川省国民经济和社会发展第十一个五年规划纲要将四川 21 个市州划分为五大经济区，分别为成都平原经济区、川南经济区、川东北经济区、攀西经济区、川西北经济区。宏观上来看，四川省高等教育布局与区域经济发展水平高度相关。即地区生产总值越高，高校数量越多，在校生人数越多；地区生产总值越低，高校数量越少，在校生人数越少。地区生产总值由高到低排序分别为成都平原经济区、川南经济区、川东北经济区、攀西经济区、川西北经济区，五大经济区拥有高校的数量、在校生人数也呈现相同的排序。四川五大经济区区域生产总值的差距决定了高等教育布局结构的差距。

从地区生产总值来看，五大经济区区域经济发展极不均衡且区域差异呈扩大化趋势，成都平原经济区的地区生产总值和人均生产总值远高于其他四大经济区。成都平原经济区地区生产总值占全省经济总量的比重由 2010 年 43.62% 扩大到了 2018 年的 61.25%。除成都平原经济区之外的其他四个经济区区域生产总值的总和仅占成都平原经济区的 3/5。从高校布局来看，四川高校主要分布在成都平原经济区。119 所高校中有 87 所分布在成都平原经济区，成都平原经济区的高校数量占全省的73%；其中，本科层次高校37所，占全省本科院校的74%。其余四个经济区共有高校32所，占四川省高校总数的27%；除成都平原经济区之外的其他四个经济区拥有高校数量总和仅占成都平原经济区高校数量的1/3。从五大经济区拥有高校数量比重和区域生产总值比重的数据对比来看，四川省高等教育空间布局结构的区域差异要大于区域经济发展水平的差异，高等教育不均衡的状态更为突出。

（二）高等教育类型结构与区域经济战略定位的契合度

四川五大经济区存在显著的区情差异，为推动因地制宜，2016年四川首次编制印发五大经济区发展规划，《规划》围绕五大经济区的区情特点和发展潜力，明确了各个经济区的战略定位、发展目标和引导措施（见表7）。成都平原经济区现已形成了“三、二、一”的产业格局，区域发展特点是形成以先进制造业为核心的第二产业，以现代服务、旅游业为核心的第三产业，以现代农业为基础的第一产业。从高校布局来看，成都平原经济区37所本科层次高校中，“双一流”建设高校8所，其中一流大学建设高校2所、一流学科建设高校6所。四川“双一流”建设高校数量位居全国第五，占全国“双一流”建设高校的5.8%。“双一流”高校建设为四川高等教育跨越式发展提供了重要的发展机遇，也为成都平原经济区中高端产业发展提供了人才支持。

川南经济区的战略定位是老工业基地城市转型升级示范区、国家重要的先进制造业基地，川南经济区的产业结构为“二、三、一”，第二产业是支柱产业，第二产业发展核心是能源产业、化学工业、重大装备、饮料业、化纤纺织工业等。从院校类型来看，川南经济区理工类高校数量最多，与川南经济区的区域定位与发展重点相符合。川东北经济区已形成“二、三、一”的产业结构，但第三产业增幅较大，与第二产业的相差极小。川东北经济区的战略重点是发展清洁能源、特色农产品、生态文化旅游，川东北经济区布局了10所高校，其中综合类高校4所、理工类高校3所、师范类高校2所、医药类高校1所，多样化的办学类型和人才供给有力支撑了川东北经济发展。但从学校数量来看，川东北经济区的在校生人数占比和高校数量占比低于区域生产总值占比，说明川东北经济区的人才供给数量较少。

2019 年省委办公厅、省政府办公厅印发的《关于加快推进攀西经济区转型升级的实施意见》中，提出攀西经济区的发展重点为国家战略资源创新开发试验区、现代农业示范基地和国际阳光康养旅游目的地。攀西经济区现已形成“二、三、一”的产业结构。攀西经济区现有 6 所高校，其中本科层次高校 2 所，以理工类高校为主，高等教育的发展为攀西经济区产业结构的优化升级提供了人才保障。作为高原藏区，川西北经济区的发展重点是生态示范区的建设。川西北经济区的 3 所高校中，本科层次高校 2 所，民族类高校 2 所，高层次、民族类的办学定位为促进民族地区发展进步提供了智力支持。

表 7　四川省五大经济区特色产业发展与学校布局

区域	三大产业地区生产总值(万元)			区域特色产业	学校类型
	一产	二产	三产		
成都经济区	1837. 85	11168. 79	12658. 95	重点发展重大装备制造业、高技术产业现代服务业、特色的旅游业、现代农业	“双一流”建设高校 8 所
川南经济区	810. 01	3154. 21	2575. 58	大力发展能源产业、化学工业、重大装备、饮料业、化纤纺织工业	综合类高校 4 所 理工类高校 5 所 师范类高校 2 所 政法类高校 1 所 医药类高校 1 所
攀西经济区	347. 35	1344. 26	1015. 1	大力发展能源产业，新材料，精品钢材，特色农产品，积极发展“阳光旅游”	理工类高校 3 所 综合类高校 1 所 师范类院校 2 所
川东北经济区	1098	2678. 14	2618. 03	大力发展天然气化工、农产品加工业、特色农产品、旅游业	综合类高校 4 所 理工类高校 3 所 师范类高校 2 所 医药类高校 1 所
川西北生态经济区	115. 02	261. 31	221. 54	积极发展生态旅游、清洁能源、生态农业和特色畜牧业	民族类高校 2 所 师范类院校 1 所

资料来源：根据四川统计年鉴 2018 年数据整理而成。

（三）区域经济发展与高等教育人才供给的协调度

2018 年，四川普通高等学校毕业生总人数为 393689 人，成都平原经济区所占的毕业生比重最高，达 77.18%，其次是川南经济区，占 9.9%；川西北经济区的毕业生人数最少，仅占 1.05%。四川高等教育人才供给高度集中在成都平原经济区。为考察各区域经济发展是否有充足的高等教育人才供给，故引入结构偏离度。高等教育人才供给结构偏离度是指各区域地区生产总值结构与毕业生区域分布结构的比值与 1 的差值。计算公式为该区域人才供给结构偏离度 = 该区域地区生产总值占全省总产值的比重/该区域毕业生占全省毕业生的比重 - 1。从结构偏离度的值来看（见表 8），成都平原经济区的毕业生和在校生结构偏离度均小于 0，成都平原经济区的高等教育人才供给比重大于区域生产总值比重，但这单一指标并不能说明成都平原经济区出现劳动力过剩现象，因为从成都平原经济区区域生产总值比重与就业结构比重对比来看，区域生产总值比重高于就业结构比重，成都平原经济区具有较强的劳动力吸纳能力。由此可见，成都平原经济区的就业竞争主要集中在高端人才竞争，高校毕业生在成都平原经济区就业的竞争压力大。

川南经济区、川东北经济区、攀西经济区、川西北经济区高等教育人才供给结构偏离度均大于 0，说明地区生产总值比重大于高等教育人才供给比重，高等教育人才供不应求。同时结合这些地区区域生产总值与就业结构来看，区域生产总值比重大于就业结构比重，说明所在区域存在劳动力过剩现象。这就是说除成都平原经济区外的其他四大经济区存在的共性问题是，低端劳动力过剩而受过高等教育的高端劳动力供给不足。高校数量和高素质人才供给数量较少，不能为区域经济发展提供充足的人才支持。结构偏离度的绝对值越大，人才供给与区域经济发展之间越不均衡。人才供给结构偏离度最大的是攀西经济区，其次是川东北经济区及川南经济区，这些地区需大力发展教育，特别是职业教育，变劳动力数量优势为人力资本优势。从毕业生和在校生的结构偏离度来看，攀西经济区和川西北经济区在校生结构大于毕业生结构，毕业生结构偏离度系数大于在校生结构偏离度系数，高等教育潜在劳动力供给大于实际劳动力供给，说明这些地区存在毕业生外流现象。川南经济区和川东北经济区毕业生结构大于在校生结构，但两者差值较小，存在一定的就业吸引力；成都平原经济区的在校生结构与毕业生结构相当，说明成都平原经济区的高校毕业生在本区域就业的去向较为稳定。

表8　四川省五大经济区高校人才供给偏离度

区域	高等教育人才供给		就业结构	区域生产总值比重	人才供给结构偏离度		就业结构偏离度
	毕业生	在校生			毕业生	在校生	
成都平原经济区	77.18%	77.31%	46.02%	61.25%	-0.21	-0.21	0.33
川南经济区	9.90%	9.64%	18.75%	15.61%	0.58	0.62	-0.17
川东北经济区	9.04%	8.71%	24.41%	15.26%	0.69	0.75	-0.37
攀西经济区	2.83%	3.13%	7.22%	6.46%	1.28	1.06	-0.11
川西北经济区	1.05%	1.21%	2.43%	1.43%	0.36	0.18	-0.41

资料来源：基于《四川省统计年鉴2018》数据及该区域人才供给结构偏离度 = 该区域地区生产总值占全省总产值的比重/该区域毕业生占全省毕业生的比重 - 1 公式整理而得。

四　对策建议

结构决定功能，结构的合理程度，直接决定了功能发挥的效果与程度。合理的高等教育结构要与产业结构的转型升级相契合。四川高等教育发展存在的结构性困境，需要高等教育适当调整，应以产业结构转型为契机，促进高等教育结构优化和内涵式发展。

（一）针对科类结构不均衡和毕业生结构性失业的问题，围绕四川产业结构转型升级方向大力调整高校学科专业结构

2018年8月，四川省委十一届三次全会通过的《中共四川省委关于全面推动高质量发展的决定》中提出要构建具有四川特色优势的“5+1”现代产业体系的重大部署，着力将电子信息、装备制造、食品饮料、先进材

料、能源化工等打造成主营业务超万亿元的支柱产业，大力发展数字经济。随后，2019年审议通过的《推进“5+1”现代产业体系建设联系机制工作规则》中，将“5+1”的现代产业体系具体细化为16个重点产业培育方案。“5+1”的现代产业体系及16个重点发展产业是四川产业转型升级的重要标志，也是四川高等教育学科专业结构调整的风向标。2020年四川新增备案本科专业92个，新增审批本科专业5个，撤销本科专业15个。新增本科专业主要集中在工学（35个）、艺术学（18个）、教育学（10个）等专业，人工智能、区块链工程、大数据管理与应用等成为热门新兴专业。高等教育学科专业调整要及时把握产业发展的最新态势，主动对标四川16个重点产业的发展需求，培养适配型人才，为四川高质量发展提供人才支撑。

（二）针对第一产业劳动力过剩而高素质劳动力不足的状态，实施乡村振兴战略，大力发展职业教育

四川第一产业人才供给的困境在于劳动力素质结构不合理，主要表现为两个方面，一是第一产业就业人口基数大、比例高、劳动力转移负担重，实际上已经成为钳制四川产业结构转型升级的核心要素。二是第一产业高等教育人才供给短缺，不能支撑现代农业发展对高素质、技能型人才的需求。党的十九大报告中提出的乡村振兴战略是破解城乡二元经济结构、促进农村劳动力有序流动的重大举措，而乡村振兴归根到底要靠人才这个基石。2018年，四川中等职业技术学校中的第一产业毕业生人数占比达4.7%，要高于普通本科学生的占比（1.4%）；成人技术培训学校中农村成人文化技术培训学校有3555所，占成人技术培训学校的86%，职业技术教育在提升农村劳动力素质、助推乡村振兴战略方面大有可为之处。服务和担当乡村振兴的重任，培养技能型人才，职业教育责无旁贷、任重道远。

（三）针对区域经济发展和高等教育布局结构不均衡的现状，加快构建“一干多支、五区协同”区域发展新格局

四川高等教育布局的不平衡主要表现在首位城市与其他市（州）高等

院校数量和招生、在校生、毕业生数量差距悬殊。拥有院校数量第一的成都（57 所）是第二绵阳（10 所）的 5.7 倍，成都平原经济区 8 市承载了全省 46.02% 的就业人口，培养了全省 77.18% 的高校毕业生，高等教育“虹吸集聚”效应明显。为破解区域发展难题，推动四川高质量发展，2018 年，四川省委十一届三次全会做出实施“一干多支”发展战略的重大部署，从战略的高度谋划四川发展新篇章。对于高等教育布局而言，一是做强“主干”，推动“双一流”高校建设，助推成都“五中心一枢纽”的城市建设；同时通过异地办学、联合培养、扩大交流等方式发挥优势高校的引领辐射带动作用。二是发展“多支”，结合区域战略定位、凝练办学特色，地方高校实施差异化、特色化的发展战略。三是通过政策支持和就业指导，鼓励高校毕业生到基层工作，扎根基层成长成才。通过制度创新和政策引导，实现地区间的优势互补和人力资源共享的协同合作。

国家级人力资源产业园产业集聚发展研究

——以成都为例

钟 鑫 刘韵韵 白锡江*

摘 要： 国家级人力资源服务产业园通过规模经济、提升管理水平等内部经济以及节省交易成本、外溢效应等外部经济，促进了人力资源服务产业转型升级，为城市快速发展赋能。然而，目前成都国家级人力资源服务产业园仍存在企业服务同质化、集群效应不明显、运营机制缺乏活力等问题，建议从业务类型、产业生态、制度模式等方面进行改进，促进人力资源产业园的健康发展。

关键词： 国家级人力资源服务产业园 产业集聚 成都市

一 引言

目前，我国提升经济发展质量是主旋律。在此背景下，产业转型升级步伐加快，对人才需求的日益多样化，要求人力资源服务业应凭借绿色、创新、共享、高成长性以及可持续发展的特点，发挥其在产业结构升级中的基

* 钟鑫，博士，四川省社会科学院副研究员，主要从事产业经济与人力资源管理研究；刘韵韵，西南财经大学工商管理学院硕士研究生，主要从事产业经济学研究；白锡江，西南财经大学工商管理学院硕士研究生，主要从事产业经济学研究。

础性和支撑性作用。2017 年人力资源社会保障部印发《人力资源服务业发展行动计划》明确要求实施“产业园区建设计划”，强调了政府在人力资源配置过程中的引导作用。自 2010 年以来，人社部与相关省市陆续建立了上海、重庆、杭州、烟台、成都等 19 家国家级人力资源服务产业园。此种产业园区类型，能充分发挥类似工业园区的功能，有效承载产业集聚，使人力资源服务产业集聚发展，通过内部交流、资源共享、竞争发展以及外部溢出效应，不仅能有力促进人力资源服务产业发展、产业链的升级转型，还能充分带动人力资源服务相关产业联动发展，从而提升人力资源服务品质，为城市快速发展赋能。统计数据显示，截至 2018 年底，已有超过 2000 家人力资源服务相关企业入驻各地国家级人力资源服务产业园，各国家级园区总营收达 1680 亿元，创造税收超 50 亿元，服务企业超过 315 万家，服务人次 953 万人，实现了人力资源服务业体量的增长、服务质量的提升、人力资源的优化配置。

关于人力资源服务产业园研究，国内外学者们主要从园区功能、现状、问题、管理模式、发展路径等方面进行了探索。人力资源服务产业园是人力资源服务产业集聚的主要形式，是为了形成完整的产业链，促进服务的规模化、集约化发展①，人力资源产业园未来将成为助推地方经济社会发展的新引擎②。市场型、政府主导型、混合型是现阶段我国人力资源服务产业园的三种管理模式③，而“决策机构 + 执行机构”的管理体制是多数产业园的首选④。然而，由于部分实际因素的限制，人力资源服务产业园在发展中也存在一些问题。王文静认为，目前人力资源服务产业园的政策内容体系不完

① 智建丽、王宇：《人力资源服务产业园建设问题研究——以山西为例》，《商业经济》2019 年第 9 期，第 87 ~ 88 + 91 页。

② 莫荣、陈元春主编《中国人力资源服务产业园发展报告（2016）》，中国劳动社会保障出版社，2016。

③ 胡小玲：《人力资源服务专题　人力资源产业园区组织架构及运营模式研究》，《中国劳动》2018 年第 5 期，第 30 ~ 32 页。

④ 崔艳：《我国人力资源服务产业园区发展现状、问题及对策研究》，《当代经济管理》2017 年第 10 期，第 67 ~ 72 页。

善，产业支撑较薄弱，发展模式趋于同质化①。侯增艳则认为现阶段人力资源产业园的管理体制机制尚不明晰，还未建成以“企业为主体、政府引导、多方参与”的多元化投入机制②。其他学者提出了产业链规划不合理，缺乏跨省、跨区域的综合性人力资源服务产业园等不足③。对此，政府应给予政策、市场、资金上的支持④，优化规划布局、创新运营模式和拓展服务平台⑤。孟续铎提出了构建“五轮驱动”政策保障体系，具体为：产业引导、市场治理、资金扶持、平台支撑和人才引领⑥。除此之外，政府还应完善监管机制、改进政策评估机制、建立合作交流机制来提高园区人力资源服务企业质量。最后，也有学者对中国上海人力资源服务产业园⑦、中原人力资源服务产业园⑧、南京浦口人力资源服务产业园⑨、苏州人力资源服务产业园⑩等具体的产业园进行了研究分析，并提出了相应的建议措施。

人力资源服务产业集聚的规模效应和外溢效应，以及合理产业链的形成

① 王文静：《我国人力资源服务企业发展现状、存在问题及对策——基于企业问卷的调查分析》，《中国劳动》2016 年第 18 期，第 33 ~ 38 页。

② 侯增艳：《我国人力资源服务产业园区发展状况及对策研究》，《经济研究参考》2014 年第 56 期，第 22 ~ 29 页。

③ 李娟：《人力资源服务产业园区亟须关注的问题》，《中国劳动保障报》2016 年第 6（03）期。

④ 朱跃：《浅议江苏人力资源服务产业园的管理模式及其对区域经济发展的作用》，《人才资源开发》2015 年第 20 期，第 11 ~ 12 页。

⑤ 吴帅、田永坡：《我国人力资源服务产业园区建设：现状、挑战与对策》，《中国人力资源开发》2015 年第 23 期，第 69 ~ 74 页。

⑥ 孟续铎：《人力资源服务业及其产业园建设发展研究》，《北京劳动保障职业学院学报》2015 年第 3 期，第 10 ~ 14 页。

⑦ 董良坤：《构建上海人力资源服务产业发展的制度环境研究——以中国上海人力资源服务产业园区为例》，《第一资源》2014 年第 2 期。

⑧ 王平：《中国中原人力资源服务产业园区建设的功能内涵模式创新及路径选择》，《人才资源开发》2015 年第 5 期，第 13 ~ 16 页。

⑨ 吴晓珊：《南京浦口人力资源服务产业园区管理模式存在问题及对策研究》，南京师范大学硕士学位论文，2015。

⑩ 樊文：《苏州人力资源服务产业园的发展现状、问题及对策研究》，苏州大学硕士学位论文，2016。

是产业园发挥作用的关键[①]，从产业集聚角度对人力资源服务产业园进行研究至关重要，也有学者从产业集聚的角度对人力资源服务产业园进行分析研究，所以本文从产业集聚角度来分析人力资源服务产业园，以成都国家级人力资源服务业产业园为例进行分析，希望能为人力资源产业园的建设贡献绵薄之力。

二　产业集聚与人力资源产业园发展

产业集聚与产业园相互区别又紧密联系，产业集聚是产业资本等要素在空间范围内不断汇聚的经济活动过程，产业园则是产业集聚在空间上的表现。赵延东和张文霞认为，产业园是促进产业集聚的重要平台，发展产业园的最终目的是促进产业的集聚式发展[②]。张秀娥和何山认为，产业集聚需要必要的基础设施以及相应的制度保障，而产业园区内部企业集聚，企业之间的空间密集性能够有效地为此提供基础，这些特点对产业集聚的质量和效应有直接影响，反过来集聚效应的增强将有助于激发制度配套的进一步创新[③]。

从国外研究来看，由于产业园区具有强烈的中国特色，国外的学者们无法将研究聚焦于产业园区，因此他们更关注对产业集聚的影响因素以及其产生的效应研究。在产业集聚的影响因素方面，地理因素、人力资本和政府等被认为是影响产业集聚的重要因素。产业集聚、内部经济和外部经济的相关概念由 Marshall 在《经济学原理》中首次提出[④]，同时，他认为规模经济是内部经济的主要模式，而外部经济、内部经济又是产业集聚的基础条件，因为市场规模扩大将产生外部性，企业之间的知识信息交流、企业竞争中的技

① 刘晓莉：《人力资源服务产业园区的形成和演化机制研究》，《现代经济信息》2019 年第 9 期，第 19～20 页。

② 赵延东、张文霞：《集群还是堆积——对地方工业园区建设的反思》，《中国工业经济》2008 年第 1 期，第 131～138 页。

③ 张秀娥、何山：《产业集聚与产业园区建设的链式共生模式》，《科技进步与对策》2009 年第 23 期，第 77～79 页。

④ 〔英〕马歇尔：《经济学原理》，朱志泰、陈良壁译，商务印书馆，1965，第 65 页。

术扩散是产业集聚的重要原因。此后，大量学者研究了影响产业集聚的因素，发现地理因素是产业集聚首要且最重要的因素①，而企业家和政府作为推动产业集聚的两个重要角色，前者是最具能动性的主体，后者则通过提供政策、资金和技术上的支持，也是产业集聚过程中不可或缺的因素②。在产业集聚产生的效应方面，Porter 从企业竞争优势的角度对产业集聚现象进行了理论分析，提出了产业集群概念，并建立了“钻石模型”来分析产业集聚与产业群之间相互促进的关系③。产业集聚后有利于企业之间的信息交流，减少产业链上下游企业的交易成本，以及在企业竞争中降低产品成本。Scott 则提出，产业集聚是区域发展的动力，产业集聚程度的提高将会带动区域经济的发展④。

从国内研究来看，关于产业集聚及其效应研究较多，周邦瑶、陈翊研究认为，企业集聚后将通过竞争效应来增强企业优质人力资源集聚，而人力资源集聚将进一步促进产业的集聚，助推企业共同发展⑤。田翔羽、宁敏静、张石彦等学者也探讨人力资源与产业集聚的关系⑥。黄顺春、高芳圆研究认为产业集群是地方经济发展的战略选择，园区的建设能快速助推地方经济集

---

① Anthory Venables, Cities and Trade: External Trade and Internal Geography in Developing Economies. NBER, Working Paper, 2000.

② Feldman, P. M; Francis, J. and Bercovitz, J. , Creating a Cluster While Building a Firm: Entrepreneurs and the Formation of Industrial Clusters. “*Region Studies*”, 2005, 39 (1): 129 - 41. Paray II, Govindan. Form “Silicon Is Land” to “Biopolis of Asia”: Innovation Policy and Shifting Competitive Strategy in Singapore. “*California Management Review*”, 2005, 47 (2): 50 - 73.

③ Michael E. Porter. , Clusters and The new Economics of Competition. “*Harvard Business Review*”, 1998 (6): 77 - 90.

④ Scott, A. , The Collective Order of Flexible Production Agglomerations: Lessions for Economic Development Policy and Strategic Choice. “*Economic Geography*”, 1992 (68): 219 - 232.

⑤ 周邦瑶:《浙江产业集群人力资源管理模式选择》,《商业时代》2007 年第 32 期，第 109 ~ 110 页；陈翊:《产业集群发展与人力资源结构的协同互动——以温州为例》,《生产力研究》2008 年第 18 期，第 101 ~ 104 页。

⑥ 田翔羽:《产业集群区域人才需求预测的组合模型研究——以湖南省工程机械产业集群为例》，中南大学管理学院硕士学位论文，2009；宁敏静:《赣州有色金属产业集群发展中的人力资源开发问题研究》，江西理工大学管理学院硕士学位论文，2011；张石彦:《集群创新视角下的云南生物产业人力资源支持体系研究》，云南财经大学硕士学位论文，2011。

聚发展，而类似于园区的平台建设将促进人力资源服务业集群发展①。陆根尧、柴新淋以浙江省为样本进行研究，认为人力资本是促进产业集群的重要作用，使产业集群发挥信息交流、竞争学习、知识外溢等效应②。

园区的集群效应正如园区功能所体现的，人力资源服务产业园的公共配套设施、市场环境建设、相关联产业入驻能有效降低园区内人力资源服务产业的交易成本，进一步形成产业园区的规模效应、竞争效应、外溢效应③。人力资源服务业集聚能够提高人力资源使用和配置效率，研究人力资源服务业的组织模式有利于推动其向规模化、集约化、专业化方向发展。人力、资本、信息等要素的充分具备是集聚区更好发展的前提，人力资本的应用在其中发挥核心作用④，知识溢出和创新效应能提供人力和知识资本⑤。孟凡峰研究认为，生产性服务业通过集聚产生规模经济效益降低制造业交易成本与生产成本的途径来影响制造业升级。产业集聚区不仅可以资源共享，还可以通过促进企业之间和人才之间的交流合作，降低人才搜寻和使用成本⑥。

三　国家级人力资源产业园发展原因及现状

（一）国家级人力资源产业园蓬勃发展的历史原因

中国人力资源服务业从无到有、从小到大、从国有或集体所有到各种所

---

① 黄顺春、高芳圆：《产业集群发展中的人力资源集聚探析》，《改革与战略》2013 年第 5 期，第 40～43 页。

② 陆根尧、柴新淋：《产业集群升级中的人力资本效应研究——以浙江产业集群为例》，《浙江理工大学学报》（社会科学版）2016 年第 3 期，第 215～222 页。

③ 方伯芃：《基于云平台的配件多价值链协同技术研究》，西南交通大学博士学位论文，2019。

④ 王林雪、熊静：《人力资源服务业空间集聚组织模式研究》，《科技进步与对策》2016 年第 14 期，第 63～68 页。

⑤ 闫娜：《产业集聚区人力资源良性循环体系的构想》，《长春教育学院学报》2012 年第 7 期，第 32～33 页。

⑥ 孟凡峰：《生产性服务业集聚与制造业升级——基于省际面板的研究》，《现代管理科学》2015 年第 1 期，第 57～59 页。

有制并存、从单一到多元化服务产品、从政策性功能走向市场化服务和企业化经营。回顾40年的历程，可以概括为“起步探索”“鼓励发展”“快速发展”“全面展开”四个阶段。人力资源服务业作为生产性服务业的重要组成部分，具有较大经济效益和社会效益。早期的人力资源服务业仅包括职业介绍以及人才交流中心简单业务，目前，已发展为包括招聘、猎头、测评、培训、薪酬外包等在内的服务产业体系，在优化人力资源配置、产业结构升级、创新人才发展等方面发挥了重要作用，得到了政府、学界以及相关业内人士的重视和关注①。人力资源服务产业园不仅是全新的行业成长模式，也是国家确定的生产性服务业重点领域和构成现代服务业创新体系的重要增长极。

自2010年中国上海人力资源服务产业园建立以来，人力资源产业园如雨后春笋般在各地迅猛发展，到目前为止有包括重庆、河南、江苏等国家级人力资源服务产业园15个。园区的建设推动了人力资源产业的发展以及集聚，也预示着国内人力资源服务业将迎来“专业化服务、产业化发展”的新时代。因此，加快人力资源服务业园区的建设和发展，有利于人力资源产业的集聚，人力资源产业优化升级，使我国人力资源服务体系向国际标准靠拢，进一步推进人才强国战略的实施。

（二）国家级人力资源产业园建设的现状

近年来，产业园建设形成东、中、西部协调发展的合理布局，依据当地经济社会特点突出园区的定位，园区建设规模也进一步扩大，并积极探索“一园多区、一园多点或者一园多基地”的发展模式。在“互联网+”的背景下，各产业园服务产品提档升级，服务品质不断提升，以高级人才寻访、人才测评、人才培训等中高端人力资源服务为主的企业比重逐步提高；产业园规模集聚效应有效发挥，聚集国内外知名企业，实现共同发展的良好局

① 智建丽、王宇：《人力资源服务产业园建设问题研究— 以山西为例》，《商业经济》2019年第9期，第87~88、91页。

面，如任仕达、万宝盛华、科瑞国际、中智等。产业园经济效益成效显著，实现园区营业收入和纳税额快速增长，上海、苏州、杭州、海峡、成都、南昌等多个已投入运营的产业园纳税额已突破亿元，为当地经济做出贡献；同时社会效益同步提升，创新了人力资源服务模式，满足了社会不同层次人力资源需求，也拓宽了就业领域渠道以及完善公共服务配套。在运营管理上，以遵循政府推动、市场化运作的原则，不断探索“政府主导模式－政府与市场结合模式－市场主导模式”的模式转变，充分发挥政府和市场的合力。在政策制度建设上，国家和地方不断完善人力资源服务业和产业园发展的政策体系，结合行业发展特点，因地制宜地制定出台了行业发展战略规划、发展意见、实施意见、管理办法，为人力资源服务业和产业园发展搭建了良好的政策环境。

四　成都国家级人力资源服务产业园发展现状

中国成都人力资源服务产业园 2016 年 5 月获批，为“一园三区”模式，三区为青羊区、高新区、经开区，园区以“领导小组＋管理委员会＋管委会办公室＋协调小组”的模式管理园区；该园区立足成都、服务西南、辐射全国，并秉承着“集聚更多人才、催生更强产业、促进更快发展”的理念，集聚产业、培育市场、孵化企业、聚焦人才，努力建成西部地区重要的人事人才公共服务中心和人力资源市场化配置服务集成平台、人才信息互通共享智能平台。同时，该园区发布实施了多条优惠政策来促进园区更好、更快发展，如《中国成都人力资源服务产业园产业引导措施十五条》；以“菁蓉·高新人才计划”为统揽的“人才新政十条”，实施人才奖励、引才奖励、培训奖励等。

根据表 1 数据，成都人力资源产业园中的入驻企业类型较为丰富，综合型人力资源服务机构数量最多，占入驻企业的 45%；其次为科技信息技术公司，占入驻企业的 21%。通过分析发现，综合型人力资源服务机构大多提供中低端服务，且服务产品和模式相似度较高，高级猎头、高端服务外包服务很少，尚未形成高中低端结构稳定的人力产业链。在13家人力资源服务企业中，有7家企业为四川本土企业，显示出本土人力资源企业有较强的服务能力。然而，入驻成都产业园的6家科技信息技术公司中，仅有成都数聚城堡为四川本土企业，意味着本地的科技水平有待提高；而入住产业园的企业中仅有5家管理咨询机构，其中仅有2家为本土企业，说明本土管理咨询机构无法满足企业的咨询需求。此外，园区的在线人力资源服务平台和专业猎头等机构数量较少，整体表现为产业园区企业的差异化较小。

表1 成都国家级人力资源服务产业园（高新区）企业信息①

序号	企业类型	企业名称	业务类型	企业总数
1	综合型人力资源服务机构	成都锐仕方达,智通美瀚,四川劳联兑成,四川航空人力资源服务,人瑞集团,中智四川经济技术合作有限公司,上海外服(四川),四川万普胜,四川方胜,山东华劳,深圳爱思企业管理顾问有限公司,河北快乐沃克,上海科之锐	发布人才、职业供求信息;人才推荐和代理招聘服务;职业培训、法律咨询等	13
2	科技信息技术公司	成都数聚城堡,北京中和黄埔教育,北京北森云计算,达内时代,中智关爱通,上海凯哲文化传播有限公司	技术开发、技术服务、技术培训;计算机系统服务;数据处理;基础、应用软件服务;销售电子产品、通信设备、计算机、软件及辅助设备;电信业务	6
3	管理咨询机构	改进管理咨询,成都极聘企业管理有限公司,企顾司,上海竞越,上海美鼎	企业管理咨询、商务咨询、投资咨询;市场营销策划,企业形象策划;会务服务,展览展示服务,文化艺术交流活动策划,公关活动策划	5

① 资料来源：根据成都国家级人力资源服务产业园（高新区）官网整理。

续表

序号	企业类型	企业名称	业务类型	企业总数
4	在线人力资源服务平台	深圳市一览网络股份有限公司，杭州今元标矩	人才推荐；人才测评；人才信息网络服务；劳务派遣；人力资源服务和管理外包；管理及咨询；商务信息咨询	2
5	专业猎头机构	成都新大瀚人力资源管理有限公司	猎头服务	1
6	在线人才招聘中介机构	北京网聘咨询（智联招聘）	在线人才招聘	1
7	教育技术服务机构	成都善教唯才教育科技有限公司	教育软件开发；教育咨询；企业管理咨询；商务咨询；文化艺术交流活动组织策划；市场营销策划；人力资源中介服务；会议及展示展览服务；计算机软硬件服务；网络技术开发、技术服务	1
	合计	29		

五　成都国家级人力资源服务产业园存在的问题

成都市人力资源服务产业园在借鉴上海、重庆、杭州等国家级产业园经验的基础上结合本地特征，形成了具有本地特色的人力资源产业园，然而在快速发展的过程中，在入驻企业的产品类型、品牌价值、园区管理等方面暴露出一些问题。

（一）产业园区内人力资源企业服务同质化

对表 1 的分析发现，综合型人力资源服务机构数量最多，占入驻企业的 45%。服务产品和模式相似度较高，且多提供中低端服务，高级猎头、高端服务外包服务很少。提供中低端服务的同质企业之间极易发生价格战等恶性竞争，扰乱市场秩序，不利于产业园的健康发展。

（二）产业园的集聚与集群效应不明显

当前，成都人力资源服务业集聚尚处于起步阶段，仍然存在创新力、发展空间动力、信息整合力不足等问题。高质量人才供给的短缺影响了产业的集聚发展。由于地处西南，产业园的优势尚未最大化凸显，吸引国内外知名人力资源服务机构有一定困难，尚未形成高、中、低端结构稳定的产业链。

（三）园区管理运营机制缺乏活力

目前，成都人力资源服务产业园区采用“政府主导、企业主体、市场运作”的运营模式，管理部门的人员在专业知识方面欠缺，在园区管理方式、手段上有一定局限，这与产业园自身快速增长的需求存在较大的矛盾。具体体现在国内人力资源机构对人才的供给，与现代企业对人才的多样化以及创新性的要求之间的矛盾。但是现有的运营机制缺乏活力，导致大部分园区在运营管理过程中效率不高、缺乏市场活力。

（四）尚未形成多元的盈利模式

人力资源服务产业园的主要收入都是依附在土地溢价的基础之上，依靠房租及物业费维持运营，这种收入模式较低端且单一；产业园的另一部分收入来源于政府补贴，过度依靠政府规划的产业专项资金将不利于人力资源产业园区的长远发展，极易造成园区市场配置效率低下、形成较大的资金缺口。尽管产业园致力于不断完善基础配套和产业服务，但相关措施在吸引民间资本与社会资本方面并没有形成吸引力亮点，使得人力资源服务产业园受到民间资本的关注度不高。

六　成都国家级人力资源服务产业园发展的建议

（一）调整园区内引进企业的业务类型配比

针对产业园区内人力资源企业服务同质化的问题，需要调整园区内引进企业的业务类型配比。一方面，在引进企业时，建立业务类型甄别机制，目前成都人力资源服务产业园中中低端服务较多，因此今后的招商中应将重心放在中高端人力资源服务企业，增加专业猎头机构和在线人才招聘中介机构的招商比例，丰富产业园区内的企业服务类型，满足各类客户的多样化需求。另一方面，注意引导现有企业推出差异化业务，为这些企业的已签约客户提供不一样的服务体验。人力资源服务企业应聚焦客户的个性化需求，在调研分析、方案设计、实施阶段注重对症下药，建立柔性体系，不断挖掘新的服务项目和商业模式，从产品型公司向服务型公司转变，增加服务的附加值，提高高端服务在企业收入中的占比。在大数据时代，应抓住网络信息技术快速发展的浪潮，创新产品服务，打造企业的独特竞争力，形成品牌优势，使企业向人力资源服务价值链的前端转移。

（二）提升品牌影响力和吸引力，推进集聚效应

云平台的运用：园区要努力打造“人力资源服务 + 互联网 + 大数据”多项融合的产业生态体系，通过线上数据收集处理、降低成本，实现企业求职者效益最大化。将传统线下业务向线上延伸，完善智慧产业园建设。同时，产业园内应逐步减少以提供劳务派遣、职业介绍等低端人力资源服务产品为主的企业，提高以高级人才寻访、人才测评、人才培训、“互联网 + 人力资源服务”等中高端人力资源服务为主的企业的比重。

产业链条的完善：目前产业园已经涵盖人力资源的招聘、派遣、管理咨询和信息软件服务等专业化、全方位、多层次的人力资源服务产业链。要充实园区的内涵及外延，需要集聚更多上下游配套企业，可以提供会计、法务、保险、健康服务、科技中介等商务生活配套服务，进一步推进产业园的集聚效应。

努力集聚国内外知名企业：打造高质量的人力资源平台，成都国家级人力资源服务产业园还需集聚国内外知名人力资源服务机构入驻，如任仕达、万宝盛华、科锐国际、中智等国内外知名人力资源服务机构，才能更好地发挥人力资源服务产业园引领示范作用。同时要注重引进和培育当地有发展前

景的人力资源服务机构，塑造本土优质品牌，助力当地人力资源服务机构发展壮大。产业园在建设和运营初期就应制订详细的招商计划，从而实现多元化、多层次、多业态共同发展的良好格局。

（三）加强制度建设，契合国家指标与标准

在市场经济环境下，园区要更稳定更长远地发展，必须处理好政府与市场的关系，提升管理和服务水平。先以政府为主导推动园区建设落地，再以市场为主导推动园区健康运行。在政府层面可以成立园区管委会，发挥好监督作用。

目前，成都高新区积极出台以“菁蓉·高新人才计划”为统揽的“人才新政十条”，设立总规模达50亿元的人才资金，实施人才奖励、引才奖励、培训奖励；提供租金减免等补贴优惠。特设创新扶持等奖励政策，鼓励人力资源企业探索产品创新、服务创新，加大产业园宣传力度，产业园特别设立企业创新奖励和优秀企业奖励、宣传推广基金等。各项优惠政策齐全且力度大，但成都市政府还需进一步出台相关人力资源服务业和产业园专项扶持基金管理办法，让产业园更好地发挥“吸引人才、服务人才、培养人才、留住人才”的积极作用，比如苏州市制定出台《人力资源服务业发展专项资金使用管理暂行办法》中明确规定；降低入驻企业注册门槛限制，落实行政审批许可权限下放、企业进驻门槛降低、“先照后证”等优惠政策，非常有利于吸引企业入驻。

但是必须注意，针对不同发展阶段、不同级别的企业应发放不同的优惠政策，特别是对初创型公司的扶持政策。选择适合发展潮流需要的公司，不能一概而论，不能为了增加企业数而滥竽充数，必须做到宁缺毋滥，考虑上下游产业链的延伸。

（四）探索盈利模式，引入多元投入机制

充分发挥产业投资基金对人力资源服务产业园发展和转型的金融支持作用。进一步明确产业投资基金的功能定位，应始终坚持市场化原则，政府发

挥引导功能而非主要作用，将人力资本与金融资本的属性融合和产业集聚作为设立人力资源产业基金的基础目标；鼓励民间资本投入人力资本服务行业，使资金来源多样化；健全相关法律规范，建立统一的制度管理体系，保证产业基金的稳健运行；学习国外对产业投资基金运作和管理的经验与模式，必要时邀请相关专家进行指导；构建多角色参与的人力资源服务产业综合金融支持平台，注重发挥政府的引导作用、市场化的运作方式。比如重庆产业园正在积极打造人力资源市场结算中心，邀请银行、保险及金融结算、信用担保、小额贷款、风投基金等金融机构入驻产业园，为入驻企业提供融资便利。

（五）结合成都特色，建设个性鲜明的产业园

国家级人力资源服务产业园的发展定位要以适应当地经济发展条件和满足当地人力资源服务需求为基础，向周边区域辐射，形成较为完整的区域产业链，进而打造具有地域特色的国家级人力资源服务产业园，同时与国际劳动力市场接轨，进而才能走向世界。成都市应该充分依托成都市西部明显的区位优势、西部最具实力的中心城市、良好的产业平台和发展基础以及悠久的文化基础，坚持“优化服务、集聚人才、培育产业”和“立足成都、服务西南、辐射全国”的战略定位。充分发挥“一园多区”模式的优势，“一园多区”的发展模式更加贴近服务群体，根据成都人力资源服务业的发展特点，实现对各分园区的同步规划、集中建设、集中管理、分区运营的集约高效的管理模式。

最后，我们可以借助成都本地人才在外地的影响力进行推广，举办相关的人力资源开发与服务博览会及高峰论坛等活动，努力打造成都市人力资源服务品牌，借助互联网技术进行品牌线上推广，提升品牌知名度。还可以与当地的知名高校进行联合培养，探索人才培养的新模式，扩大成都国家级人才资源服务产业园在高校的知名度。

成渝地区城市产业、教育与人才融合发展研究

刘鉴漪　易　顺*

摘　要：产教融合型城市是城市经济社会和教育发展达到较高水平之后，教育和产业走向深度融合，所呈现出来的教育链、人才链与产业链、创新链有机衔接，以及教育和经济社会相互贯通、相互协同、相互促进的一种城市发展形态。在成渝地区双城经济圈建设这一国家战略的大背景下，成渝地区要发挥自身禀赋优势，实现差异化发展，应着力推动产业与科教、人才系统协同、可持续发展，构建科学、完善、全面的产教城与人才融合发展体制机制。当前成渝地区在产业、科教、人才方面的发展还存在一定的短板，应从"以产聚才""产教融合""城教互动"三个方面着力，补短板、强弱项、扬优势，抢抓成渝地区双城经济圈建设的国家战略机遇，推动经济社会高质量发展。

关键词：成渝地区　融合发展　以产聚才　产教融合　城教互动

产教融合型城市是城市经济社会和教育发展达到较高水平之后，教育和

* 刘鉴漪，四川省委党校研究室（四川省情研究所）四级主任科员，主要从事四川省情研究、调研报告撰写；易顺，中共四川省委党校业务指导处一级主任科员，主要从事党校教育培训规律和四川省情研究。

产业走向深度融合，所呈现出来的教育链、人才链与产业链、创新链有机衔接，以及教育和经济社会相互贯通、相互协同、相互促进的一种城市发展形态。产教融合型城市区别于城市产生之前教育和产业混沌一体的早期融合状态，是对城市产生之后很长一段时间内教育和产业疏离状态或低水平协作状态的超越。产教融合型城市是一种建立在高度发达的社会生产力水平基础上的各系统相互融合促进的社会形态，其规划要综合考虑经济、教育和国家战略等经济基础和上层建筑因素。

一　成渝地区城市产业、教育与人才融合发展的背景分析

人才是撬动所有资源的首要资源，也是最为重要的决定性资源。在国家大力推动产教融合及成渝地区双城经济圈建设背景下，成渝地区的产业、教育和人才融合发展迎来了新的历史机遇。

（一）国家层面政策的支持

国务院办公厅2017年印发《关于深化产教融合的若干意见》（国办发〔2017〕95号），大力推动构建教育和产业统筹融合发展的格局；国家发改委2019年发布《关于印发国家产教融合建设试点实施方案的通知》，明确将四川列为试点建设的首批国家产教融合型城市。国家层面的政策支撑，为成渝地区特别是四川推动产才融合、产教融合创造了历史性机遇和条件。在国家宏观政策的支持下，四川按照“抓项目、重协同、有突破、能示范”思路，坚持问题导向，突出示范引领，用6年时间分批打造50个产教融合示范项目，分为人才培养类和综合类项目，每个示范项目两年内最高可获得5000万元支持，这有效解决了支柱产业人才不足、质量不高的问题，增加对关键技术、重要工艺的突破创新。四川关于产教融合的有益探索，较好推动了教育与产业深度融合、学校与企业协同发展，打通了部分教育和产业之间的壁垒。

（二）国家战略布局的支撑

在成渝地区双城经济圈国家战略实施以来，川渝围绕人才高地建设开展了一系列务实合作，取得了一定成绩。成渝地区以建设综合性国家科学中心为目标，协同布局了一批研究方向密切关联的重大科技基础设施、一流高校院所、交叉前沿研究平台、国家重点实验室、新型研发机构。此外，为最大限度地激发人才活力，外引内育更多优秀人才，川渝两地聚焦成渝地区双城经济圈建设人力资源需求，大力涵养人才“蓄水池”，加快推动两地博士后工作交流合作。目前已共同争取人社部举办“成渝地区双城经济圈创新发展”博士后论坛，并组织开展了跨区域智力服务活动，签订《川渝专家资源共享协议》，联合成立“成渝地区双城经济圈建设专家服务团”，举办高级研修班，打出一系列推动川渝人力资源共享、人才资源助力产业发展的“组合拳”。

（三）区域发展具备的禀赋

成渝地区是全国第五大科教资源集聚区，拥有高等院校191个，占全国6.5%，其中“双一流”高校10所，占全国的7.3%。2020年5月，重庆大学和四川大学牵头的成渝地区双城经济圈高校联盟成立，联盟高校将在人才培养、队伍建设、科学研究、学科建设、社会服务、国际合作、公共资源共享与共建以及制度建设方面开展一系列深度合作。川渝的高校合作也加快推进，电子科技大学在重庆西永微电园设立微电子产业技术研究院，重庆大学在内江设立产学研协同发展创新中心，较大力度地引导产业协作共兴，推进川渝高等教育、城市轨道交通、生物医药等深入合作、协同发展。成渝地区作为我国重要的产业基地，是全国建设现代化产业体系的重要组成部分，布局有一批国家科研“大院大所”，科研院所200余家，排名全国前列。在科技创新投入、专利授权量、科技合作意愿等方面呈现良好发展态势，川渝研发经费投入增速高于全国平局水平，居全国第4位和第13位。川渝城市的科技创新、高等教育禀赋优势正高效转化为产业发展的优势。

（四）现实探索奠定的基础

《中国流动人口发展报告》显示，高素质流动人口占比最高的是京津冀城市群，其次为成渝城市群、长三角、长江中游和粤港澳大湾区。成渝地区立足于建设高品质生活宜居地，加快推进公共服务共建共享，先后出台了跨省市异地就医直接结算，《成渝地区双城经济圈便捷生活行动方案》等一系列方案实现人才跨区域流动就业信息、政策咨询、档案查询、人事代理等业务异地通办，极大地集聚了成都、重庆中心城市乃至整个西南地区的优秀人才。2020 年成都市委组织部联合发改委、经信局等 11 个部门，推出《成都市产业生态圈人才计划实施办法》，5 年内引进培育 1500 名左右产业生态圈领军人才，纳入所在区县高层次人才库，全面推动人才与产业发展的深度融合。川渝两地做出的一系列探索，为推动人才、教育、产业融合发展奠定了良好基础。

二　成渝地区产业、科教、人才发展中的短板及其表现

成渝地区在产业、科教、人才方面的发展还存在一定的短板，在一定程度上制约了产教城融合发展。主要体现在以下几个方面。

（一）产业支撑人才基础方面

一是产业结构趋同、同质化现象严重，不利于人才的多元化储备、多层次发展。川渝两地产业布局重合度高，给人才的多元化储备、多层次发展带来较大程度的不利限制。产业结构相似度高，如制造业、房地产业、批发零售业、金融业、建筑业等行业在两地经济发展中的贡献度排位趋同，均占成渝城市群中川、渝两区域税收收入的八成以上，经济结构和行业排位等情况基本相同。两省市 2018 年行业营收规模排首位同为计算机、通信和其他电子设备制造业，均接近 5000 亿元规模；汽车制造业在重庆居第 2 位，接近

4000 亿元规模，在四川居第 4 位，近 3000 亿元。甚至在省内部之间的市与市、县（市、区）与县（市、区）之间，产业结构都普遍具有较多的重复性，如宜宾和泸州等。

二是产业竞争大于产业合作，人才流动面临较大程度制约。川渝两地间产业发展竞争大于合作的现象长期存在，产业融合发展间的壁垒较突出，对人才流动造成较大程度的制约，面临着城市化率不高、城乡区域发展失衡、大城市“虹吸现象”严重、长江上游开发与保护矛盾突出、陆海空联运发展不足等难题。川渝间大多数城市没有比较优势产业，产业同构现象有加剧的趋势，如成都、重庆都以汽车制造、装备制造等为支柱产业，产业布局门类也趋同，重庆在汽车产业链的整车制造、零部件生产方面相比成都有比较优势，但成都整车制造 2019 年省外采购金额占比高达 67%，主要面向江苏、广东等地采购，向重庆采购的不足 10%，出现“近水楼台后得月”的现象；荣昌区、内江市、泸州市三地，相邻不到百公里，都把装备制造、生物医药等作为主导产业，在招商引资、资源配置等方面出现一定的过度竞争、资源浪费问题。川渝地区较为相似的经济地理特征，使得经济结构凸显低层次、趋同化、内争性强和互补性、融合性、渗透性差等特性，亟须一体化规划调整，实现产业衔接互补，发挥各自比较优势，推动经济转型升级发展。

三是产业链偏低端、企业研发投入低，难以吸引集聚高层次人才。川渝产业链、供应链、价值链水平在全国总体来看偏向中低端，市场化机制不活，企业缺乏研发投入的动力，难以吸引集聚高层次人才。据统计纽约、东京、伦敦、巴黎分别拥有世界 500 强企业总部 15、38、10、18 家，而成都迄今为止没有一家本土的世界 500 强企业。在芯片等产业发展方面，处于高端产业的中低端环节，虽然有世界级装备制造产业基地，却在一些关键技术和零部件上受制于人。近年来，四川工业企业创新人才的产出尽管不断增加，但有科技研发机构的企业仍然只是一小部分，企业的创新研发和生产销售等企业活动还处于脱节的状态。《2017 年四川省统计年鉴》显示，全省有研发机构的规模以上工业企业比例仅 5.49%，有 R&D 活动规模以上企业工业比例仅为 9.64%。此外，支持孵化器和创业企业的政策环境尚待健全，整体数量和质量尚难满足不断增长的科技创业需求，对创业企业整体服务能力和水平有待进一步提高，管理体制和运行机制有待进一步创新，链接与整合社会资源的能力不足，特别是在风险投资、科技园区等其他创新中介上。企业自身技术力量薄弱，与科研方技术水平落差过大，对科研技术方期望较高，从而导致了要求科研成果直接转化为产品“交钥匙”行为的发生。同时，企业的科研技术较低，承担经济风险的能力相对较弱，主体间意愿不协调，最终导致合作仅发生在较简单的项目和较低的层次。加之，企业本身的研发团队能力有限，没有足够的利益分配，就不能支持科研一方进行更深入研究，深层次协作也就无从谈起。

四是产业外向度低、布局不合理，国际化人才发展基础薄弱。一方面，成渝地区对外贸易总量和外商直接投资（FDI）规模，远低于长三角、粤港澳、京津冀等大都市圈，国际化人才发展基础薄弱。川渝年均引进和实际利用外资规模均仅为百亿美元左右，2019 年进出口总额分别排全国第 10 位、第 11 位。2019 年，川渝两地外贸依存度（进出口总值/地区生产总值）为 17.9%，低全国平均水平 13.9 个百分点，其中，四川的外贸依存度仅为 14.5%，比重庆（24.5%）还要低 10 个百分点。另一方面，目前成渝城市群正在形成以成都为核心的医药、化工、能源以及服务业的集聚地和以重庆为核心的汽摩制造、物流运输基地，但区域内其他城市产业协同尚未实现，仍以机械、冶金、电子等产业为支柱各自为战。成都和重庆均以电子信息和汽车制造为经济支柱产业①，形成上下游较为完备的产业链条，但在产业协同上还缺乏有效布局。如京东方科技集团在重庆和成都均建设了第 6 代柔性 AMOLED 生产线，成渝双城经济圈产业层面上更多还是竞争大于合作，还需打破各自为战的观念。

（二）科技赋能人才发展方面

一是机制滞后，发展缓慢。成渝城市群作为我国西部的科教中心、金融

① 任泽平：《2019 年中国城市群发展潜力排名丨全球货币丨金融数据》，新浪财经网，2019 年 12 月 18 日。

中心，虽然布局有国内一批重点高校和科研院所，科研技术水平也在不断上升，但影响力主要限于国内甚至主要是西部地区，如四川大学在全球排名282名，与世界一流大学差距甚大。目前四川省以企业为主体、政府为主导、政产学研用五者相结合的机制未完整地建立起来，较多企业协同创新意识不强，积极性不高，被动接受式地依靠外力推动协同创新。如一些科技创新园区过度依赖政府扶持，没有最大程度发挥创新能力；政府发展的指标和行政任务极大地打击了各个创新主体的积极性；政府和企业的关系方面还存在过度干预的现象。

二是科技投入强度低。2018年川渝R&D经费分别支出737亿元和410亿元，研发投入占GDP的比重为1.81%和2.01%，低于全国平均水平（2.19%），显著低于京津冀城市群的3.3%、长三角城市群的2.8%、粤港澳大湾区的2.6%，且成渝经济圈整体R&D人才分布极不平衡，严重制约地区科技水平提高与创新。在万人发明专利量拥有方面，成渝城市群每万人发明专利拥有量为5.3件，分别比长三角城市群低12.3件、比粤港澳大湾区低13.7件、比京津冀城市群低12.4件，差距较为明显。

三是科技与教育、产业结合薄弱。目前，川渝两省的政府、企业、行业等不同主体参与办学的职责权利尚未明确界定，具体政策吸引力和可操作性不够，校企合作的有效模式和良性互动机制尚未形成。创业投资市场规模、技术市场交易总额、高新技术企业数量明显低于沿海大都市圈，创新能力不足导致产业结构层次、产品附加值不高。很多科技成果束之高阁，用户需求得不到满足，许多企业缺乏核心技术，或者已有的科研结果无法转化为核心技术，真正具有国际竞争力的科技创新型企业不多，很多高校和企业的科研成果都缺乏市场竞争力。产学研用协同创新的平台之间，没有很好地形成互联互通紧密联系的网络化平台，各创新主体间要素流动和信息共享尚存在一定的限制，单一分离的创新平台难以充分发挥其强大效用，两省之间及各自内部还没有形成区域一体化的网络创新平台。

四是围绕技术技能成果转化及转让的市场机制不完善。浙江省对技术成果开发、受让、中介服务、风险投资、私募投资基金投资等市场化运营主体重点培育扶持，促进其共同参与技术技能成果开发及转化，其成果转化率达到70%左右。据统计，2017年杭州有各类风投、创投机构1006家，备案基金2844支，规模达3080.72亿元，杭州市在2016年成立“人才服务银行”，当年为人才企业提供授信支持50亿元。同比之下，四川省参与成果转化主体尤其是中介服务、风投、创投等机构数量、专业化程度及投资规模均低于浙江等发达地区，市场活跃程度达不到激发高层次人才研发技术技能再创新的效果，直接影响四川省中长期研发转化率的提高。2015年调查数据显示，四川省当年转化率不到30%，而2016年浙江省转化率达到了68.4%。

（三）教育助推人才培育方面

一是高层次专业技术人才队伍质量不优，重点产业高技能人才需求仍有缺口。高层次专技人才整体水平与发达地区仍有差距，对经济增长的贡献率不足。主要表现在科研经费投入强度、科技创新对经济增长贡献率、科技成果转化率、输出技术合同登记成交额四个核心指标排名均不高。高技能人才占技能人才的比重仍低于全国平均水平近7个百分点，五大重点产业高技能人才供不应求。据预测，到2021年四川省重点优势产业和战略新兴产业人才缺口约为80万人。同时，高端人才及研发团队占比较低，高层次人才结构有待进一步优化，2013～2017年四川省六大类高端人才增量224人次，占全国同期增量不到4%。

二是高水平创新人才储备缺失。需进一步合作企业、高等院校、科研开发机构都不是完全独立的创新主体，三大主体的合作才能提高创新人才的效率①。目前川渝两省高校课程中大多缺失系统的创新教育，缺乏对创新人才大类培养的意识，仅偏重于对理工技术人才的培养。部分高校在应用型人才培养上，办学目标定位较为模糊、特色尚未清晰，教育教学模式还停留在学科本位的阶段，面向行业企业的教育教学改革有待进一步深化，课程体系、

---

① 李林、傅庆：《产学研主体创新效率对区域创新的影响研究》，《科技进步及对策》2014年第31期，第1～11页。

教学模式、实践教学、考核方式以及“双师双能型”教师队伍建设等均有待进一步加强。

三是应用型人才培养评价体系有待进一步完善。按照教育部的部署要求，目前对高校人才培养工作评价以教学工作合格评估、教学工作审核评估、专业评估试点、教学工作状态数据监测等为主，尚未专门针对应用型人才培养建立分类评价标准，以行业产业人才实际需求为导向的应用型人才培养评价体系还在探索阶段。

四是助推产教融合的高层次人才政策需进一步完善。四川目前没有高层次人才流动配置类政策，也尚未出台面向博士及博士后的综合性人才政策，不利于高层次人才作用的充分发挥和重点群体的引进及培养。部分政策中提出“鼓励科技人员离岗创办企业”，但没有出台具体配套措施，高层次人才离岗和兼职创业有后顾之忧。同时，高层次人才发展的环境也有待优化，人才培养氛围不足，部分地方仍然抱有以资本投入带动经济增长的惯性思维，没有充分认识到人才的重要性和紧迫性，对高层次人才培养引进缺少系统规划，也缺乏相关工作考核指标。此外，企事业单位用人主体缺乏培养高层次人才的良好氛围，普遍存在“重引进，轻培养”的心态，希望人才拿来就能使用，缺乏培养高层次人才的动力。

三　成渝地区产教城融合发展的对策建议

针对上诉存在的问题，推进成渝地区产教城融合发展，应从“以产聚才”“产教融合”“城教互动”三个方面着力，补短板、强弱项、扬优势，抢抓成渝地区双城经济圈建设的国家战略机遇，推动经济社会高质量发展。

（一）推动产业与人才集聚相融合

一是加大科技研发投入，提升专业人才集聚力度。突出企业创新主体地位，推动实施重点企业研发活动全覆盖行动，建立完善激励企业加大研发经费投入及与高校合作研究机制，力争川渝两省规模以上工业企业研发经费投入强度尽快达到全国平均水平。把握住新冠肺炎疫情后全球产业链转移的契机，以高端制造业为核心，加强产业规划引领，增进产业协同，建立产业轴带，促进创新资源集聚，构建协同创新网络。以成都地区高端电子信息产业、重庆地区汽车行业的尖端生产为龙头，布局建设跨区域的产业技术创新战略联盟和科技成果中试熟化与产业化基地，以此为依托打造全国最大的职业性技能人才汇聚地。加强培育技术技能成果转化的开发主体、受让主体、中介服务主体，引进风险投资机构、私募投资基金等社会化运营主体共同参与开发转化，鼓励开展技术授信业务，丰富资金渠道和分担市场风险，提高技术市场转化率和增强市场活力。

二是打造中高端人才集聚高地。结合成渝地区城市不同的产业差异化发展战略和比较优势，确立差异化发展目标，加大高层次人才引进、激励、培养力度。适当加大常规性政策激励（项目经费、奖励补贴、住房优惠政策、教育医疗等），提供与发达地区相比具有竞争力的多元化政策包。围绕研发需要，大力引进创新型人才、企业高端经营管理人才、金融人才、高端制造人才等，统筹推动高新区、高校、科研院所、企业研发中心、双创空间等创新机构和载体的人才队伍建设，大力促进人才向企业流动，提高科技人员成果转化收益比例。积极搭建企业与科研单位成果对接转化的平台，探索建立新型的科技成果应用市场，创新科技成果转移转化的环境，推动企业与科研院所、高等院校建立深度协作关系，强化在产学研用领域的全方面合作，不断丰富创新业态，高质量建好西部科学城。围绕集成电路、新型显示、数字经济、新能源等最具发展潜力的领域，通过与国内外科研院所、大学、跨国公司研发中心等合作，共建实体性或虚拟性研究院，协同争创具有国际影响力的综合性国家科学中心。提升园区吸纳力度，依托成渝两地合作共建经济开发区、科技工业园区、大学城等园区载体，提供宽松政策和周到服务，加强软硬件设施建设，把园区打造成良好的创新型人才集聚生态区，像浙江的梦想小镇、云栖小镇一样，成为强有力的创新型人才承载体。

三是优化产业发展的人才政策。根据产业发展定性出台人才政策，在给予高层次人才创新创业扶持、保障人才住房医疗待遇、修建人才公寓并完善相应落户机制、完善从幼儿园到大学的“一条龙”公共教育保障、支持校地校企合作培养人才等方面出台更具吸引力的举措，推动创新产业发展和传统产业转型升级，吸引更多中高层次人才，解决好后顾之忧。鼓励企业采用股权激励、技术入股、成果奖励等多种形式，吸引和用好高层次管理人才、各类专业技术人员，实行科技成果转化风险免责政策，制订政策鼓励科技人员离岗创业。加大对高层次人才技术技能等知识产权保护力度，保护高层次人才干事平台和成长空间，提高高层次人才获得感和成就感，加强顶尖人才及团队引进的针对性，在关键人才引进政策上切实实行一事一议，提供个性化服务。鼓励高校、科研机构和企业设立博士后流动站、工作站和创新实践基地，并给予相应补贴和配套资助。创新高层次人才评价机制，科学设置评价指标，充分发挥政府、市场、用人单位三方评价作用，重点突出实际受益主体的评价，形成以实际贡献和创造成果评价和激励人才的评价体系，合理运用政策杠杆创建人才互动合作平台，消除区域分散行政壁垒的不利影响①，确保高层次人才政策的客观性和科学性，体现一流人才、一流成果、一流报酬的价值取向。

四是加强人才梯度培养储备。完善多梯度人才队伍建设，建立起多层次、全面的人才队伍梯队。建立人才资源信息库，实施人才分类分层管理，对人才进行细化和分类，如在工作条件、生活条件的分类上做出规定，使得人才服务能够更加细化和具有针对性。同时，将高层次人才的后备军、中端人才也同样视作重点培养的对象，以此来提升区域的科技创新水平，如围绕成渝地区不同城市间的产业链布局人才链，重点培育先进制造业新优势、培育高端制造业人才，培育现代服务业新型人才以及都市现代农业人才等，避免出现人才分布严重失衡的现象。扩大人才规模的同时注重人才素质的提升，造就高技能和培养高层次的人才，提升区域竞争力水平。强化人才服务外包政策的制定，健全人才市场体系，在完善人才资金投入的基础上，强化

① 王政：《长江中游城市群先进制造业的选择与评价研究》，武汉理工大学硕士学位论文，2018。

公共服务、人才基础设施、人才信息支持等政策工具的使用，拓宽人才资金投入渠道，增强人才信息的交流共享，为人才与各创新主体间的活动提供更加完善的资金支持与服务保障。

五是完善人才培养支撑机制。成渝地区的城市应加强对外地人才培养模式的借鉴，探索适合本地发展的人才培养支撑机制，可借鉴上海和深圳的做法。上海从高校建设、学科建设、高校岗位及学科动态调整机制建设、产学研用平台建设等角度完善创新型科技人才培养模式；以建设专业技术人员继续再教育基地、研究机构、高校、园区及企业联合建设工程师学院、建设高技能人才培训实践基地、建设技能大师工作室等方式改进创新型科技人才支持方式。深圳明确未来五年培养两院院士 3 ~4 名及相应培育奖励；支持企事业单位设立院士专家工作站；加快培养国际化人才，推进技能型人才培养合作；发展职业技能教育，提高技能型人才培养水平；创新职业教育模式，开展校企联培、企业新型学徒制和实施“双元型”职业教育模式。成渝地区人才培养模式要突出经济社会发展需要，促进人才规模、质量、结构与经济社会发展相适应、相协调；培养支持方式要突出精准性、实效性，建立符合人才创新规律、人才价值和特点的科研经费管理办法和稳定支持机制；培养支持对象要突出各类人才协调发展，着力培养技术技能人才，建立对青年人才普惠性支持措施。同时要注重创新高层次人才评价机制，科学设置评价指标，改进评价工具，丰富评价方法，针对不同类型的高层次人才制定人才分类评价细则，充分发挥政府、市场、用人单位三方评价作用，建立以贡献为导向而非学历、论文导向的人才评价机制，重点突出实际受益主体的评价，形成以实际贡献和创造成果评价和激励人才的评价体系，确保高层次人才政策的客观性和科学性，体现一流人才、一流成果、一流报酬的价值取向，增强高层次人才政策整体吸引力度。

（二）推动教育与人才培养相融合

一是创新产业政策工具，建立政府企业共营共赢的产教融合模式。欧盟发布《2019 年欧盟结构与投资基金战略报告》显示，欧盟结构与投资基金

（ESI）扶持的项目直接创造30万个就业岗位，帮助2300万民众解决就业问题，为800万家庭的宽带网络提供更新换代，对1300公里铁路进行升级改造。可借鉴欧盟结构与投资基金的成功模式，探索建立成渝地区双城经济圈产教融合发展基金，通过财政税收、地方政府、企业的共同投入，支持落后地区的中小企业的发展及人力资源提升，促进投资和改善基础设施①，提供职业培训和就业帮助，更好推进区域内重大基础设施、重要产业项目建设和对口专业人才、中高层次人才培育，为成渝地区较落后地区的发展和结构调整提供战略支撑。改革传统办学模式，重点突出企业在重大政策研究、职业资格制定、就业准入、专业设置、教育质量评价等方面的重要主体作用，打破企业人才需求与学校人才培育“两张皮”现象。

二是深化校院两级体制改革。以产、城、教融合发展为导向，在实践中涉及企业、政府、高校主体，且产业的发展随着经济社会形势、政府宏观政策变动具有较强的波动性，企业用才、用工需求的变化相对来讲更为迅速。在当前高校的管理模式下，学院较少的自主权则不利于与产业、企业的深度融合，应建立统筹管理、分类指导的管理模式，实施“一院一策”，大胆放权给院系，做实二级学院教学科研和办学主体地位，鼓励学院自主发展，推动管理重心下移，从“校办院”到“院办校”的转变，面向经济社会主战场，深化产教融合，将学科建设与推动区域经济发展紧密结合，强化科技与经济、创新项目与现实生产力、创新成果与相关产业对接，释放办学活力，更灵活迅速地找准与产业、企业发展的“锚定点”。同时，建立以代表性成果和实际贡献为主要内容的评价考核体系，让深入行业、深入一线、在产教融合中建功立业的教师得到尊重与激励，让扎根行业、帮助行业解决重大战略和技术难题的专家学者有宽阔的成长渠道和才智发挥空间。

三是以科研创新赋能产业发展。将提升高校科研能力、挖掘产业发展动力源与做强成渝地区特色优势产业结合起来，有效提升成渝地区经济科技实

① 李玉霞、张昱：《欧盟结构基金运行机制及其对中国区域发展基金构想的启示》，《特区经济》2006年第10期。

力和区域综合竞争力。在解决跨行业、跨领域的关键共性技术上取得突破，打好产业基础高级化、产业链现代化的攻坚战。加强企业新型协同创新平台建设，开展产业瓶颈技术和关键共性技术攻关，实施重大科技成果转化专项，推动产学研用协同创新实现新突破。聚焦提升协同创新能力，共同争取一批大科学装置和重点实验室，协同突破一批重大关键核心技术并推动两地共享，争取国家科技研发平台、产业转化项目布局，着力推动创新驱动、体制改革、平台建设取得实质性突破，进一步深化四川“5＋1”现代产业体系建设，为产业腾飞蓄势聚能。

四是加速推动研发机构集聚。高校和科研机构在国际科技创新中心形成过程中发挥着积极作用。一方面，要充分释放已有研究机构的创新活力，加强基础研究的同时，鼓励科技成果就地转化应用；另一方面，以成都科学城、重庆科学城为载体，积极引进国内外知名大学与研究机构，统筹推进科研机构和研发平台建设，建立联合实验室，探索合作发展新型研究院，政府在土地、资金、财税政策等方面予以倾斜，对具有重大创新成果和推动产业发展成效显著的一流研发机构，实行“一所一策”的政策支持。借鉴苏州对创新企业研发主体的“3＋3”鼓励政策，即3年内滚动遴选1000家创新型企业，参照国家高新企业所得税政策给予三年奖励，对区域内新设立的关键领域、核心环节生产研发企业发展态势良好的，奖励期再延长三年，在成渝地区也加大对创新研发企业、具有重大成长潜力的企业的支持引进力度，围绕成渝地区重点产业发展的关键核心领域，设立重大战略专项计划，在科学研究、人才培育过程中明确成果转化的股权激励机制，培育高质量发展新动能。

（三）推动城市与人才发展相融合

一是在政府层面完善人才机制建设。充分发挥高层次人才在促进经济高质量发展、促进城市产业发展中的关键作用，建立并完善党政领导干部联系高端人才的制度，重点将四川省重点战略产业发展急需的高端人才纳入各级党委（党组）领导班子成员联系服务范围，定期听取高层次人才工作专题汇报，加强对人才工作的督促，营造尊重人才的良好氛围。建立高层次人才专项工作机制，完善并落实高层次人才工作目标责任制考核办法，将各市（州）和省人才工作领导小组成员单位列为重点考核对象，考核结果作为领导班子评优、干部评价、人才项目和资金安排的重要依据。

二是深化高等教育战略合作。杭州提出“学在杭州”，坚持10年连续发展理工类学科，使其理工类学生超过上海，深厚的人力资源储备吸引华为将除总部以外最大的研发中心落户。重庆提出到2022年累计引进100所高校、科研院所和企业在渝布局研发机构。四川也应优化资源布局，对教育体系进行重塑，充分发挥教育引才育才聚才的功能，如成都天府新区在发展总部经济的同时，应更加注重企业总部的战略合作，将企业的研发中心、实验室、高等人才积极吸纳进来。推动成渝地区高校在招生就业、培养培训、师生交流、技能竞赛等方面的合作，创新与国内先进地方合作办学模式，创新成渝地区“双一流”高校与其他类高校合作模式，支持各类实训基地交流合作，共建一批特色教育园区；及时出台高层次人才流动配置类政策，打通高层次人才流动渠道，进一步消除高层次人才流动中的区域、部门、行业、身份、所有制等限制，在政策层面保障既有“引进来”也有“走出去”，更有“活起来”；出台针对博士及博士后的综合性人才政策，增强对博士及博士后群体的政策吸引力。

三是推动高等学校与城市区、产业区的一体化发展。宜宾高起点规划建设了占地面积36平方公里的大学城、科创城，与中国人大、电子科大等15所大学签订了战略合作协议，截至2018年底全市高校达6所，在校大学生5.3万人，留学生人数居全省第二，预计2021年全市高校将达到10所。作为《成渝城市群发展规划》确定的国家区域中心城市之一，在推动城教融合发展方面做出了有效探索，城市辐射吸纳能力不断提升。成渝地区城教融合发展，应结合“一小时通勤圈”的构建，完善公共服务的全域布局，用大院、名校带动相对落后地区的资源配置，推进教育、医疗等公共服务一体化均等化。从国家级、省级层面鼓励支持川渝高校合作办学，鼓励联合共建优势学科、实验室和研究中心，建设网络化、平台式的大学组织管理体系，培养复合型、跨学科人才，形成开放式大学与网络化社会互动的机制以及共生共享的生态体系。

四是提升国际化水平。未来成渝地区要建设国际性城市或世界级城市群，要有一流的创新资源特别是一流国际人才的聚集，依靠教育发展、实现城教互动是破题的有效路径。只有以全球视野吸引高端人才、资本和知识、思想、信息、技术等创新发展要素来助力创新发展，成渝地区才能真正抢占未来产业发展的科技制高点。与世界级城市群相比，成渝地区目前顶级高校数量较少，教育体系要加快适应信息社会转型趋势，通过教育国际化和现代化，扩充人才总量、强化创新基础，吸引国际化人才增强城市的创新活力。应加强现有高校国际化办学和吸收留学生力度，吸引国际和国内一流大学到四川设立分校和研究院，满足外籍人士到川创业生活和发展需要，使成渝地区成为国际人才生态最优、最具吸引力的城市。

后　记

《四川人才发展报告（2020）》的编写，得到了四川省内外各界的支持、启发、帮助与指导。首先感谢四川省委组织部和人才办领导、四川省委党校、四川省委网信办领导、成都市委组织部和人才办领导、西南财经大学领导的大力支持，特别是四川省委网信办党委刘海燕副书记、成都市委组织部人才处阳夷处长等领导的赐稿；其次感谢中国科学院、重庆大学、电子科技大学、西南大学、西南财经大学、四川师范大学、成都理工大学、青岛大学、全球化智库（CCG）等十余家单位参与本书编写工作的所有研究人员与工作人员。

在本书出版过程中，离不开西南财经大学发展研究院同人的支持，他们分别是李丁、吴戈、陈小满、王思懿等，以及西南财经大学社会发展研究院陆毅茜、中国西部经济研究中心钟绍卓，同时也离不开全球化智库（CCG）苗绿、李庆等研究人员的贡献。

借此机会，还要特别感谢西南财经大学党委书记赵德武、校长卓志和副校长史代敏，赵书记和卓校长对发展研究院智库研究工作表示了充分肯定并寄予厚望，分管校领导史代敏副校长更是对发展研究院的建设和发展给予了大力支持。另外，还要感谢发展研究院名誉校长李晓西教授、科研处处长周铭山教授、公共管理学院院长廖宏斌教授、中国西部经济研究中心主任毛中根教授、人力资源管理研究所所长卿涛教授等领导和专家对发展研究院工作的关心与帮助。

此外，我们还要感谢社会科学文献出版社王利民社长，皮书出版分社邓泳红社长、陈颖副社长对本书的出版完成所提供的积极支持。

2020 年疫情等因素给我们研究工作带来一定影响，使得本书出版工作有所延迟，在此深表歉意。鉴于本书撰写和编辑时间仓促，加之学识所限，书中各种疏漏、不足自然难免，在此欢迎社会各界批评指正，以使我们在未来的研究中加以改进与完善。衷心希望本书能为政府、企业、高校、科研院所及社会大众对四川人才发展状况的系统了解起到帮助作用，特别是对地方政府建言献策有所裨益，积极推动四川人才发展。

王辉耀　陈　涛

2021 年 3 月

图书在版编目(CIP)数据

四川人才发展报告. 2020 / 王辉耀主编. -- 北京:
社会科学文献出版社, 2021.5
(中国人才研究丛书)
ISBN 978-7-5201-8395-6

Ⅰ. ①四… Ⅱ. ①王… Ⅲ. ①人才-发展战略-研究
报告-四川-2020 Ⅳ. ①C964.2

中国版本图书馆 CIP 数据核字(2021)第 087031 号

中国人才研究丛书
四川人才发展报告(2020)

主　　编 / 王辉耀
副 主 编 / 陈　涛
编　　者 / 西南财经大学发展研究院　全球化智库(CCG)

出 版 人 / 王利民
责任编辑 / 陈　颖

出　　版 / 社会科学文献出版社·皮书出版分社(010)59367127
地址:北京市北三环中路甲 29 号院华龙大厦　邮编:100029
网址:www.ssap.com.cn
发　　行 / 市场营销中心(010)59367081　59367083
印　　装 / 三河市龙林印务有限公司

规　　格 / 开 本:787mm×1092mm　1/16
印 张:24.25　字 数:363 千字
版　　次 / 2021 年 5 月第 1 版　2021 年 5 月第 1 次印刷
书　　号 / ISBN 978-7-5201-8395-6
定　　价 / 128.00 元